Manfred Breitinger/Dieter Fischer

Intensivbehinderte lernen leben

Nicht müde werden,
sondern dem Wunder
leise
wie einem Vogel
die Hand hinhalten

Hilde Domin

Manfred Breitinger
Dieter Fischer

Intensivbehinderte lernen leben

2., unveränderte Auflage

edition bentheim Würzburg 2000

Titelbild von Wolfgang Woide, Aichtal

Die Deutsche Bibliothek – CIP-Einheitsaufnahme

Breitinger, Manfred:
Intensivbehinderte lernen leben / Manfred Breitnger; Dieter Fischer. -
Würzburg : Ed. Bentheim, 2., unveränderte Aufl., 2000.
ISBN 3-92565-43-0
NE: Fischer Dieter:

Tel. 09 31/20 92-167 · Fax: 09 31/20 92-170
www.edition-bentheim.de
email: info@edition-bentheim.de

Lektorat: Dr. Wolfgang Drave

Herstellung: CityDruck GmbH, Würzburg

Vorwort

Es grenzt an ein Wagnis, ein Buch über das «Lebenlernen» von Kindern und Jugendlichen zu schreiben, die mit einer schweren geistigen Behinderung leben müssen. Soll ein solches Buch einen Sinn haben, dann muß es ein absolut und durchgängig ehrliches Buch sein.

Ehrlichkeit bezieht sich dabei auf *alle* Aspekte der schweren und schwersten geistigen Behinderung, einschließlich aller damit im Zusammenhang stehenden Fragen und Probleme. Es muß von Hoffnungslosigkeit und von Leid ebenso die Rede sein wie von Hoffnung auf Veränderung und von Erwartung eines Lebenssinns. Der Titel «Intensivbehinderte lernen leben» ist auf diesem Hintergrund ein sicherlich sehr anspruchsvoller.

Er bringt jedoch das Grundanliegen der Autoren am besten zum Ausdruck: den ganzen Menschen zu sehen (und nicht nur seine Behinderung), für ihn Möglichkeiten des Lebens zu suchen (und nicht nur solche des Lernens) und Situationen des Lernens aufzuzeigen (und nicht nur Methoden), die Leben zum Ausdruck bringen oder Leben einschließen.

Dies ist gerade dort notwendig, wo man als Außenstehender meinen könnte, daß es hier «eigentlich nichts mehr zu leben gäbe».

Diese Betroffenheit als eine vorhandene Wirklichkeit gilt es in eine pädagogische Wirklichkeit umzuwandeln, in eine Wirklichkeit, die das Atmen wieder erlaubt.

Im einzelnen verfolgt das Buch folgendes:

- □ es will die Situation schwerstbehinderter Menschen darstellen, analysieren und darauf Erziehungs- und Bildungsbemühungen aufbauen;
- □ es will über Ziele und Inhalte einer solchen wirklichkeitsorientierten Erziehung nachdenken und für die dabei entstehenden Probleme sensibilisieren;

- ☐ es will aufzeigen, wie eine solche Erziehung und Bildung für schwerstbehinderte Menschen realisiert werden kann;
- ☐ es will Problemen der Erzieher, Pfleger und auch der Angehörigen nachgehen, die sich aus der Begleitung und Förderung intensivbehinderter Menschen ergeben;
- ☐ es will das Konzept der Basalen Aktivierung als eine wichtige Form des Lernens mit intensivbehinderten Schülern auffalten und verständlich machen;
- ☐ es will Lern-, Arbeits- und Hilfsmittel für die Erziehung, Bildung und Pflege vorstellen und diese kritisch auf ihren pädagogischen Wert befragen.

Das Buch selbst ist primär für Mitarbeiter an Sonderschulen geschrieben, doch können sicher auch Eltern und Angehörige anderer Berufsgruppen, soweit sie mit den hier angesprochenen Fragen befaßt sind, Anregungen daraus gewinnen.

Da sich dieses Buch nicht als Einführungs- oder Grundlagenwerk versteht, sind Erfahrungen mit dem Personenkreis der Schwerstbehinderten nützlich, ebenso Kenntnisse aus Psychologie, Medizin und Sonderpädagogik. Im Einzelfall wird auf weiterführende Literatur verwiesen.

Das Buch kann nicht alle derzeit praktizierten Theorien oder Handlungsansätze einer Förderung Schwerstbehinderter aufzeigen, zusammenfassen und auch nicht würdigen.

Vielmehr soll ein Versuch des Nachdenkens gewagt werden, der nicht primär auf neue Handlungsformen hindrängt — auch wenn sich Pädagogik selbst meist als Handlungswissenschaft versteht.

Intensivbehinderte Menschen brauchen Hilfe, die den Alltag sieht: den Alltag voller Anfechtung und Ernüchterung, den Alltag auch mit Hoffnung auf Veränderung, den Alltag, der im wahrsten Sinne des Wortes mühevoll ist, aber auch den Alltag, den es zu leben lohnt. Er bringt Solidarität zum Ausdruck, nämlich dann, wenn die Entkräftung durch das Leiden überwunden, wenn Verzweiflung durchstoßen wird (SÖLLE). Und dies ist dort der Fall, wo Wirklichkeit eine Perspektive bekommt.

Perspektiven für diesen Alltag zu gewinnen, das bleibt Aufgabe des Lesers. Um Impulse dazu will sich das Buch bemühen.

Würzburg

Manfred Breitinger
Dieter Fischer

Inhaltsverzeichnis

1 Leben lernen mit intensivbehinderten Menschen — eine Überforderung?

Lernen mit Intensivbehinderten, zumindest als «Förderung von Schwer- und Schwerstbehinderten», ist derzeit hochaktuell: Es gibt kaum ein Fortbildungsangebot im Rahmen von Sonder- oder Heilpädagogik, das dieses Thema ausspart; in keiner Fachzeitschrift fehlen Beiträge zu diesem Problembereich. Auch die Bereitschaft und die gesetzlichen Möglichkeiten, schwerbehinderte Kinder in die Sonderschule (meist für Geistigbehinderte) aufzunehmen, waren noch nie so groß wie zur Zeit.

Es läßt sich aber dennoch nicht verleugnen: Gerade dieser «neue» Zweig der Sonderpädagogik gerät zunehmend in schwierige Phasen. Lehrer und Erzieher sind am Rande ihrer Kräfte, weil sie zu wenig Fortschritt sehen; Eltern halten die Belastung, die der Alltag mit diesen Kindern mit sich bringt, nicht mehr aus; therapeutische Bemühungen werden wieder eingestellt, weil sie zu kostenaufwendig sind und nicht das erbringen, was man von ihnen erwartet hatte.

Die Ursachen dafür sind vielfältig und selten in vollem Umfang auszumachen. Wir können in diesem Buch nur auf mögliche Grundkonflikte hinweisen und wollen dennoch Mut machen, mit intensivbehinderten Kindern und Jugendlichen das Leben zu lernen.

Ob *«leben lernen»* eine Überforderung darstellt, kann hier nicht entschieden werden. Zweifelsohne aber stellt dieser Anspruch in mehrfacher Weise eine Herausforderung dar:

- ☐ eine Herausforderung an die Pädagogik
- ☐ eine Herausforderung an die Didaktik
- ☐ eine Herausforderung an die Erzieher und Lehrer und schließlich
- ☐ eine Herausforderung an die betroffene Gruppe selbst

1.1 Leben lernen — eine Herausforderung an die Pädagogik

Pädagogik gilt als Handlungswissenschaft (BREZINKA). Sie will den Menschen zu dem machen, was er noch nicht ist; sie will die Menschwerdung betreiben, weil der Mensch nur das ist, was er durch Erziehung wird (KANT).

So ist Pädagogik auf Veränderung eingestellt und auf ein Erreichen von Zielen, die dem Menschen selbst dienen und der Menschengesellschaft, in die er hineingeboren bzw. aus der er kommt.

Nur aus diesen Überlegungen heraus läßt sich einigermaßen verstehen, daß Pädagogik auch «aussortierte» und zwischen Erziehbaren und Unerziehbaren (PIECHA, 1959), zwischen Bildbaren und Nicht-Bildbaren unterschied.

Der Schritt zur Unterscheidung von lebenswertem und nicht-lebenswertem Leben lag nahe.

Parallel zur Medizin, die sich auch um jene Kranke bemüht, deren Gesundheit sehr in Frage steht, sollte sich auch die Pädagogik um die Menschen bemühen, deren Fortschritte nicht absehbar oder erkennbar sind — dort nämlich, wo die Natur auf Dauer die Oberhand behält (FISCHER, 1976).

Pädagogik muß sich grundsätzlich umstellen, will sie sich in der Erziehung und Bildung intensivbehinderter Menschen als glaubwürdig und menschlich überzeugend erweisen. Die Bedingungen und die Ziele einer möglichen Veränderung sind andere.

Nicht das Freisetzen des zu erziehenden Menschen, sondern die Aufnahme von Beziehungen und das Dableiben in diesem Beziehungsgefüge ist Ziel; nicht die Ausstattung mit Normen und deren Übergabe ins persönliche Leben, sondern das gemeinsame Leben von Normen gilt als Basis, auf der Leben in so erschwerten Situationen ausgehalten werden kann.

Die Bereitschaft, *für* einen Menschen in schweren Situationen etwas zu tun, ist insgesamt groß. Nicht selten aber schlägt sie um in einen wütenden Drang, in große Vehemenz, sofort möglichst alles und alles möglichst schnell zu tun.

Dies kann sich in einem beeindruckenden Forschungseifer mit wissenschaftlicher Akribie ebenso niederschlagen wie in einem Hochtreiben oder Überziehen von Motivationen (man sieht dann nur noch in der

Hilfe für so schwer behinderte Menschen Sinn für das eigene Leben).

Beides reicht nicht aus, um einen pädagogisch vertretbaren und einen pädagogisch überzeugenden Weg zu finden, der «Leben lernen» als Anspruch einer dem intensivbehinderten Menschen entsprechenden und dienlichen Erziehung und Bildung einlöst.

Sicher hilft größtmöglichste Exaktheit in der Ermittlung, Planung und Durchführung von Lernprozessen; außerdem zeugt ein solches Vorgehen von Verantwortung der jeweiligen Erzieher.

Ihren eigentlichen Wert erbringen solche Mikro-Lernprozesse jedoch erst dann, wenn sie sich für den einzelnen betroffenen Menschen zu einem sinnvollen Lernen bündeln lassen und somit ihm für sein Leben dienen.

In erzieherischen Prozessen müssen immer Ganzheiten entstehen. Der Mensch selbst, der nach KANT nichts ist, «als was die Erziehung aus ihm macht», muß trotz seiner Behinderung *ganz* werden dürfen.

Auch das Hochtreiben der Motivation gibt wenig tragfähigen Boden, wenig Basis, auf der sich «leben lernen» dauerhaft aufbauen läßt. Die Gefahr, den Bogen in motivationaler Hinsicht zu überspannen, besteht. Die vorhandene Wirklichkeit als eine oft ernüchternde Wirklichkeit nicht mehr zu sehen *und* als solche anzuerkennen, ist groß. Nichts hätte aufs Ganze gesehen katastrophalere Folgen für Menschen mit intensiver Behinderung als das Eintreffen dieser Situationen.

Von da aus sind für pädagogische Erörterungen *und* für pädagogisches Handeln Nüchternheit ebenso dringend angezeigt wie Sinn für Realität. Hinwendung zur Realität zieht gerade im Bereich und Aufgabenfeld der Pädagogik Konsequenzen nach sich, die nicht nur zum Handeln drängen dürfen.

Sie werden gemäß der Sichtweise und der jeweiligen Notwendigkeit sehr unterschiedlich sein.

Einige davon sollen nachfolgend bedacht und diskutiert werden:

- ☐ Leben lernen mit Intensivbehinderten heißt, primär nachdenken und nicht handeln
- ☐ Leben lernen mit Intensivbehinderten heißt, einen Sinn für die Wirklichkeit entwickeln
- ☐ Leben lernen mit Intensivbehinderten heißt, mit Leid und mit Hoffnung umgehen können
- ☐ Leben lernen mit Intensivbehinderten heißt, den Sinn des Lebens nicht allein in Produkten zu suchen

□ Leben lernen mit Intensivbehinderten heißt, sich in den Lernprozeß mit einzubringen

Primär nachdenken und nicht sofort handeln

Wir haben bereits daran erinnert, wie wir Menschen uns in schwierigen Situationen oder auch in Notfällen verhalten:

Meist neigen wir dazu, möglichst rasch zu handeln, möglichst viel zu unternehmen, möglichst alles sehr intensiv zu tun. Man möchte den augenblicklichen Zustand, soweit es irgendwie geht, unterbinden, für den Betroffenen einen besseren Zustand, einen lebensmöglichen herstellen. Die pure Not, das Mitleid, das Erschrecken über die augenblickliche Situation treiben dazu.

Sehr bald aber wird man feststellen, daß die Schwere einer Krankheit, die Schwere einer Behinderung diesem Wünschen und Drängen massiv entgegenstehen. Das Kind wird trotz Sauberkeitstraining nicht sauber, es lernt das Essen nicht, die Anfälle bleiben, die Dinge, die man ihm über Wochen stündlich in die Hand gibt, läßt es fallen und hält sie eben nicht fest.

Unsere *Maxime* darf nicht heißen, je größer die Behinderung bzw. je massiver die Erschwerung, um so aktiver unser Tun, sondern je schwerer die Behinderung, je umfassender die Beeinträchtigung, um so gründlicher und gelassener sei unser Nachdenken.

So will auch dieses Buch nicht vordergründig zum Tun auffordern, auch nicht Tips oder Tricks, die sich vielleicht bei dem einen oder anderen Kind bewährt haben — und dort sicher auch ihren Sinn hatten —, mit einer irreführenden Aussicht auf Erfolg weitergeben, sondern den Leser veranlassen und ermutigen, erst über das Phänomen selbst nachzudenken, das sich unserem pädagogischen Wirken und Handeln entgegenstellt: die intensive, die schwere Behinderung. Dieses Nachdenken muß von dem Respekt getragen sein, den uns dieses Phänomen aufzwingt. Es ist *die* Realität schlechthin.

Realität ist aber auch das Leben, das gelebt werden muß, und das Leben, das man leben kann. Diesem muß gleichermaßen unser Nachdenken gelten und der gleiche Respekt, weil es den Kräften der Resignation, der Zerstörung, der Destruktion allein entgegenwirkt.

Sinn für Realität entwickeln

Realität ist die Behinderung, das Leben; Realität sind auch wir, die Erzieher, die Lehrer, die Eltern, die Betroffenen.

Schwere geistige Behinderung ist wie eine System-Erkrankung. Sie strahlt in alle Lebensäußerungen und Lebenstätigkeiten des Betroffenen aus und nimmt selbst auf seine Umwelt katastrophalen Einfluß. Handlungen erhalten den Charakter der Zerstörung (Selbstzerstörung), der Unlebendigkeit (Stereotypie), der Passivität (Unlust am Leben).

Jegliche Lebensäußerung gerät in derartige Abhängigkeit, daß selbst darin verborgen angedeutete Bedürfnisse der willkürlichen Interpretation dem Gegenüber schutzlos anheimgestellt sind (vgl. Abschnitt 2.2).

Der Lebensraum bleibt eingeengt, oder er wird — bei zu großer Unruhe und Umtriebigkeit — eingeschränkt. Von einem Traum der Freiheit, des Freiseins bleiben nicht einmal mehr Spuren.

Lebensäußerungen, die vielleicht Kommunikation meinen, von uns aber nicht verstanden, oft nicht einmal ertragen werden, finden ihre Antwort in Medikamenten, weil nur so Ruhe und psychische Entlastung hergestellt und Leiden verringert werden können. Als Realität zeichnet sich für den behinderten Menschen ab, selten erwünscht, oft im Wege zu sein und — als Ausdruck unabänderlicher Hilfsbedürftigkeit — lebenslang «helfende Hände» zu brauchen.

In diesen Zeilen ist absolut nicht nur von bedauernswerter Schwäche die Rede. Es ist höchstes Maß an Stärke ebenfalls vorhanden, eine Stärke, die uns als die Lebensbegleiter, als Lehrer und Erzieher, als Eltern zum Handeln zwingt, zu einem Handeln, das wir so meist auch nicht wollen (vgl. Abschnitt 4.5.2). Kein Mensch will ein Kind fixieren, keiner will den anderen auf Dauer in Spezialeinrichtungen unterbringen, kein Mensch will von einem Krankenhaus zum anderen reisen und «Odysseen von Demütigungen» (THALHAMMER) auf sich nehmen.

Die Schwäche intensivbehinderter Kinder heißt für Pädagogen nicht selten: Wie gehe ich nur mit dieser Stärke um?

Pädagogik fordert — summarisch gesprochen —, vorhandene Realitäten in pädagogische Wirklichkeiten umzuwandeln und daraus abgeleitete Ziele zu erreichen: Dort, wo vorher keine Beziehung war, Beziehungen zu schaffen, dort, wo vorher Leere war, Fülle zu versuchen, dort, wo vorher Nicht-Können war, Können anzubahnen, dort, wo vorher Bedürfnisse nicht ermittelt werden konnten, nach solchen zu spüren und solche aufzubauen; und dort, wo Welt für ein Kind mit schwerer und schwerster Behinderung nicht mehr entschlüsselbar, nicht mehr verfügbar und nicht mehr erlebbar ist, diese erlebbar, entschlüsselbar zu machen.

Mit Leid und Hoffnung umgehen können

Sehen und anerkennen von Realität, wie sie wirklich ist, kann kaum ohne Erleben von Leid geschehen. Kognitive Prozesse reichen nicht aus, es sind «Kräfte des Herzens» gefordert — an sich etwas so Altmodisches, daß man sich geneigt und gedrängt fühlt, diese zu erklären.

Leid ist Wesensbestandteil menschlicher Existenz. Leid ist nicht das Außergewöhnliche im menschlichen Dasein. Es hat klärende, helfende Funktion in der Lebensgewinnung und Lebensgestaltung des Menschen.

Leid für sich genommen hat die Tendenz, zu erdrücken und zu erschlagen. Nicht selten treibt es den Menschen in ein Ausweichverhalten oder zur Flucht. Dagegen wäre Solidarität der Menschen gefordert (SÖLLE), weil Leid schlechthin das Nicht-heil-Sein zum Ausdruck bringt.

Mit Mitleid ist dem Leid wohl am allerwenigsten zu begegnen, vor allem dann nicht, wenn seine Ursachen, seine Mittel, seine Auswirkungen noch gar nicht erforscht sind.

Die Überschrift zu einem zusammenfassenden Bericht über ein Filmfestival weist eine Richtung zum Umgang mit Leid: «Lächeln gegen die Wirklichkeit». Es ist eine der möglichen Haltungen, sich an die schwere Behinderung heranzuwagen und mit dem Leid, das darin zum Ausdruck kommt, umzugehen. Hierbei wird Wirklichkeit nicht nur als ein persönlich Schweres verstanden, sondern als ein Problem des kollektiv Schweren. So muß wohl auch die schwere, die schwerste Behinderung begriffen werden. Lächeln in dem oben gemeinten Sinne kann der, der Widerstand zu leisten vermag, der sich abzugrenzen weiß, der einen eigenen Standort hat, der weiß, woher er die Ich-Kräfte und die Kräfte des Herzens nehmen kann.

Er ist jener, der sich mit Leid umzugehen traut, weil er auch weiß, daß Hoffnung gleichermaßen vorhanden ist. Sicher drängt sich zuerst persönliche Hoffnung auf, hier aber wäre kollektive Hoffnung als Gegengewicht angezeigt (vgl. SÖLLE, 1979).

Nun ist Leiden ja nicht ein Tatbestand, der einer Gruppe von Menschen besonders zuzuschreiben ist. Behinderte Menschen wehren sich sogar —

mit Recht — dagegen, daß sie *die* Gruppe unter den Menschen sind, die das Leid besonders repräsentieren sollen. Sie fürchten sich — wiederum mit Recht — vor dem Mitleid.

Ob Schwerstbehinderte tatsächlich schlechthin die Leidenden sind, ist sehr fraglich. Sicher aber leiden sie unter den Folgewirkungen ihrer Behinderung, unter dem Isoliertsein, dem ständigen Problemsein (vgl. Abschnitt 2.3). Leid erfährt wohl der, der den vermeintlich eigentlich Betroffenen gegenübersteht. Ohnmächtigkeit gegenüber dieser Schwäche und Stärke zugleich, Ohnmächtigkeit gegenüber der sonst vorhandenen und jetzt so plötzlich begrenzten Macht, kann Erschütterung und Kränkung in hohem Maße erzeugen. Die gewohnte, gewünschte Harmonie wird in Frage gestellt. Wir werden aus unserer Berufs- und Menschensicherheit herausgescheucht, aufgeschreckt. Die erlebte Ohnmächtigkeit strahlt auf das Ich-Erleben aus, auf die damit verbundene Identität und erlebte Stärke, auch auf die Beziehung zum intensivbehinderten Menschen selbst, als dem eigentlichen Verursacher dieser Ohnmächtigkeit.

Verunsicherungen nachzugehen lohnt; fast sollte dies für jeden Pädagogen gefordert werden. Eigene Ohnmächtigkeit zu erleben, wird für den Erzieher zur Basis für pädagogisches Handeln. Es ist der Grund, das Fundament des geforderten Nachdenkens.

Hoffnung haben ist letztlich das Entwickeln einer Lebensperspektive (vgl. Abschnitt 4.5.8). Es hat durchaus realen, gegenwärtigen Charakter. Hoffnung haben kann sich beziehen auf das gemeinsame Erleben, auf das Solidarisch-Sein mit Lebensaufgaben. Es kann sich auch beziehen auf ein neues Erleben der Welt, auf das Gewinnen neuer Dimensionen in unserer Welt, die über das Kennen, Erkennen, Können und Werten (BITTLINGER, 1979) hinausgehen.

Den Sinn des Lebens nicht aus Produkten ziehen

Die Frage nach dem Sinn des Lebens drängt sich immer dann auf, wenn wir auf Menschen treffen, die nach herkömmlichen Vorstellungen weder «etwas vom Leben haben» noch «etwas zum Leben beitragen» können.

In dem Theaterstück «Ist das nicht *mein* Leben?» (CLARK) stellt der aufgrund einer Querschnittslähmung jetzt total abhängige, ehemalige Bildhauer fest: «Wenn ich nur noch denken kann, was ich will, selbst aber nicht mehr imstande bin, wenigstens ein Minimum meines Denkens in die Tat umzusetzen, hat mein Leben keinen Sinn. Deshalb will ich von den Maschinen abgehängt werden» — (was für ihn den Tod bedeuten würde).

Dies ist sicher eine sehr subjektive, aus dem eigenen, momentanen Erleben herausentwickelte «Definition» von sinnlosem, lebensunwertem Leben.

«Lebensunwertes Leben» als Ergebnis möglichen Nachdenkens über andere zu verkünden, ist nicht nur leichtfertig und zu einfach, es ist schlechthin unmenschlich. Es geht von äußerlichen Momenten aus, die den Wert eines Lebens in qualitativen und quantitativen Einheiten messen wollen. Meist sind es Aussagen, die ein Mensch über den anderen trifft. Man geht dabei von einer «Menge» aus, die ein Mensch aufnehmen, für sich beanspruchen kann und auch von einer «Menge», die ein Mensch herstellen, zur Verfügung stellen soll. Träfe das zu, dürfte es kein sinnlos empfundenes Leben bei sehr aktiven, sehr tüchtigen Menschen geben; auch die Möglichkeit, in jeder Richtung Konsum zu besitzen und zu genießen als die Möglichkeit der Aufnahme, müßte jeglicher Lebensverdrossenheit entgegenwirken. Erfahrungen aus dem Alltag beweisen das Gegenteil.

Lebenssinn beginnt dann zu weichen, wenn Beziehung verlorengeht, wenn Beziehung entzogen wird — Beziehung zu Dingen, zu Situationen, zu Menschen.

«Lebenswertes Leben» zu postulieren, ohne die Voraussetzung zu schaffen, damit ein Mensch ein solchermaßen erschwertes Leben sinnvoll — also *mit* Beziehung — leben kann, ist ebenso wenig hilfreich und noch lange nicht menschlich, auch wenn es den Anschein hat. Lebenswert zu bescheinigen, wird erst durch das Einlösen aller jener Bedingungen glaubhaft, die einen solchen Lebenswert tatsächlich garantieren, umsetzen und leben lassen. Eine Parallele dazu taucht im Zusammenhang mit dem Begriff der Bildungsfähigkeit auf. Wer schwerstbehinderten Menschen Bildungsfähigkeit bescheinigt, wer sich für diese engagiert, sie umsetzen will, muß sich *ganz* engagieren, muß schwerstbehinderte Menschen *ganz* annehmen und aufnehmen.

Es genügt nicht mehr, sich nur für ihr Lernen oder nur für ihr Arbeiten oder nur für ihre Pflege, ihr Versorgtwerden einzusetzen.

Die ausgesprochene Bejahung meint immer den *ganzen* Menschen mit allen seinen Bedürfnissen, mit allen sich daraus ergebenden Konsequenzen.

Nicht das *Produkt* bzw. die Fähigkeit zum Produkt sind als Maßstab für Lebenswert und Lebensfülle zu sehen, für Selbsterleben und Selbsteinschätzung, sondern der *Prozeß*, in dem ein Mensch steht.

Die liebevolle, zärtliche Beziehung, die einem Menschen gilt, macht das aus, was Leben meint: lebendig sein und Leben haben.

Dies ist ein Ereignis zwar mit Zukunftsperspektive, dennoch so sehr dem Augenblick anheimgegeben, daß sich Zukunft eigentlich nur aus dem permanenten Entstehen solcher Augenblicke ergibt. Hier klingt an, was pädagogische Begleitung — lebenslang — wirklich ist, sein kann und sein muß.

Sich selbst in den Lernprozeß miteinbeziehen

Nach COMBS (1972) gibt es in einem Lernprozeß nur Beteiligte. Dieser nahezu idealistisch klingenden Zumutung kann man sich in herkömmlichen Schulsituationen leicht entziehen. Es kann das Diktat sein, das der Lehrer seinen Schülern gibt, es kann das Arbeitsblatt sein, das zur Bearbeitung ausgegeben wird, es kann die Übungsaufgabe im Rechnen sein, die man zur Vertiefung der Operation anbietet.

Lernen mit Intensivbehinderten lebt vom Pulsschlag des Pädagogen bis in die feinsten Verästelungen; die ruhende Hand auf der Schulter eines hyperventilierenden Kindes vermag dieses soweit zu beruhigen, daß es Umweltreize aufnimmt, oder die ständig begleitenden Augen verhüten größeres Unglück bei einem erethisch durch den Raum ziehenden Buben. Der blinde, tetraspastisch gelähmte Robert ist wiederum ganz auf das Zugehen angewiesen, wodurch sein Lehrer ihm Umwelt entgegenbringt.

Hier vorwiegend methodische Sachverhalte zu entdecken, würde den eigentlichen pädagogischen Prozeß, den des Beziehungnehmens und Beziehungstiftens verkürzen. Es ist ein Einbringen der eigenen Person in einen Vorgang angezeigt, der so außerhalb, so ungewöhnlich gegenüber sonstiger Lehrer-Schüler-Interaktionen ist, daß hier vom Lehrer ein Umlernen gefordert wird (vgl. Abschnitt 4.2).

Solche Beziehungsverhältnisse sind nur durchzustehen — äußerlich gesehen — und lebensanregend — innerlich gesehen —, wenn sie von Lehrern und Erziehern getragen werden, die sich abgrenzen können, die Grenzen setzen und ihr Ich als bewußte, gefestigte Instanz den Herausforderungen schwerstbehinderter Menschen entgegensetzen können —

nicht nur um der Abgrenzung und nicht um des eigenen Schutzes, sondern um des Zieles willen, mit Intensivbehinderten erfolgreich leben zu lernen.

Mit Intensivbehinderten «leben lernen», heißt Partnerschaft eingehen. Leben lernen kann man nur dann, wenn sich keiner aus diesem Lebens- und Lernprozeß ausschließt.

Zusammengefaßt:
Eine Pädagogik und auch eine Didaktik der Schwerstbehinderten — wie anschließend auszuführen sein wird — sind eine schwere Pädagogik und eine schwere Didaktik. Der Vollzug setzt Umgang und Auseinandersetzung mit Realitäten voraus, die Leid und Hoffnung gleichermaßen einschließen.

Eine Pädagogik und eine Didaktik für Menschen, die mit schwersten Behinderungen leben und damit unter schwersten Beeinträchtigungen ihr Leben führen, müssen eine ernsthafte Pädagogik und eine ernsthafte Didaktik sein.

Sie dürfen sich nicht aus der Realität davonschleichen, sich nicht in Programme flüchten oder in eine noch so verfeinerte, technische Diagnostik ausweichen. Die geforderte Gemeinsamkeit, beschrieben als Solidarität aller Menschen gegen das kollektive Leid, verwirklicht sich in der Beziehung — einer Beziehung, die sich dem Nicht-Heilen, dem Nicht-Ganzen nähern, dem manchmal «hoffnungslosen Fall» (SENN) *nahe* sein traut, um zu entdecken, «er ist wie ich» (BUBER).

1.2 Leben lernen — eine Herausforderung für die Didaktik

Didaktik gilt als Theorie oder Wissenschaft der Bildungsinhalte, der Bildung schlechthin.

Sofort drängt sich die Frage auf, ob Menschen, die mit einer intensiven Behinderung leben, durch solche Wissenschaften und deren Ergebnisse das finden, was sie wirklich brauchen: eine umfassende Lebenshilfe, die Leben stabilisiert, zum Leben anregt und Leben bereichert.

In der Berliner Schule (ROBINSOHN, dann auch HEINMANN/SCHULZ) wurde die Grundfrage der Didaktik weitaus pragmatischer gelöst. Die Kernfrage wurde in eine Kernaufgabe umgewandelt: Die Schule hat die

Aufgabe, jene Qualifikationen zu vermitteln, die spätere Lebenssituationen erfolgreich bewältigen lassen.

Die drei bestimmenden Momente dieser Aussage, die «Vermittlung», die «Qualifikation» und die «späteren Lebenssituationen» geraten unter der Perspektive «leben lernen mit Intensivbehinderten» ins Schwanken. Alle drei Momente beinhalten eine Fülle von Fragen und Problemen:

Welche Qualifikationen bedürfen diese Schüler?

Wie kann man hier erfolgreich Vermittlung betreiben?

Gibt es eindeutige, spätere Lebenssituationen, auf die die Schule vorbereiten kann?

Schließlich steckt hinter diesem Grundkonzept der Berliner Schule die Vorstellung, die Erwartung, ja die Notwendigkeit, daß ein Mensch spätestens nach Schule und Berufsausbildung in der Lage ist, sich und seine Angelegenheiten weitgehend selbst zu regeln.

Daß eine solche Lebensführung intensivbehinderten Menschen kaum möglich sein wird, werden wir immer wieder erleben und auch anerkennen müssen.

Dennoch gilt für sie, zumindest im Rahmen ihrer Schulzeit, «leben zu lernen».

Leben lernen — was ist das?

«Leben lernen» ist sicher nicht nur eine Frage existentieller Entscheidungen oder philosophischer Betrachtungen; es ist eine sehr konkrete Anfrage nach dem tatsächlichen Schul- und Lerntag (vgl. Abschnitt 6.2), nach dem Alltag in der Familie (vgl. Abschnitt 2.2 bzw. 2.3), nach dem Alltag mitten in unserer Gesellschaft.

«Leben lernen» beinhaltet zwei Begriffe, die in einem nicht auflösbaren Zusammenhang stehen.

Lernen gilt als ein Phänomen menschlicher Grundverfassung und Grundausstattung.

Leben als Ausdruck von Lebendigsein — von innen heraus — ist nicht nur an menschliches Leben gebunden, zumindest weit weniger als das Phänomen Lernen.

Zwischen beiden Begriffen lassen sich eine Reihe von Bedeutungszusammenhängen herstellen: Wer nicht lernen kann, ist am Leben behindert; wer leben will, muß lebenslang lernen.

Aber auch eine Fülle von Assoziationen tauchen allein beim Wort «leben» auf, die für die didaktische Grundsatzdiskussion nicht unwichtig sind: leben heißt ... wahrnehmen, handeln, etwas mögen, etwas wünschen, neinsagen, etwas verändern, erreichen, besitzen, beanspruchen, sich begrenzen, entscheiden, auswählen ... sterben müssen ... etwas lebendig halten können, sich freuen.

Solche Gedankenspiele faszinieren. Sie sind Ergebnis eines von außen betrachteten Lebens. Leben aber wird von innen her verursacht. Es drängt nach außen in Aktivitäten, in Beziehungen, in Gewohnheiten, in Handlungen. Es äußert sich in Bedürfnissen, in Wünschen, in Freuden, in Mühen. Es sammelt um sich, es klammert an, es vermehrt, es stößt ab, es verändert.

Lebensimpulse sind es also, die sich in unserer Welt festmachen und Gestalt annehmen.

Leben aber ist auch, sich in der Bejahung vorfinden, sich in seinem Sosein bestätigt fühlen, ein «Ich» werden und ein «Du» finden, ein «Wir» erleben, zum Wir hinfinden.

Absichtlich verwendet der Titel des Buches «leben lernen» und nicht Lernen *für* das Leben. Allein durch dieses kleine Wörtchen käme jene Dringlichkeit auf, die zu dem vorhin beklagten Aktionismus führen kann, jenem Zugreifen, das Nachdenken ausspart.

Leben lernen — auch für Intensivbehinderte?

Sind wir bei diesen Überlegungen überhaupt noch bei unseren Schülern, bei Kindern und Jugendlichen mit intensiver Behinderung?

Welche Lebensinhalte lassen sich hier als durchgängig ergreifbar, als ausfüllend, als annehmbar, als fundamental notwendig bezeichnen?

Welche Bedürfnisse lassen sich auffinden, an denen man «leben lernen» anknüpfen kann? Erleben Menschen mit intensiver Behinderung Selbstbestätigung und Daseinsbejahung? Werden sie in unserer Welt ernst genommen auch ohne vorzeigbare Produkte? Dürfen sie behindert, krank, defekt, kaputt sein? Dürfen sie so sein, wie sie sind — Stein des Anstoßes, Zeichen der Disharmonie?

Dürfen sie ein Leben führen ohne Selbststeuerung oder Kultivierung — in ihrem Eßvergnügen und in ihrer Essensmühe, in ihrer sexuellen Daseinsfreude und in ihrer kommunikativen Spontaneität, in ihrem erbärmlichen Verkrampftseinmüssen und in ihren Stereotypen eingesponnen?

Sicher eignen sich weder das So-Sein bzw. das Sein-Dürfen noch ein unbestimmbares Sein-Sollen oder Sein-Müssen allein für die Gewinnung von Lerninhalten, um die Leitidee «leben lernen» erfolgreich umzusetzen.

Wichtig erscheint, daß die Impulse zum Leben von innen kommen, daß sie nicht gemacht werden können; sie bedürfen dennoch Möglichkeiten der Realisierung, um für den einzelnen Menschen konkret zu werden.

Herkömmliche Realisationsebenen können berufliche Aufgaben sein, Situationen der Freizeitgestaltung, Situationen im Straßenverkehr, um sehr unterschiedliche Ebenen anzusprechen.

Solcher Realisationsfelder bedarf auch der schwerbehinderte Mensch dringend, allerdings mit anderen Inhalten.

Sie sind zu finden, wenn man sich von Normvorstellungen löst, wenn man sich einübt in nichtgenormtes Finden (vgl. Kap. 4 — Lebensaufgaben).

Leben lernen — nur über Handeln erreichbar?

In der derzeitigen Didaktik bemüht man sich nach den Taxonomie-Versuchen von BLOOM, KRATHWOHL u.a., Kriterien zu ermitteln, die das erforderliche Lernpensum des Menschen zu erfassen imstande sind. Dabei sollen weder Normvorstellungen noch inhaltliche Qualitätsebenen eine Rolle spielen.

Besondere Verdienste kommen dabei BITTLINGER zu, der nach intensiver Forschungsarbeit einen überzeugenden Wurf vorlegt und damit in der didaktischen Diskussion neue Maßstäbe setzt. Die von ROBINSOHN zitierten «Qualifikationen» werden nach BITTLINGER (1979) in vier Kriteriengruppen gegliedert:

Kennen — Erkennen — Können — Werten

Damit umschreibt er letztlich eine in *vier Dimensionen* ausformulierte *Handlungsfähigkeit*, die jeweils unter anderem Aspekt in die Lage versetzt, Lebenssituationen zu bewältigen. Hiermit wurde ein Gleichklang erreicht, der für jede Lehrplanarbeit von hoher Relevanz ist. Aber wieder stellt sich uns die Frage: Bieten sich mit diesem Modell Ansätze zur Ermittlung von Lerninhalten für die Lern- und Erziehungsarbeit mit intensivbehinderten Schülern?

Sehr vereinfacht müßten wir im Hinblick auf intensivbehinderte Schüler — dies jedoch sicher vorschnell — feststellen: Kennen? ... in bescheidenem Umfang! Erkennen?... sicher nicht! Können?... manchmal! Werten ... kaum vorstellbar!

So einfach geht es wahrscheinlich nicht. Sicher ließen sich bescheidene Anteile in diesen Grundkategorien herausfiltern. Solche Versuche gibt es. Die Verfasser können von Arbeitskreisen berichten, die nach diesem Motto vorgegangen sind: Wir suchen spurenhafte Bildung.

Allein vom Ertrag her erscheint dieses Vorgehen unbefriedigend; zudem baut ein solcher Weg zu sehr auf herkömmlichen Vorstellungen von Bildung auf. Der intensivbehinderte Schüler wird dann mit Restbeständen von Bildung befaßt; der Vorteil allerdings darf nicht übersehen werden: Er ist in das Gesamtbildungskonzept integriert.

Der andere Weg, sicher auch ein nur wenig befriedigender, versteht sich als ein entwicklungsorientierter. Hier wird der intensivbehinderte Schüler entwicklungsmäßig eingestuft oder eingeschätzt (vgl. Kap. 3) und parallel zu Erkenntnissen aus der allgemeinen Entwicklungspsychologie auf Laufschienen von Entwicklungsprogrammen gesetzt — meist in wenig motivierenden, oft auch mit wenig sinnvollen Einzelaufgaben beübt oder trainiert.

Auch ein solches Vorgehen hat mit dem Bemühen um «leben lernen» noch wenig zu tun, selbst wenn die angebotenen Lernschritte dem Schüler entwicklungsmäßig entsprächen. Für intensivbehinderte Menschen können die Handlungsfähigkeit als ein Bewältigen von Lebenssituationen ebensowenig Maßstab der Zielfindung sein, wie das Ausgleichen von Defiziten durch Lernaufgaben im ausschließlich funktionalen Bereich.

Leben lernen — primär über Beziehungen möglich

Wenn wir davon ausgehen, daß Lebensimpulse nach außen drängen (motorischer, psychischer, sensorischer Art), zumindest durch bestimmte Methoden (Basale Stimulation) hervorgelockt werden können, dann bedeutet «leben lernen» ein unablässiges Bemühen, eine Vielfalt von Beziehungsmöglichkeiten anzuregen und aufzubauen — *ohne* verpflichtende inhaltliche Festlegung.

Beziehungen entstehen zum eigenen Körper, zur eigenen Person (als Beitrag zum Ich-Aufbau), zu anderen Personen, zur sachlichen, materialen und situativen Umwelt, zum Umfeld des täglichen Erlebens (vgl. Kap. 5).

Die Qualitäten solcher Beziehungen sollten wiederum sehr offen gehandhabt werden (als Beitrag zum offenen Curriculum). Es können

Dimensionen des Erlebens sein, der funktionalen Tüchtigkeit, der Vorstellungen, der Bedürfnisse. Beziehungen haben und diese leben zu können, machen ein Umgebensein von Beziehungsmöglichkeiten notwendig.

Kinder, die ihr Leben nur auf der Gummimatte oder in Gitterbetten verbringen, nur von der einen diagnostischen Situation in die andere geführt werden, in Symbiose mit sich oder ihrer überbehütenden Mutter leben, haben eindeutig zu wenig Beziehungsfelder. Sie sind auf sich zurückverwiesen mit all den uns bekannten, daraus resultierenden Folgelasten (Hospitalisation, Deprivation, Isolation).

Zusammengefaßt:
«Leben lernen» *ist* tatsächlich eine Herausforderung an die Didaktik.

Es geht dabei nicht um ein Ausscheren oder um ein Negieren an sich überzeugender Konzepte, sondern vielmehr um das Beanspruchen einer Erweiterung sinnvoll erkannter Wege im Rahmen der Zielfindung und der Inhaltsfrage.

Wir wollen identisches, didaktisch voll gültiges und menschlich tragfähiges Lernen anstreben.

Können, Wissen, Erkennen und Bewerten sind nicht primär die Seinsweisen des Menschen, der mit einer intensiven geistigen Behinderung leben muß, so wie auch herkömmliche Realisationsfelder für unser Leben — Beruf, Freizeit, Verkehr, Öffentlichkeit usw. — für Menschen mit einer intensiven Behinderung keine ausfüllenden und keine eigentlichen Lebensfelder darstellen.

Und auch das Beschränkt- bzw. Begrenztsein auf die untersten Stufen dieser curricularen Modelle befriedigen nicht. Man kann nicht «von allem nur den Anfang erlernen» oder nur «erste Eindrücke von etwas» haben (vgl. BITTLINGER). Das trägt nicht.

Uns geht es um den Aufbau und das Bereitstellen vielfältiger *Beziehungsmöglichkeiten* zur Welt, in der Schwerstbehinderte ebenso leben wie wir, die wir uns für normalbegabt und meist für nichtbehindert halten.

Dabei spielen der Körper, die Haut, die Hände, aber auch Bedürfnisse, Ängste und Bedrohungen, Lebensfreude und Lebensgenuß eine ebenso große Rolle wie Erlebnisfelder aus der mittelbaren oder unmittelbaren Umgebung: das eigene Bett, der Platz am Tisch oder am Fenster, der Hund Lumpi, die Schaukel, die Spielecke.

Auf keinen Fall dürfen uns die zahlreichen, teilweise massiven Verhaltensprobleme in unserer didaktischen Entscheidungsfindung so beeinträchtigen, daß es zu keinem unterrichtlichen Planen und Handeln mehr kommt.

Die anzustrebende Kompetenz als der Zuspruch, sich in irgendeinem Punkt als kompetent zu erweisen, sei hier nur angedeutet. Er wird an späterer Stelle nochmals diskutiert und befragt werden müssen (vgl. Abschnitt 4.5.7).

In welch vielfältiger Art und Weise Beziehungsmöglichkeiten aktualisiert und dynamisiert werden müssen und können, damit sie das erbringen, was unter dem Anspruch «leben lernen» didaktisch zu fordern ist, wird im Kap. 4 weiter ausgeführt.

1.3 «Leben lernen» mit Intensivgeistigbehinderten — eine Herausforderung an Eltern, Lehrer und Erzieher

Wenn es stimmt, daß es in einem Lernprozeß nur Beteiligte gibt (nach COMBS 1972), dann trifft dies in unserem Fall in besonderem Maße zu.

«Leben lernen» wird nicht nur der, der es noch nicht kann, «leben lernen» muß auch, wer es schon erprobt, erfahren und eingeübt hat.

Leben lernen — bedeutet Kommunikation eingehen

Kommunikation zu wagen, durchzuhalten und zu gestalten, erfordert immer ein Einlassen mit dem Kommunikationspartner. Dies macht Nähe und Abstand zugleich notwendig, damit Partnerschaft erhalten bleibt und jeglicher Verlockung zur Symbiose oder auch zur Flucht widerstanden wird.

Die Schwierigkeiten der Kommunikation mit intensivbehinderten Menschen sind vielfältig. Sie reichen vom Nicht-Verstehen, der Konfrontation mit dem Fremdsein oder dem Erschrecken gegenüber dem Unganzen bis hin zum totalen Fehlen von «identischen Elementen» (FISCHER 1979) und inhaltlichen Kommunikationsmomenten (vgl. Kap. 8).

Es kann die Bestätigung, das Feedback völlig ausbleiben, das sowohl in einem wenn auch noch so kleinen Erfolg bestehen kann als auch in einem Angewärmt-Werden von einer aufkeimenden Zuneigung (die als Dankbarkeit, zumindest als Antwort zu werten ist). Dagegen erleben wir oft Zerstörung, Aggression, Regression, Selbstschädigung, ein Sich-Zurückziehen, ein In-sich-versunken-Sein, ein Umhertanzen ohne Ruhepol, ein Nicht-bei-sich-Sein.

Von unserem Bewußtsein her bemühen wir uns schon um Offenheit und Toleranz dem anderen gegenüber. Aber unser emotionales Beteiligtsein spricht oft eine andere Sprache. Man fühlt sich herausgefordert, manchmal absichtlich — vermutet man —, sieht sich zu Aktionen veranlaßt, die einem wie verrückt vorkommen, zu Pflegeleistungen herausgerufen, die man irgendwo im Innersten für sinnlos hält. Man fragt plötzlich nach einem Warum, nach einem Wieso; der Weg zur Aggression oder zum Denken, «es hat doch alles keinen Sinn» wird frei.

Dabei wollen Lehrer und Erzieher, als die professionellen Pädagogen, ebenso wie die Eltern, als die nicht professionellen, nur das Glück, die Zufriedenheit ihrer Kinder. Man will sie — und damit ja auch irgendwo sich selbst — glücklich wissen. Was aber ist, was aber bedeutet für ein intensiv geistigbehindertes Kind Glück? Wir alle kennen den Streit um die Frage, ob man ein hospitalisiertes Kind, das vor sich hinschaukelt, nicht schaukeln lassen soll, weil es sich dabei wohl (?) fühlt, weil es sich mit seinem allerengsten Lebens- und Erlebensraum ja irgendwie arrangiert hat.

Leben lernen — sollte Sinn bringen

Was bringen ihm das Stückchen Welt, die wenigen neuen Bewegungsmuster, die geringen Aktionsmöglichkeiten, das spurenhaft erweiterte Umfeld, angefüllt mit neuen Gefahren und Begrenzungen gegenüber dem an sich sicheren, Geborgenheit spendenden Bett?

Hier schleicht sich ein Zweckdenken ein, das weit entfernt ist von dem «Leben lernen» als Ausdruck konkret werdender Sinnhaftigkeit und der sich ausweitenden Lebensmöglichkeit.

Sinnhaftigkeit kann sich dann ereignen,

- ☐ wenn eine schwierige Situation für *alle* Beteiligten Entlastung erfährt,
- ☐ wenn die Anregung für einen Menschen qualitativ *und* quantitativ neue Dimensionen erhält,
- ☐ wenn ein Mensch *neue* Umweltaspekte erlebt und erspürt,
- ☐ wenn seine Kontaktmöglichkeiten eine *konkrete* Erweiterung finden,
- ☐ wenn sein Leben, seine Lebensäußerungen auf *wirkliche* Anerkennung, Respektierung und Bejahung stoßen.

In allen diesen wenigen Beispielen verbirgt sich eine Fülle neuer Beziehungsmöglichkeiten, um die es uns bei dem «Leben lernen» mit Intensivbehinderten geht. Nicht das Produkt und nicht die Handlungsfähigkeit sehen wir als das anzustrebende Ziel. Durch erreichbare und erfüllbare Beziehungen zu Menschen in unserer Welt und zu Sachen aus dieser Welt erhöhen sich das Lebensgefühl, das Selbsterleben, das Körperempfinden; sie lassen etwas von einer Perspektive aufscheinen, die «leben lernen» auch beinhalten muß.

Die «Sache mit dem Glück» wäre für Erzieher, Lehrer und Eltern ein geringeres Problem, würden sich ihre intensivbehinderten Partner mitteilen, ihre Wünsche und Strebungen, ihr Erleben und Befinden wissen lassen. So aber sind wir auf Vermutungen angewiesen, die nicht selten «ihre Antwort» in Verordnungen, zumindest in Interpretationen finden. Im Bereich der Pflege zeigt das Fieberthermometer an, ob eine erhöhte Temperatur vorliegt oder nicht. Die nasse Hose verlangt eine trockene. Im Bereich des Psychischen tun wir uns weitaus schwerer. Wir nehmen zwar an, daß ein selbstaggressives Kind große Schwierigkeiten mit sich und seiner Umwelt hat und daß ein sich sogenannt «rücksichtslos» verhaltendes Kind noch nicht die richtige Form der Selbstdarstellung und der Durchsetzung finden konnte. Was aber will ein Kind, das selbstverloren durch ein Zimmer tanzt, wie entmaterialisiert seine Runden dreht?

Das Zusammenleben erst schafft Probleme

Die Herausforderung «leben lernen» mit Intensivbehinderten stellt sich demnach für Eltern wie für Erzieher und Lehrer als ein mehrschichtiges Problem:

☐ Es ist eine Frage der Inhalte
☐ Es ist eine Frage der Kommunikation
☐ Es ist eine Frage der Entsprechung bzw. der Entfremdung
☐ Es ist eine Frage der Frustration bzw. der Bestätigung
☐ Es ist eine Frage der Rollenverteilung bzw. der Aufgabenzuweisung

Die *Frage der Inhalte* läßt sich konkret nur schwer lösen. Wir wissen nur, daß unsere Lebensinhalte, seien es ein Hobby, die tägliche Arbeit, der Sport, die Musik oder die wiederkehrenden Notwendigkeiten im Verkehr, in der Selbstversorgung, im Arbeits- und Freizeitleben, eben nicht die Lebensinhalte intensivbehinderter Menschen sind.

Ihre Welt, ihre Wirklichkeit bezieht sich nicht auf solche konkrete Anforderungen oder umgrenzte Situationsfelder. Ihr Erleben ist eher als «oral-sinnlich», als «taktil-kommunikativ» (THALHAMMER 1979) zu umschreiben. Dies zeitigt ganz andere Ergebnisse, die nur zum Teil eine Annäherung an unser Verständnis von Welt bringen und dadurch eine möglicherweise erlebte Verfremdung nur zum Teil aufzuheben imstande sind (vgl. auch Abschnitt 4.5.6 — Exkurs: Wirklichkeit).

Die *Frage der Kommunikation* ist zumindest für den, der Kommunikation anregen *will*, leichter zu handhaben. Es lassen sich aber nur wenig verbindliche oder in der Erfahrung gewonnene Regeln oder Prinzipien herausstellen, will man vom Bemühen mit Erfolgsgarantie ausgehen. Das Problem der weithin fehlenden «identischen Elemente» ist nicht so einfach zu lösen.

Sehr wohl lassen sich jedoch dann Hinweise formulieren, will man in der Kommunikation mit Intensivbehinderten ein Subjekt-Objekt-Verhältnis vermeiden.

Solche Hinweise wären folgende:

- □ Mit allen Kindern — unabhängig vom Grad und der Schwere ihrer Behinderung und unabhängig vom Grad eines möglichen passiven oder aktiven Sprachverständnisses — sprechen wir möglichst viel.
  Die Sprache dient hier mehr als Atmosphäre und weniger als Informationsträger, sie stellt mitmenschliche Bezüge her, entlastet und normalisiert manche schwierige, auch chaotisch wirkende Interaktion oder Situation — sowohl für den Pädagogen als auch für das Kind.
- □ Bei allen Kindern und Jugendlichen sorgen wir in Abstimmung mit dem Grad und der Schwere ihrer Behinderung für möglichst vielfältige, anfangs ganzkörperliche Bewegungserfahrung.
  Damit können neue Körpergefühle erlebt, Bewegungserlebnisse vermittelt und Aktivierungsimpulse gesetzt werden. Das Kind erlebt gleichzeitig die Nähe zum verursachenden Erwachsenen.
- □ Bei liegenden Kindern und Jugendlichen streben wir immer wieder eine Veränderung der Lageposition (nicht nur der Liegeposition!) an.
  Damit wird für sie eine neue Weltsicht möglich. Es lohnt wieder, sich der Welt erneut zuzuwenden. Die notwendig werdenden Förder- und Pflegemaßnahmen sind zeitlich festzulegen und auch zu begrenzen. Damit können Erwartungshaltungen bei den einzelnen Schülern erzeugt werden. Maßnahmen bleiben nicht mehr so leicht der Zufäl-

ligkeit überlassen, sondern geschehen nach einem zeitlichen Plan und damit für ein Kind nach einem Sicherheit vermittelnden Rhythmus.

Konkret kann das so aussehen: Das betreffende Kind (es liegt im Kugelbad) hat einen Wecker neben sich. Nach dem terminierten Läuten kommt der Erzieher zu ihm und befaßt sich mit diesem Kind, gemäß der eingeplanten Zeitdauer.

☐ Notwendige Förder- und Pflegemaßnahmen kündigen wir dem Kind oder Jugendlichen vorher an.

Damit erfährt der Betroffene: Jetzt bin *ich* gemeint. Das Subjekt-Objekt-Verhältnis kann damit aufgelöst werden zugunsten zwischenmenschlicher Kommunikation.

☐ Förder- und Pflegemaßnahmen beenden wir auf jeden Fall positiv.

Häufig kommt es vor, daß sich Erzieher oder Eltern mit einem Kind mühen, bis sich beide Partner einander erschöpft haben, ohne daß die Aufgabe unbedingt geleistet wurde. Man kann keine Pflege- und auch keine Förderaktion über eine bestimmte Zeit hinaus ausdehnen, ohne Gefahr zu laufen, an Qualität und Intensität einzubüßen. Lieber verkürzt man sie, arbeitet erfolgsorientiert und wiederholt sie zu einem späteren Zeitpunkt noch einmal.

☐ Ein ganzheitliches Ansprechen eines Kindes bringt mehr Kommunikation als ein Spezialisieren auf Teilfunktionen.

Das eine schließt das andere nicht aus. Kindern mit intensiver Behinderung macht eine ganzkörperliche Inanspruchnahme großen Spaß, wenn man sie rollt, bewegt, zieht, schleppt und dieses Tun mit Liedern oder Rhythmen begleitet.

Es kommen jene Heiterkeit und Dynamik auf, die wir uns so oft wünschen.

Die Kinder selbst fühlen sich dann manchmal wie erlöst aus dem ewigen Einerlei verhaltensregulierender Maßnahmen und eintrainierter Spezialaufgaben (monotechnische Arbeiten).

☐ Besonders schwerbehinderten Kindern und Jugendlichen vermitteln wir das Gefühl des Dazugehörens.

Das Herumsitzen um einen runden Tisch, das Zugedecktwerden der Gesamtgruppe von einem großen Tuch, das Sitzen unter einem Sonnenschirm lassen solche Erfahrungen eher aufkommen als manche gruppenorientierte Aufgaben wie Singen und Musizieren, Anschauen und Spielen ohne solche konkrete, verbindende «Hilfen».

□ Kommunikation mit intensivbehinderten Kindern schaffen Erzieher und Eltern nur, wenn diese für beide Teile verkraftbar sind.
So empfiehlt es sich grundsätzlich, wenn kein Kind in der Gruppe spricht oder die pathologischen Verhaltensweisen durchgängig, ja übergewichtig sind, daß immer zwei Bezugspersonen in der Gruppe arbeiten. Hier kann dann bereits neben der oft notwendig werdenden Hilfeleistung viel sprachlich verarbeitet werden. Kommunikation zum Intensivbehinderten kann nur entstehen, wenn sie nicht in ihrem Ursprung bereits erstirbt; dieser liegt zweifelsohne beim Erzieher.

Gleichzeitig ist bei aller Herausforderung von «leben lernen» mit Intensivbehinderten vor einem nicht tragfähigen Überengagement zu warnen. Es muß nicht *ständig* jemand um ein schwerbehindertes Kind sein, es muß nicht stets mit Anregungen oder Reizen «beschickt» werden, es muß nicht immer etwas dazulernen.

Tragfähiges Engagement zeichnet sich durch Intensität ebenso aus wie durch Dauerhaftigkeit. Es bedarf dazu Kraft, Nüchternheit und Sachkenntnis. Das Anerkennen der Realität ist weiterhin eine Grundvoraussetzung für gesundes Engagement. Es bezieht mit ein, daß nicht alle Kinder sauber werden und nicht alle Anfälle in den Griff zu bekommen sind. Dieses Wissen blockiert nicht, sondern es klärt. Dieses Wissen sortiert nicht aus in Erziehbare und Unerziehbare, in Bildungsfähige und Nicht-Bildbare, sondern es verbindet. Es sucht nach anderen Bedingungen und Möglichkeiten des Lebens und des Lernens.

Leben lernen — bedarf jeweils Partner

So kommt der intensivbehinderte Mensch während seiner gesamten Lebens- und Lernzeit nie ohne «Dritten im Bunde» aus. Die zweite Stelle gehört der Familie und den Angehörigen, nicht den Professionellen. Dieser «Dritte» leistet nötige Hilfe, schafft Ausgleich, langt zu. Er ist es auch, der zusammen mit den Eltern *Entsprechung* und *Entfremdung* empfindet und damit einhergehend *Bestätigung* und *Frustration* (vgl. Abschnitt 7.3 und 7.4).

Entsprechung oder Entfremdung beziehen sich nicht allein auf die sprachlich-kommunikative Ebene. Zu den ebenso wesentlichen Bereichen, in denen wir auf Übereinstimmung angewiesen sind, gehören das Essen, die Zuneigung, das Erleben, der Körperkontakt.

Nicht selten treffen wir aber auf intensivbehinderte Kinder, die gerade in diesen Bereichen völlig anders sind und anders leben.

Sie spielen mit dem Essen wie mit Gegenständen (vgl. Abschnitt 7.2), sie reißen sich die Kleider vom Körper (vgl. Abschnitt 7.4) oder schmieren mit Kot. Zuneigung oder Körperkontakt weichen sie aus.

Es entstehen Distanzierungen zu Personen wie zu Dingen.

Solche Erlebnisse können nur schwer verkraftet und «angenommen» werden, vor allem, wenn sie von Dauer sind. Es sind aber Erfahrungen des täglichen Lebens und bedürfen der Integration in den Alltag.

Frustrationen im Sinne tiefer Ich-Kränkungen erleben an erster Stelle die Eltern und nicht die professionellen Erzieher, selbst wenn diese auch ähnliche Erlebnisse kennen.

In Anlehnung an STRASSER/SIEVERT/MUNK (1968), aber auch aufgrund neueren Untersuchungen wie die von GRUSCHWITZ (1979), müssen wir davon ausgehen, daß Eltern durch die Geburt eines so schwerbehinderten Kindes einen tiefen Schock erleiden, dessen Dynamik man sich als Außenstehender nie wird vorstellen können.

Wir können die psychische Verfassung vielleicht erahnen, wenn wir an mögliche Erscheinungsformen denken: völlige Unkonzentration, Desintegration im Erleben, schwerste Niedergeschlagenheit, Unfähigkeit, die einfachsten Anforderungen des Alltags zu bewältigen; Zustände also, die an schwerste psychische Krisen erinnern; Zustände, die kaum eine Mutter oder ein Vater mit sich allein bearbeiten oder lösen kann.

Gerade aber in dieser allerersten Zeit bräuchte das Kind eine ausgeglichene, gesunde Mutter; es sollte an die Welt herangeführt werden und gleichzeitig eine mütterliche Person erleben, die ganz Ich sein kann, als Voraussetzung für einen erfolgreichen Ich-Aufbau (vgl. ERIKSON, 1950).

Die Wirklichkeit sieht aber oft ganz anders aus:

Man konnte feststellen, daß solche Trauerzustände, Phasen der narzißtischen Kränkung bis über sechs Monate anhalten. Das Kind kann in dieser Zeit nicht «mit einem objektiven Spiegel der Realität in der Mutter» rechnen. Es verliert dadurch wichtige Momente in seiner Entwicklung. Auf diesem Hintergrund bezeichnet STUCK (1980) viele der schwergeistigbehinderten Kinder als zusätzlich psychisch krank. Das, was Basis für Leben und für Lernen sein sollte, die Akzeptanz eines Kindes, findet in dieser Zeit kaum statt. Dagegen tauchen Gedanken auf, nicht selten Todeswünsche, die die schwere Behinderung hinwegwünschen möchten.

Zusätzlich beginnt die Odyssee zu den Ärzten, zu Spezialeinrichtungen, um überall zu erfahren, daß einer Aufnahme jedesmal etwas anderes im Wege steht. Einmal sieht das Kind nichts, hier nimmt man nur Sehende; dort nimmt man Sehende, aber keine spastisch Gelähmten. Uns sind Kinder bekannt geworden, die häufig 10 und mehr Diagnosen hinter sich hatten, eines sogar war bei über 20 verschiedenen Beratungs- und Diagnosestellen, bis es schließlich als schwerstbehindertes Kind einen Schulplatz und damit vorläufige Ruhe gefunden hat.

Für den *Lehrer und Erzieher* als dem professionellen Helfer stellt sich die Situation des Leben-lernens mit intensivbehinderten Kindern weit weniger dramatisch, wenn auch um nichts einfacher dar. Für ihn wird der Beziehungskonflikt zur Beziehungsaufgabe angereichert bzw. ausgeweitet. Er muß sich auf das betroffene Kind, auf die Eltern, Geschwister und eventuell Großeltern einstellen wie auch auf die verschiedenen Mitarbeiter in der Schule für Geistigbehinderte und schließlich auf die Öffentlichkeit selbst. «Leben lernen» heißt nicht, nur etwas *für das Kind* persönlich zu tun, «leben lernen» heißt immer auch etwas — möglichst gleichzeitig — *für die Umwelt* des Kindes um des Kindes willen zu tun.

Sein eigenes Leben, seine eigenen Lebensinhalte, seine Perspektiven, seine Erfahrungen mit Leid, seine Lebenszuversicht — das alles ist stets gefragt; hier ist er ständig der Geforderte, oft ohne sein Leben direkt — meist nur Substrate davon — ins Spiel bringen zu können (vgl. Kap. 8).

Daß allein deshalb seiner psychischen und physischen Gesundheit ebenso große Bedeutung zukommt wie seinem Fachwissen und seinem didaktisch-methodischen Können, wird bei Überlegungen zur Förderung, zur Erziehung und Bildung Intensivbehinderter zu wenig bedacht und berücksichtigt.

Es wird zunehmend deutlich: «Leben lernen» mit Intensivbehinderten kann nicht die Aufgabe eines einzelnen oder einzelner (Idealisten) sein.

Wenn hier überhaupt von einem Gelingen als Aussicht auf Erfolg gesprochen werden kann, dann nur unter der konsequenten *Delegation* von Aufgaben. Dieses Wort — an sich ein üblicher Begriff aus der Sozialarbeit — ist unter Umständen dahingehend mißverständlich, als man dahinter ein Auseinandergliedern, ein Aufteilen von Förderbereichen oder gar von Verantwortung vermutet.

Vielmehr muß es zu einem unablässigen Zusammenwirken und zu einem gemeinsamen Tragen aller kommen, den Eltern, den Erziehern und Lehrern (vgl. Abschnitt 7.4).

Leben ist Wunsch, Aufgabe und Ziel aller Menschen.

Daß alle Mitglieder unserer Gesellschaft unter annähernd gleichen Bedingungen ihr Leben gestalten können, dafür haben wir zu sorgen, auch wenn sich dies «nur» in *parallelen Wirklichkeiten* (vgl. FISCHER, 1978) realisieren läßt (vgl. Abschnitt 4.4).

Die Hauptschwierigkeit besteht unter anderem darin, daß sich der Betroffene, der Mensch mit einer intensiven Behinderung, aus diesem Prozeß des Zusammenwirkens, der gemeinsamen Anstrengung nicht selten entzieht. Er steht daneben, oft unerreichbar für Außenstehende, unerklärlich den Bemühten, eine Herausforderung den Aktiven.

1.4 Zusammenfassung

Die eingangs gestellte Frage nach einer möglichen Überforderung im Hinblick auf den Titel des Buches konnten auch die zurückliegenden Teilkapitel nicht abschließend beantworten; im Gegenteil, sie zeigten sogar noch eine Reihe weiterer Probleme auf.

Vielmehr ließ sich erkennen, daß die Frage der Förderung intensivbehinderter Menschen nicht nur eine Frage der Praxis, des alltäglichen Lebens, sondern vorerst und gleichgewichtig eine Frage der Theorie ist. Pädagogisches Handeln mit Intensivbehinderten kann vorübergehend mit Erfahrung oder — vordergründig — auch mit Routine gelingen. Für eine tragfähige, überzeugende Grundlegung, auf der sich Weiterdenken lohnt und Handeln sich erst als sinnvoll ausweist, sind voraus *und* parallel immer wieder grundsätzliche Aussagen der Theorie *und* der reflektierenden Praxis notwendig.

Die lange Zeit sehr heftig geführte Diskussion um Bildungsfähigkeit, auch um Schulbildungsfähigkeit, ist zwar noch nicht vollends ausgestanden, jedoch an die zweite Stelle gerückt. Jetzt ist es angezeigt, daß sich Didaktik und Methodik, ebenso wie Pädagogik und Psychologie der Herausforderung stellen und sich der Probleme annehmen, die durch die Zuschreibung und den Vollzug der Bildungsfähigkeit auch bei schwer- und schwerstbehinderten Kindern und Jugendlichen entstanden sind und immer wieder neu entstehen.

Die Herausforderung, von der zurückliegend die Rede war und — besonders im Kapitel 4 — weiter die Rede sein wird, verlangt ein Umdenken im eigenen Selbstverständnis einer Disziplin samt ihrer Inhalte und Ziele und ein Umdenken von Berufsgruppen samt ihrem Selbstverständnis und ihrer Rollenerwartung. Es wäre tragisch, würden wohlwollende erste Schritte in der praktischen Arbeit des erziehlichen und unterrichtlichen Alltags an solchen fach- und berufsbezogenen Unstimmigkeiten oder Festschreibungen scheitern.

Die *Integration* intensivbehinderter Menschen muß mehrfach erfolgen. Neben dem Beitrag der verschiedenen Berufsgruppen bedarf es der Mithilfe von Laienhelfern, von Nachbarn oder Bürgerinitiativen.

Aber auch in die Wissenschaftsdisziplinen der Medizin, der Psychologie und der Pädagogik samt ihren Untergruppen muß das Phänomen der schweren geistigen und der mehrfachen Behinderung Eingang finden und zu einem umfassenden Forschungsanliegen werden. Auch dies ist ein Weg der Integration, auf den sich «leben lernen» beziehen können muß, soll die Bildungs-, Erziehungs- und Pflegearbeit gelingen.

Die letzte Herausforderung «leben zu lernen» gilt allerdings den Betroffenen selbst. Sie ist vielschichtiger und problembeladener, als man gemeinhin vermutet. Davon soll im Kapitel 2 eingehend die Rede sein.

2 Menschen mit intensiver geistiger Behinderung und ihre Lebenswirklichkeit

Erfolgreiches und verantwortbares Erziehen und Unterrichten sind ohne genaues Kennen der jeweils beteiligten Partner undenkbar.

Dabei ist sehr darauf zu achten, daß nicht nur die Erzieher und Lehrer ihre Schüler kennen, sondern auch die Schüler über ihre Lehrer und Erzieher Bescheid wissen. Dies nimmt viel von einer unnötigen Fremdheit, vermeidet Mißverständnisse, erleichtert Kommunikation und schafft Vertrauen.

In welch einem Umfang und in welcher Tiefe man voneinander wissen soll oder wissen kann, wird sich allgemein nicht regeln lassen. Es kommt sehr auf die Absicht und auch sehr auf die jeweilige Situation selbst an. Nie aber darf nur das «Aufdecken» und das «Erfahren» für sich gelten. Es muß stets auch ergänzt werden von dem «Bewahren» und «Schützen» des persönlichen, des intimen Feldes.

Im *didaktischen* Sprachgebrauch hat sich durch HEIMANN/SCHULZ das Ermitteln von «anthropogenen» und «sozio-kulturellen» Voraussetzungen der Schüler eingebürgert. Man will damit den Schüler in seiner individuellen und in seiner sozialen Situation erfassen, als eine der Voraussetzungen für erfolgreiches Lernen und Erziehen.

BRUNNHUBER (1974) nennt in Anlehnung an HECKHAUSEN die «optimale Passung» als Grundvoraussetzung für jeglichen Lernfortschritt. Damit meint er eine Entsprechung der Lernleistung des Schülers gegenüber den Anforderungen, die aus dem jeweiligen Lernvorhaben bzw. der Lernaufgabe erwachsen.

Überprüfungen in bezug auf «optimale Passung» geben dem Lehrer zusätzliche Hinweise über notwendig werdende Lernhilfen bei einzelnen Schülern und gleichzeitig Ansatzpunkte für seine eigentliche methodische Arbeit (AEBLI).

Für unsere Fragestellung «Leben lernen mit intensivbehinderten Schülern» ist dieser Ansatz zu eng. Wir wollen und dürfen nicht die Erziehung und Bildung Intensivbehinderter auf schulisches Lernen und schon gar nicht auf das vorwiegend schulisch planbare Lernen reduzieren. Dies bringt nicht nur eine Einengung des Lern- und Erziehungserfolges, es wird vor allem in keiner Weise der schwierigen Lebenssituation gerecht, auf die der Sonderpädagoge für seine Schüler jeweils eine pädagogische Antwort sucht, für Schüler, die mit seiner Hilfe und zusammen mit ihm «leben lernen» sollen.

Aus diesem Grunde setzen wir uns vorerst auch von einem vorwiegend entwicklungsorientierten Erfassen der «funktionalen Tüchtigkeit» bzw. einem Erfassen des vorliegenden leistungsbezogenen Handlungsniveaus ab und lassen selbst die schwerwiegenden Verhaltensprobleme vorübergehend unberücksichtigt und wenden uns nahezu ausschließlich den *Lebenssituationen* selbst zu, wie sie sich für Menschen mit intensiver Behinderung ergeben.

Pädagogisches Handeln wäre dann nach unserem Verständnis ein Antwortgeben auf die vorgefundenen Situationen — als ein Pflegen und Fürsorgen, als ein Unterrichten und Erziehen, als ein Informieren und Begleiten und nicht nur ein Reduzieren von Verhaltensproblemen oder ein Anbahnen normierter Leistungen und Verhaltensweisen.

2.1 Schüler mit intensiver Behinderung — ein Beschreibungsversuch

SPECK (1979) spricht immer von einem *Menschen mit Behinderung.* Er will damit das Fundamentale, Verbindende und auch das Verwandte des Lebens aller Menschen betonen, das Besondere, das Abhebende bewußt nachordnen.

Angesichts der oft befremdenden Lebensrealität von Menschen mit intensiver Behinderung scheint es manchmal nahezu unmöglich, ja unvorstellbar schwierig, gemeinsame Merkmale des Menschseins aufzuspüren und zu beschreiben.

Definitionsversuche, die den Menschen mit intensiver geistiger Behinderung mit Hilfe umgangssprachlicher oder auch wissenschaftlicher Begriffe kennzeichnen und damit auch verstehbar machen wollen, gibt es viele (vgl. DREHER, FISCHER, FRÖHLICH, HAHN, MÜHL, SPECK, THALHAMMER u.a). Diese wollen wir hier nicht wiederholen.

SCHRÖDER (1979) ist eine relativ vollständige Zusammenstellung von «Beschreibungen und Definitions-, Betreuungs-, Förderungs- und Erziehungsansätzen bei schwerst- und mehrfachgeschädigten Geistigbehinderten» zu verdanken, die zum eingehenden Studium empfohlen werden kann.

Schon an der Aufzählung von so unterschiedlichen Begriffen wie «schwer oder schwerst geistig behindert» oder «schwerst mehrfachgeschädigt» läßt sich die Schwierigkeit des Beschreibens ermessen. Es besteht eine große Gefahr darin, das Phänomen beschreiben, herausstellen, abklären zu wollen — das Phänomen der schweren geistigen Behinderung — und ungewollt und unversehens den Menschen damit zu treffen bzw. ihn letztlich dabei zu übersehen.

Aus diesem Grunde findet der Leser in dieser Hinsicht keinen durchgängigen, ausschließlich verwendeten Begriff für das Phänomen der schweren geistigen Behinderung, dafür aber immer wieder Ausdrücke wie «unsere Schüler» oder «unsere Kinder». Wir wollen damit die Distanzierung abmildern, die sich aus einer lediglich sog. objektiven Beschreibung ergeben kann. Ob uns damit schon gelingt, uns auf den Menschen zu konzentrieren, das Phänomen also von der Persönlichkeit abzutrennen, muß sich erst noch erweisen. Dies ist dann besonders schwer, wenn entweder die Behinderung derart massiv ist oder auch das Verhalten eines Kindes in seiner Pathologie so faszinierend wird, daß es uns ganz in seinen Bann zieht.

Von der fachlichen Seite aus betrachtet, geben wir dem Definitionsansatz von SPECK (1974) den Vorzug, der die schwere und schwerste Behinderung als «Intensivform der geistigen Behinderung» kennzeichnet und für die Betroffenen eine besonders «intensive Förderung» für notwendig hält.

Ist man auf der Suche nach dem Menschsein, ist es von nachgeordneter Bedeutung, ob man das Phänomen der Behinderung als eine erhebliche, meist langandauernde Beeinträchtigung, die lebenslange Begleitung erfordert, vorwiegend aus personal-anthropologischer Sicht (SPECK) sieht oder mehr aus einer gesellschaftskritischen (FEUSER).

Für den Pädagogen dagegen ist unaufgebbar wichtig, die tatsächliche *Lebenssituation* von schwer behinderten Menschen zu begreifen. Dies sollte er nicht als distanzierter Betrachter tun; er sollte sich auf die Seite der Menschen schlagen, die mit einer schweren Behinderung leben müssen. Er sollte sich bemühen und den Mut haben, die vorhandenen Lebensbedingungen wirklich zu sehen, und wo immer ihm möglich, sich in diese Lebenswirklichkeit mit hineinnehmen lassen; er sollte sich davon in seinem pädagogischen Nachdenken und in seinem pädagogischen Handeln innerlich bewegen lassen. Nur so wird er auch etwas *für* den jeweils betroffenen Menschen bewegen können.

2.2 Menschen mit intensiver geistiger Behinderung leben mit uns

THALHAMMERS Feststellung, «Es wird neuerdings ständig *über* ihn gesprochen; er selbst spricht nicht, damit man ihn höre und verstehe» (THALHAMMER, 1974), trifft gerade und in besonderer Weise auf Menschen mit intensiver geistiger Behinderung zu. Das (noch) fehlende Kommunikationssystem zwischen dieser Personengruppe und den «Sprechenden — Hörenden» macht eine direkte Korrektur des «stellvertretenden Beschreibungsversuches» unmöglich. Jedoch ist es möglich, die *Realität des Lebens* zu beschreiben, mit der Einschränkung, daß auch diese von uns als Außenstehende subjektiv erfahren und subjektiv interpretiert wird:

Menschen mit intensiver geistiger Behinderung *leben mit uns,* sie erleben und erfahren *die Realität mit uns;* die Verarbeitung jedoch geschieht gemäß ihrer persönlichen Voraussetzungen *und* gemäß der Zu- und Aufbereitung der «Realität» durch uns.

□ Betrachten wir als erstes die «Realität», in der unsere Kinder leben

In der Familie

Tagtäglich erfahren Eltern und Geschwister unserer Schüler, daß sie ihre Ansprüche auf ein «normales» Leben zugunsten eines Dabeiseins intensivbehinderter Familienmitglieder reduzieren müssen (STUCK, 1980, GRUSCHEWITZ, 1979). Die Belastungen gehen oft weit über das normal Tragbare hinaus und vermögen jedes lebendige Familienleben total zu verändern und zu erdrücken: Schreianfälle beim Einschlafen oder in der Nacht müssen erduldet werden; selten kann man das behinderte Kind alleine lassen; an einen gemeinsamen, erholsamen Urlaub kann nicht einmal mehr gedacht werden; selbstverständliche Angelegenheiten wie

Einkaufen, Essen, Waschen, Spazierengehen werden zu komplizierten Unternehmungen.

Nicht nur der Tagesablauf wird auf die Erfordernisse und Bedürfnisse des Intensivbehinderten abgestellt werden müssen, auch die Kleider — zum Beispiel — müssen so beschaffen sein, daß sie «Zerreißaktivitäten» standhalten und dennoch gut aussehen und möglichst pflegeleicht sind. Manchmal ermöglicht nur noch pürierte Kost eine einigermaßen verkraftbare Essensituation für alle Beteiligten, ohne damit bereits das zurückzugewinnen, was das gemeinsame Essen wirklich ausmachen kann (vgl. Abschnitt 7.2).

Aus diesem Erleben heraus ist es nur zu verständlich, wenn sich die betroffenen Familien auf den Rückzug aus dem gesellschaftlich-öffentlichen Leben begeben. Es scheint die einzige noch lebbare Alternative zu sein.

Manchmal bieten Elternvereinigungen oder Elterngruppen ein Ersatzfeld für die notwendigen und gewünschten Kontakte nach außen. Hier können Eltern viel Wichtiges einbringen und manche Anregung oder auch Korrektur erfahren, die ihnen weiterhilft.

Allerdings kreisen auch solche Kontakte meist um Probleme, die mit der Behinderung in Zusammenhang stehen und sind deswegen selten dazu angetan, Entspannung, Entlastung und Anregung zu bieten.

Zusammengefaßt machen die einzugehenden und notwendigen Kompromisse das Leben einer Familie mit einem so schwer behinderten Kind in vielerlei Hinsicht schwierig:

Einmal belastet die immer wieder notwendige und in vielen Variationen anfallende Reduzierung des «normalen» Familienlebens das emotionale Klima in empfindlicher Weise (vgl. MÜLLER-GARNN), zum anderen weiß man nie, ob man bei aller Anstrengung für das behinderte Kind jeweils das Richtige getan hat. Eine Mutter berichtete neulich: «Man rennt sich die Haken ab, Tag und Nacht, und dann weiß man immer noch nicht, ob es richtig war, was man getan hat. Ich bin ständig am Grübeln und Suchen: Was braucht unser Stefan eigentlich wirklich? Ich glaube, ich werde meines Lebens nie mehr froh!»

Diese persönliche emotionale Verunsicherung überträgt sich auch auf das Kind und bringt auch dieses in eine ebensolche Unsicherheit gegenüber seiner Mutter.

Eine viel zu geringe Beachtung erfahren die Geschwister schwer behinderter Kinder. Sie müssen sehr viel Rücksicht nehmen; oft aber erleben sie ein problematisches «Vorbild», wenn sie jünger als das behinderte Kind sind. Manche Eltern gestalten für die gesunden Kinder dann besonders schöne Ferien oder Wochenenden. Da aber könnte dann der Eindruck entstehen, wie schön eigentlich das Leben sein kann ohne den schwierigen Bruder, ohne die kranke Schwester.

Man sollte an einer Schule nicht immer nur Elternabende oder Zusammenkünfte primär für Eltern organisieren, sondern vielmehr auch für Geschwister Initiativen entwickeln — zum Beispiel in Form von Gesprächsrunden, Spielnachmittagen oder auch einmal ein Fest mit den behinderten Geschwistern.

Letztlich wirkt sich aber das Verhalten einer Familie wiederum auf das behinderte Kind selbst aus. Es erlebt das Gefüttert-, das Gepflegt-, das Versorgtwerden, selten aber ist es selbst zielentsprechend in Aktion, selten bestimmend.

Ein solches Erleben macht passiv, erzeugt größere Hilflosigkeit, bringt Freudlosigkeit und Spannungslosigkeit in den Alltag. Das Selbst-Erleben wird oft bestimmt von Gefühlen des Im-Wege-Seins, Anlaß der Mühe zu sein. Solche Erfahrungen hemmen oder blockieren das eigene Aktivitätsniveau und unterbinden eine gesunde, erfolgreiche Ich-Entwicklung.

In Wohngruppen

Vielfach leben intensivbehinderte Kinder oder Jugendliche in Wohngruppen im Heim. Sie leben dort entweder in sog. Schwerstbehinderten-Gruppen oder auch zusammen mit anderen Behinderten. «Betreut» und erzogen werden sie im Idealfall von extra dafür ausgebildeten Fachkräften. Vordergründig gesehen, scheint es Institutionen um ein Vielfaches leichter zu sein als einer Familie unter «normalen» Familien, ein dem Intensivbehinderten entsprechendes Lebensfeld zu schaffen und zu gestalten, welches dann wirklich auf die Lebensvoraussetzungen und -bedürfnisse abgestimmt ist. Abgesehen von der nicht gewünschten Gettosierung und einer möglichen Isolierung hat aber auch hier die «Machbarkeit» ihre Grenzen. Auf die Probleme der «Arbeitszeitordnung» und der «Finanzierungsplanung» im Bereich der Wohngruppen sei verwiesen, um nur zwei äußere Faktoren für die Arbeit in den Wohngruppen zu nennen.

Trotzdem versuchen Mitarbeiter in Wohnheimen vielerorts mit viel Mühe und Phantasie Lebensrealitäten so zu gestalten, daß sie den vermuteten «Interessen» eines Menschen mit intensiver geistiger Behinderung entsprechen, daß dort lebendiges Miteinander zustande kommt.

In der Schule

Neuerdings erleben Kinder und Jugendliche mit intensiver geistiger Behinderung auch *Schule,* eine «besondere» Schule. Pädagogische Mitarbeiter bieten Lebens- und Lernsituationen an, in denen durch lebendiges Erleben «Lernen» verwirklicht werden soll. Betreuungspersonal während der Fahrt zur Schule und spezielle Fahrzeuge ermöglichen den Schul-«Weg». Materielle und personelle Gegebenheiten im Schul-«Haus» erleichtern den Aufenthalt und das gemeinsame Leben innerhalb dieser Schule. Den Intensivbehinderten wird die *Rolle des Schülers* zugeschrieben, er ist nicht mehr «Nur-Pflegling» (vgl. Abschnitt 4.5.2). Wie aber fühlt er sich in seiner neuen Schülerrolle?

Was vermittelt sie ihm wirklich? Hat sich die Schule zu einem neuen Betreuungssystem entwickelt mit «altem Most in neuen Schläuchen»?

In der Freizeit

Nur vereinzelt finden wir Möglichkeiten für ihn, daß er an einer Wanderung, einem Freibad- oder Tierparkbesuch teilnehmen, ein Konzert besuchen oder sich in anderer Weise individuell «entspannen» kann. Die Ursachen liegen nicht nur an möglicherweise fehlenden Betreuungspersonen, hinderlichen Bauweisen oder fehlender Zielvorstellung, vielmehr auch an den oft ausbleibenden Reaktionen, die uns signalisieren: Hier kann ich mich entspannen, mich freuen, genießen.

Zusammengefaßt:
In allen Lebenssituationen, in denen sich der Intensivbehinderte vorfindet, bestimmt sein «Merkmal» *intensive geistige Behinderung* nicht nur die äußeren Gegebenheiten, sondern auch den Umgang der Beteiligten, das Fühlen und Erleben, das Nachdenken und Handeln untereinander und miteinander.

Die notwendigen Pflegeakte, das ständige Aufpassen «daß nichts passiert», «das dranghafte Hantieren des Intensivbehinderten», sein «unmotiviertes Schreien», seine «vermeintliche Abwesenheit» (HETZER, 1971) lassen Lebenssituationen entstehen, die uns befremden, in denen er aber leben und lernen muß.

Nicht selten entdecken wir uns im Rückzug und möchten gerne aus dieser *«Situation»* heraus, oder wir erledigen eine berufsmäßig vorgeschriebene oder auch für eine bestimmte Zeit uns selbst verordnete Pflichtübung — genau aber das wollten wir anfangs nicht.

Um so notwendiger kündet sich jetzt schon an, daß Erziehung und Bildung, Förderung insgesamt nicht zur Methode werden darf, mit der man das behinderte Kind «belernt», «beübt», «gewöhnt» oder «trainiert». Es ist eine grundlegende Aktivierung an erster Stelle notwendig, eine Herausforderung und eine Einbeziehung in Interaktionsfelder, die über Begegnungen Beziehungen wachsen läßt.

□ *Betrachten wir nun die individuelle Wirklichkeit, in der unsere Kinder leben*

Für Außenstehende ist das Leben unserer Schüler entweder wegen dem sonst kaum anzutreffenden, durchgängigen passiven Erleben oder wegen ihres heftigen, dranghaften und ungestümen Agierens eindrucksvoll.

Das *passive Erleben,* das Aktivität nimmt und sich nicht selten nur durch ein Weiterleben erkennbar darstellt, jedoch mit Spuren von Lächeln und Schatten von Trauer im Gesicht, ist nicht nur ein Leben der reduzierten Aktivität, sondern auch

— ein Erleben der Abhängigkeit und Fremdbestimmung,
— ein Erleben der Hilflosigkeit und Schwäche,
— ein Erleben der Angst und Isolation,
— ein Leben, das Langeweile und Verdrießlichkeit aufkommen läßt.

Das *dranghafte Agieren,* das Bewegung zeigt und Aufmerksamkeit abverlangt, das erkennbar oft «nur» durch immer gleichbleibende Bewegungsmuster und Zuwendungsleistungen — oft zerstörerischer Art — sich darstellt und doch über «psychomotorische Ausdrucksmodalitäten» (THALHAMMER, 1974) Empfindungen, Forderungen und Verweigerung anzeigt, ist nicht nur ein Leben der reduzierten Ruhefähigkeit oder des bloßen In-Bewegung-Seins, sondern auch

— ein Erleben der Abhängigkeit und Fremdbestimmung (durch den begrenzten Raum, die Verbote usw.),

– ein Erleben der monotonen Bewegungsabläufe,
– ein Erleben der Rastlosigkeit und Verschwommenheit,
– ein Erleben des Eingebundenseins in den eigenen Körper, ohne sich als Ich zu fühlen oder als Ich angesprochen zu werden,
– ein Leben, das kaum neue Anregungen bringt und damit auch wenig Erfüllung ermöglicht.

Im Lebensvollzug – sei es mehr ein *passives Erleben* oder mehr ein *dranghaftes Agieren* – zeigt ein Intensivbehinderter keine oder nur bedingt eine – von außen her betrachtet – sinnvolle Produktivität. Er empfängt eine solche, er empfindet Produktivität an sich. Sie aber hilft ihm wenig, Lebenssituationen zu meistern, die der Alltag bringt. Somit wird für den Pädagogen zum Problem, wie er in dieses Feld der Passivität und Aktivität «individuelle Wirklichkeit» einbauen soll. Wo läßt sich individuelle Erfüllung verwirklichen? Wo lassen sich Hilfen, Techniken auf der einen, Sinn und Lebensperspektive für den persönlichen Lebensvollzug auf der anderen Seite anbahnen und entwickeln?

Sinn, Perspektive und Zielvorstellung für Intensivbehinderte als Außenstehende zu postulieren, ist einfach; unsere Behauptung, daß Intensivbehinderte «Sinnvolles» empfinden, «Perspektive» erleben und «Ziele» verfolgen, erscheint vielen überzogen, ja unreal.

Andererseits entstehen «individuelle Wirklichkeiten» erst dadurch, daß der einzelne Mensch
– im Erleben der Realität einen Sinn abgewinnen,
– im Erleben der Realität eine Perspektive für sich ausmachen,
– im Erleben der Realität sich als Akteur erleben und
– im Erleben der Realität Ziele für den Augenblick und darüber hinaus entwickeln kann.

Tatsächlich wird durch das Hineinnehmen des intensivbehinderten Menschen in (Real-)Situationen, durch ein Beteiligtwerden an einer Begegnung mit der Um- und Mitwelt augenblickliches Erleben für ihn zu einem erfreulichen oder unerfreulichen, einem angenehmen oder unangenehmen, zu einem beglückenden oder enttäuschenden Augenblick. Sein Gesicht, oft auch sein Körper lassen solche Erlebnisse beobachten, manchmal auch nur vermuten.

Es entsteht eine Sympathie zum Augenblick.

Das kann dann sein Sinn sein:
– Er mag bestimmte Situationen (zum Beispiel, wenn er vom Vater gebadet wird)

- Er verharrt und beruhigt sich in seinen Aktivitäten (zum Beispiel hört er bestimmte Musikstücke gern)
- Er bevorzugt bestimmte Handlungen (zum Beispiel das behutsame Streicheln seiner Hand)
- Er lehnt aber auch Handlungen ab (zum Beispiel das flotte Anziehen am Morgen, nur weil der Schulbus kommt)
- Er freut sich über das, was mit ihm geschieht (zum Beispiel das schnelle Fahren mit dem Rollstuhl)
- Er freut sich über etwas in seiner Umgebung (zum Beispiel das beruhigende Schwimmen der Fische im Aquarium oder das Leuchten des Blinklichtes)
- Er fühlt sich identisch mit einer Sache oder Situation in seiner Umgebung (zum Beispiel «das Bewegen des Bauklotzes» oder «das Fahren im Auto zusammen mit der Familie»)

«Etwas mögen» oder «etwas nicht mögen», ein «Verharren», ein «Verweigern» sind primärer Ausdruck einer Bewertung des Augenblicks, erste individuelle Wertungen einer Situation, erste Spuren von Sinn.

Perspektive zu haben, ist mehr als eine Bewertung des Augenblicks. Wenn «Erleben» auch primär gegenwärtig, momentan ist, trägt es doch Dimensionen in sich, die zukunftgerichtet sind. Wieder erleben wollen, wieder haben wollen, wieder erkennen, das wären Momente des Zukunftserlebens unserer Schüler. Damit kann und wird sich Aktivität verbinden, die wir auch als Anforderung an uns verstehen können: Er möchte eine bestimmte Form des Waschens und Badens, eine bestimmte Nahrung, ein bestimmtes Gefäß wieder haben, wieder erleben, nochmals genießen.

Gleichzeitig gelingen auch die ersten Fortschritte: Das Kind greift nach dem Löffel, mit dem es essen, aber auch Krach machen will, es bildet Gewohnheiten und damit Erwartungen aus, die Rhythmisierung des Tagesablaufes kann es zunehmend aktiv mitvollziehen.

Zukunftserwartungen und erste Autonomieansprüche — «das möchte ich haben», «morgen kommt die Oma» —, wie wir sie beim gesunden Kleinkind erleben, werden wir beim intensivbehinderten Kind selten finden.

Es erlebt seine Perspektive eher als Reihung solcher bedeutsamen, sinnlich ansprechbaren Augenblicke, aufgezogen wie Perlen auf einer Kette. Diese dann ergeben seine Wirklichkeit, seine «individuelle Wirklichkeit».

Sind wir länger mit unseren Schülern zusammen, werden wir bald etwas von dieser Zielstrebigkeit verspüren, wenn sie zielstrebig «ihre Situation» herbeiführen und sich Zuwendung beschaffen, oftmals durch unerträgliches Weinen, durch aggressives Verhalten oder auch durch kleinkindhaftes Schmusen. Aber auch das Zurückstoßen unserer Zärtlichkeitsbeweise oder das geduldige Ertragen unserer Förderaktivitäten sind erster Ausdruck von Bewertungen und Bestrebungen, von Erwartungen, von sinnlich-erlebnishafter Perspektive.

Solches Sympathisieren mit dem Moment darf uns nicht abbringen, für unsere Schüler ihre wirkliche Zukunft vorauszudenken und dafür etwas zu tun, auch wenn unsere Ziele dann nicht immer die ihren sind.

Größte Bedeutung kommt dem Selbstwerterleben zu. Wir müssen alles nur Denkbare tun, daß wir Situationen schaffen, in denen sich unsere Schüler nicht nur als Adressaten von Lernzielen und Förderabsichten vorfinden, sondern sich stets als Person herausgelockt und herausgefordert erleben.

Dieser Weg mag kurzfristig als der mühevollere erscheinen, letztlich aber ist er nicht nur der erfolgreichere, sondern auch der pädagogisch wie menschlich allein vertretbare.

□ *Intensivbehinderte Menschen leben «in Rollen»*

Das überdimensionale Gewichten und Bewerten ihrer Behinderung hat wohl zu der einseitigen Rollenzuschreibung geführt, im intensivbehinderten Menschen vorwiegend den Schwachen, ja sogar die «Allerschwächsten und Ärmsten» zu sehen. Dabei vergißt man, daß er mitten unter uns und demnach doch mit uns lebt, als Schüler, als Verkehrsteilnehmer, als Patient, als Nachbar, als Bruder oder Schwester, als zu Pflegender, als Urlaubsuchender, als Tochter oder Sohn, als Gast in Clubs, als Mitglied der Gemeinde.

Ob intensivbehinderte Menschen solche Rollen ausfüllen und wie sie diese zu füllen imstande sind, hängt nicht in erster Linie von ihren Fähigkeiten ab, sondern von den Möglichkeiten, die ihnen dazu geboten und ob ihnen diese Rollen überhaupt zugestanden werden.

Weiterhin kommt es darauf an, inwieweit bezüglich einer individuellen Rollenerfüllung Normen oder Toleranz bestehen.

Rollen entstehen aus dem Umgang miteinander und regeln gleichzeitig diesen. So sind auch uns Rollen zugewiesen, die objektiv sich mit «Vater», «Mutter», «Bruder», «Schwester» usw. umschreiben lassen, wie auch mit

«Lehrer», «Erzieher», «Betreuer», «Vorsitzender» oder «Mitglied». Solche Rollen sind dem intensivbehinderten Menschen oft nicht erschließbar. Viele Eltern wünschten sich nichts sehnlicher, als daß sie ihr Kind als Vater oder Mutter erkennt, sie so benennt oder auch ruft.

Unsere Schüler haben engere, konkretere und vielleicht sehr subjektive Rollenmuster für uns bereit. Wir sind

– der Mann, der immer «Süßes» gibt,
– die Frau, die Blumen bringt,
– der Mann, der so streng beim Füttern ist,
– die Frau, die den Bus fährt, und
– die Brigitte ist das Mädchen mit dem großen Hund.

Oft bleibt unbekannt, welche Rollenzuweisung wir durch unsere Schüler erfahren. Es wäre aber interessant, darüber mehr zu wissen; gleichzeitig ist es wichtig im Hinblick auf das Lernen am Modell, intensiver auf solche prägende Merkmale zu achten.

Unter diesem Gesichtspunkt kann sich die Kommunikation erschweren. Wir können nicht mit der nahezu automatisch vorhandenen Rollenzuschreibung rechnen. Wir selbst sollten versuchen, bevor wir, ähnlich wie unsere Schüler, eine subjektive Rollenzuschreibung praktizieren, ihnen die objektiven Rollen anzubieten und zuzutrauen.

Das wird und soll uns nicht hindern, subjektive Rollen zu entdecken; meist sind das sehr liebenswerte Rollen, jedoch mit der Gefahr angetan, als Festschreibung zu enden: Uli, unser Läufer, oder Berta, die ewige Schauklerin.

Mit Vehemenz allerdings sollten wir uns gegen Rollen wie «unsere Sorgenkinder», «unsere Allerschwächsten» oder «unsere Behinderten» wenden. Es sind nicht nur Rollen mit negativen Aspekten, sondern Rollenzuschreibungen, die pauschalieren und jede Individualität zudecken. Sie erreichen nicht die beabsichtigte Integration, sondern das Gegenteil, das Festigen der Randgruppe und damit einer Randposition.

Rollen helfen dem Menschen, seinen Platz im Leben zu finden und ihn dann individuell zu gestalten.

Adäquate und ausfüllbare Rollen für intensivbehinderte Menschen haben ähnliche Funktion wie Lebensaufgaben: Es sind Fixpunkte, an denen sich Leben entzünden und auffalten kann.

Es müssen aber nicht unsere Rollen sein.

2.3 Leben lernen — eine Herausforderung für Menschen mit intensiver Behinderung

Herausforderung kann man positiv und negativ sehen. Einmal stellt sie einen Appell dar, der den anderen wach machen möchte, ihm mitteilen will, daß etwas Wichtiges auf ihn zukommt, zum anderen aber ergeben sich durch diese Herausforderung auch Belastungen, die als Mühe, als Anstrengung oder auch als Verunsicherung erlebt werden.

«Leben lernen» als Konzept der Erziehung und Bildung für intensivbehinderte Menschen umfaßt beide Aspekte. Wir werden nicht vermeiden können, daß sich Belastungssituationen ergeben, die man dann zumindest etwas auffangen kann, wenn man die Hintergründe kennt.

Die tatsächliche Belastung durch die Herausforderung «leben zu lernen» entsteht weniger durch eine möglicherweise stark reduzierte Lernfähigkeit, sondern durch die Herausforderung zum Leben, durch die Zumutung, «unser» Leben zu lernen.

Wenn wir uns nicht nur auf das Anbilden von umschriebenen Fähigkeiten begrenzen, sondern den Menschen in seinem Lebensfeld sehen wollen, müssen wir von der Lebenssituation des einzelnen Menschen herkommen und in seine Lebenssituation mit ihm — neu ausgestattet — zurückgehen.

Intensivbehinderte leben in Begrenzungen

Aufgrund der hohen Pflegebedürftigkeit (vgl. HETZER, 1971) findet sich der geistigbehinderte Mensch, besonders natürlich der schwer- und schwerstbehinderte, in einem engen Feld sozialer Beziehungen vor. Er lebt ein Leben in *sozialen Bezügen.* Durch diese erfährt er Schutz und Bewahrung, lebensanregende und lebenserhaltende Impulse, notwendige und sicher auch überzogene Korrektur.

. Dieses enge Feld der sozialen Beziehungen vermittelt Geborgenheit und Verläßlichkeit, wohl aber auch Begrenzung und Einschränkung. Mangelnde Sinnesleistungen, begrenztes Aufgaben-, Situations- und Umweltverständnis und eine nicht immer entsprechende Bewegungsfähigkeit bzw. Bewegungssteuerung erschweren die Gesamtsituation zusätzlich.

Neben dem sozialen Netz der Begleitung erlebt der einzelne Behinderte ein ebenso dichtes an Vorsichts- und Schutzmaßnahmen. Seine Umwelt ist gegenüber der normalen bzw. originalen Welt nicht selten verändert:

Der Garten eingezäunt, die Türen verschlossen, die Gardinen hochgesteckt, die Blumen weggenommen, der Besuch vorenthalten. Ferienaufenthalte, Theater- oder Museumsbesuche, auch «Essen gehen» finden nicht statt.

Der intensivbehinderte Mensch erlebt eine wohlwollende, eine ihm zugedachte, aber eben doch eine reduzierte, ärmer gewordene Welt.

Da sich solche Eingriffe in das Lebensumfeld der gesamten Mitfamilie nicht unbemerkt und sich auch nicht ohne Rückwirkungen auf das emotionale Erleben auf Dauer vornehmen lassen, verändert sich (für ihn) auch das natürliche *emotionale Bezugsgeschehen;* oft konkretisiert es sich in einer verständlichen Ambivalenz des Freundlichseins und der Ablehnung, nicht selten zusammengeflossen in eine Situation.

Dennoch verbleiben dem behinderten Menschen eine Reihe von Situationen oder Gegebenheiten, Dinge oder Geräte, die man nicht verändert oder auch nicht verändern kann. «Man kann nur hoffen, daß nichts passiert». Diese Geräte und Dinge, diese Situationen oder Gegebenheiten aber sind *vordefinierte Ausschnitte* aus einer Welt, die nach anderen Regeln oder Absichten gemacht wurde, als daß sie dem behinderten Menschen entgegenkämen. Selten sind sie Ausdruck von Lebendigkeit und Lebensfreude, von Sinnlichkeit und Emotionalität, sondern Ergebnis von Funktionalität und Rationalisierung. Es sind Lebensprinzipien oder Spielregeln, die das Zusammenleben vereinfachen oder erleichtern, selten aber in der Weise bereichern, daß sich diese auch dem behinderten Menschen erschließen würde. Ihm bleiben solche Hintergründe, weil sie durch Kognition gewonnen wurden, verschlossen; dagegen ist der Zugang zu diesen Dingen meist leicht (mit einem Knopfdruck ein Gerät bedienen, d.h. große Wirkungen zu erzeugen, ohne diese dann in der jeweiligen Situation verwenden oder steuern zu können). So bleibt eben für die Eltern doch die Angst, es könnte etwas passieren und für den behinderten Menschen der Eindruck, die Welt besteht aus Gefahren und aus Dingen, die man besser meiden soll (laß das, das darfst du nicht usw.). Es ist keine Welt, die zum Aktivsein auffordert, die positive Ich-Erfahrungen auf spontanem Wege ermöglicht, die Vertrauen entstehen läßt.

Intensivbehinderte leben in einer Welt der Regelungen

Unser Leben besteht heute auch aus einer Vielzahl von Terminen, Abmachungen und Verpflichtungen, die ohne Telefon und Verkehrsmittel — vor allem wegen ihrer zeitlich engen Terminierung — kaum mehr zu leisten sind, wie der Besuch beim Arzt, beim Friseur, bei der Bank. Mit einigermaßen geschickter Planung können wir die Termine die Woche über ganz gut bewältigen. Ein behindertes Kind jedoch mit wenig Verständnis und Gefühl für solche Planungen oder Programmierungen lebt einen Rhythmus nach seinen Bedürfnissen. Es kann unsere Hektik und die vielen «Notwendigkeiten» kaum einordnen. Es erlebt sich höchstens, im Wege, manchmal sogar Störfaktor zu sein. Es selbst möchte gerne noch Auto spielen, die Mutter aber drängt zum Aufbruch zum Wochenende in die Berge. Man will nicht in den Stau kommen. Selten können solche sich täglich in Variationen wiederholende Situationen nur vom Verstand her geregelt werden, fast immer schlagen sich diese auf die Stimmungslage der Familie nieder, die man sich und den Bekannten gegenüber entschuldigt, wenn diese nachfragen: Es liegt halt an Florian, der kann aber doch nichts dafür.

Dabei möchte sicher auch ein noch so schwerbehindertes Kind zum Familienleben seinen Beitrag leisten, denn dort ist ja der Ort, wo es sich wohl fühlt. Es möchte mitteilen, was es gesehen oder gehört hat. Es ist der Ort, wo es Fragen stellen kann, auch wenn es meist stereotype Fragen sein mögen, wo es etwas zu essen bekommt, wo sein Bett ist und sein Platz am Tisch, sein Haus.

Intensivbehinderte erleben sich in permanentem Mißverständnis

Es erlebt aber dann doch immer wieder — für das Kind nicht entschlüsselbar —, daß seine Beiträge, seine Kommunikationszeichen nicht verstanden werden. Es entsteht kaum eine Begegnung über den Augenblick hinaus. Der Tag und damit auch das Zusammensein zerfällt in tausend solcher Einzelsituationen. Sein Klopfen oder Schlagen, sein Wegwerfen oder Einsammeln, sein Drehen und Schaukeln als seine Mitteilungen, als seine Lebensäußerungen finden selten eine fortdauernde Antwort, und diese ist meist negativer, das heißt begrenzender, abwehrender oder auch unterbrechender Art.

Dies fördert, so sehr man von der objektiven Richtigkeit der einzelnen Maßnahmen überzeugt sein muß, nicht die Ausdrucks- und Mitteilungsbereitschaft, sie drücken auf die Befindlichkeit, sie lassen das Wohlbefinden ins Schwanken geraten.

Dabei ist auch ein noch so schwer behindertes Kind ein Kind mit ganz normalen Bedürfnissen, mit Bedürfnissen nach einer lieben Mama und einem guten Papa, nach Geschwistern, die mit einem etwas anfangen können und einen nicht sitzen lassen, nach seinem Platz am Tisch, nach einem Spiel mit anderen Kindern, nach dem Rolltreppenfahren im Kaufhaus, nach der Autofahrt ins Wochenende, nach Sonne oder Schnee, eben alles das, was Kinder mögen.

Allerdings gibt es auch Wünsche und Bedürfnisse, die uns fremd bleiben und nur Betroffenheit zurücklassen: Das Zupfen am Teppich, das Reißen an der Tapete, das Drehen der verschiedensten Dinge, das teilnahmslose Essen, das Nicht-Spüren, wann man die Eltern über ein zumutbares Maß stapaziert, immer dasselbe wollend.

Dazu kommt die belastende Unfähigkeit, sich in seinem Lebensrhythmus, in seinem Spannungsbogen, in seinen Wünschen und Bedürfnissen auf die Befindlichkeit der Familie einzustellen. Müdigkeit der anderen wird oft ebensowenig empfunden wie Traurigkeit oder Anspannung.

Zusammengefaßt:

Genau aber dieses schwierige Leben meinen wir, wenn wir von «leben lernen» sprechen. Wir können und wollen keine Ersatzwelt konstruieren, sondern intensivbehinderten Kindern und Jugendlichen, unseren Schülern also, *unsere* Welt zugänglich machen, diese ihnen erschließen helfen, damit sie sich in dieser ihre Wirklichkeit aufbauen und dort auch zunehmend mit anderen zusammen leben können.

Das Zurückziehen in spezialisierte Lernprogramme eng umschriebener Funktionen oder Teilfähigkeiten blendet diese Lebenswirklichkeit vorübergehend aus. Das kann für einen jeweils angestrebten Lernerfolg notwendig sein, es darf aber nicht zum durchgängigen Prinzip für die gesamte Erziehung und Bildung intensivbehinderter Menschen werden, dann vor allem nicht, wenn wir lebensvolle und lebenstragende Beziehungen anregen wollen.

Von da aus gesehen stellt «leben lernen» eine Herausforderung, eine Belastung und vielleicht auch streckenweise eine Zumutung für den intensivbehinderten Menschen selbst dar. Nur weil wir darin aber jene Lebensimpulse zu finden glauben, auf die die Entwicklung und das «Werden der Person» — unabhängig vom Grad oder von der Schwere seiner Behinderung — angewiesen ist, stellen wir uns dieser Zumutung und verantworten eine solche mögliche Belastung.

Sie wird dadurch gemildert, daß sie nie in die Vereinzelung führt oder in der Isolierung geschieht, sondern jeweils im Kontakt und in Begleitung mit uns.

2.4 Abschließende Gedanken und Folgerungen

Unser Anliegen, die Erziehungs- und Bildungsarbeit nicht von der Fähigkeits- oder Defizitebene aus zu beginnen, sondern von der *Lebenssituation* her anzugehen, erbringt für den Pädagogen eine Reihe von Konsequenzen bzgl. seines Denkens, Verstehens und Handelns:

1. Intensivbehinderte Menschen sind selten von Anfang an ihrer Lebensgeschichte in der jeweils uns begegnenden Weise behindert; sehr oft ist ihre Behinderung auch ein Ergebnis aus der Dissonanz von eigenen Lebensimpulsen, individuellen Lebensäußerungen und Lebenstätigkeiten und den Bedingungen der Umgebung, der schwierigen Kommunikation und der sozialen Situation als einer Situation der Begrenzung und Abhängigkeit.
   » Wir werden unsere Bemühungen nicht nur auf das Verhalten selbst, sondern auch auf die Bedingungen konzentrieren. Das Ermöglichen von lebbaren und erfüllten Beziehungen erscheint vorrangig.

2. Intensivbehinderte Menschen repräsentieren nicht nur eine Bündelung oder Summierung von Defiziten. Sie sind Menschen mit eigenem Lebensrhythmus und eigenen Lebensäußerungen und Lebenstätigkeiten; diese haben eine «innere», eine sehr persönliche Seite und eine «äußere», eine meist wenig geformte oder genormte.
   » Wir werden unsere Bemühungen nicht nur auf das Erfassen von Funktionsniveaus oder Defiziten richten, sondern immer wieder diesen inneren Kern suchen. Er ist die Quelle für Lebensimpulse, die Identität, Sicherheit und Vertrauen zum Leben aufkommen lassen.

3. Intensivbehinderte Menschen sind auf einen hohen Anteil an Fürsorge, an Pflege und Begleitung angewiesen. Die Notwendigkeit des Versorgtwerdens, des Begleitetwerdens oder des Geführtwerdens läßt ein Gefühl der Passivität breit werden und vorhandene Eigenaktivität, vor allem wenn diese negativ verstärkt wird, abklingen.
   » Wir werden unsere Bemühungen sehr auf eine umfassende Aktivierung richten, die ihre Grundlage in einem grundsätzlichen Akzeptieren hat, später sich dann nach außen richten und sich der Welt zuwenden kann.

4. Intensivbehinderte Menschen leben in einer Welt, die vordefinierte Verhältnisse schafft. *Ihre* Formen der Definition (vgl. die Rollen — Abschnitt 2.2) sind dabei nicht gefragt; oft werden sie als störend empfunden.
Leben kann man nur, wenn man zwischen den eigenen Bedürfnissen, dem eigenen Weltverständnis und dem vorgefundenen einen Ausgleich schafft.
☞ Wir werden sehr darauf achten müssen, wenn wir das Konzept «leben lernen» glaubhaft und dem intensivbehinderten Menschen dienlich gegenüber vertreten wollen, daß auch *ihre* Definition von Welt ihren Platz hat.

5. Intensivbehinderte Menschen erzeugen, ohne dies in irgendeiner Absicht zu wollen, Frustrationen, Sorge und Leid. Sie können nicht verstehen, daß sie dies immer wieder bewirken. Dabei wollen sie oft nur sein, wie sie sind. Die sich einstellende verschlechterte Stimmung oder das zunehmend gereizte Klima in ihrer Umgebung überrascht sie völlig.
☞ Wir werden sehr darauf achten, daß intensivbehinderte Menschen — wenigstens in einem begrenzten Rahmen — sich so einbringen können, wie sie sind, dann aber auch bald lernen, was beim andern Frustrationen oder Mißmut und was Bereitschaft zur Kommunikation auslöst.

6. Intensivbehinderte Menschen stellen die bislang gelebte Lebensform einer Familie oder auch von größeren Gruppen durch ihr plötzliches «Da-Sein» in Frage; sie zwingen zum Nachdenken und zum Finden von Alternativen, sie führen nicht selten die Menschen, die mit ihnen leben, in Tiefen oder auch Untiefen, die bislang völlig verborgen waren.
☞ Davon können wir eigentlich nur lernen.

7. Intensivbehinderte sind oft Menschen ohne herkömmlich schöne Gestalt, ohne gewinnendes Gesicht, ohne ansprechende Hände, mit einer wenig anziehenden Haut; und dennoch «wissen» die meisten von ihnen und zeigen es uns, was schön ist, wo Wärme zu finden oder zu suchen ist.
Sie nehmen so ihre Lebensbegleiter manchmal sehr behutsam und

unauffällig, manchmal sehr robust und kräftig «an der Hand», um ihnen diese Momente oder diese Stellen im Leben zu zeigen ... der Platz unter dem weitausladenden Apfelbaum, den Platz unter der Höhensonne, die Stille in der großen Kirche, die Schmuseecke im Sofa, das Frühstück bei froher Musik.

⮚ Wir sollten uns davon auch etwas im Schulbereich zeigen lassen, damit «leben lernen» nicht ohne diese lebensfrohen Momente auskommen muß.

8. Der intensivbehinderte Mensch bleibt auf sich zurückgeworfen, gefangen in seiner Körperlichkeit und in seinen Aktivitäten, allein und oft nur schwer verstehbar in seinen Bedürfnissen; dazu in ständiger Gefahr, die letzten Reste einer Beziehung zum anderen zu verlieren. Dabei möchte er sich angerührt fühlen und von Wärme und Geborgenheit, von Zuversicht und Lebenszutrauen, von Freundlichkeit und Mitgefühl.
Er möchte gefragt und nicht nur gepflegt, beansprucht und nicht nur beübt, geachtet und nicht nur geduldet sein.

⮚ Insofern ist er ein *Wartender;* er wartet auf uns.

Über den intensivbehinderten Menschen etwas auszusagen, ist wahrhaftig schwer. Oft gibt er sich schweigend oder in einer Weise redend, die wir nicht erschließen können.

Das gemeinsame Leben mit ihm, das Nähe und Distanz kennt, das Annäherung und Abgrenzung wagt, das Begegnung zwischen einem Ich und einem Du versucht, wird neben allem Schweren aber auch jene Momente entdecken, die zwar anders sein mögen als gewohnt, sicher aber eben nicht nur schwer.

Es spricht von den «Nicht-müde-Werden» und von der Geste der «offenen Hand» die man dem Vogel hinhält, auch wenn man ihn nicht fassen kann (Hilde DOMIN).

3 Diagnostik bei intensivbehinderten Schülern – ein Problem für Lehrer, Schüler und Betreuer

3.1 Vorbemerkung

Vielleicht wundert sich mancher Leser nach den vorausgegangenen Ausführungen, nun doch noch ein Kapitel zur Diagnostik vorzufinden.

Aus dem vorgezeigten Weg, Schüler mit intensiver Behinderung aus ihrer jeweiligen Lebenssituation – ihrem Verhältnis zur Realität und zur jeweiligen, individuellen Wirklichkeit – heraus zu verstehen, ergibt sich keine dringende Notwendigkeit, in einem herkömmlichen Sinn Diagnostik zu betreiben. Auch aus der Sicht der handlungsorientierten Didaktik, auf die wir uns in den Grundüberlegungen zum «Leben lernen» vom Ansatz her beziehen, ergibt sich eine solche Notwendigkeit nicht.

Wenn wir dennoch auf diagnostische Aussagen nicht verzichten wollen, dann aus der bereits erwähnten Erfahrung, daß Lernen grundsätzlich auf die sogenannte «optimale Passung» angewiesen ist. Allerdings darf diese nicht nur auf den Leistungsbereich begrenzt bleiben, sondern muß auf alle Bereiche menschlichen Lebens und Lernens ausgeweitet sein.

Der Erfolg des Lernens hängt eben nicht nur von der «funktionalen Tüchtigkeit» ab. Außerdem hat Lernen in diesem strengen Sinn im Gesamtfeld möglicher und notwendiger Erziehungs- und Bildungsangebote für intensivbehinderte Schüler nur begrenzte Bedeutung. Wenn wir unseren Schülern als Person, denen unsere Herausforderung gilt, einigermaßen gerecht werden und sie nicht verfremden wollen, dann gelingt das neben der Gesamtsicht, wie sie in den vorausgegangenen Kapiteln zur Darstellung kam, nur über das genaue Kennenlernen des Leistungs- und Verhaltensrepertoires unserer Schüler.

Aussagen dazu ergeben sich allerdings nicht nur aus meßbaren Fakten oder Daten. Gleichrangig wichtig sind Momente der persönlichen Dynamik, die Bedürfnisse und Strebungen, Ängste und Vorlieben zum Ausdruck bringen und somit ein Mehr an Verstehen dem jeweiligen Schüler

Aufgabenfelder	Inhalte	Verfahren
Aufgabenfeld 1 zum existentiellen Grundbedarf	Welche Pflegemaßnahmen sind notwendig? Inwieweit besteht seitens des Schülers Möglichkeit der Mitwirkung? Wo muß in besonderer Weise Lernhilfe ansetzen?	gezielte Beobachtung S/P—P-A-C med. Gutachten Berichte der Eltern ADAM-Arbeitsplan G
Aufgabenfeld 2 zur funktionalen Grundausstattung	Welche Leistungen im Rahmen sensorischer, motorischer und psychischer Fähigkeitsbereiche liegen vor? Welche Handlungsansätze, welche Handlungsstrategien liegen vor? Ansätze lebenspraktischer Tüchtigkeit	DENVER-Entwicklungsskalen S/P—P-A-C Laufdiagramm nach FISCHER Freies Aktionsfeld Handlungsproben BIERMANN/FISCHER Reiz-Reaktions-Tabelle ADAM-Arbeitsplan G
Aufgabenfeld 3 zur Umweltbezogenheit	Welche Objektkonstanz, Umweltorientierung, welche Umweltbewältigung liegt vor? Bestehen Einsichten in funktionale Zusammenhänge, in Regeln, Gesetzmäßigkeiten? Bevorzugung der personalen bzw. materialen Welt	Handlungsproben BIERMANN/FISCHER Freies und gebundenes Aktionsfeld Laufdiagramm Reiz-Reaktions-Tabelle S/P—P-A-C

Aufgabenfelder	Inhalte	Verfahren
Aufgabenfeld 4 zur Ermittlung von Lebensaufgaben	Welche Vorlieben, welche Fähigkeitsbereiche sind ausgebildet? Wo besteht Abwehr, wo Angst? Wo lassen sich feste Handlungs- oder Reiz-Reaktionsketten, wo Gewohnheiten aufbauen?	Verfahren wie oben *dazu* intensive Kontakte zu den Eltern, häufiges Teamgespräch mit allen Mitarbeitern

Bild 3.1 Gesamtrahmen einer sonderpädagogischen Förderdiagnostik

garantieren. Daß dieses «Mehr» letztlich oft ein sehr bescheidenes «Wenig» bleibt, ist Realität für jeden Sonderpädagogen. Insgesamt muß eine sonderpädagogische Diagnostik sich als *Förderdiagnostik* verstehen und im Hinblick auf die im Kapitel 4 dargestellten *vier* Aufgabenfelder Auskunft geben (siehe Bild 3.1).

Grundsätzlich hat eine sonderpädagogische Diagnostik bei Intensivbehinderten gemäß dem dargestellten Verständnis primär keine Aussonderungs- oder Zuordnungsfunktion.

Selbst ein noch so bescheidener Ertrag als Ergebnis aus solchen Untersuchungen oder Beobachtungen hat keinen Einfluß auf die Frage nach einer möglichen Beschulung im Rahmen einer Sonderschule und auch nur bedingt Einfluß auf die Klassenbildung (vgl. Kap. 6).

Nicht selten treffen wir auf Kinder mit einem Bündel von Untersuchungs- und Diagnoseberichten berühmtester Fachleute unter dem Arm. Sie suchen bei uns keine neue Diagnose, sondern endlich einen Menschen, der es mit ihnen probiert, der einen Zugang zu ihnen sucht und vielleicht doch findet, weil er sich auf sie einstellen kann. Sie suchen einen Menschen, der mit ihnen die pädagogische Arbeit aufnimmt, nämlich «leben zu lernen», und diese auch über Jahre hinweg durchhält.

Genau um einen solchen *Zugang* zu unseren Schülern geht es. Eine adäquate, sonderpädagogische Förderdiagnostik sollte diesen ermöglichen, Wege dazu ebnen und Ziele der Förderung aufzeigen.

3.2 Diagnostische Verfahren für intensivbehinderte Schüler aus sonderpädagogischer Sicht

Nachfolgend sollen für die schulpraktische Arbeit Hilfen zur Diagnostik bei intensivbehinderten Schülern in *drei* Gruppen vorgestellt werden:

Gruppe 1

Bekannte Testverfahren — meist auf entwicklungsorientierter Grundlage — und ihre Verwendbarkeit bei intensivbehinderten Kindern und Jugendlichen

Gruppe 2

Ein Frage- und Beobachtungsbogen zur freien Beobachtung, der dem Pädagogen Hinweise zur Erfassung des Gesamtverhaltens aufgrund von Fremd- und Eigenbeobachtung gibt

Gruppe 3

Untersuchungsverfahren aus der Praxis zur Erfassung der Gesamtsituationen intensivbehinderter Schüler im Rahmen des schulischen Feldes

Sollte der Lehrer eine *Erst-Untersuchung* durchführen müssen — zum Beispiel für das Schulamt —, die bei schwer behinderten Schülern allerdings als ausgesprochen problematisch anzusehen ist, so kann er sich an den Ausführungen von FISCHER (1979) orientieren, die ebenfalls aus einer eigenerprobten Aufnahme-Untersuchungspraxis stammen.

Wichtig erscheint neben der Fragwürdigkeit von Testerhebungen bei intensivbehinderten Schülern außerdem, daß diese Gruppe wie kaum eine andere in ihrer Leistungsbereitschaft und ihrem Leistungsvermögen von den personalen und situativen Gegebenheiten abhängig bleibt. Das heißt konkret, daß kaum ein Datum oder ein Faktum aus diesem Untersuchungsergebnis für sich gelten wird, sondern stets nur im Zusammenhang mit den jeweiligen Untersuchungsbedingungen Gültigkeit hat. Nach unserer Erfahrung kann es als Faktum der schweren geistigen Behinderung gewertet werden, daß intensivbehinderte Schüler mit so schwerer Behinderung nur sehr bedingt in der Lage sind, freie, d.h. von der Situation und der Person unabhängige Fähigkeiten zu entwickeln.

3.2.1 Gruppe 1: Datenerhebungssysteme

Nachfolgend werden einige ausgewählte *Datenerhebungssysteme* vorgestellt, die in der pädagogischen Arbeit mit intensivbehinderten Kindern Verwendung finden, allerdings mit sehr unterschiedlichem Erfolg.

Sie stammen meist aus dem Bereich der Säuglings- oder Kleinkinderdiagnostik oder aus dem Bereich der Frühförderung.

Die Daten stellen nur einen Teilbereich einer sonderpädagogischen Frühdiagnostik dar, vor allem dann, wenn die pädagogische Arbeit sich als handlungsbezogen und nicht ausschließlich als entwicklungs- oder funktionsorientiert versteht. Es bleibt letztlich Aufgabe des Sonderpädagogen, weder sich noch seine Arbeit von solchen Tests verfremden zu lassen und auch seine Schüler davor zu bewahren.

Folgende Tests sollen vorgestellt werden:

- ☐ DENVER-Entwicklungsskalen
- ☐ S/P—P-A-C nach GÜNZBURG
- ☐ Arbeitsplan nach ADAM
- ☐ Diagnosebogen I nach BEGEMANN/FRÖHLICH

Weitere Testsysteme, die für die Arbeit mit Intensivbehinderten eine Rolle spielen, sind im Anhang (Abschnitt 9.1) aufgeführt.

Die Vorstellung erfolgt nach folgenden Gliederungspunkten:

- ☐ Welche *Ziele* verfolgt der Test?
- ☐ Wie ist dieser zu *handhaben?*
- ☐ Welche zusätzliche *Literatur* gibt es?
- ☐ Wo kann man ihn *beziehen?*
- ☐ Wie ist er im Hinblick auf die pädagogische Arbeit mit Intensivbehinderten zu *bewerten?*

Die DENVER-Entwicklungsskalen (DES)

☐ *Zum Verfahren und zu den Zielen:*

Die amerikanische Form des DES wurde von Inge FLEHMIG an deutschen Kindern standardisiert. Sie kommt zu dem Schluß, daß mit dem DES ein praktikables Mittel zur Früherfassung von Entwicklungsverzögerungen vorliegt (FLEHMIG, 1975, S. 44). Es handelt sich um einen Such- oder Siebtest (Screening), mit dessen Hilfe unerkannte «Krankheiten» oder «Mängelerscheinungen» zu identifizieren sind.

Die DES wurde für die Arbeit mit Säuglingen und Kleinkindern bis zu sechs Jahren entwickelt.

Nachfolgende *vier Bereiche* werden abgefragt:

- Sozialer Kontakt
- Feinmotorik und Adaption
- Sprache
- Grobmotorik

Die diesen vier Bereichen zugeordneten Items sind nach entwicklungspsychologischen Gesichtspunkten geordnet.

□ *Zur Handhabung:*

Dieser Situationstest hat den Vorteil, daß man sich in ihn schnell einarbeiten kann und daß er rasch durchzuführen ist (ca. 30 Minuten). Folgende wenige Dinge sind als Testmaterial notwendig: eine Klapper, ein rotes Wollknäuel, acht Klötzchen, je zwei in den Farben rot, blau, grün, gelb, ein Gläschen, eine Glocke, ein Tennisball, ein Bleistift, einige Rosinen. Neben den beim Kind direkt abzufragenden Items gibt es solche, die von den Angehörigen beantwortet werden müssen.

Die einzelnen Items werden mit B = «bestanden» oder F = «nicht bestanden» signiert.

□ *Hier kann man ihn beziehen:*

Harburger Spastiker-Verein e.V.
Schloßmühlendamm 8—10
2000 Hamburg 90

□ *Zusätzliche Literatur:*

FLEHMIG, Inge: Die DENVER-Entwicklungsskalen (DES). In: BV Lebenshilfe: Frühe Hilfen — wirksamste Hilfen. Marburg 1975, S. 30—44.

SCHMITZ, Gudrun: Diagnose und Beschreibung schwer geistig Behinderter mit dem DENVER-Entwicklungstest. In: BV Lebenshilfe: Hilfen für schwer geistig Behinderte — Eingliederung statt Isolation. Marburg, 1978, S. 153—157.

□ *Beurteilung im Hinblick auf die pädagogische Arbeit mit Intensivbehinderten:*

Da sich der Test an der Entwicklung eines normalen Säuglings und Kleinkindes orientiert, können die aktuellen Erfordernisse von Schülern mit intensiver geistiger Behinderung kaum zufriedenstellend erfaßt werden, auch wenn die 105 Items für die Arbeit des Pädagogen Orientierungspunkte darstellen — vor allem dann, wenn dieser vorwiegend entwicklungsorientiert arbeitet. Um ein genaues Bild einer möglichen körperlichen Schädigung oder des tatsächlichen Leistungsverhaltens und Handlungsniveaus zu erhalten, bedarf es einer weiteren, eingehenden Untersuchung.

Will man nach einem handlungsbezogenen oder beziehungsorientierten Ansatz arbeiten — wie wir dies vorwiegend in diesem Buch tun —, dann vermittelt dieser Test lediglich eine grobe Übersicht über die *funktionale Tüchtigkeit* (Abschnitt 4.5.3).

Außerdem wird durch das Gleichsetzen von Kleinkindern und Schülern mit intensiver geistiger Behinderung der Lebensrealität unserer Schüler nicht Rechnung getragen:

Sie leben nicht mit den gleichen Entwicklungsmöglichkeiten wie Kleinkinder und haben dennoch eine Vielzahl anderer Lebenserfahrungen — bittere und gewinnbringende — gesammelt, die ihre «Leistungsbereitschaft» und ihr Leistungsverhalten entscheidend mitprägen.

Primäre pädagogische Analyse und Curriculum der Sozialentwicklung für geistig schwerstbehinderte Menschen → der S/P—P-A-C (nach H. C. Günzburg)

□ *Zum Verfahren und zu den Zielen:*

Der S/P—P-A-C als Modifikation des P/P-A-C «für die Untersuchung von schwerstbehinderten Menschen» liegt als eine Auflistung von 181 Entwicklungsschritten vor. Der S/P—P-A-C will *vier Bereiche* abfragen:

- *Selbsthilfe* (Essen, Toilette, Waschen, Aus- und Anziehen),
- *Verständigungsvermögen* als Wahrnehmung und Verarbeitung (Rezeption),
  als aktive Verständigung (Lautäußerung) und passive Verständigung (Sprachverständnis),
- *Sozialanpassung* (ohne Unterpunkte),
- *Motorik* als Bewegungsfähigkeit (Grobmotorik) und als Finger- und Handgeschicklichkeit (Feinmotorik).

Der S/P—P-A-C-*Fragebogen* soll

1. eine Bestandsaufnahme individueller Leistungen ermöglichen,
2. zur Erstellung von individuellen Förderplänen beitragen,
3. zum Vergleich individueller Leistungsprofile hinführen.

□ *Zur Handhabung:*

Das ist der große Vorteil: Zur Durchführung sind keine testpsychologischen Kenntnisse erforderlich, die exakte Einhaltung der Instruktionen (Handbuch) ist aber unabdingbar. Ein spezielles Testmaterial wird nicht benötigt. Die Feststellung von Leistungen (Fortschritte, Rückschritte bzw. Stagnation) erfolgt nach kontinuierlichem Beobachten des Behinderten in der Alltags- und Schulsituation.

Die ermittelten Leistungen sind in ein übersichtliches, kreisförmiges Diagramm (Rosette) einzutragen. Dieses bietet nicht nur einen schnellen Überblick, sondern weist auch auf die notwendigen nächsten Schritte des Förderbemühens hin.

So werden nahezu automatisch die nachfolgenden Leistungs- bzw. Lernziele aufgrund der vorliegenden Hierarchisierung ersichtlich.

□ *Hier kann man ihn beziehen:*

BV Lebenshilfe für geistig Behinderte e.V.
Postfach 80
3550 Marburg 7

□ *Zusätzliche Literatur:*

GÜNZBURG, H. L.: Die Erstellung eines individuellen Entwicklungsprogramms für schwer geistig Behinderte auf der Grundlage einer pädagogischen Bestandsaufnahme: Das P-A-C-System
WARNECKE, Rose Lind: S/P—P-A-C eine Sonderform der P-A-C-Formulare (GÜNZBURG)
beide in: BV Lebenshilfe: Hilfen für schwer geistig Behinderte — Eingliederung statt Isolation, Marburg 1978
SCHMITZ, Gudrun: Sensomotorische Förderung: «Festhalten und Loslassen» In: Zeitschrift für Heilpädagogik 6/78 S. 341—353 (Arbeit nach dem S/P—P-A-C)
SEIBERT, R.: Die P-C-C ... In: HEP-Informationen Nr. 3, Sept. 1978, 7630 Lahr, Im Dornschlag

□ *Beurteilung im Hinblick auf die pädagogische Arbeit mit Intensivbehinderten:*

Für die Erfassung und Darstellung der Leistungen unserer fortschrittlicheren Schüler haben wir mit dem S/P—P-A-C ein nützliches Verfahren zur Hand. Wir erhalten ein «Leistungsbild» der Schüler und können die Leistungsbilder verschiedener Schüler miteinander vergleichen. Dies ist nicht zuletzt auch für die Bildung von Klassen von Vorteil.

Für eine Bestandsaufnahme des Leistungsverhaltens und des Handlungsniveaus von Intensivbehinderten beginnt der S/P—P-A-C in seinen untersten Stufen bereits mit relativ komplexen Leistungen. So lautet die erste Frage zum Teilbereich «Toilette und Waschen»: «Bleibt auf dem Topf/Toilette sitzen.» Hier ist der Fragebogen, wie auch in den anderen Bereichen, nach unten hin zu erweitern, was bereits versucht wurde (KOLMER-SCHINDLER, 1979).

Auch aus den Fragen zur Bewegungsfähigkeit (Grobmotorik) läßt sich zum Bereich «Toilette» wenig «Bestand» ableiten. Dazu fehlen auch Fragen im Teilbereich «Wahrnehmung und Verarbeitung» zur somatischen Wahrnehmung wie etwa: «Reagiert beim oder nach dem Einnässen, Einkoten» oder: «Befühlt, betastet eigene Körperteile.»

SCHRÖDER (1978) weist auf einen weiteren Mangel des Fragebogens hin: «Das S/P—P-A-C-Verfahren nach GÜNZBURG, das ja gerade für den schwerstgeschädigten, geistig Behinderten entwickelt worden ist, berücksichtigt die Mehrfachbehinderungen zu wenig.» (S. 160). Er schlägt vor, den Fragebogen durch Alternativ-Items zu verbessern. Es dürfte nicht vorkommen, daß ein blinder Schüler einen Ausfall in seinem Sozialverhalten testiert bekommt, obgleich er kontaktfreudig ist, nur eben keinen Blickkontakt aufnehmen kann.

Problematisch erscheint uns zudem, alle Lernziele für unsere gesamte pädagogische Arbeit mit Intensivbehinderten lediglich aus der Leistungserhebung nach dem S/P—P-A-C abzuleiten, die wir mit Intensivbehinderten bearbeiten und erreichen wollen (vgl. FISCHER, 1977, Rettet die Erziehung). «Leben lernen» umfaßt weit mehr und muß vielschichtiger sein als das Hinaufsteigen einer Leistungs-«Treppe» in den funktionalen und lebenspraktischen Bereichen.

ADAM: *Arbeitsplan für den Unterricht mit Geistigbehinderten*

□ *Zum Verfahren und zu den Zielen:*

Bei diesem Arbeitsplan handelt es sich um ein *Curriculum* im engeren Sinne, das Ziele *und* Inhalte umfaßt; Lernsituationen, Lernstrategie, Medien und Evaluierung werden dabei nicht dargestellt.

ADAM legt diesem Arbeitsplan für die Schule für Geistigbehinderte als das wohl bisher differenzierteste, systematisch aufgebaute «Zielprogramm» vor.

Das Gesamtprogramm ist in sechs Lernbereiche aufgeteilt:

□ Selbstbesorgung
□ Gebrauchsfähigkeit des Körpers
□ Kommunikation
□ Grundwissen
□ Praktische Fertigkeiten
□ Sozialverhalten

Die (Lern-)«Inhalte» sind auf 12 Schuljahre verteilt, jedem Lernbereich ist ein «Leistungswegweiser» vorangestellt, dem die Teillernziele aufgrund von Durchschnittswerten den 12 Schuljahren zugeordnet wurden.

ADAM selbst empfiehlt den Arbeitsplan des Fachbereichs «Selbstbesorgung» für den Unterricht schwerer behinderter Kinder (ADAM, 1978, S. 11).

Dieser Fachbereich gliedert sich in vier Untergruppen:

— Körperpflege
— mit Nahrung umgehen
— Kleidung
— Vorsicht und Sicherheit

Jede Untergruppe ist in 10 bis 12 Themen aufgegliedert. Jedes «Thema» (z.B. Essen mit dem Löffel, Mantel, Treppen und Flure) ist noch einmal in 10 bis 25 «kleinste Schritte» gegliedert, hierarchisch geordnet und wiederum grob auf Grundstufe, Mittelstufe und Oberstufe verteilt.

□ *Zur Handhabung:*

Ähnlich wie beim S/P—P-A-C — setzt man ihn hier zweckentfremdet als Diagnoseinstrument ein — können Leistungen anhand eines Lernzielkatalogs klassifiziert werden. Im Lernzielkatalog sind dann die darauf aufbauenden Lernziele ersichtlich. Testmaterial erübrigt sich, da Leistungen aus dem Unterricht nach dem Arbeitsplan abgefragt werden.

□ *Er ist über den Buchhandel zu beziehen:*

ADAM, Heidemarie: Arbeitsplan für den Unterricht mit Geistigbehinderten, Limburg, 1978.

□ *Zusätzliche Literatur:*

ADAM, Heidemarie: Curriculumkonstruktion für Geistigbehinderte, Limburg, 1978.

□ *Beurteilung im Hinblick auf die pädagogische Arbeit mit Intensivbehinderten:*

Der ADAMsche Arbeitsplan leistet für die praktische Arbeit im Unterricht gute Dienste; erste grobe Festlegungen zur weiteren Unterrichtsplanung — speziell im Bereich der funktionalen Tüchtigkeit — können anhand der beobachteten Schülerleistungen gemacht werden.

Der Arbeitsplan orientiert sich am «Normalisierungsprinzip»; er soll mithelfen, behinderten Menschen im Hinblick auf das Leben in der vorgegebenen «Normalwelt» eine optimale Förderung anzubieten. Deshalb sind die Ziele und Themen direkt an die «Normalität» der Lebenspraxis gebunden bzw. aus dieser entnommen. Der Arbeitsplan wurde nicht primär als Diagnoseinstrument entwickelt. Er läßt als solches und als Planvorlage für den Unterricht Fragen nach den Lebensinhalten, welche für Intensivbehinderte bedeutsam, sinnvoll und wertvoll sein können, weitgehend offen.

Er ist dem Pädagogen aber eine sehr brauchbare Arbeitshilfe zur Einschätzung der *Leistungen* seiner Kinder und zu weiteren Planungen. Dies gilt besonders für den Lernbereich «Selbstbesorgung». Der Arbeitsplan ist allerdings vorwiegend am *Produkt* (erreichtes Lernziel) orientiert und kann somit kaum mithelfen, weitere grundlegende Erfordernisse und Bedürfnisse unserer Schüler zu ermitteln und zu planen.

ADAM selbst empfiehlt einen «flexiblen Umgang» und keine dogmatische strenge Verwendung des Arbeitsplanes. So müssen Momente des Kreativen bzw. Musischen vom Pädagogen ausgefüllt werden; vor allem aber sind die Inhalte zur *Erschließung der Wirklichkeit* (Kap. 4, Aufgabenfeld 3) selbst zu bestimmen.

□ *Zum Verfahren und zu den Zielen:*

Im Rahmen des Modellversuchs zur Förderung Schwerstkörperbehinderter in der Primarstufe entwickelte FRÖHLICH den *«Diagnosebogen I»*, der einmal zur «Bestandsaufnahme» in allen für die Förderung relevanten Bereichen dienen soll, zum anderen für eine fortlaufende Überprüfung von Entwicklungsverläufen schwerstkörperbehinderter Kinder im Primarbereich nützlich ist.

Der Test fragt ab:

— *den Wahrnehmungsbereich:* (u.a. augenärztliche Untersuchung, Farbtafeltest, Fixiertest, HNO-Untersuchung, Reaktion auf Geräusche, Stimmen),
— *den Funktionsbereich:* (u.a. Greifen, Handdauerhaltung, Koordination, Kaubewegungen, Schlucken, Trinken, Essen),
— *den Sozialbereich:* (u.a. Erkennen, Äußerung, Empfindung, Hygiene, Schlaf, Tagesablauf),
— *den Funktionsbereich:* (u.a. Physiotherapie: Reflexe, statische Funktionen, Fein- und/oder Grobmotorik).

Jedem Item sind bestimmte Unterpunkte zugeordnet, teils benennen sie das «Testmaterial» (z.B. Fixiertestwollknäuel, Punktetafeln, ...), teils die «Reaktion» (z.B. Fixiertest — fixiert nicht, über 90°, nicht über 90°).

Außerdem fragt der Bogen einzelne elementare Re-Aktionen mit unverzichtbaren Dingen aus der jeweiligen Umwelt des Kindes ab.

Trinken: mit Flasche, Löffel, Schnabeltasse, Becher, Trinkhalm ...
Essen: «ißt mit Flasche», ißt Brei, Kindermenüs
Schlaf: Schlafzeit/Tag, schläft bevorzugt, ...
Tagesverlauf: muß fixiert werden, ist im Bett, ...

□ *Zur Handhabung:*

Die Durchführung einer Erhebung von Lebensäußerungen mit Hilfe dieses Diagnosebogens bedarf vorstrukturierter Beschäftigungs- und Fördereinheiten. Er ist für die Arbeitsform der Einzelförderung entwikkelt und ohne die zahlreichen Fördermaterialien zur Basalen Stimulation (vgl. FRÖHLICH, 1977, 1979) nicht durchführbar.

Mit Hilfe eines differenzierten Schlüssels wird das Niveau der Reaktionen präzise erfaßt und klassifiziert:

0 = nicht erkennbare Reaktion im Sinne der Anforderung
1 = erste Andeutung einer Reaktion im Sinne der Anforderung
2 = Ansatz einer Reaktion im Sinne der Anforderung deutlich erkennbar
3 = Reaktion im Sinne der Anforderung eindeutig erkennbar
4 = jederzeit eindeutige Reaktion vom Kind

(BEGEMANN/FRÖHLICH, 1979, S. 122)

Zusätzlich soll noch die Art und Zeitdauer der persönlichen Zuwendung zum Kind notiert werden.

□ *Er ist über den Buchhandel zu beziehen:*

BEGEMANN/FRÖHLICH/PENNER: Förderung schwerstkörperbehinderter Kinder in der Primarstufe, Mainz, 1979 (Hase & Koehler-Verlag)

□ *Beurteilung im Hinblick auf die pädagogische Arbeit mit Intensivbehinderten*

Als Diagnosebogen für die Bestimmung der Ausgangssituation für pädagogische Fördermaßnahmen für und mit intensivbehinderten Kindern und Jugendlichen zeigt dieser Bogen neue Aspekte auf und hilft — wenn er auch für die jeweiligen konkreten Kinder modifiziert werden müßte — dem Pädagogen, seine Schüler systematisch zu beobachten und zu fördern. Nachteilig an diesem Verfahren scheint die aufwendige Durchführung und Auswertung für ein weitergehendes Förderangebot zu sein. Unberücksichtigt bleiben «fortschrittlichere» Leistungen und «höhere» Handlungsniveaus, was jedoch aus der Zielabsicht der Verfasser nicht als Mangel zu werten und diesen nicht anzulasten ist.

Abschließende Bemerkungen:

Die sonderpädagogische Bedeutsamkeit und Leistungsfähigkeit von Datenerhebungssystemen lassen sich nicht nur nach den «objektiven», den diagnostisch-erhebbaren und den prognostisch-verwertbaren Daten bestimmen.

Sicher ist wesentlich, daß mit Hilfe solcher Verfahren in der Praxis für den einzelnen Schüler

□ Ansätze für die Förderung in bestimmten Bereichen sichtbar werden,

□ eine Kontrolle über die Weiterentwicklung — auch über eventuelle Rückschritte — erfolgen kann,

- □ und selbst minimale Fortschritte den oft schon «fast verzweifelten» Lehrern, Erziehern und auch Eltern aufgezeigt werden können.

Darüber hinaus sind diese Systeme in sich und die mit ihnen erhobenen Daten

- □ eine der Grundlagen für Gutachten, Berichte und Stellungnahmen und
- □ Anlaß und Gegenstand der gedanklichen Auseinandersetzung aller Mitarbeiter im Hinblick auf den einzelnen Schüler, nicht zuletzt im Hinblick auf das eigene Selbstverständnis.

Dennoch muß nochmals betont werden, daß wir mit den vorgestellten «Tests» vorwiegend — wenn nicht sogar ausschließlich — *Leistungsbereiche* erfassen.

Wie bestechend operationalisierte Lernziele und ihre hierarchische Anordnung im S/P—P-A-C und im ADAMschen Arbeitsplan auch sein mögen, sie machen noch nicht die ganze Welt des Schülers aus, der mit intensiver geistiger Behinderung leben muß.

Zum einen werden meist nur Lebensäußerungen und Lebenstätigkeiten aufgenommen, die gelernt werden können und letztlich eine Fertigkeit — also ein Produkt — darstellen; selten werden solche erfaßt, die abgebaut werden müßten.

Zum anderen wird darauf verzichtet, Bereiche abzufragen, die sich nicht so gut hierarchisieren lassen bzw. die sich der direkten Überprüfung entziehen, wie Befindlichkeit, Bedürfnisse, Lebensantrieb bzw. -dynamik und Zuwendungsleistungen, die wir aber ebenso in unsere pädagogische Überlegungen hineinnehmen müssen und wollen, gemäß unseres Konzeptes «Leben lernen».

FRÖHLICH legte einen Diagnosebogen I vor, der uns trotz seiner speziellen Art und der notwendig engen Anbindung an die Basale Stimulation Richtung weisen kann, wie wir unsere Schüler noch intensiver beobachten können und müssen.

Unterrichtliches Handeln, das nur am Produkt interessiert ist, wird bei Intensivbehinderten scheitern müssen. Wir orientieren uns *auch* am (Lern-)Produkt; grundlegender und wesentlicher ist jedoch der (Lern-)Prozeß, den ein Schüler durchlebt, wenn er sich auf den Weg zum Produkt begibt. Hier eröffnet sich uns das eigentliche Feld des «Leben lernens», das Beziehungsfähigkeit individuell entstehen lassen und schaffen will (vgl. Kap. 4).

Unser pädagogisches Bemühen wäre demnach nicht vollständig und auch nicht überzeugend, würden wir aufgrund dieser Erkenntnisse und Erfahrung nicht verstärkt die bedingenden und individuell bestimmenden Faktoren aufzuspüren und zu erfassen versuchen, die die «Fähigkeit zum Prozeß» umschreiben. Sie bieten uns letztlich — wenn auch nicht ausschließlich — den Ansatz für erfolgreiches pädagogisches Handeln. Sie sind schüler- und damit personennäher als das nächste Lernziel — von außen an den Schüler herangebracht.

3.2.2 Gruppe 2: Ein Frage- und Beobachtungsbogen zur Erfassung der Gesamtsituation intensivgeistigbehinderter Schüler

Vorbemerkungen
Sowohl die Test- und Untersuchungsverfahren aus der Gruppe 1 bzw. die genannten Verfahren im Anhang (vgl. Abschnitt 9.1) als auch die Beobachtungsverfahren aus der Gruppe 3 konzentrieren sich jeweils auf einen bestimmten Aspekt oder verfolgen schwerpunktmäßig einen Ausschnitt aus dem Gesamtverhalten und aus der Gesamtsituation intensivbehinderter Schüler.

Das ist richtig und gut so; damit ist jedes Verfahren für sich qualifiziert und auch spezialisiert. Außerdem stehen derzeit noch keine umfangreichen Diagnoseinstrumente zur Verfügung, die das gesamte Feld der pädagogischen Situation abzudecken imstande sind.

Für die alltägliche Schulpraxis reichen diese dem Pädagogen jedoch wegen der oft ganz anderen Aufgabenstellung nicht aus. Für seine Unterrichts- und Erziehungsarbeit will er einen knapp gefaßten Gesamtüberblick; einen solchen benötigt er auch, wenn er für die Behörden und Ämter Berichte zu erstellen oder für andere Zwecke Gutachten zu verfassen hat. Auch hier kommt es nicht auf eine präzise Erfassung von Teilleistungen an, sondern auf das Gesamtbild des Schülers, seine persönliche Situation, seine Fördermöglichkeiten und Fördernotwendigkeiten.

Und das ist die Absicht des Fragebogens
Der vorgeschlagene Bogen will in seinem Grundsatz eine Synthese sowohl der Anliegen der Testverfahren aus der Gruppe 1 — vorwiegend Auskünfte über die funktionale und lebenspraktische Tüchtigkeit — mit

den Aussagen und Anliegen der Beobachtungsverfahren aus der Gruppe 3 — vorwiegend spezielle Probleme von Erschwerungen oder Verhaltensausprägungen — erreichen.

Neben der Tüchtigkeit und dem Leistungsniveau müßte die Schülerpersönlichkeit, die diese Produkte zustande zu bringen hat, gründlicher erfaßt werden.

Nun kann man mit intensivbehinderten Schülern keine projektiven Tests durchführen; selbst Ausschnitte aus dem Szeno-Test bei besseren Schülern sind äußerst fragwürdig. Dennoch ist es wichtig, Auskunft zu erhalten über die inneren Antriebe, über das Motivationsgefüge, über die Bedürfnislage, über Strebungen und Interessen, über Ängste und Abwehrmechanismen, über das Selbstwerterleben und über das Selbstwertgefühl.

Ganz besonders wichtig sind die Fortschritte im Ich-Aufbau.

Weder die augenscheinlichen Leistungsdefizite noch die Schwierigkeit, Persönlichkeitsfaktoren bei intensivbehinderten Schülern zu erkunden, dürfen uns dazu führen, die Schülerpersönlichkeit völlig zu übersehen und auszublenden, und einseitig die Leistungsperson in unsere Untersuchungen aufzunehmen. Fallen uns auf Befragen hin nur solche Leistungsmomente ein und gar nicht mehr, was der Hansi gerne tut, was er umgeht, was er anstrebt, worin er originell ist, dann sind wir bereits der Produktseite erlegen.

Und so ist mit dem Fragebogen umzugehen:

1. Die Daten für diesen Bogen ergeben sich nicht allein aus der distanzierten Beobachtung, sondern vorrangig aus der Interaktion mit einem Schüler, auch aus dessen Interaktion mit seiner materialen, situativen und personalen Umwelt. Basis für unsere Arbeit ist der «pädagogische Kontakt, die Bindung des ganzen Menschen an den ganzen Menschen» (WINNEFELD) — auch für die Beobachtungssituation. Nach herkömmlichen Regeln für das Testen und für die Beobachtung könnte ein solches Verhalten das Testergebnis verfälschen. Bei intensivbehinderten Schülern ist jedoch vieles nur aus der unmittelbaren Nähe zum Schüler zu ermitteln.
2. Die hier vorgestellten und vorgeschlagenen Fragebereiche sind ebensowenig vollständig wie die Unterpunkte und Fragen, die wir exemplarisch anführten zum besseren Verständnis der Zielintention. Beide sollen in der Teamkonferenz, in den Schulkollegien oder in der Stu-

fenarbeit ausgebaut, erweitert, ergänzt und vor allem auf die jeweilige Schülergruppe hin passend gemacht werden.

3. Grundlage zur Beobachtung sind sowohl sogenannte *Lebensfelder*, wie die Familie, die Schulklasse, die Wohngruppe oder die Busfahrt zur Schule als auch die jeweils bedeutsamen *Lebenssituationen*, die ein Schüler täglich erlebt, wie das Essen, das Spielen, das An- und Ausziehen, die Freizeit, die Toiletten-Situation.
   Grundsätzlich sind Situationen, die fordern, zu unterscheiden von solchen, die einen Freiraum ermöglichen oder auf Gewöhnung abzielen.
4. Der Fragebogen kann inhaltlich nicht nur ausdifferenziert, sondern in seinen Leistungsanforderungen auch hierarchisiert und bis zu einer Ratings-Skala ausgebaut werden.
   Er muß aber dennoch praktikabel sein, darauf käme es sehr an. Ein Übermaß an Differenzierung erschwert die Übersichtlichkeit und damit die Verwendbarkeit. Besser ist es — bei Bedarf —, einzelne Problempunkte herauszugreifen und sie mit speziellen Verfahren eigens zu untersuchen, dann zum Beispiel, wenn ein Kind alles wegwirft oder sich übermäßig ablenken läßt.
5. So wie der Fragebogen erst für den jeweiligen Schüler passend gemacht werden muß, so bedürfen auch die Ergebnisse einer Auswertung und Umsetzung, die dem einzelnen Schüler gelten. Das kann durch eigene Lernziele oder auch durch einen veränderten Erziehungsplan geschehen, auch durch eine Initiative, die ein Lebensfeld betrifft — zum Beispiel den Schulweg mit dem Bus bewältigen — oder durch eine Umstellung des Pflegekonzepts.
6. Eine weitere Qualifizierung ergibt sich durch die Erstellung und Verwendung eines Rasters. In dieses werden alle Daten in Kurzform eingetragen, entweder a) als Ergebnis der augenblicklichen Beobachtungs-Serie oder b) in der Gegenüberstellung zu Ergebnissen aus früheren Zeiten (zum Beispiel bei Beginn des neuen Schuljahres), um daraus dann Fortschritte oder Blockierungen besser ablesen zu können.
   Anschaulicher wird dieses Raster, wenn man in einer weiteren Spalte Objekte oder Lebenssituationen vermerkt, aus denen die Ergebnisse stammen bzw. wovon diese abgeleitet wurden. Insgesamt empfiehlt es sich, die konkrete Beobachtung niederzuschreiben und nicht zu stark zur Verallgemeinerung zu drängen. Sie nimmt das Individuelle weg

und schafft eine Objektivierung, die dem intensivbehinderten Schüler nicht mehr entspricht.

7. Eine zu schnelle Interpretation oder gar eine Bewertung ist möglichst zu vermeiden.
8. Schließlich wird der Fragebogen sowohl in seinen Daten durch Ergebnisse aus den anderen Untersuchungsverfahren als auch durch Ergebnisse der Beobachtung des Gesamtverhaltens eines Schülers ergänzt werden müssen.
   Man kann dann diese «Ausbuchtungen» oder Ergänzungen gut im Raster vermerken, um einen einigermaßen vollständigen Überblick zu haben.
9. Auf jeden Fall müssen die Folgerungen ersichtlich sein, die im Teamgespräch — auch in Abstimmung mit den Eltern oder den Erziehern im Heim — getroffen werden.

□ *Die Fragenbereiche selbst*

Im Hinblick auf das «Leben lernen mit Intensivbehinderten» als eine pädagogische Situation erscheinen nachfolgende Bereiche bedeutsam:

Bereich 1 Befindlichkeit
Bereich 2 Leistungsverhalten
Bereich 3 Handlungsansätze
Bereich 4 Interaktionsverhalten bzw. Verständigung
Bereich 5 Lernfähigkeit

□ zum Bereich 1 | *Befindlichkeit*

Hierzu sind Angaben zu folgenden Unterpunkten zu sammeln:

— zur körperlichen Verfassung
— zur Stimmungslage (wie verhält sich der Schüler in neuen, wie in wiederholten Situationen?)
— zu Motivation und Interesse, zu den Bedürfnissen
— zur Selbstdarstellung
— zum Ausdrucksverhalten
— zum Wollen und Streben (wie reagiert er bei der Unterbindung seiner Lieblingstätigkeit?)
— zum Ich-Bewußtsein

□ zum Bereich 2 | *Leistungsverhalten*

Hierzu interessieren folgende Detailbereiche:
- die Wahrnehmungsfähigkeit (optisch, akustisch, sensorisch-taktil)
- die Bewegungsfähigkeit
- die Orientierungsfähigkeit (wie reagiert er auf bewegte, ruhende, laute, leise, duftende, eßbare Gegenstände im Raum?)
- die Selbstversorgung

□ zum Bereich 3 | *Handlungsansätze*

Hier spielen Einzelfakten eine Rolle:
- zum Aktivsein (wodurch werden Aktivitäten, Reaktion usw. angeregt?)
- zur lebenspraktischen Tüchtigkeit (welche Handlungsmuster haben sich ausgebildet?)
- zum Zielbewußtsein
- zur Initiative und Selbständigkeit
- zum Sinnverständnis
- zur Anstrengungsbereitschaft

□ zum Bereich 4 | *Verständigung*

Hier helfen uns Einzelkenntnisse:
- zur aktiven «Sprache» (wie bewegt er sich bei Freude, Trauer?)
- zum passiven Sprach- bzw. Symbolverständnis
- zur Kontaktaufnahme (wie reagiert er auf «Nähe» bzw. «Distanz»?)
- zum Zuwendungsverhalten
- zur Initiative (wie reagiert er, wenn der Pädagoge still und ohne Bewegung in der Nähe ist?)

□ zum Bereich 5 | *Lernfähigkeit*

Hierzu sind Unterpunkte von Bedeutung:

- zur Gewöhnung (wie reagiert er, wenn er von *seinem* Platz weggeholt wird?)
- zur Nachahmungsfähigkeit (zeigt er Reaktion, wenn der Pädagoge seine Bewegungen nachmacht?)
- zur Experimentierfreude und dem Erkundungs- bzw. Untersuchungsverhalten
- zur Aufmerksamkeit
- zur Gedächtnisleistung
- zur Denkfähigkeit

Abschließende Feststellungen

Ein solcher Frage- und Beobachtungsbogen ist nicht ohne Probleme. Er sieht so allgemein-üblich aus und soll dennoch das Spezifische unserer Schüler erfassen. Er soll dem Pädagogen ausreichend Material im Hinblick auf seine Planungen bezüglich der vier Aufgabenfelder (vgl. Kap. 4 bzw. die Vorbemerkungen zum Kap. 3) liefern.

Produkte sollen ebenso erfaßt werden wie die Bedingungen zu diesen — Momente auf dem Weg dorthin.

Es soll die Gesamtsituation des Schülers in seinem Zuwendungsverhalten zu sich, zu seiner personalen und sozialen Mitwelt und zu seiner situativen und sachlichen Umwelt aufgefaltet werden.

Fähigkeiten, Fertigkeiten und Funktionen stehen gleichberechtigt neben den Objekt-Beziehungen, den Vorstellungen und den Bedürfnissen.

Die pädagogische Antwort darauf gilt aber — aufgrund unseres Konzepts — nicht nur den Defiziten oder den Leistungen als solchen. Da diese wiederum Resultate von Bedingungen sind, bedürfen primär diese der gezielten Einflußnahme, der Verbesserung und der Korrektur — also unserer pädagogischen Antwort.

3.2.3 Gruppe 3: Untersuchungsverfahren aus der sonderpädagogischen Praxis

Will ein Sonderpädagoge Ernst machen mit dem Ziel «Leben lernen», wird er sich in der Planung und Gestaltung von Unterricht nicht nur auf die Ergebnisse standardisierter und objektivierter Testverfahren allein verlassen. «Leben lernen» zielt primär auf Beziehungsfähigkeit als die fundamentale Basis für eine später anzustrebende oder zu entwickelnde Handlungsfähigkeit. Von da aus ist es notwendig, das Interaktionsverhalten intensivbehinderter Schüler besser kennenzulernen, ihre Bedürfnisse zu erfahren, sicher auch über ihre funktionale Tüchtigkeit Auskunft zu bekommen und ihre Umweltbezogenheit zu ermitteln.

Die hier zur Darstellung kommenden Untersuchungsverfahren setzen sehr verschiedene Ausgangssituationen voraus, wie sie sich aus dem Unterrichtsalltag fast von allein ergeben: die freie Unterrichtssituation, das zielbezogene Unterrichtsangebot, die eng umschriebenen Handlungsproben und der offene Ereignis-Unterricht.

Die aufgezeigten Untersuchungsverfahren wenden sich aber auch an sehr unterschiedliche Schüler, wie sie eben in Klassen mit intensivbehinderten Kindern anzutreffen sind: Die unruhigen, die erethischen und hyperaktiven Kinder (nach THALHAMMER, die Ausdrucksfähigen, vgl. THALHAMMER 1974, S. 51), ebenso wie die passiven, die torpiden, die übermäßig ruhigen Kinder (nach THALHAMMER die Gruppe der Eindrucksfähigen, vgl. THALHAMMER, 1974, S. 49). Während die Kinder der erstgenannten Gruppe meist sehr intensiv mitbestimmen, was sie tun möchten, was nicht — oft werden sie als Läufer charakterisiert —, bereitet die zweite Gruppe wegen ihrer fehlenden Aktivität erheblich Mühe. Es sind die Stillen in der Klasse, die Sitzer, Kinder, die man gerne übersieht.

Daneben treffen wir noch auf die in vielerlei Hinsicht mehrfachbehinderten Kinder, sei es aufgrund ihrer zusätzlichen motorischen Behinderung oder ihrer massiven Sinnesschädigung.

Die Untersuchungsverfahren, die vorgestellt werden sollen, sind folgende:

Verfahren 1 das Laufdiagramm
Verfahren 2 die Handlungs-(Aktions-)Tabelle
Verfahren 3 die Reiz-Reaktions-Tabelle
Verfahren 4 das Freie Aktionsfeld

Sowohl das Laufdiagramm als auch die anderen Verfahren geben dem Pädagogen — eine gewissenhafte und gründliche Interpretation (am besten im Team) vorausgesetzt — wichtige Hinweise für die Erstellung von Einzelplänen für die individuelle Förderung und für die Gestaltung von Unterricht in der Gesamtgruppe. Dabei ist jedoch sehr darauf zu achten, daß sich das Augenmerk nicht nur auf die ermittelten Einzelfakten richtet als das derzeit erreichte *Produkt* — zum Beispiel: kann den Löffel zum Mund führen, verfolgt einen bewegten Gegenstand —, um dann als nächsten Lernschritt ein neues Produkt anzusteuern. Jedes dieser Leistungen ist begründet in dem Zustandekommen selbst — also im *Prozeß*. Dieser hat nach sonderpädagogischem Verständnis die gleiche Bedeutung wie das Produkt selbst. Es darf nicht dahin kommen, daß sich sonderpädagogische Arbeit nur am Produkt orientiert, wie es Daten aus Entwicklungstests zum Beispiel vorgeben oder auch der PAC anregt.

Selbst wenn bestimmte Verfahren, die anschließend beschrieben werden, sich besonders für eine bestimmte Schülergruppe eignen, zum Beispiel das Laufdiagramm für Läufer, so sind diese sicher auch für andere Kinder zu verwenden. Hier sollte der Pädagoge, wie beim Unterricht sonst auch, flexibel und kreativ sein.

Verfahren 1 *Laufdiagramm*

Das ist die Absicht:

Mit dem *Laufdiagramm* werden die Kinder «erfaßt», die ständig unterwegs sind — die «ewigen Läufer». Sie ziehen ihre Bahnen wie Nicht-Seßhafte, ruhelos, hektisch, aber dennoch mit Zielabsicht. Sie steuern in ihren Laufrunden ganz bestimmte Punkte im Raum an, befassen sich mit ausgewählten Gegenständen in ihrer jeweils eigenen Art und fühlen sich an bestimmten Orten ausgesprochen wohl; andere Orte dagegen meiden sie. Oft sind diese Kinder dem autistischen Formenkreis zuzurechnen.

Mit dem *Laufdiagramm* sollen — äußerlich gesehen — der Weg erkundet und analysiert und dazu die *Objekte* erfaßt werden, die Faszination oder auch Angst auslösen, die zum Innehalten des Laufmechanismus auffordern, die bestimmte *Handlungsmuster* oder *Gewohnheiten* bis hin zu stereotypen Verhalten abrufen und somit Formen und Struktur der Beziehung des jeweiligen Schülers zu seiner Umgebung erkennen lassen.

Das sind die äußeren Bedingungen:

- ☐ ein Beobachter, der mit der Technik des Mitschreibens und mit dem Sinn des Laufdiagramms ausreichend vertraut ist (beim ersten Versuch wird es kaum gelingen, den Lauf eines so unruhigen Kindes «mitzuschreiben» — es geht zu schnell!),
- ☐ freie Unterrichtssituationen, die zum selbständigen Tätigsein Raum geben bzw. ein solches herausfordern,
- ☐ ein vorheriges Kennen des Schülers, um mit dessen Aktionen insgesamt einigermaßen vertraut zu sein,
- ☐ ein nachfolgendes Teamgespräch, um die gemachten Beobachtungen auszuwerten und um einen entsprechenden Plan für das weitere erzieherische Handeln zu entwerfen.

Darauf ist bei der Beobachtung und später bei der Auswertung zu achten:

Kinder, die in ihrem Laufen beobachtet und erfaßt werden können, teilen sich uns dabei mit. Sie geben uns Auskunft über sich, über ihre Bedürfnisse, ihre Befindlichkeit, ihre Tüchtigkeit, ihre Umweltbezogenheit, ihre sozialen Kontakte.

Sie tun das auf ihren Wegen, bei den ausgewählten Gegenständen, bei den Ruhepausen, durch die Bevorzugung ganz bestimmter Orte, aber auch durch ihre Dynamik, ihre Rastlosigkeit, ihre Hyperaktivität und ihre «Abgeschlossenheit».

Dieses Kennenlernen gibt dem Pädagogen wiederum Hinweise, wie er mit einem solchen Kind Kontakt aufnehmen kann, wie er dessen funktionale Tüchtigkeit verbessern, die vorhandene vielleicht auch noch besser beanspruchen kann, wie dessen Umweltbezogenheit erweitert und differenziert werden kann, wo er zusätzliche Pflege- und Führungshilfe geben muß.

Zur *Auswertung eines Laufdiagramms* können nachfolgende Punkte helfen:

1. Ermitteln Sie Bedürfnisse, Interessen, Vorlieben und Strebungen, aber auch Ängste, Befürchtungen, Vermeidungen.
   ⇒ Wo braucht der Schüler mehr Zuwendung, mehr Pflege, mehr Führung, mehr Sicherheit? (vgl. Aufgabenfeld 1)
2. Ermitteln Sie die vom Schüler praktizierten Handlungsmuster und Gewohnheiten, mit denen er Gegenstände manipuliert oder sich mit ihnen beschäftigt.

Analysieren Sie diese nach dem funktionalen Können (motorischer, sensorischer Art, Wahrnehmungsleistungen, Zuwendungsleistungen), auch der Anteil von Assimilation und Akkommodation (PIAGET) ist wichtig!

ᐅᐅ Wo braucht der Schüler spezielle Lernhilfe? Wo kann man seine ausgebildeten Handlungsmuster und Handlungsketten auf andere Gegenstände übertragen, wo ausweiten, wo muß man sie unterbrechen? (vgl. Aufgabenfeld 2)

3. Ermitteln Sie die bevorzugten Umweltkontakte! Mit welchen Gegenständen geht der Schüler bevorzugt um, mit welchen weniger, mit welchen nicht? Welche Umweltsituationen sucht er, welche meidet er? Sind diese komplex, einfach, lustbetont?

ᐅᐅ Wo braucht der Schüler Hilfe, um zu mehr Umweltkontakten zu gelangen? Welche Gegenstände kann man ihm noch anbieten? Wo kann man seine Umweltsituation so verändern, daß er dennoch «da bleibt» und nicht weiterstrebt? (vgl. Aufgabenfeld 3)

4. Ermitteln Sie ausgeprägte Leistungen, ausgeprägte Bedürfnisse, ausgeprägte Handlungen, die als unverwechselbar für diesen Schüler gelten, die gleichzeitig auch auf spätere Aufgabenfelder hinweisen.

ᐅᐅ Wo lassen sich für spätere Lebensaufgaben Hinweise ableiten, wo lassen sich diesbezüglich Hilfen anbieten, wo lassen sich Entwicklungen unterstützen? (vgl. Aufgabenfeld 4).

Wie sieht nun ein Laufdiagramm konkret aus?

Am Beispiel von *Martin* (12; 6) soll ein solches Laufdiagramm vorgestellt werden.

Martin ist ein intensivbehinderter Schüler mit Verdacht auf Autismus. Offensichtlich sind seine schweren Hospitalismus-Erscheinungen. Er besitzt kaum Sprachverständnis, ist nicht sauber, kann jedoch mit Hilfe den Löffel zum Mund führen, kann Eßbares noch nicht sicher von Nicht-Eßbarem unterscheiden, besitzt kaum Auge-Hand-Koordination, ist feinmotorisch jedoch sehr geschickt, springt oft scheinbar völlig unvermittelt vom Stuhl auf, weicht Körperkontakt meist aus, hat Phasen größter motorischer Unruhe, ist ein Läufer — Tag und Nacht.

Die Zeit der nachfolgenden Beobachtungsskizze umfaßt zehn Minuten (10 min).

Die übrigen Mitschüler konnten sich — es war Freispielzeit — allein beschäftigen, allerdings unter Aufsicht. Gleichzeitig wurde mit einzelnen Kindern Toiletten-Training durchgeführt.

Martin beschränkt sein Laufen allerdings nicht auf solche Zeiten; er läuft immer weg — nahezu unabhängig von der Situation.

Allerdings konnte man ihn jetzt schon so weit beeinflussen, daß er kleine Zeitabschnitte — zum Beispiel während des Morgenkreises — neben der Erzieherin sitzen bleibt.

Die anderen Schüler lassen sich durch *Martin* relativ wenig beeindrucken. Sie haben sich — soweit sie es wahrnehmen können — an seine Laufrunden gewöhnt.

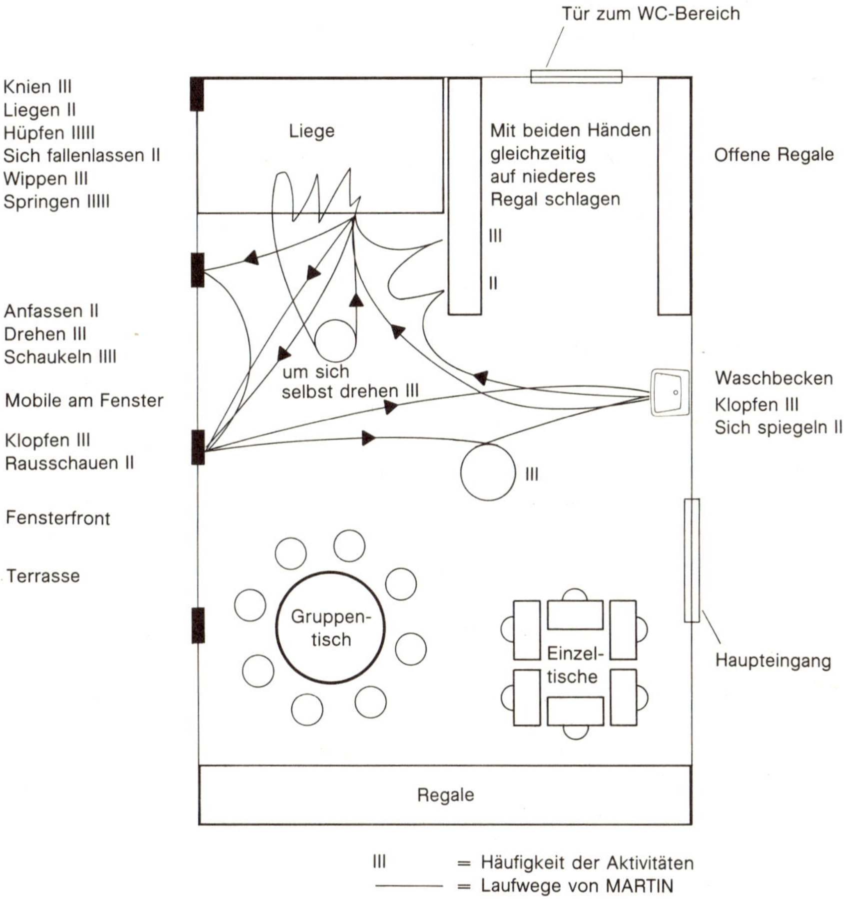

Bild 3.2 Laufdiagramm aus der Praxis

Sonderpädagogische Anmerkungen zu den sogenannten Läufern:
Als Grundfrage stellt sich die Beeinflussung und die Beeinflußbarkeit des Laufens. Daß es nicht sehr viel erbringt, mit Zwang dieses Laufen zu unterbrechen, erweist sich in der Praxis immer wieder. Sehr wohl aber kann es als Ausgangssituation für weitere Aktionen genützt werden, damit ein Kind mit der Umwelt in vielfältige Kontakte kommt und neue Handlungsmuster einübt bzw. vorhandene ausdifferenziert. Überraschende Wirkung kann man durch ein Widerspiegeln des Verhaltens erreichen. In einem solchen Fall versucht der Erzieher, die Aktionen des Schülers spiegelbildlich zu kopieren: er läuft mit, klopft auf die gleichen Gegenstände, dreht am Wasserhahn, äußert ähnliche Laute (was allerdings gewisser Übung bedarf!).

Bewußtere Zuwendung zu Gegenständen oder Situationen kann der Erzieher durch Verändern von Gegenständen oder Situationen erreichen. Gleichzeitig wird das zunehmend mechanisch anmutende Tun eines Kindes wieder zurückgeholt und mehr zu einer gezielteren Handlung: Der geliebte Ball liegt in einer Schale zwischen anderen (ähnlichen) Bällen, die Schaukel ist festgebunden, eingehakt oder hochgehängt, die Fläche, auf der ein Kind stereotyp klatscht, wird beklebt mit verschiedenen Materialien unterschiedlicher Oberflächenstruktur; am Lieblingsaufenthaltsort ist ein großer Spiegel angebracht.

Bestimmte Ecken oder Orte, auch Gegenstände können mit Tönen oder Lichtern in Verbindung gebracht werden, die bei bestimmten Handlungen «an- oder ausgehen» (auch im Sinne der Verhaltensmodifikation).

So ergibt sich eine doppelte Möglichkeit des pädagogischen Handelns:

- □ einmal in das Laufgeschehen selbst einzuwirken — wenn auch sehr behutsam
- □ zum andern Folgerungen aus dem Laufgeschehen für andere Situationen zu ziehen und zu realisieren

Welche Möglichkeit davon aufzugreifen ist, hängt von den jeweiligen Gegebenheiten des Schülers ab. Bei *Martin* verfolgten wir beide, wobei die erstere mehr Erfolg brachte.

Schließlich können solche Laufdiagramme auch Anregungen zur Gestaltung von Lern- und Gruppenräumen geben. Die Schüler bestimmen auf diese Weise ihre Lern- und Lebenswelt mit.

Verfahren 2 — *Die Handlungs-(Aktions-)Tabelle*

Das ist die Absicht:

Wir gehen bei den Beschreibungsversuchen immer von den *Lebensäußerungen* und den *Lebenstätigkeiten* eines Schülers aus. Meist werden diese von der Umwelt hervorgerufen, manchmal auch aufgrund eines inneren Triebimpulses in Gang gesetzt.

Wenn herkömmliche Intensivgeistigbehinderte beschrieben werden, dann geschieht das vorwiegend auf der Basis sichtbaren Verhaltens des jeweiligen Schülers, zu wenig jedoch unter Berücksichtigung des jeweiligen Umfeldes. Auf dieses aber kommt es sehr an, will man nicht allein im Funktions- oder Leistungsbereich verharren. Zu diesem *Umfeld* gehören neben dem u.U. auslösenden *Faktor* auch der *«Träger»* der Lebensäußerung (also der Körper oder Körperteile), die *Qualität* der Tätigkeit und — wenn möglich bzw. erkennbar — die *Absicht*, die Zielrichtung dieser Tätigkeit.

Damit ist gleichzeitig in Ansätzen die Grundstruktur der Handlungsfähigkeit umschrieben, die über die reine Beziehungsfähigkeit durch ihre Zielintentionen hinausreicht.

Das sind die äußeren Bedingungen:

Die *Handlungstabelle* ist weniger stringent als das Laufdiagramm an einen äußeren Rahmen gebunden. Sie kann als Beobachtungsertrag überall erstellt werden, wo Schüler aktiv sind.

Es können freie Spiel- und Beschäftigungszeiten ebenso sein wie geformte Lernaufgaben; die vom Kind frei erfüllte Zeit erbringt natürlich mehr Hinweise bzgl. der Selbsttätigkeit, der Selbstdarstellung und der jeweiligen Befindlichkeit. Besonders hier aber gilt wieder, daß ermittelte Ergebnisse immer in bezug zur Situation der betreffenden Umstände zu sehen und zu werten sind, innerhalb deren sie zustande kamen. Demzufolge sind die Entstehungssituationen jeweils mitzuvermerken und der Handlungstabelle beizufügen.

Weitere Voraussetzungen:

- ☐ ein geschulter Beobachter, der die Kinder ebenso kennt wie das Anliegen der Handlungstabelle

- □ eine geeignete Beobachtungssituation — u.U. ist diese mehrfach zu wiederholen, dann allerdings mit anderem Inhalt
- □ ein nachfolgendes Teamgespräch, in dem die Auswertung und die Planung möglicher Konsequenzen erörtert werden
- □ eventuell vervielfältigte Formulare zur Erfassung der Aktionen (Lebensäußerungen bzw. Lebenstätigkeiten) intensivbehinderter Schüler — (einen Vorschlag dazu zeigt das Bild 3.3).

Darauf ist bei der Beobachtung bzw. bei der Auswertung zu achten:
Grundsätzlich gilt dieses Verfahren allen Kindern. Auch die sogenannten Stillen tun etwas, wenn auch unter weniger Aufwand und mit weniger Dynamik. Man muß nur genauer hinschauen. Es kann ein Drehen der Hand sein, das noch nicht über die Körpersphäre hinausreicht, es kann aber auch ein Heranziehen eines Gegenstandes sein, dem die Zuwendung gilt. Zeigt ein Kind keinerlei Aktivitäten, dann muß auf die anderen Verfahren verwiesen werden.

Wichtig ist noch, daß die hier einzutragenden Lebensäußerungen bzw. Lebenstätigkeiten verstärkt vom Kind selbst hervorgebracht werden sollen und nicht durch eine Lehreraktion auszulösen sind. Dies wäre dann in der Reiz-Reaktions-Tabelle einzutragen.

Die Auswertung selbst betreffend:
Es ist wichtig, in welcher Richtung die Auswertung erfolgen sollte. Sie kann einmal im Hinblick auf die Basale Aktivierung geschehen und die dort (vgl. Kap. 5) geschilderten Schwerpunkte verfolgen:

- □ die innere Motivation
- □ die kognitiven Funktionen
- □ die sozialen Momente
- □ die biologischen Faktoren

oder sie kann sich entsprechend an den im Kap. 4 ausgewiesenen vier Aufgabenfeldern orientieren und dementsprechend erbringen:

- □ Hinweise zur verstärkten bzw. veränderten Fürsorge und Pflege
- □ Hinweise zur funktionalen Ertüchtigung
- □ Hinweise zur Umweltorientierung bzw. -erschließung
- □ Ansatzpunkte für Lebensaufgaben

Wichtig ist, daß hier nochmals die Integration möglicher Handlungsfähigkeiten mit gesehen werden und nicht nur ein reines Reagieren oder ein Sich-Bezogenfühlen. Es kommt dabei ein Können zum Ausdruck als

Name:			geb.:	
Beobachtungssituation:				
Nennung der Aktivitäten	Qualität der Aktivitäten	Ausführendes Organ/ Körperteil	Objekt, dem die Aktivität gilt	Ziel, das vermutet wird
Schaukeln oder Klopfen	unkontrolliert schneller Rhythmus	(mit dem) Kopf (mit dem) Zeigefinger	sich selbst Fenster/Glas	Stimulation Erzeugen von Geräuschen
Zusammenfassende Ergebnisse:				
Pädagogische Ansatzpunkte/Folgerungen:				
Beobachter:		Ort und Datum:		

Bild 3.3 Die Handlungs-(Aktions-)Tabelle

Gegenwirkung zu den häufig anzutreffenden Negativbeschreibungen intensivbehinderter Schüler.

Das heißt dann für unsere Arbeit konkret:

- □ Der Schüler «beherrscht» eine Aktionsform und übt diese aus.
- □ Der Schüler beansprucht dabei seinen Körper bzw. Teile seines Körpers.
- □ Der Schüler bevorzugt bestimmte Objekte oder Ausschnitte aus seiner Umwelt.
- □ Der Schüler erzeugt bestimmte Qualitäten mit seinen Aktionen.
- □ Der Schüler strebt ein Ziel, eine Wirkung an.
- □ Der Schüler äußert sich oder teilt sich mit.

Für die Auswertung lassen sich die verschiedenen Feststellungen und Ergebnisse «addieren» und zu Aussagen zusammenfassen, die in einen Erziehungs- und Lernplan einmünden, der immer mehr — und das ist unser Ziel — dem einzelnen Kind entspricht. Da wir sehr wenig vom intensivbehinderten Schüler selbst erfahren, kann es sich immer nur um ein behutsames Annähern handeln, was aber gleichzeitig die stete Bereitschaft zur Korrektur aufgestellter Erziehungs- und Lernziele, Pflege- und Behandlungspläne beinhaltet. Hinweise zur Umsetzung findet der Leser unter anderem im Kapitel 5 zur Basalen Aktivierung.

Verfahren 3 *Reiz-Reaktions-Tabelle*

Das ist die Absicht:

Dieses Verfahren muß wiederum als ein nicht-standardisiertes Verfahren gelten. Es geht von der Tatsache aus, daß Lernen und damit auch Entwicklung nur durch die Herausforderung und die Auseinandersetzung, die Beschäftigung mit Objekten (Personen und Gegenstände) zustande kommt.

Ein Kind benötigt dazu seine motorischen und sensorischen Fähigkeiten, um einen Kontakt zur Welt aufzubauen.

Intensivgeistigbehinderte sind durch ihre Zuwendungsschwäche (FISCHER, 1976) darin beeinträchtigt. Sie bedürfen häufig der Aufforderung, der Aktivität der Erzieher und Lehrer, die ihnen die Welt entgegenbringen, sie zum Tun veranlassen und ihre ersten, sehr zaghaften oder auch zu stürmischen Handlungsansätze begleiten und steuern helfen.

Das Untersuchungsverfahren 3 zur Erstellung einer *Reiz-Reaktions-Tabelle* setzt gewisse Ansätze in der Zuwendungsleistung voraus, auch wenn diese noch nicht zu gelingen braucht, gleichzeitig eine Situation, innerhalb deren sich ein Kind — wenn nötig mit Hilfe — kommunikativ verhalten kann.

Das sind die äußeren Bedingungen:
Es ist ein Angebot seitens des Erziehers oder Lehrers nötig. Das Kind ist nicht aus eigenem Impuls heraus aktiv, sondern befindet sich in einer Dialogposition zum Erzieher und soll sich diesem gegenüber in einer ersten Dialogform auch verhalten.

Daraus ergeben sich auch die Anforderungen an diese Beobachtungssituation:

- ☐ eine geeignete Lernsituation bzw. geeignete Lernaufgaben für die gesamte Gruppe
- ☐ einen geschulten Beobachter, der auch das Anliegen dieser Reiz-Reaktions-Tabelle kennt — es ist jeweils nur ein Kind zu beobachten! —
- ☐ eine gute Sichtposition und eine gewisse Geläufigkeit im Protokollieren
- ☐ ein nachfolgendes Teamgespräch mit allen beteiligten Erziehungspersonen (einschließlich der Eltern — wenn möglich) mit dem Ziel der Erstellung von Erziehungs- und Förderplänen

Besondere Hilfe bei der Analyse von Beobachtungsergebnissen und bei der Erstellung von Plänen für ein Kind stellt das Buch von KEPHART (1977) dar: «Das lernbehinderte Kind im Unterricht» (leider ein mißverständlicher Titel — mit Lernbehinderung ist nicht die im deutschsprachigen Raum gebräuchliche Einstufung von Schulleistungen gemeint, sondern eine allgemeine Lernschwäche).

Und das ist bei der Auswertung besonders zu beachten:
Grundsätzlich unterscheidet sich die Zielsetzung der Auswertung nicht von den bereits vorgestellten anderen Verfahren. Immer geht es um die Gewinnung von Ansatzpunkten entsprechend den vier Aufgabenfeldern (vgl. Kap. 4).

Ein gewisser Schwerpunkt allerdings läßt sich dennoch feststellen: Es geht hier um eine nicht frei gewählte Tätigkeit, sondern um eine von außen an das Kind herangebrachte Forderung — zum Beispiel auf einen Becher so oder so zu reagieren. Zum anderen steht die Interaktion, die

Objektzuwendung im Mittelpunkt. Dieses Interaktionsgeschehen sollte auch verstärkt in der Auswertung zum Tragen kommen.

Hierbei spielen die sogenannten *Untersuchungs*-Methoden eines Kindes eine entscheidende Rolle. Sie repräsentieren die Zuwendungsbereitschaft *und* die Zuwendungsleistungen eines Kindes.

Nachfolgend soll dieses Verfahren am Beispiel *Uli* (9; 5) vorgestellt werden.

Der sachliche Hintergrund:
Die Unterrichtseinheit diente zur Vorbereitung eines Faschingsfestes in einer Intensivgruppe.

Die Kinder sollten Kreppapier (K.P.) passiv und — je nach Vermögen — auch aktiv erleben.

Erleben wird hier als Sammelbegriff verstanden — als eine mögliche Antwort einer Person auf Realität. Die Qualität des Erlebens ist dann die individuelle Antwort auf diese Realität.

Durch Erleben wird — neben anderen Formen menschlichen Tätigseins — die Realität als Wirklichkeit in einem Menschen «abgebildet» und verankert.

Erleben schlägt Realität im Menschen nieder, bzw. Erleben setzt Realität für den Menschen in seine Wirklichkeit um.

Uli ist ein mehrfachbehindertes Kind, das seine Hände stets stereotyp im Mund hat und an ihnen herumbeißt und lutscht. Seine Hände sind davon ganz aufgeweicht und untauglich für irgendeine andere Beschäftigung. Auch fehlt ihm der Antrieb dazu.

Die Auswertung kann tabellarisch oder auch frei vorgenommen werden.

Neben den vier Schwerpunkten unseres Unterrichtsangebots für Intensivbehinderte — den vier Aufgabenfeldern — geht es in diesem Verfahren besonders um die *Untersuchungsmethoden,* die ein Kind einem Gegenstand gegenüber ausführt bzw. entwickelt.

Neben den funktionalen Anteilen sind die Dynamik, das Interesse, die Motivation von herausgehobener Bedeutung.

Eine interessante Variante ist insofern bei *Uli* festzustellen, als er nach optischen Reizen noch greift.

Über die Objekt-Kind-Beziehung findet der Leser in Abschnitt 4.4.5 und 5.2.3 weitere Aussagen.

	Die Unterrichtsaktivitäten		*Ulis Aktivitäten*
Sit 1	Einsatz der Signalglocke	1	Uli greift nach der Glocke
		2	und schüttelt sie,
		3	er schaut kurz hin und lacht
Sit 2	Die Kinder werden auf die Matten gelegt und mit K. P. zugedeckt	4	Bei taktiler Berührung mit K. P. energische Abwehr mit beiden Händen gleichzeitig. «Hände sind gespreizt»
Sit 3	Kinder sitzen im Kreis,	5	Das K. P. wird dabei fixiert
	das K. P. wird mit einer starken Taschenlampe beleuchtet	6	Uli fixiert das K. P. (beleuchtete Stelle kurz)
		7	und greift danach
Sit 4	Kinder zerreißen mit Hilfe des Erziehers angebotenes K. P.	8	Uli schaut nicht hin –
		9	Erzieher läßt das Papier knistern –
		10	Uli schaut kurz hin –
		11	Uli greift danach –
		12	wirft es aber gleich wieder weg
		13	Erzieher zerreißt es direkt vor seinen Augen –
		14	Uli schaut kurz hin
Sit 5	Kinder formen mit Hilfe – sehr vorsichtig und behutsam – kleine K. P.-Bälle	15	Uli weicht dem Zugehen des Erziehers aus,
		16	er schiebt sich von seinem Stuhl herunter und
		17	steckt in der bekannten Weise seine Finger wieder in den Mund

Bild 3.4 Beispiel zur Reiz-Reaktions-Tabelle

Verfahren 4 | *Das Freie Aktionsfeld*

Das ist die Absicht:

Das Freie Aktionsfeld wurde zur Beobachtung geistigbehinderter Schüler entwickelt (vgl. FISCHER, 1978). Es will anhand einer äußerst eingeengten Palette möglicher Ding-Objekte das Zuwendungsverhalten, die Formen der Auseinandersetzung mit dem Gegenstand und damit auch das Funktions- und Handlungsniveau der einzelnen Schüler beobachten.

Da es sich an Tätigkeiten oder Handlungen der Schüler orientiert, bezieht es auch psychodynamische Komponenten mit ein, wie wir sie beim Fragebogen beschrieben haben: Bedürfnisse, Motivationen, Ängste, Fixierungen, Ideen, soziale Kontakte usw.

Von da aus gesehen ist das *Freie Aktionsfeld* das umfassendste Beobachtungsverfahren und gleichzeitig das anspruchsvollste im Hinblick auf die Schülerleistungen. So wird es sicher nicht mehr für alle intensivbehinderten Schüler in Frage kommen.

Ein gewisses Problem stellt die reduzierte Gegenstandspalette dar. Die beobachteten Handlungs- oder auch nur Funktionsansätze sind verständlicherweise nur mit aller Vorsicht zu verallgemeinern. Daher empfiehlt es sich eher, ein Freies Aktionsfeld mehrmals durchzuführen. Wiederholt man es mit dem *gleichen* Objekt — zum Beispiel mit großen Schachteln — erfährt man mehr über die Lernfähigkeit (Gedächtnisleistungen, Nachahmungsfähigkeit, Gewohnheitsbildung usw.). Setzt man einen *neuen* Gegenstand ein, der jedoch vorher bezüglich seines Anforderungsniveaus gegenüber dem vorausgegangenen eingeschätzt und analysiert werden muß — zum Beispiel Schaumstoffkissen —, dann erfährt man mehr über die Beständigkeit bzw. Abhängigkeit der funktionalen Tüchtigkeit und der Handlungsfähigkeit bezüglich des jeweiligen Objekts.

Das sind die äußeren Bedingungen:

Das *Freie Aktionsfeld* hängt sehr von den äußeren Gegebenheiten ab. Es sollte ein möglichst anregungsarmer Raum vorhanden sein (z.B. der Rhythmikraum oder das geleerte Klassenzimmer). Man muß sich in ihm möglichst frei bewegen können, d.h., die Bodenfläche muß ein umfänglicheres Aktivsein erlauben.

Der ausgewählte Gegenstand sollte in reichlicher Anzahl vorhanden sein. Wird zum Beispiel ein Freies Aktionsfeld mit Kartons gestaltet, sind pro Schüler mindestens 6 bis 8 Stück in verschiedenen Größen notwendig; andernfalls ergibt sich kein ausreichender Tätigkeitsanlaß.

Über die einzelnen Phasen des Freien Aktionsfeldes informiert die Methodische Grundlegung (FISCHER, 1978); dort findet man ebenfalls einen Vorschlag zur Beobachtung und eine Tabelle zur Fixierung der Beobachtungsergebnisse.

Zur Beobachtung selbst bedarf der Lehrer der Mithilfe weiterer Helfer, da er ja neben der Beobachtung auch noch das Spiel- und Aktionsgeschehen kontrollierend begleiten muß.

Es ergeben sich während dieser Aktion nicht selten gewichtige *pädagogische* Probleme.

Dies hat sich in der Zwischenzeit aus der Erfahrung ergeben:
Nicht selten bringt das Freie Aktionsfeld für geistigbehinderte Schüler eine ziemliche Verunsicherung mit sich. Alles ist so plötzlich anders als sonst: Die sicheren Tische und Stühle gibt es nicht, der Lehrer, der sonst meist angibt, was gut und nicht gut ist, was man tun soll, was man besser läßt, zieht sich zurück und läßt gewähren. Man kann ihn auch nicht zum Mitspielen hereinholen, «weil er ja zu schreiben hat!».

Oft «drehen» dann manche sonst sehr ruhigen Schüler kräftig auf, was dann ihre Mitschüler wiederum sehr verunsichert, denn «so ist der Klaus doch sonst nicht!».

Schließlich muß es dem Pädagogen gelingen, diese freie Situation wieder in einen geordneten, ruhigen Fluß des Geschehens zurückzuführen. Und am nächsten Tag oder nach der Pause darf es dann nicht wieder wie sonst — streng und geordnet — weitergehen. Es sollte ein Übergangsprogramm angeboten werden. Entweder redet man mit den Kindern über das Geschehen, was heute lustig war, was schön, was nicht schön war oder man bietet etwas zum Anschauen, zum Erholen, zum Ruhigwerden an (zum Beispiel ein Bilderbuch, Musik, Entspannungsübungen).

Aus diesen Beobachtungen heraus empfiehlt es sich, eine Klasse behutsam mit dem Freien Aktionsfeld zu konfrontieren. Anfangs — beim ersten Mal — beteiligt sich der Lehrer vielleicht noch an den Aktionen, dann wird man diese Art von «Unterricht» sicher öfters wiederholen und eben nicht zu einer einmaligen spektakulären Aktion werden lassen.

3.3 Abschließende Gedanken

Mit diesem Verfahren 4 betrachten wir das Kapitel Diagnostik als abgeschlossen, wenngleich es noch eine Fülle von Möglichkeiten und Erfahrungen aus der Praxis zu berichten und zu diskutieren gäbe. Uns kam es sehr darauf an, die Lebensäußerungen und Lebenstätigkeiten, die Handlungsformen und Handlungsschemata nicht nur von ihrer Produktseite her und auch nicht nur unter dem Leistungsaspekt zu betrachten.

Wenn wir intensivbehinderten Kindern gerecht werden sollen, müssen wir stärker als sonst auch die Prozeßseite einbeziehen, die Bedingungen zum Produkt: ihre Bedürfnisse und ihre Befindlichkeit. Und hier scheinen viele unserer Schüler stärkere Defizite im Sinne von persönlicher Verunsicherung (vgl. Kap. 2) in sich zu tragen. Oft sind diese Momente für ihr Lern- und Lebensverhalten gravierender als organisch bedingte Funktionsausfälle, wie sie in Lähmungen oder neurologisch umschreibbaren Sinnesschädigungen zum Ausdruck kommen.

Bei allen Vorbehalten gegenüber der Diagnostik bei unseren Kindern heißt das nicht, ausgewählte bzw. selbst entwickelte Verfahren oder Methoden wenig ernsthaft oder großzügig einmal «schnell durchzuführen». Wenn getestet wird, dann sollte richtig, sauber und präzise gearbeitet werden. Dazu liegt ausreichendes Material einschließlich bester Anweisungen oder Handbücher vor.

Unsere Vorbehalte richten sich gegen eine häufig zu beobachtende Überbewertung und gegen die Neigung, Teilaussagen fürs Ganze zu setzen.

Alle diese Beobachtungs- und Testverfahren geben wichtige Hinweise zur Gesamtsituation eines Kindes und beleuchten gut bestimmte Einzelprobleme.

Sie geben Anregungen zur Planung der Erziehungs- und Bildungsarbeit, oft leisten sie auch gute Korrektur. Sie können aber dem Pädagogen diese wichtige, seine ureigenste pädagogische Arbeit nicht abnehmen. Die Verlockung, vorgegebenen Lernzielen zu folgen, ist für viele sehr groß. Die Eigenverantwortung für das persönlich pädagogische Nachdenken, Entscheiden und Handeln muß von jedem Lehrer, Erzieher bzw. von den Eltern selbst getragen werden.

Manchmal ereignet sich auch folgendes:

Keines dieser Test- und Beobachtungsverfahren wirft meßbare oder «verwertbare» Ergebnisse ab. Aber auch diese Situation hat ihren Sinn.

Sie zeigt auf, wie weit wir Pädagogen von einem Kind entfernt bzw. wie weit dieses jeweilige Kind von uns entfernt lebt.

Hier ist vor aller Erziehungsplanung einmal eine grundsätzliche Annäherung notwendig.

Dies kann viel schwerer sein als das Erstellen von Förderplänen. Es stellt eine persönlich-menschliche Aufgabe dar und keine fachlich-professionelle; letztlich wird die gleiche Grundlage beansprucht wie bei dem «Leben lernen» — nämlich gemeinsam unterwegs zu sein.

4 Curricula — Lehrpläne — Förderpläne

4.1 Vorbemerkung

Nahezu jede Diskussion um die Förderung, um Erziehung und Bildung von Menschen mit intensiver Behinderung mündet in die Frage nach dem, was diese lernen sollen, wohin sie zu erziehen seien.

In Windeseile klopft man bei solchen Diskussionen das herkömmliche Bildungsspektrum ab oder zieht Strukturmodelle von Curricula zu Rate (vgl. BITTLINGER, 1979), in der Hoffnung, noch einen Rest aufzuspüren, ein Stückchen von Welt, das geeignet scheint, intensivbehinderten Schülern vermittelt zu werden.

Und sind im Hinblick auf diese Schülerschaft keine Inhalte mehr herauszufiltern, leiht man sich von Lerngegenständen wenigstens Reize aus. Intensivbehinderte werden diesen «ausgesetzt», sie können sich diesen auch kaum entziehen. Die Frage aber nach den Erziehungs- und Bildungsinhalten mag im Einzelfall eine vorübergehende Lösung erfahren haben, grundsätzlich aber ist sie damit nicht geklärt.

Es ist schwierig, sich so lange bei diesem Nachdenken aufzuhalten; die oft bedauernswerte Situation eines Kindes, die verständlich drängenden Erwartungen vieler Eltern und das eigene Bedürfnis von Pädagogen nach erfolgreichem Tun drängen zum Handeln.

Nach unserer Meinung darf uns nichts von diesem grundsätzlichen Nachdenken abhalten. Bleibt diese Frage ungelöst und unbeantwortet, wird sie wie ein Klotz am Bein mitgeschleppt und taucht zu jeder passenden und nicht-passenden Gelegenheit wieder auf.

Das Suchen und Finden von Bildungsinhalten und Bildungsmöglichkeiten ist eine grundsätzliche Frage des didaktischen Reflektierens und eine ebenso grundsätzliche Frage sonderpädagogischen Verantwortens.

Auch die im Kapitel 1 versuchte erste Antwort, daß nicht die Handlungsfähigkeit, sondern die Fähigkeit zu Beziehungen bzw. das Knüpfen von Beziehungen Ziel allen Erziehens und Bildens schwerbehinderter Menschen sei, genügt für die Gestaltung und Planung des konkreten Schul- und Lerntages nicht.

Die in der Kapitelüberschrift genannten Begriffe wären besser mit einem «oder» verbunden und mit einem Fragezeichen versehen. Dies würde die hier aufgebrochene Fragehaltung besser zum Ausdruck bringen und die Situation des Pädagogen mehr verdeutlichen.

Jeder dieser Begriffe vertritt nahezu eine (didaktische) Weltanschauung; und nicht selten geraten die Vertreter der einzelnen Richtungen über die Maßen miteinander in Streit.

Sie unterscheiden sich nicht nur in den Zielsetzungen, sondern auch in den Vorgehensweisen und damit in der Strukturierung des Lernwegs.

Da jeder dieser Theorie- und Interpretationsansätze der Didaktik zu unserer Grundsatzfrage, was denn Schüler mit einer intensiven geistigen Behinderung lernen sollen, wesentliche Momente beizutragen imstande ist, werden im nachfolgenden Abschnitt die wichtigsten Aussagen kurz erinnert. Wer mehr darüber erfahren will, der sollte die Arbeit von BLANKERTZ (1970) studieren.

4.2 Eine kurze Reprise zu den didaktischen Theorien

Während die *Bildungstheorie* (WENIGER, KLAFKI) das Kennen- und Verstehenlernen der Welt in den Mittelpunkt didaktischer Überlegungen stellt – einschließlich möglicher Bildungswirkungen als Ergebnis der «originalen Auseinandersetzung» mit exemplarischen Stoffen und dem Ziel des *gebildeten* Menschen –, setzt sich die *lerntheoretisch-orientierte Didaktik* (HEIMANN/SCHULZ u.a.) durch ihren größeren Pragmatismus und durch ihre deutliche Konkretheit davon eindrucksvoll ab. Sie will die *Ertüchtigung* des Schülers erreichen, damit dieser fähig wird, zukünftige Lebenssituationen zu meistern (vgl. ROBINSOHN bzw. Berliner Schule).

Dies gelingt durch die gezielte und planmäßige Ausstattung des Schülers mit Fähigkeiten und Fertigkeiten (Können), aber auch mit Wissen und Einsichten (Kennen und Erkennen).

Die *Didaktik aus kommunikativer Sicht* (POPP, SCHÄFER u.a.) will ausschließlich weder den gebildeten noch den ertüchtigten Menschen als oberste Maxime erziehlichen und didaktischen Handelns anstreben, sondern den *kommunikationsfähigen* und *zur Kommunikation bereiten* Menschen. Sie stellt das Lehrer/Erzieher-Schüler-Verhältnis in den Mittelpunkt jedes Erziehungs- und Lernprozesses. Diesem ist das Erfassen der Welt und das Befähigtwerden zur Welt nach- bzw. eingeordnet. Der Unterricht aus kommunikativer Sicht erweist sich als *handlungsoffen* für alle beteiligten Partner (vgl. FISCHER, 1979). Der Abbau möglicher Dominanzstrukturen auf seiten der Pädagogen soll durch die Mitwirkung des Schülers an seinem Lern- und Erziehungsprozeß erreicht werden.

Vielleicht werden jetzt in der Arbeit mit Schwerbehinderten erfahrene Erzieher und Lehrer fragen, ob man auf dieser hohen, theoretisch anmutenden Ebene die Frage nach den Inhalten, Zielen und Wegen einer Förderung intensivbehinderter Menschen für den konkreten Alltag lösen wird, ob das didaktische Feld überhaupt dazu Auskunft geben kann.

Nicht selten werden in solchen Diskussionen Kinder geschildert, bei denen «man froh ist, wenn sie überhaupt etwas anfassen», «wenn sie nicht alles gleich in den Mund stecken oder vom Tisch fegen», «wenn sie wenigstens ein paar Minuten am Tag an ihrem Tisch, auf ihrem Stuhl sitzen bleiben».

Es ist richtig, so schwere Verhaltensprobleme lassen sich nicht primär auf didaktischem Wege angehen und mit Hilfe didaktischer Entscheidungen lösen. Dennoch ist zu klären, ob vielleicht an solchen Zuständen nicht auch falsche Lernangebote mit schuld sind, Lernangebote, die die Kinder nicht heranholen, nicht beanspruchen, sondern sie in die Flucht treiben (vgl. Abschnitt 3.2.3).

Zusammenfassend muß nochmals die Notwendigkeit betont werden, sich durch nichts von der grundsätzlichen Frage abbringen zu lassen, was ein so schwerbehindertes Kind lernen soll. Die Antwort allein aus dem Defizitverhalten herauszuentwickeln, mag manchmal richtig sein, als pädagogisches Grundrezept erscheint diese defektorientierte Methode dem Anspruch, mit intensivbehinderten Menschen «leben zu lernen», nicht ausreichend und nicht überzeugend.

Beziehung selbst — einschließlich der Beziehungsfähigkeit — ist auf Zielpunkte angewiesen, denen sie gelten kann, auf die sie hinorientiert ist.

Von da aus gesehen ist das altvertraute, keineswegs jedoch überholte «Didaktische Dreieck» mit seinen relevanten Faktoren, dem *Lehrer/Erzieher*, dem *Schüler* und der *Welt* geeignet, um Zugang zu unserer Frage und auch eine mögliche Antwort zu finden.

Wenn uns in unserer Arbeit mit Intensivbehinderten ihre Wirklichkeit, ihre tatsächliche Situation befaßt, dann muß uns auch die Welt befassen, in der Behinderte und Nichtbehinderte gemeinsam leben. Es ist die Welt, auf die der Lehrer/Erzieher seine schwerstbehinderten Schüler zuführen will, es ist aber auch die Welt, die er für die Lebensbedürfnisse schwerstbehinderter Menschen sensibilisieren will.

Unsere Absicht, schülerorientiert zu arbeiten, darf nicht auf Kosten eines mangelnden Umweltbezuges gehen. Die *objektiven Gegebenheiten* unserer Welt, der Gesellschaft, die den Rahmen möglicher Lebensgestaltung liefern, dürfen nicht von der subjektiven Betroffenheit des einzelnen Lebensschicksals, der konkreten Behinderung und den damit im Zusammenhang stehenden Nachfolgelasten verdrängt oder gar total reduziert werden.

Es kommt in der pädagogischen Arbeit sehr auf diesen festen Bezug zur Welt an.

Andernfalls würde nicht nur das Unterrichten nahezu aufgehoben, weil es dann nichts mehr zu zeigen, zu bestaunen, zu erkunden gäbe — das didaktische Lernmaterial ausgenommen, es würde auch die Realisationsebene für «leben lernen» abhanden kommen. Angebildete Fähigkeiten ohne solche Bezugspunkte sind wie laborartige Konstrukte, die dem einzelnen behinderten Kind nahezu nichts erbringen. Die uns umgebende Welt, als eine personale, materiale und situative, bietet nicht nur dem Heranwachsenden Halt, Schutz und Beziehungsmöglichkeit, sondern auch dem Lehrer und Erzieher. Sicher sind Orientierungswerte nicht in dem zu finden, was sich sichtbar jeweils in der Welt anbietet. Der Lehrer aber gewinnt dennoch Normen in dieser Welt, weil er die Dinge so sieht und nimmt, «wie sie nun einmal sind» (vgl. KÖHLE, 1979). Dies leistet Hilfe zur Distanzierung, bewahrt vor Identifizierung mit dem «Angreifer» (wenn man das Bild von Anna Freud in diesem Zusammenhang einmal so umwandeln darf) und gibt gleichzeitig Richtwerte für gemeinsame Lebensaufgaben, in denen sich Leben erfüllt.

Die Welt wiederum ist ein herausfordernder, ein anregender Faktor, der Entwicklungen schafft, Menschwerdung anbahnt und Daseinsbewältigung grundlegt (vgl. SPITZ, 1973, PIAGET, 1975, besonders aber auch JACOBSON, 1978).

Wenn FEUSER (1979) in seiner Auseinandersetzung mit dem Autismus von einem «lebenserhaltenden und lebensbedingenden Austauschprozeß» spricht, dann weist er genau auf die von uns beschriebene Funktion der Welt hin. Sie steht noch weit vor jeglicher didaktischen Entscheidung, zum Beispiel, ob nun ein Kind zuerst die Tiere auf dem Bauernhof oder die Tiere im Zoo kennenlernen soll oder umgekehrt.

Wenn wir uns für ein «Leben lernen» engagieren, heißt das, wir engagieren uns auch für vielfältige Kontakte und Beziehungen zu Personen, zu Objekten, zu Situationen im Sinne lebensbedingender und lebenserhaltender Austauschprozesse.

Das ist mehr als ein Berührtwerden von Reizen, mehr noch als ein Bündel von Reizqualitäten, mehr als das Gewinnen objektiver Qualitäten und Vorstellungen — zum Beispiel das Erfassen der Farbe *Rot,* der Qualität *Dunkel* oder der Empfindung *Warm.*

Es geht um ein gezieltes und gestuftes Aufnehmen der *subjektiv bedeutsamen Wirklichkeit,* als etwas, was der einzelnen Persönlichkeit gilt, mit den von ihr empfundenen oder erlebten, manchmal sicher auch subjektiv projizierten Bedeutsamkeit (vgl. COMBS, 1975).

Diese zuerst subjektiv erlebte, später stärker objektiv erkannte, vorgegebene Welt ist zu befragen nach ihren «oral-sinnlichen und taktilkommunikativen Möglichkeiten» (THALHAMMER, 1979, vgl. auch Kap. 5).

Um diese *für* unsere intensivbehinderten Schüler zu entdecken, bedarf es von seiten des Pädagogen eines neuen Sehens, Hörens, Wahrnehmens und Erlebens unserer und damit seiner Welt.

Folgendes wäre aber noch mitzubedenken

Das bloße Vorhandensein oder auch das lediglich Anbieten von Welt garantieren noch keine Austauschprozesse.

Austauschprozesse sind Ergebnisse von Interaktionen, von Aktivitäten beider Partner — der Welt und der Schüler. Soll diese Auseinandersetzung gelingen, sind vom Schüler sowohl Leistungen aus dem funktionalen Bereich zu fordern, wie der Sensorik, der Motorik, der Wahrnehmung als auch solche aus dem psychischen Bereich wie Zuwendungsleistung, emotionale Sicherheit, Konzentration, Motivation und Ausdauer.

Die hier geforderte Tüchtigkeit entspricht genau jener Schwäche, die von Außenstehenden als «typisch» für den Personenkreis der Intensivbehinderten genannt wird. Tatsächlich können in den angegebenen Bereichen eine Vielzahl von Defiziten oder Unregelmäßigkeiten festgestellt und sogar diagnostiziert werden.

Wenn wir uns für ein «Leben lernen» engagieren, dann müssen wir uns — im gleichen Maße wie für den Kontakt zur Welt — für den Aufbau und den Ausbau der «funktionalen Tüchtigkeit» einsetzen. Erst eine solche *funktionale Grundausstattung* läßt die geforderten Beziehungen zur Welt entstehen und aufrecht erhalten. Insofern treffen die vorhin knapp referierten didaktischen Theorien wieder zusammen und bestimmen später auch die von uns ausgewiesenen *vier Aufgabenfelder* der Erziehung und Bildung intensivgeistigbehinderter Menschen mit (vgl. Kap. 4.4).

Das qualitative Maß von «Leben lernen» dagegen kann und darf auch aus bester pädagogischer Absicht nicht mit-bestimmt werden. Dies bleibt allein dem Bedürfnis und den Erlebnismöglichkeiten des jeweiligen Individuums vorbehalten. Das Lernangebot wird seine Wertigkeit primär durch seine «Offenheit» (SCHÄFER) und seine Normenfreiheit erhalten, kaum durch das Gegenteil.

Um es im Beispiel zu sagen: Nicht das bewußte, verstehende Erleben von Kunst — zum Beispiel der «Zauberflöte» — bestimmt die Lebensqualität, sondern das Sich-identisch-Fühlen mit den ausgewählten, angebotenen und ergreifbaren Möglichkeiten. Die Vielfalt des Angebotes allerdings läßt erst jenes Erahnen von Freiheit aufkommen, das menschliches Leben und Erleben interessant, faszinierend und erstrebenswert macht.

Somit ist das Auswählen und Entscheiden von Inhalten und Wegen ebenso in die Verantwortung des Sonderpädagogen gestellt, wie das Sorgen für Offenheit und das Schaffen von Beziehungen. Die Voraussetzungsgebundenheit eines solchen Bildungs- und Erziehungsverständnisses kommt als weitere Aufgabe für den Pädagogen dazu. Sie betrifft ihn ebenso wie den intensivbehinderten Schüler, dem sein Überlegen und sein Handeln gilt.

4.4 Die Aufgabenfelder von Erziehung und Bildung Intensivbehinderter

Aus den vorausgegangenen Überlegungen ergeben sich für die pädagogische Arbeit in der Schule unter dem Aspekt der Beziehungsanbahnung nachfolgende vier Bereiche, die *vier Aufgabenfelder.*

Sie werden von uns nicht operationalisiert ausgewiesen; sie sind mehr im Sinne von Dimensionen oder Richtungen zu verstehen, die für die konkrete Unterrichtssituation erst noch im Hinblick auf den Lernbedarf einzelner Schüler anzupassen sind. Hierbei erfahren sie dann die notwendige Operationalisierung.

So haben die vier Aufgabenfelder in der jetzt vorliegenden Form Hinweischarakter für den Pädagogen. Er ist es, der zuerst «leben lernen» zu planen und zu gestalten hat. Außerdem lebt eine Beziehungsgestaltung stärker vom Prozeß als vom Produkt. Der Prozeß liegt beim Schüler und beim Pädagogen gleichermaßen.

Aufgabenfeld 1	Die Schule bzw. der Unterricht hat die Aufgabe, zur *Sicherung existentieller Lebensbedürfnisse* beizutragen
Aufgabenfeld 2	Die Schule bzw. der Unterricht hat die Aufgabe, die *funktionale Tüchtigkeit* anzustreben und so zu einer leistungsfähigen funktionalen Grundausstattung beizutragen
Aufgabenfeld 3	Die Schule bzw. der Unterricht hat die Aufgabe, die subjektiv bedeutsame und die objektiv notwendige Welt bewußt zu machen, vielfältige Objektkontakte aufzubauen und damit zur *Orientierung in der Umwelt* beizutragen
Aufgabenfeld 4	Die Schule bzw. der Unterricht hat die Aufgabe, *Lebensaufgaben* zu ermitteln, die der individuellen Befriedigung dienen, den persönlichen Leistungsmöglichkeiten entsprechen und in diese einzuüben

Bild 4.1 Aufgaben der Schule für Intensivbehinderte

Alle diese vier Aufgabenfelder münden in das Grundanliegen, intensivbehinderten Menschen eine Basis für ihr Leben zu ermöglichen, um darauf beanspruchbare und tragfähige Beziehungen aufzubauen.

Jeder noch so verständliche Versuch, durch Nachfragen zu ermitteln, wann dieses Ziel denn erreicht sei, schadet. Er sucht bereits wieder nach der Grenze, um die zu überwinden es uns gerade geht. Sowohl die Art der Realisierung als auch die Art der Erreichung sind ebenso vielfältig und individuell zugleich, wie es individuelle Einzelpersonen und Einzelschicksale unter unseren Schülern gibt.

Sie setzen jene Färbung des persönlichen Lebens und Erlebens, die einer zu einseitigen oder auch zu schnellen, oft unrealistischen *Normalisierung* entgegensteht, die aufgrund einer gewollten gleichen Basis menschenwürdigen Lebens, individuelles Leben reduziert, unter Umständen sogar unmöglich macht. Beziehung kann sowohl in einem passiven als auch in einem aktiven, dynamisierten Sinne gelebt werden. Sie kann mehr kognitiv strukturiert, in einem anderen Zusammenhang auch wieder stärker emotional durchpulst sein. Darauf kommt es primär nicht an. Sonderpädagogik sieht überall dort ihre Aufgabe, wo nicht mehr normorientiert gelebt und gelernt werden kann. Sie schafft Freiräume, damit das betroffene Individuum für sich wieder Freiräume entdecken kann, damit das Leben selbst wieder geräumig wird — «ich habe wieder freien Raum» — so formuliert ein Betroffener sein Erleben. Einher gehen neue Chancen der Selbstdarstellung, des Selbsterlebens und der Selbstverwirklichung.

Die objektive, die verpflichtende und in manchen Bereichen auch fordernde Welt wird damit nicht ausgespart. Dennoch werden ihre Ansprüche relativiert, weil ihre Strukturen letztlich keine permanent und unabänderlich gültigen sind, sondern gewachsene, gewordene, oft auch aus der Bequemlichkeit heraus entstandene. «Parallele Wirklichkeiten» (FISCHER, 1978) sind auf die Veränderbarkeit solcher Strukturen angewiesen.

Die von uns angestrebte, für intensivbehinderte Menschen erwünschte Steigerung der Lebensqualität als Ergebnis von «leben lernen» ist dann erreicht, wenn Beziehungen zu Personen und zu Sachen aufgenommen werden konnten und können, wenn ein Sich-wohl-Fühlen beobachtet, wenn Leistungen einfachster Art produziert, wenn ein Identisch-Sein abgespürt werden kann, wenn die Selbstdarstellung und die Mitteilung zumindest in Ansätzen gelingt.

Daß alle diese Leistungen (Lebensäußerungen) von intensivbehinderten Menschen meist nie selbständig, sondern fast immer nur in enger Kontaktaufnahme zu einem anderen Menschen erbracht werden können, schmälert diese Ausage und ihre Bedeutsamkeit in keiner Weise.

Dieser gemeinsame Weg wird am ehesten der Weg des Lebens für intensivbehinderte Menschen sein.

Er setzt aber auch die Grenzen.

Allein-leben setzt in weit umfänglicherem Maße Handlungs- oder Gestaltungsfähigkeit voraus. Beziehungen dagegen lassen sich auch in einem Mit-Leben gut verwirklichen.

So sind «parallele Wirklichkeiten» konkretisiert nie Orte speziell zu schaffender Behindertenzentren, auch nie Situationen einer eigens konstruierten Ersatzwelt oder einer abgeschlossenen sog. alternativen Lebenswirklichkeit.

Sie ereignen sich immer in der Begegnung, in der Daseinsgestaltung eines gemeinsamen Lebens, in der Form des gemeinsamen Unterwegs-Seins.

4.5 Die Aufgabenfelder im einzelnen

Die vorausgegangenen Überlegungen lassen verstehen, warum sich eine sonderpädagogisch überzeugende Arbeit nicht auf die Erfüllung von Lernzielen — der herkömmlich-traditionellen Dimension unterrichtlichen und erzieherischen Handelns — zurückziehen darf.

Sonderpädagogik darf sich aber auch nicht verstehen als eine alles bewirkende, bezwingende Wissenschaft, die selbst dort Erfolge erreicht, wo herkömmliche Pädagogik, herkömmliche Medizin oder herkömmliche Psychologie passen müssen.

Sonderpädagogik kann ihre Aufgaben nur im Zusammenwirken mit all den Wissenschaftsdisziplinen erfüllen, die sich um das psychische und physische Wohl des Menschen kümmern.

Sie nimmt sich aus dem Kanon der Lebenshilfe weder ein Stück zur eigenen Bearbeitung heraus, noch fügt sie einen Teil — ihren Teil quasi — als Fremdkörper dazu. Sie stellt sich mit ihren Möglichkeiten, ihren Methoden und Techniken, mit ihren Inhalten und Zielperspektiven so zur Verfügung, wie sich jeder Sonderpädagoge zur Verfügung stellt, wenn es um ein Kind in schwierigen Lebenssituationen geht.

Sonderpädagogik ist — zumindest in solchen Grenzbereichen — immer gemeinsame Arbeit, eine Arbeit, die dem Vorankommen, der Entwicklung, dem «Werden der Person» (ALLPORT) dient.

Die nachfolgenden Aufgabenbeschreibungen sind auf diesem Hintergrund zu sehen, die *Auf*gliederungen in Teilaufgaben sind als Akzentuierung der ein und derselben Sache zu verstehen, nie als *Aus*gliederung. Die Aufgabe «leben lernen» umfaßt so viele Aspekte und kann so schwer werden, daß diese niemand allein, keine Fachdisziplin und keine Berufsgruppe allein bewältigen kann. Man muß zusammenarbeiten!

4.5.1 Zum Aufgabenfeld 1

Dieses Aufgabenfeld — zur Sicherung existentieller Lebensbedürfnisse beizutragen — macht deutlich, wie weit Sonderpädagogik — sowohl in der Theorie als auch in der konkreten Alltagspraxis — ausgreifen muß. So weckt dieses Aufgabenfeld auf den ersten Blick hin sicher nicht nur Zustimmung und Bejahung.

Wir wissen nicht erst seit MASLOW (1968), wie wichtig befriedigte Bedürfnisse für die seelische, körperliche und geistige Gesundheit sind, wie sehr erfolgreiches Lernen davon abhängt. Menschen mit intensiver geistiger Behinderung befinden sich nicht nur in der Situation, Bedürfnisse oft sich selbst nicht erfüllen zu können, sondern auch eigene Bedürfnisse meist nicht zu kennen bzw. sie nicht artikulieren [vgl. Abschnitt 1.3).

Sie würden verhungern und verdursten, vielleicht sogar erfrieren oder ersticken, würde nicht ein anderer für sie da sein — mit ihnen da sein — und für bzw. mit ihnen zusammen für sie sorgen.

So kann es dem Sonderpädagogen nicht gleich sein, mit wie vielen und mit welchen Medikamenten ein Kind in seiner Klasse vollgepumpt wird, ob es die richtige und auch die ausreichende Nahrung bekommt, ob es bequem und funktionell gekleidet ist (zum Beispiel keine zu engen Hosenbünde für Rollstuhlfahrer, keine zu engen Hosen für die Windelträger, Schuhe auch für die Kinder, die selbst tagsüber liegen müssen). Aber auch das geht den Sonderpädagogen an: Erhält ein Kind ausreichend frische Luft, spürt es etwas von der milden Frühlingssonne, besitzt und genießt es ein eigenes kuscheliges Bett (nicht nur aus Zweckgründen eine Matratze mit Plastiküberzug!), erlebt es etwas von der blühenden Sommerwiese, wird sein Bad angereichert mit duftenden Zusätzen?

Nicht immer wird man das Fehlende einfach nur ergänzen können. Oft sind Beschwernisse oder Begrenzungen tatsächlich nur bedingt behebbar. Das lästige Absaugen gehört dazu wie die Atemschwierigkeiten mancher liegender Kinder oder auch die wenigen Möglichkeiten, die Lageposition dieser Kinder zu verändern, oder die Einstellung ihrer Eltern zu ihnen.

Hier wird das «Beitragen zur Sicherung existentieller Lebensbedürfnisse» zu einem geduldigen, mitfühlenden Begleiten, sicher aber auch zu einem Wachwerden der Phantasie, die ungedachte Möglichkeiten der kleinen Veränderungen schafft. Nicht selten mündet solch ein Begleiten auch in ein allmähliches Bejahen und Anerkennen jenes beklagenswerten Zustandes als ein Akzeptieren von Leid. Dieses macht solidarisch und aktiv zugleich (SÖLLE).

Ein solches Verstehen hilft auch dem Erzieher, zuerst den Menschen, das heißt konkret das Kind, den Jugendlichen, zu sehen, dann erst die Behinderung.

«Leben lernen» heißt nicht, primär die Behinderung anzugehen, sondern das Kind soll als Kind, der Jugendliche als Jugendlicher, Mann und Frau als Mann oder Frau leben können und mit allen Konsequenzen leben dürfen.

Das alles umspannt das Aufgabenfeld 1:
Die körperliche, täglich sich wiederholende Pflege, das Anbahnen eines seelischen Gleichgewichts, die Echtheit menschlicher Lebensformen.

Lernziele kann man hier für das Kind nur bedingt ausweisen — bestimmte Gebiete, die mit Hilfe von Trainingsprogrammen anzugehen sind (z.B. Sauberkeitstraining), ausgenommen. Ziele aber wird sich dennoch jeder Pädagoge im Rahmen dieses Aufgabenfeldes setzen, damit er selbstkritisch überprüfen kann, ob er den Bogen tatsächlich weit genug gespannt hat.

4.5.2 Exkurs: Pflege — eine wichtige Aufgabe im Rahmen der Schule

Pflege — eine realistische Situationsbeschreibung

Es gibt kaum einen Bericht über geistigbehinderte Schüler, in dem nicht von Leistungen oder Defiziten im Bereich der Pflege die Rede ist (... trägt keine Windeln mehr, ist tagsüber trocken, kann seine Hose selbst hochziehen, muß jedoch noch gefüttert werden).

Pflegenotwendigkeiten gehören zum Alltag mit geistigbehinderten Schülern, *Pflegebedürftigkeit* gilt als Kennzeichen schwerer geistiger Behinderung.

HETZER (1971) gliedert die notwendige «Wartung und Pflege» in drei Bereiche und deutet gleichzeitig die weite Spanne von Pflegeleistungen an:

- ☐ Wartungsbedürftigkeit als ein ständiges und geduldiges Anleiten und Überwachen von Teilausführungen oder Durchführung von Maßnahmen der körperlichen Pflege
- ☐ Aufsichtsbedürftigkeit als ein Vermeiden von schädlichen Einflüssen aus der Umwelt
- ☐ Erziehungsbedürftigkeit als ein Anregen zur Auseinandersetzung mit der Umwelt

Die hier angesprochene Pflegerealität als aktive und passive Maßnahmen sind Brennpunkte täglicher Diskussionen aller Mitarbeiter an der Schule für Geistigbehinderte, besonders dann, wenn diese schwerer behinderte Schüler aufnimmt. Pflegemaßnahmen sind aber auch «Stachel im Fleisch» gegenüber der Schulbehörde, die verständlicherweise immer wieder nach dem pädagogischen Sinn solcher sowohl personell als auch materiell sehr aufwendigen Maßnahmen fragt.

Über die *Pflegebedürftigkeit* geistigbehinderter Schüler liegen neben dem Beitrag von Frau HETZER (1971) vereinzelte Untersuchungen vor (FRÖHLICH, 1979, BV Lebenshilfe, 1978, FISCHER, 1976, PHILIPP, 1978). Die Frage nach der *Pflegewürdigkeit* Intensivbehinderter als Gegenstand anthropologischer Auseinandersetzung mit dem Leben und dem Leiden dieser Menschen, kann zwar von kompetenter Seite vor-gedacht (vgl. FRÖHLICH, 1978, HAHN, 1981, BEGEMANN, 1978), aber dennoch für niemand vorentschieden werden. Dieser Auseinandersetzung muß sich der selbst stellen, der Pflegetätigkeiten ausübt.

Pflegewürdig sind alle Menschen, pflegebedürftig sind sie es jedoch nur mehr oder weniger häufig, über kürzere oder länger Zeit hinweg, in einzelnen oder in mehreren Lebensbereichen.

Intensivbehinderte Menschen dagegen beanspruchen meist eine *lebenslange* Pflege in vielen, wenn nicht sogar in allen Lebensbereichen.

Keine Beschreibung kann die tatsächliche Situation der Pflege wirklich erfassen (vgl. Abschnitt 2.3), die nicht selten alle Betroffenen in eine ohnmächtig lähmende Hilflosigkeit führt:

Kinder, die sich ständig schlagen und nicht alleine gelassen werden können

Kinder, die nächtelang schreien und ihre Angehörigen keinen Schlaf finden lassen

Kinder, die angebunden werden müssen, um sie und ihre Umwelt vor Schaden zu bewahren

Kinder, die sich gegen das Essen wehren und daher unter Zwang gefüttert werden müssen

Kinder, deren Mißgestalt oder Mißbildungen einem Schauer über den Rücken jagen, die einen von Herzen erbarmen

Sie alle fordern uns Pflegemaßnahmen ab und zwingen uns zu Reaktionen, die wir oft nicht wollen und dennoch praktizieren müssen: Anbinden, mehrmaliges Wickeln bei Tag und Nacht, Verabreichen von Psychopharmaka.

Der Anspruch und die Hoffnung auf Lebensfreude reduziert sich für alle Beteiligten in erschreckendem Maße:

Das Essen bedarf der gleichen Geschmacksrichtung, des gleichen Aussehens und derselben Konsistenz, damit es nicht ausgespuckt wird, der WC-Stuhl ist oft alt und ohne Zierde, das schöne bunte, kuschelige Bett muß der praktischeren Gummimatratze weichen, Blumen und Vorhänge verschwinden aus dem Kinderzimmer, weil sie dort kein langes Leben haben, und der Bub, mit dem man eigentlich schon etwas Ordentliches anfangen könnte, den muß man wickeln wie ein Baby.

Die vielfältig möglichen Beziehungen in einer Familie oder auch in einer Gruppe werden weniger, ärmlich, einseitig. Sie werden auf Dauer gleichförmig und ohne Abwechslung und bleiben damit ohne fördernde Anregung für weitere Entwicklungen. Nicht selten werden langzeitig Pflegebedürftige wie Kinder.

Es wird über die Maßen deutlich: Die vermeintlich äußerlich vollziehende Pflegerealität wird zu einer inneren Angelegenheit — sowohl für den Pflegenden als auch für den zu pflegenden Partner.

Pflege — was ist das eigentlich?

Pflege ist ein Begriff, über den es sich nachzudenken lohnt. Er läßt sich ethymologisch bis zu germanischen Wortgruppen zurückverfolgen. «Plegan» heißt «sorgen für etwas», «sich annehmen»; im Mittelhochdeutschen meinte man mit dem Wort «phlegen» «sich in freundlicher Sorge um etwas annehmen». Die Aufteilung in Körperliches und Seelisches läßt sich dabei noch nicht entdecken.

Im heutigen Sprachgebrauch hat das Wort «pflegen» in nahezu alle Lebensbereiche Eingang gefunden:

Konto*pflege* nennt man einen Vorgang im Rechnungswesen, ein Auto wird gewartet und von seinem Besitzer *gepflegt.* Auch lieb gewordene Gegenstände, Gewohnheiten und Hobbys, auch Freundschaften *pflegt* man.

Immer handelt es sich um pflegewürdige Vorgänge oder Objekte, um meist subjektiv bedeutsame Angelegenheiten.

Wertgeschätztes gewinnt nicht selten durch *Pflege* an Wert.

Auch unser Körper empfindet dies. Er wird durch eine gute Pflege frischer und für einen selbst, auch für den Partner, angenehmer und interessanter.

In der Familie kommt dem Säugling, dem kranken Schulkind, der schwächlichen Großmutter die Pflege der übrigen Familienmitglieder zugute.

Nicht zu vergessen ist: Pflege hat sich in manchen Bereichen auch institutionalisiert und eigene Berufsgruppen hervorgebracht: der Krankenpfleger, der Altenpfleger, der Heilerziehungspfleger.

Die *Pflege* ist ein wichtiges Feld menschlichen Lebensvollzugs geworden, umfangreicher und gewichtiger als es weithin im Bewußtsein ist.

Obwohl wir uns selbst täglich *pflegen* — das frische Bad am Morgen, das Trimmen auf dem Parcours, das Bräunen im Sonnenstudio, das Erleben gruppendynamischer Übungen —, ist das Pflegegeschehen so sehr aus unserer Wahrnehmung entglitten, daß wir uns nur mit Mühe verborgener Hintergründe und bedingender Strukturen erinnern und uns diese bewußt machen können.

Seelenpflegebedürftige Kinder nennen die Anthroposophen geistigbehinderte Kinder und wollen damit die innere, die geistige Dimension der Pflegebedürftigkeit betonen, ohne auf die äußerliche Pflege zu verzichten.

Und sind wir nicht froh darüber, daß «Pflegling» als Begriff für Kinder mit intensiver geistiger Behinderung nahezu in den Hintergrund gerückt ist? Diese Kinder sind heute u.a. Schüler, Schüler, die in unserer Welt «leben lernen» (vgl. Abschnitt 2.2), ohne daß sich das Maß ihrer Pflegebedürftigkeit grundlegend geändert haben muß.

Wer über Pflege aussagen, ja wer selbst «richtig» pflegen will, muß Pflege selbst erleben bzw. Pflege selbst erlebt haben.

Dann spürt man vielleicht auch etwas von der Abhängigkeit und dem Beziehungsgefüge, das Pflege umgibt; dann erst kann man sich in die Last hineinfühlen, die die Pflege von schwerkranken und schwerbehinderten Menschen mit sich bringt.

Dennoch darf man nicht vergessen:

- ☐ Pflege gibt Lebensimpulse für den Augenblick und ermöglicht Leben über den Augenblick hinaus.
- ☐ Pflege erhält Leben und steht damit für ein Leben ein, das des Schützens und des Bewahrens bedarf.
- ☐ Pflege unterstreicht die Wertschätzung und läßt dem Adressaten besondere Aufmerksamkeit und besondere Zuneigung zukommen.
- ☐ Pflege vermag die schönen, genüßlichen Seiten des Lebens hervorzuheben und setzt so Zäsuren als Ruhe- und Erholungspausen in einem von Hektik gekennzeichneten Alltag.
- ☐ Pflege drückt etwas aus von einer positiven Lebenseinstellung und vermittelt so Sinnimpulse sich und dem anderen, dem die Pflege gilt.

Pflege hat dabei insgesamt — trotz der vielen rein körperlichen Leistungen und Lasten — relativ wenig mit dem Körper allein zu tun. Pflege ist letztlich ein Tun, das Seelen berührt. Dies gilt wieder für beide Partner in der Pflegesituation.

Vorerst jedoch sollen die strukturellen Beziehungen des Pflegegeschehens beleuchtet werden.

Pflege — strukturell gesehen

Die Struktur von Pflegebeziehungen ist äußerlich gekennzeichnet durch einen gebenden, aktiven und fürsorglichen Pol → dem Pflegenden und auf der Gegenseite durch einen annehmenden, inaktiven und umsorgten Pol → den zu Pflegenden.

Der Pfleger gestaltet und bestimmt die vitale Lebensrealität des zu Pflegenden und damit meist auch dessen Befindlichkeit mit. Der zu Pflegende — in unserem Fall der intensivbehinderte Schüler — nimmt dies an, weil er entweder nicht auswählen kann oder gar nichts von anderen Möglichkeiten weiß. Viele intensivbehinderte Menschen erleben schon gar keine andere Rolle mehr als die des Empfangenden und die des Pflegefordernden. Sie bestärken dabei den Pfleger wiederum in seiner Rolle und festigen dessen Denken und Handeln.

Die mögliche Vielfalt von Beziehungen zwischen Menschen reduziert sich auf Pflegemaßnahmen, die kaum mehr Ansätze eines Wechselspiels erkennen lassen.

Die für den Pflegenden daraus entspringenden Schwierigkeiten werden noch deutlicher, wenn man einzelne Kennzeichen möglicher Pflegeleistungen genauer betrachtet:

- Pflegeakte sind meist Antworten auf vorgegebene Situationen.
- Pflegeakte verfolgen Ziele meist mit Langzeitcharakter.
- Pflegeakte sind Formen des menschlichen Miteinanders — allerdings unter sehr erschwerten Bedingungen.

Pflegeakte als Antworten

Situationen, wie die nasse Windel, die triefende Nase, das Wundsein machen Pflegemaßnahmen notwendig. Der Pfleger verbessert die Situation und wird dann erneut tätig, wenn der alte Zustand wieder eingetreten ist und dieser seine Pflegetätigkeit verlangt. Auf diese Weise ist er meist nachschaffend tätig, das heißt, er läuft Pflegeanlässen hinterher, ohne die Ursache überwinden zu können. Auf diese Weise kündigt sich bald eine Permanenz an, die schlimmer ist als die Pflegehandlung selbst.

Nur in wenigen Situationen kann der Pfleger wirklich präventiv arbeiten (zum Beispiel warm anziehen, um einer Erkältung vorzubeugen). Solche Pflegehandlungen setzen mehr Motivationen in dem frei, der sie ausführt. Sein Tun bekommt eine völlig andere Richtung — zumindest auf den ersten Blick. Dies aber wird in unserem Zusammenhang die Ausnahme bleiben.

□ *Pflegeakte verfolgen weitreichende Ziele*

Meist beinhalten Situationen, die Pflegeleistungen fordern, sehr konkrete Ziele: Ein Kind, das selbst noch nicht den Löffel zum Mund führen kann, «sagt“ sehr viel über das Ziel der notwendigen Pflegehandlung, ebenso der bettlägrige Mann, der selbst nicht imstande ist, seine Liegeposition zu verändern. Neben diesen konkreten, sehr kurzfristigen Zielen sind bei der Pflege Ziele mit Langzeitcharakter von eigentlicher Bedeutung, die aber weit weniger in der Lage sind, im konkreten, täglichen Pflegeeinerlei zu motivieren und dem Pfleger die notwendige Erfüllung und Bestätigung seines Tuns zu geben:

□ durch Pflege wird einer Krankheit vorgebeugt (→ Hygiene)
□ durch Pflege wird die Heilung unterstützt (→ Heilbehandlung)
□ durch Pflege wird der Körper vor Schaden bewahrt (→ gesunde Ernährung)
□ durch Pflege wird das menschliche Zusammenleben erleichtert (→ Kultivierung)
□ durch Pflege wird das Leben bereichert (→ Daseinsgestaltung)

Diese Ziele vermögen schon Impulse zu setzen, sie verlieren sich jedoch sehr leicht im Pflegealltag. Zudem kommt, daß viele schwerkranke, vor allem aber intensivbehinderte Menschen solche Zielperspektiven häufig nicht erkennen können und so bei den Pflegemaßnahmen auch nicht mitmachen.

Der zu Pflegende gerät zunehmend stärker in die Rolle des Pflegeobjekts, obwohl das anfangs von keinem gewollt wurde, ja sogar vermieden werden sollte.

Noch schwieriger wird die Situation dann, wenn sich keine Veränderung im Sinne einer Verbesserung abzeichnet und die Pflegezuwendung ohne Reaktion und feed-back bleibt.

□ *Pflegeakte erschweren die mitmenschliche Kommunikation*

Im normalen Leben wird die Pflegezuwendung sehr geschätzt und mit Dankbarkeit beantwortet. Besonders deutlich ist es beim Säugling, der nach einer noch so anstrengenden Bade- und Fütteraktion wohlig-friedlich in seinem Bettchen liegt und der Mutter Freude und Zuversicht vermittelt.

Jedes Zeichen der Hoffnung und der Dankbarkeit wirkt wie eine Belohnung, die stark *und* bereit macht, die Pflege erneut in Angriff zu nehmen und zu leisten, selbst wenn sie im wörtlichen Sinne mühevoll ist.

Bei der Pflege Intensivbehinderter sieht es meist ganz anders aus. Die eingeschränkten Möglichkeiten zur Mitarbeit und die fehlenden Fähigkeiten zur Kommunikation lassen Dankbarkeit, Zufriedenheit und Wohlbefinden oft nur spurenhaft erahnen. Der Pfleger ist weitgehend auf Vermutungen angewiesen. Meist kann er nur objektive Tatsachen für die Richtigkeit seines Tuns heranziehen: die trockene Hose statt der nassen, die geschmeidige und gut duftende Haut statt der spröden, trockenen, das ruhige, warme Kind, statt dem zitternd-frierenden.

Pädagogische Beziehungen können auf Dauer ohne die Lebendigkeit der Kommunikation zwischen beiden Kommunikationspartnern nicht überleben. Im Extremfall sinken sie zu einem mechanisch-technisierten Behandeln ab. Das gilt besonders für die Pflege. Zudem belasten notwendig werdende Pflegeleistungen durch ihren nur schwer in den Griff zu bekommenden Eigenrhythmus das mühevoll und sicher auch liebevoll aufgebaute Kommunikationsverhältnis zu einem schwer behinderten Menschen, sei es in der Schule, in der Familie oder im Heim.

Nur wenige Pädagogen können sich dieser Gegebenheit auf Dauer emotional unbeeindruckt entziehen. Es stehen nicht selten zwei Situationssysteme im Widerspruch: der plötzlich auftretende Anfall und die eben begonnene Lernsituation — z.B. im Rahmen der Basalen Aktivierung.

So gesehen werfen bereits die hier beleuchteten Probleme im Rahmen der Pflege für die Mitarbeiter einer Schule eine Reihe von Fragen auf:

- Wie läßt sich über das nicht veränderbare pflegerische «Antworten» auf aktuelle Notstände hinaus ein Dialog mit dem zu Pflegenden entwickeln?
- Wie können Ziele gefunden werden, die die Pflegehandlungen mehr dynamisieren, damit diese von den Pädagogen als sinnvoll erachtet und empfunden werden?
- Wie können Mitarbeiter in der Pflege noch mehr psychisch entlastet werden, damit sie wieder freier werden für das menschliche Miteinander?

Pflege — ohne Fachkenntnisse geht es nicht

Die Spezialisierung der sozialen und pädagogischen Berufe schafft für die betroffene Gruppe der geistigbehinderten Menschen eine schwierige Situation. Da soll der Sonderschullehrer für die kognitive Entwicklung zuständig sein, die Krankengymnastin für die Entwicklung der Muskulatur, die Erzieherin für den emotional-musischen Bereich. Gesetzliche Bestimmungen lassen nur Krankenschwestern die vom Arzt verordnete Medikamentierung vornehmen (vgl. Abschnitt 1.3).

Wenn FEUSER (1973, 1980) für die Schule für Geistigbehinderte eine hochqualifizierte Mitarbeiterschaft fordert, so kann diese nur dann etwas für den geistigbehinderten Schüler erwirken, wenn im konkreten Erziehungs- und Unterrichtsalltag keine Aufteilung, sondern ein stetes Bemühen um Zusammenarbeit erfolgt. Das trifft besonders auf die belastenden und langfristig notwendigen Pflegemaßnahmen zu.

Grundlage ist jedoch, daß alle Mitarbeiter, die Pflegearbeit verrichten, ausreichende Fachkenntnisse besitzen. Diese sind genauso wichtig wie ein Reflektieren über eine notwendige pädagogische Gestaltung einzelner Pflegesituationen. Kenntnisse in Erster Hilfe sind sicher eine wichtige erste Stufe. Sie genügen aber nicht. Es geht um Pflegetechniken und Pflegewissen auf der einen Seite, um Einfühlungsvermögen und Sensibilität auf der anderen Seite.

Im einzelnen lassen sich Fachkenntnisse mit den nachfolgenden inhaltlichen Schwerpunkten ausweisen:

- Elemente der Krankenpflege (z.B. wie behandle ich Hautausschläge oder Wundsein bei meinen Kindern, wie erkenne ich Fieber oder Unwohlsein?)
- Elemente der Sauberkeitserziehung und der Hygiene (z.B. wie windle ich ein schwerstbehindertes Kind, ziehe ich es aus und an? Wie wasche ich es? Wie versorge ich es auf der Toilette?)
- Elemente der Versorgung (z.B. wie füttere ich ein mehrfachbehindertes Kind? Welche Abwechslung bringe ich in die Ernährung, wenn es Diät ißt?)
- Elemente der Zuwendung (z.B. wie verändere ich Sitz- und Liegepositionen, wie transportiere ich das Kind, wie führe ich den Rollstuhl?)
- Elemente des Geschmacks und der Ästhetik (z.B. wie kleide ich schwerbehinderte Kinder, wie gestalte ich ihr Zimmer, ihre Liegefläche?)
- Elemente der Seelsorge (z.B. wie «spreche» ich mit ihnen, wie vermittle ich Zuspruch und Lebenssinn?)

In den vielen Momenten, wo Pflegemaßnahmen in Lernen übergehen bzw. an denen Lernen anzuknüpfen ist, bedarf der Pflegende ausreichender Kenntnisse z.B. in der Durchführung von Toilettentraining, von Eßtherapien oder von einem Anziehtraining. Literatur dazu findet der Leser im Anhang eigens ausgewiesen (vgl. Abschnitt 9.2).

Unabhängig davon sollte jeder Pädagoge engen Kontakt zum Arzt, zur Krankengymnastin oder zur Beschäftigungstherapeutin halten, um in gemeinsamen Therapiegesprächen die optimale Lösung für die jeweils notwendigen Pflegemaßnahmen zu ermitteln.

Die pädagogische und methodische Gestaltung bleibt im einzelnen dem Team der Pädagogen aufgetragen. Sie müssen sich sowohl bzgl. der Aufforderungen (bis hin zu einer wörtlich völlig übereinstimmenden Formulierung) als auch in bezug auf die Abfolge einzelner Handlungsschritte (Pflegemaßnahmen sind immer Handlungsketten!) einigen *und* sich selbst darin einüben.

Nur so ist die Kontinuität für den einzelnen Schüler zu wahren. Für das Befinden stellt diese ebenso wie für vielleicht doch noch mögliche Fortschritte eine notwendige Voraussetzung dar.

Somit wurde eindrucksvoll deutlich:

Pflege ist nicht nur eine Sache der Technik und des Wissens, sondern auch eine Angelegenheit des Herzens und der Kraft. Ein einzelner kann sie nicht leisten, es geht nur in Teamarbeit. Zu einem solchen Team gehört aber vor allem der, dem die Pflege gilt.

Will man eine gute Pflege leisten, genügen weder Informationen noch praktische Einübung; man muß Pflege als Selbsterfahrung erleben und ertragen haben. Dann erst weiß man, was man zumuten, aber auch was man durch Pflege schenken kann.

Pflege — eine Herausforderung für pädagogische Mitarbeiter

Viele Probleme, die als Herausforderung erlebt werden, ergeben sich aus dem Gegensatz von Pflege und Lernen. Entweder fallen Pflegeleistungen immer dann an, wenn man «sie absolut nicht brauchen» kann, oder sie beanspruchen so viel Zeit — das Baden und Füttern eines mehrfachbehinderten Kindes zum Beispiel —, daß man selbst für andere wichtige Dinge kaum mehr Zeit und Kraft und das Kind kaum mehr Aufmerksamkeit zu erbringen vermag.

Zu Spannungen kommt es dann besonders, wenn man von der Wertigkeit her zwischen diesen beiden Angebotspolen Unterschiede entstehen läßt. An sich sollte Pflege der Boden sein, aus dem Lernen wie eine zarte Pflanze herauswachsen kann; die Schüler sollten zu mehr Selbständigkeit, zu mehr Selbstwertgefühl geführt werden.

Die weitaus schwierigeren Probleme entstehen auf der Beziehungsebene im Rahmen der täglich notwendig werdenden Pflegemaßnahmen. Sie sind meist in Verbindung mit den Tiefenschichten unserer Persönlichkeit zu sehen und von daher nicht immer so einfach anzusteuern:

- □ die Nähe von Pflegeaktion zum Intimbereich
- □ die Rolle der Ästhetik im Vollzug der Pflegehandlungen
- □ die emotionale Rückwirkung von pflegerischem Tun auf die eigene Befindlichkeit

Zur intimen Seite der Pflege

Was für den einen schwer ist, das kann für den anderen schön sein. Beides aber läßt sich nicht für den anderen feststellen oder festlegen. Wie schön und wie schwer aber darf Pflege sein?

Diese Frage zielt genau auf das Problem des Intimbereichs und alle die damit im Zusammenhang stehenden Fragen.

Sicher läßt sich die Intimsphäre eines Menschen nicht auf ein paar Quadratzentimeter Haut begrenzen. Auch für Menschen mit intensiver Behinderung ist intimes Erleben mehr als das Manipulieren an Genitalien. Ob ein Mensch Intimsphäre auf der einen Seite und intimes Erleben auf der anderen Seite entwickeln kann, hängt wesentlich von der Beziehung ab, die er aus dem Umgang mit sich und seinem Körper in früher Kindheit erfährt (vgl. ERIKSON).

Unser Anliegen, intensivbehinderten Kindern zu einem Ich-Aufbau zu verhelfen, der letztlich auch aus der Respektierung einer Intimsphäre her wesentliche Impulse erhält, wird durch die notwendig werdenden Pflegemaßnahmen ständig gefährdet.

Obwohl wir den Intimbereich und die Intimsphäre eines Menschen mit intensiver Behinderung achten und schützen, muß der Genital- und Ausscheidungsbereich dieses Menschen immer wieder entblößt werden — und dies nicht selten von häufig wechselnden Mitarbeitern. So wird der Intimbereich durch Pflegemaßnahmen zu einem öffentlichen Bereich.

Obwohl wir wissen, daß pflegerische Handlungen im Genitalbereich und an den über den ganzen Körper verteilten erogenen Zonen vom Kind als stimulierende Handlungen erlebt werden können, können wir diese «kritischen» Bereiche nicht auslassen. Wir müssen sie pflegen — in der Hoffnung, das Kind nicht zu falschen, es fixierenden Erlebnisweisen zu führen.

Obwohl wir manchmal von persönlichen Schwierigkeiten im Umgang mit dem gegengeschlechtlichen Partner wissen oder die Problematik der offenen und verdeckten homosexuellen Impulse kennen, müssen wir als Mann oder Frau, Männer und Frauen, Mädchen oder Jungens pflegen.

Als besondere Belastung erweist sich in der Praxis für junge Mitarbeiterinnen der Pflegeumgang mit pupertären jungen Männern. Man sollte hier wirklich sehr behutsam an diese Probleme gemeinsam herangehen und im Teamgespräch offen die Zumutbarkeit für den einzelnen Mitarbeiter erörtern. Man muß auch als Mitarbeiter, der sich *für* behinderte Menschen engagiert, zu bestimmten Tätigkeiten «nein» sagen dürfen, ohne Einbußen in seiner Achtung und in seiner Glaubwürdigkeit befürchten zu müssen. Für die zu pflegenden Menschen aber können sich auch durch eine falsche Erwartungshaltung große Schwierigkeiten ergeben. Sie erleben in der Pflege einen sehr körpernahen Umgang, eine sehr körpernahe Zuwendung.

Dies kann auf der einen Seite so angenehm sein und so viel bedeuten, daß man auf keinen Fall selbständig werden möchte, um diese Zuwendung ja nicht entbehren zu müssen, auf der anderen Seite erleben viele zu pflegende Menschen, daß diese körperlichen, durch Pflege notwendigen Pflegemaßnahmen im psychischen Bereich keine Entsprechung finden. Man erlebt ein körperliches Streicheln; die Seite, die aber ein solches Streicheln erst wirklich ganz füllt, erfüllend erleben läßt, bleibt aus.

Von der Pflegerseite her ist dies ohne weiteres zu verstehen. Er kann nicht alle seine zu pflegenden Personen auch seelisch mögen. Vielleicht aber sollte man aufgrund dieses Wissens sowohl mit der körperlichen Nähe als auch mit einer möglichen seelischen Ferne eine Spur reflektierter umgehen.

Fragen in diesem Bereich lassen sich nicht auf einer allgemein gültigen Ebene lösen. Sie sind den persönlichen Entscheidungen anheimgestellt. Es geht hierbei weniger um moralische oder normorientierte Regelungen, vielmehr um das Bewußtmachen und Betonen des Anrechts jedes Menschen auf sein Personsein.

Die Pflege des Körpers eines anderen Menschen ist ein Annähern an dessen Personsein. Man wird sein Ich eher achten, wenn man sich als Ich verhält. Man wird den anderen als Subjekt sehen und nicht als Pflegeobjekt; als jemand, der Gefühle hat, Gefühle, die man auslösen kann, die aber nur schwer zu steuern sind, Gefühle, die ein Ziel brauchen.

Es fällt uns schwer, innerhalb der Pflegesituation solche Ziele zu setzen, zumindest solange sie nicht zu einer pädagogischen Angelegenheit wird.

Somit wird deutlich, daß Pflegeakte personale Akte sind, Handlungen, die von einem Ich herkommen und einem Du gelten.

Die Grenze beider Personen — der Pflegepartner — darf dabei aber nicht überschritten werden, selbst wenn sie berührt werden muß.

Zur ästhetischen Seite der Pflege

Probleme unter diesem Aspekt stehen mit den vorgenannten Überlegungen im engen Zusammenhang. Für Mitarbeiter, die in der Pflege erfahren sind, werden ähnliche Erlebnisse gelten, wie wir sie auch aus dem normalen Alltag kennen:

Ästhetisch anziehend ist nicht nur das sogenannte Schöne, das junge, das strahlende Gesicht, der glatte, der muskulös-schlanke Körper; sehr wohl können auch ein altes, zerfurchtes Gesicht oder abgeschaffte Hände anziehend, ja faszinierend sein. Wir erleben aber auch, daß sogenannte ästhetische Momente gar nicht von Dauer sind. Das, was uns heute gut gefällt, uns anspricht, das empfinden wir wenige Zeit später als langweilig. Oft verkehren sich Sympathie in Antipathie, ohne daß wir dafür überzeugende Ursachen ausmachen können.

Die Ebene der Ästhetik mit ihren Auswirkungen der Sympathie oder Antipathie zählt mit zu den heikelsten Feldern im Bereich der Pflege. Sie ist wie ein Netz, das auffängt und Schutz gibt; es kann aber auch ein Netz sein, das ständig an neuen Stellen reißt, das wie Stolperdrähte unser Vorhaben, ein guter Pfleger zu sein, unmöglich macht.

Nun sind es oft gar nicht die gemeinhin als schlimm erachteten oder empfundenen Momente, die uns an die Grenze der psychischen Belastbarkeit, an die Grenze unseres ästhetischen Empfindens führen: das mit Kot beschmierte Bett, der Geruch bei bestimmten Stoffwechselkrankheiten, das mißgebildete Gesicht, der verdrehte Körper.

Oft sind solche Signale, die in uns Abwehr auslösen, viel feiner, minimaler: eine durchsichtig scheinende Hand, ein seltsamer Blick, verworrene Haare, eigenartige Schluckbewegungen.

Manche Mitarbeiter empfinden allerdings auch bestimmte Tätigkeiten als ästhetisch besonders belastend: Ohren säubern, Nägel schneiden, rasieren, füttern.

Solche Empfindungen lassen sich wohl nur noch tiefenpsychologisch klären. Nicht selten gehen ja in diese Gefühlserlebnisse strukturelle

Momente der Persönlichkeit des Pflegenden mit ein, Momente, die wir zum Beispiel der oralen oder analen Phase zurechnen. Manchmal werden in solchen Erlebnissen auch neurotische Impulse aktiviert, gleichermaßen schwierig, ob sie als übersteigerte Abwehrhaltung oder als Überengagement zum Ausdruck kommen. Vielleicht sollte man solche Momente in einer Balint- oder einer Selbsterfahrungsgruppe bearbeiten.

Oft wird von erfahrenen Mitarbeitern in der Pflege an die Gewöhnung erinnert: Daran gewöhnt man sich mit der Zeit ... an den schlechten Geruch, an das Geschaukle der Kinder, an die permanente Unruhe, an die geringe Veränderbarkeit.

Sicher hilft die Gewöhnung, um sich von diesen störend oder belastend empfundenen Eindrücken zu distanzieren und sich der eigentlichen Aufgabe wieder zuwenden zu können. Doch ist damit ja noch nicht die Bearbeitung gelungen, die ein solches Erleben der Abwehr oder auch des Angezogenseins eigentlich erfordert.

Wenn ADORNO meint, daß «Liebe die Fähigkeit ist, Ähnliches in Unähnlichem wahrzunehmen», spricht er eine Haltung an, um die man sich über die Pflege hinaus bemühen sollte. Auch das Gebot Christi, in jedem den Bruder zu sehen, vermag eine Basis des Annehmens und damit auch des Überwindens zu schaffen.

Selbst ganz einfache Dinge helfen, den Weg dorthin zu finden, wo einem vorerst noch ästhetisch schwierige Momente den Zugang versperren.

In der *Sprache* haben wir Menschen eine der zentralen und fundamentalen Möglichkeiten, Grenzen zu überwinden. Ein Kind, das uns zu pflegen äußerst schwerfällt, erreichen wir vielleicht durch Sprache, indem wir unsere Gefühle zu ihm ausdrücken, unser Empfinden verbalisieren: Uli, ich habe es so schwer, mit Dir einen Kontakt zu bekommen ... Wie geht es Dir heute? Konntest Du gut schlafen? Ob wir beide das Füttern noch einmal probieren?

So stellen wir einen zärtlichen Kontakt zu einem solchen Kind her, vielleicht vom Mitfühlen, manchmal vielleicht sogar vom Mitleid angeregt, einen Kontakt, der doch Ansätze von *Sympathie* zum Ausdruck bringt. Aber auch unsere körperlichen Handlungen an und mit dem Kind oder Jugendlichen werden ehrlicher und für uns selbst weniger verfremdend, wenn wir uns mit unseren Gefühlen einbringen. So kann Sprache auch schwierige Pflegetätigkeiten begleiten, und das Kind erlebt eine zunehmend entspannter werdende Situation.

Manchen Mitarbeitern hilft auch, nach einer für sie schwierigen Pflegehandlung mit dem Kind etwas zu tun, was beide gerne mögen: das Bürsten der Haare, das Eincremen des Gesichts, das Schaukeln auf dem Schoß, das gemeinsame Hören von Musik.

Auch sollte ein Pflegeakt nicht nur als ein sachlich und situativ notwendiger Eingriff erfolgen, sondern dem Kind angekündigt werden (vgl. Abschnitt 1.3). Bevor man es in den Toiletten- oder Waschraum fährt, wird es von der Gruppe verabschiedet, wenn es zurückkommt, begrüßt und in die Arbeit sofort wieder einbezogen.

So sind dann Pflegemaßnahmen nicht etwas, was man «in der Ecke», in einem abgeschirmten Raum tut, sondern etwas, was notwendig ist, ohne die Beziehung zwischen dem Kind und der Gruppe und zwischen dem Erzieher und dem Kind aufzukündigen.

Zur emotionalen Rückwirkung der Pflegetätigkeit auf den Pflegenden
Auch hier lassen sich keine einheitlich und allgemein gültigen Aussagen machen, sondern nur einzelne Momente beleuchten, wie sie in der täglichen Praxis erfahrbar sind.

Der eine leidet mehr darunter, daß der Pflegebereich als ein nachgeordneter, oft sogar als mindergeschätzter gilt. Pflegeleistungen werden schlecht bezahlt und oft nur zu einem Teil auf die Arbeitszeit angerechnet.

Ein anderer erlebt stärker die geringen Fortschritte im Bereich der Selbständigkeit eines Kindes trotz seines engagierten und fachlich richtigen Einsatzes. Wieder ein anderer empfindet es als enorme Anstrengung, in einem Bereich Leben entfachen zu müssen, den er selbst bereits überwunden hat: den Bereich der Körperlichkeit. Ihm fehlt in der Pflege die geistige Dimension, die körperliche kann er nicht mehr so wertschätzen. So wird es ihm auf diese Weise auch nur bedingt möglich sein, die von uns immer wieder erwünschte Kommunikation anzustreben, Pflege als Kommunikationsmöglichkeit mit intensivbehinderten Kindern zu sehen und zu erleben.

Grundsätzlich aber ist es wichtig, sich über die emotionale Rückwirkung und vor allem über mögliche Ursachen Klarheit zu verschaffen, um sich nicht einem Kreislauf auszuliefern, der einen erschöpft, ohne diesen aussteuern zu können.

Pflege — eine Angelegenheit des Lernens und der Pädagogik
Pflege ist nicht in erster Linie ein Handeln am anderen, sondern ein Einbeziehen des anderen in unsere Lebensgemeinschaft.

Wir reden mit dem Kind, wenn es im Koma liegt, wir nehmen es mit zu einem Blumenfest, wenn es auch dort wenig «sehen» wird, wir ziehen es frisch an und suchen einen Pullover mit schönem Muster, auch wenn es sich bald wieder schmutzig machen wird, wir unternehmen gemeinsame Ausflüge, auch wenn sich damit eine Reihe von Schwierigkeiten auftun.

Wenn auch solche Pflegehandlungen äußerlich gesehen zumindest keine überdauernde Perspektive erkennen lassen, so drücken sie eine innere in ihrer Kontinuität aus. Sie dienen augenblicklich zur Verbesserung eines aktuellen Zustandes, streben aber dennoch Langzeitwirkung an.

Ihre Ziele lassen sich im Gegensatz zu umschreibbaren Lernprozessen weniger gut operationalisieren. Dennoch streben wir an:

- ☐ mehr Selbständigkeit
- ☐ mehr und gesteuerte Aktivität
- ☐ mehr Lockerheit für die gesamte Person
- ☐ mehr Kommunikationsbedürfnis und -bereitschaft
- ☐ mehr Kultivierung von Lebensäußerungen und Lebenstätigkeiten
- ☐ mehr Wahrnehmungstüchtigkeit
- ☐ mehr und präzisere Umwelteindrücke

TROGISCH (1977) versuchte eine Synthese zwischen Pflege und Lernen bzw. Erziehung zu erreichen, um auf diese Weise einem möglichen vorhin geschilderten Auseinanderfallen entgegenzuwirken. Er spricht von «Förderpflege», die ihm für schwerbehinderte Menschen als adäquate Form der Erziehung und Bildung notwendig scheint.

Recht verstandene Pflege regt dabei ebenso zur Kommunikation an, wie sie auch zum Mittun auffordert. Pflege in diesem Sinne vermittelt gezielte Eindrücke von der Umwelt und läßt Handlungen als Handlungsketten — in einer rhythmisierten Abfolge — erleben. Damit werden erste Eindrücke von Zeit hervorgerufen, erste Gewohnheiten angebahnt und vielleicht auch Verlangen geweckt, Pflegebedürfnisse zugunsten eigener Selbststeuerung und einem Selbst-Tun aufzugeben.

So verstanden führt Pflege zum Leben hin, wenn auch vorwiegend auf der Ebene des Sinnlich-Wahrnehmenden, des Taktilen, des Oralen, des Kommunikativen. Es ist eine Ebene, die nicht angetan sein muß, Angst zu verursachen, es ist eine elementare Ebene des Menschseins, die zum Leben auch dann gehört, wenn sie uns nicht mehr bewußt ist, dennoch aber — in diesem Fall dann meist in Eigenregie — gelebt wird.

Pflege — ist sie tatsächlich so schwer?
Vielleicht empfindet mancher Leser die zurückliegenden Seiten als eine Provokation, als eine Belastung, weil alles das, was er bislang ganz gut leisten konnte, minuziös analysiert und damit in eine Bewußtseinsebene gehoben wird, die spontanes Arbeiten und Zupacken nahezu unterbindet.

Es ist richtig, die Pflege an anderen Menschen ist eine Herausforderung, eine Herausforderung, die Arbeit abverlangt: Pflegetechniken müssen erlernt, Handgriffe eingeübt, Information besorgt und Teamgespräche geführt werden.

Pflege ist aber auch eine Aufgabe, die der gesamten Person gilt, die uns ganz in Anspruch nimmt, die von uns ein Handeln fordert, das weder verbal noch nur nachdenkend zu bewältigen ist.

Sie läßt Nähe zum andern wie kaum sonst entstehen, sie läßt das Elementare unseres Lebens in einer sonst kaum mehr vorhandenen Möglichkeit aufscheinen; es kann das ganze Leben voll eingehen mit seinen Gefährdungen und mit seinen Chancen.

Pflege wird dann zu einer Aufgabe, die gar nicht so sehr nur dem anderen gilt, sondern in gleichem Maße wohl auch mir, eine Aufgabe, die belastet und entlastet, eine Aufgabe, die Leben erweitert und eingrenzt, eine Aufgabe, die zudeckt und aufdeckt, eine Aufgabe, die Mängel setzt und Erfüllung bestimmt nicht ausschließt.

Das alles erscheint Grund genug, Pflege*notwendigkeiten* nicht länger als unpädagogische Angelegenheit zu bezeichnen, sondern gerade die Pflegesituationen pädagogisch zu gestalten (vgl. Abschnitt 7.4).

In bezug auf weiterführende und ergänzende Literatur zur Pflege wird auf die eigens zusammengestellte Liste im Anhang verwiesen (Abschnitt 9.2).

4.5.3 Zum Aufgabenfeld 2

Das Aufgabenfeld 2 — *funktionale Tüchtigkeit* bzw. eine *funktionale Grundausstattung* anzustreben — kommt herkömmlichen Vorstellungen von schulischer Arbeit schon näher, wenngleich die Realisierung im schulischen Alltag meist selten befriedigt. Entweder stuft man diese Aufgaben als therapeutische Angelegenheiten ein und weist sie demzufolge auch der Therapie zu, oder man versucht, diese Aufgaben im Vollzug eines reinen Funktionstrainings zu bewerkstelligen. Beides wird aber der grundlegenden Bedeutung dieses Aufgabenfeldes nicht gerecht.

Die funktionale Tüchtigkeit ist Basis jeglichen Lebens und jeglichen Lernens. Sie umfaßt alle lernrelevanten Faktoren ebenso wie alle Leistungen, die für einen befriedigenden und erfolgreichen Umweltkontakt Voraussetzung sind. Was ist im einzelnen mit dieser funktionalen Tüchtigkeit gemeint?

Die hier anzusprechenden Aufgaben sind sehr unterschiedlich und vielfältig. Sie lassen sich in *vier Gruppen* bündeln:

Gruppe 1

Es sind *basale Grundfunktionen* aufzubauen

Solche sind: Wahrnehmungsleistungen im sensorisch-taktilen, im optischen, im akustischen Bereich, aber auch Leistungen der Zuwendung, der Aufmerksamkeit und derKonzentration, der Nachahmungsfähigkeit, dann der Motorik und eventuell der Sprache

Gruppe 2

Es sind basale *Grundaktivitäten* aufzubauen

Solche sind: etwas in Bewegung setzen, sich Widerständen gegenüber zu behaupten, selbst Widerstand zu leisten, sich wehren, Hindernisse zu überwinden, etwas an sich/zu sich heranholen, etwas wegschieben, etwas zusammenfügen, einen Standort einnehmen, mit etwas in Kontakt treten

Gruppe 3

Es sind basale (bzw. lebenspraktische) *Grundfertigkeiten* aufzubauen

Solche sind: etwas vom Löffel, aus der Tasse nehmen, beim An- und Ausziehen mithelfen sowie bei der Toiletten-Versorgung, beim Waschen mithelfen oder Teilbereiche selbst übernehmen, Dinge öffnen und schließen (z.B. Türen). Der Lernweg ist die Gewöhnung, u.U. auch die Konditionierung.

Gruppe 4

Es sind sog. *pathologische Verhaltensaktiva* abzubauen

Solche sind: Autoaktivitäten, Autoaggressionen, Stereotypien, Stimmungseinbrüche, Störungen im kommunikativen Feld, umschriebene und spezielle Defizite im funktionalen Bereich.

Mit dieser Auflistung stellen sich eine Reihe von Problemen. Eines der schwierigsten liegt in der Vermittlung und damit in der Zielerreichung — besonders bei so schwer behinderten Schülern wie den unseren.

Wir kennen hierfür zwei gegensätzliche Lernwege, die beide kritisch zu bedenken sind.

Der *funktionsorientierte* Weg versucht — relativ isoliert — in kleinsten Lernschritten Grundleistungen, wie wir sie voraus beschrieben haben, anzubilden und aufzubauen. Wegen der Gefahr, in reines Funktions-Training abzugleiten und den Schüler dabei in eine Objektrolle zu drängen, stehen wir diesem Weg kritisch gegenüber, wenn er auch positive Momente (z.B. präzise Ergebnisse) beinhaltet.

Als der stärker pädagogisch orientierte Weg gilt der sogenannte *handlungsbezogene* (vgl. MÜHL, 1979/SPECK, 1980). Er achtet sehr auf den Subjektstand des Schülers und beabsichtigt ein vorwiegend situativ geführtes Lernen. Das Lernergebnis selbst wird nicht immer die gleiche Präzision erreichen, wie dies bei einem reinen funktionsorientierten Lernen möglich ist; dafür aber bezieht es den Schüler innerlich mehr ein und läßt dadurch dessen motivationalen Kräfte anwachsen.

Ein wesentlicher Konflikt ergibt sich für den Pädagogen aus dem niederen Entwicklungsalter intensivbehinderter Schüler und dem gleichzeitigen Bestreben, pädagogisch orientiert und nicht trainierend zu arbeiten.

Wie läßt dieser sich lösen, was ist dabei zu beachten?

Intensivbehinderte Schüler bedürfen eines einfachen, eines entflochtenen und eines sehr begrenzten Lernangebots, wenn sie überhaupt zu einem Lernerfolg kommen sollen. Handelndes Lernen ist ihnen nahezu überhaupt nicht möglich, was aber in keiner Weise gegen ein personalgeführtes Lernen spricht.

Grundlage jeglichen pädagogischen Lernens, gleich welcher Komplexität und welchen Inhalts, ist die mitmenschliche, kommunikative Beziehung zwischen Lehrer/Erzieher und Schüler.

Vom Lernvollzug her ist außerdem zu bedenken, daß selbst ein bloßes Reagieren auf einen Reiz, zum Beispiel auf einen Lichtstrahl, eine Lebensäußerung oder eine Lebenstätigkeit ist, die weit über den reinen Reiz-Reaktions-Mechanismus hinausgeht. Sie erfordert — wie alle Tätigkeiten des Menschen — ein Bündel verschiedener Funktionen und Fähigkeiten und ist außerdem Ergebnis verschiedener Bedürfnis-Impulse, die das gesamte Personsein einbeziehen. Diese ersten Lerntätigkeiten oder Lernhandlungen eines Kindes im Rahmen seiner Umwelterkundung und mit dem Ziel des Objektaufbaus sind sehr oft sogenannte inhaltsfreie, nicht aber gegenstandslose Lernsituationen.

Soll ein intensivbehindertes Kind zum Beispiel Blickkontakt aufbauen, helfen ihm Schwarz-Weiß-Muster (vgl. FRÖHLICH, 1977) mehr als irgendwelche didaktisch noch so wertvolle und vermeintlich den Bedürfnissen entsprechende Gegenstände — wie zum Beispiel die Taschenlampe, bunte Luftballons oder eine leuchtende Kerze.

Inhaltsfreie Angebote sind keine entmaterialisierten Angebote, im Gegenteil, sie sind immer naturgemäß bzw. von ihrer Lernstruktur her mit einem Gegenstand verbunden. Allerdings dient dieser dann als *Lernmaterial* und nicht als *Lerngegenstand* (vgl. Abschnitt 4.5.6 und 5.3).

Auch wenn in diesem Fall primär *an* ihm Funktionen aufgebaut oder Fähigkeiten geübt werden sollen und nicht der Gegenstand selbst zu erlernen ist (= Lerngegenstand), so kommt es dennoch sehr auf diesen Gegenstand an, der hier die Funktion des Lernmaterials übernimmt. So ist es zum Beispiel nicht nebensächlich, an welchen und mit welchen Gegenständen das Kind greifen lernen soll, so wie es ebenfalls nicht unwichtig ist, in welch einer Umgebung ein intensivbehindertes Kind lebt, das ständig bettlägerig ist (statt einer sterilen Bett-Atmosphäre sollte es eine anregende, farbige und wohnliche Umgebung vorfinden).

Von der Umgebung, von den einzelnen Gegenständen gehen Reize und Eindrücke in das Kind mit ein, selbst wenn man sagt, daß geistigbehinderte Kinder nicht «nebenbei» lernen können. Diese von außen kommenden Reize besitzen dennoch eine Tiefenwirkung, die man im Ursinn des Wortes als prägend bezeichnen muß.

In diesem Zusammenhang sind die in Mode gekommenen und in allen Schulen anzutreffenden didaktischen Materialien kritisch zu hinterfragen — unwichtig, ob sie in bester Absicht selbst hergestellt oder fabrikmäßig gefertigt sind.

Meist sind sie aus Plastik — einem an sich widerstandsfähigen und von daher auch praktischen Material; aber sonst lassen sie keine direkte Beziehung zu unserer Welt erkennen. Sie sind eben nicht nur «mediale Hilfen» — wie ihre Befürworter oft argumentieren —, ausgestattet mit speziellen Funktionen und von besonders geeigneter Umgangsqualität, sondern teilen trotzdem etwas von unserer Welt mit. Allein aus diesem Grunde wird verständlich, daß funktionale Ertüchtigung eben nicht nur als ein Üben und Lernen in der Laborsituation gesehen werden kann und darf.

Es wäre schlimm, wenn intensivbehinderte Schüler, die in dieser Richtung vom zeitlichen Umfang her besonders lange und intensiv lernen und arbeiten müssen, in ihrer Vorstellungswelt nur mit solchen «medialen Hilfen» ausgestattet würden. Der schwere, rissige Baumstamm, den man kaum mehr rollen und bewegen kann, muß gleichberechtigt neben den therapeutischen Sitzhilfen ebenso seinen Platz haben wie die Blumentöpfe vom Gärtner oder Hausmeister, die sich zum Stapeln, zum Ein- und Umfüllen ebenso eignen wie Steckdosen aus dem Spielzeughandel (vgl. Abschnitt 5.3 und 9.3).

4.5.4 Exkurs: Wahrnehmungsfähigkeit und Bewegungsfähigkeit — eine Lernaufgabe für Intensivbehinderte

Vorbemerkung:
Ob wir eine Blume anschauen und pflücken, Bratenduft riechen und in den Topf gucken, süße Erdbeermarmelade schmecken und noch einen Löffel voll nehmen, Musik hören und mit den Fußspitzen wippen, den kalten Wind spüren und in die warme Stube gehen, es sind Vorgänge, die uns in unserer Wahrnehmungs- und Bewegungsfähigkeit beanspruchen.

Unzählige Male am Tag handeln wir so, manchmal ist der Vorgang deutlich erfahrbar, oft wird er uns nicht bewußt.

Nun kennen wir intensivbehinderte Kinder, die sich nicht abstützen, wenn sie fallen, aber den weichen Stoff betasten; Kinder, die sich vom stechenden Geruch des Ammoniaks nicht abwenden, aber an ihren Händen schnüffeln; Kinder, die auf den lautesten Zuruf nicht reagieren, aber ihren Kopf zum tropfenden Wasserhahn drehen; Kinder, die nicht nach dem bunten Licht schauen, aber fasziniert das Spiel ihrer Finger mit den Augen verfolgen.

Auch sie werden in ihrer Wahrnehmungs- und Bewegungsfähigkeit beansprucht, auch sie werden «tätig». Objekte und Situationen lösen Bewegungen aus. Ihr Wahrnehmungssystem funktioniert meist mehr oder weniger ungestört. Ihre Bewegungen, Tätigkeiten und Handlungen werden zu Antworten auf Umweltreize, selbst wenn diese Antworten, wie die Beispiele voraus zeigen, selten den jeweiligen Situationen bzw. deren Wertigkeit entsprechen. Dies mag an der geistigen Verarbeitung liegen (Zuordnung einer Bedeutung), manchmal aber auch an der mangelhaften oder fehlenden Kontrolle. Ein Tätigwerden aufgrund von Wahrnehmungsreizen allein genügt demnach nicht. Hilfe für unsere Schüler im Bereich der Wahrnehmung ist nur dann möglich, wenn man sich das Wahrnehmungsgeschehen samt seinen Bedingungen verdeutlicht (vgl. FRÖHLICH, 1977; MIESSLER/BAUER, 1979; PREKOP, 1980).

Wahrnehmungsfähigkeit — was ist das eigentlich?
Unter *Wahrnehmung* wird eine «sinngebende Verarbeitung von Reizen» (FRÖHLICH, 1977 u.a.) verstanden. Sehr vereinfacht können wir uns diesen Vorgang so vorstellen:

Aufnehmende Nervenzellen empfangen Energie (physikalisch beschreibbare Ereignisse wie Druck, Licht, Wärme, Schallwellen, ...) und leiten diese empfangenen Informationen weiter an das Zentrale Nervensystem. Dort wird diesen Informationen eine Bedeutung, ein Sinn zugeordnet und gemäß dieser subjektiven «Bewertung» gebündelt bzw. sortiert. Damit ist die Voraussetzung geschaffen für die Beantwortung des Reizes. Vereinfacht sieht der Vorgang so aus:

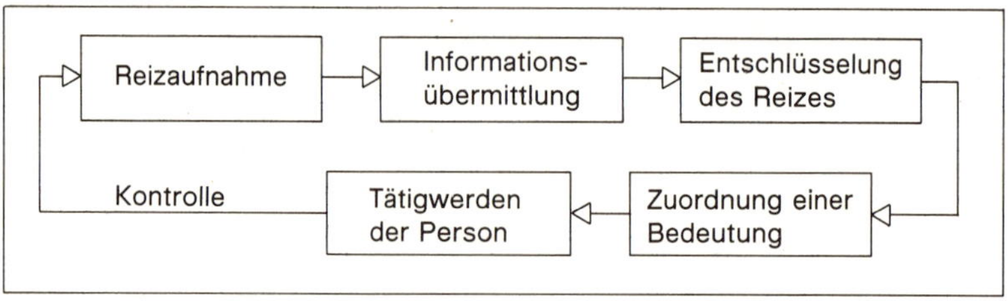

Bild 4.2 Phasen des Wahrnehmungsvorgangs

Wichtig für unsere Arbeit ist, ob ein Kind über das «figurale Wahrnehmen» hinaus zum «operativen Wahrnehmen» gelangt.

Nimmt es nur figural wahr, wird es sich mit der Aufnahme von vereinzelten, isolierten Wahrnehmungsreizen begnügen und für sich daraus kaum personenbezogene Impulse ableiten.

Vermag es «operativ wahrzunehmen», kann es nicht nur Abläufe wahrnehmen, sondern auch zunehmend Sinnmomente oder Bedeutungsimpulse entnehmen und für sich verwertbar machen.

Um in der Wahrnehmungsarbeit im Unterricht mit Intensivbehinderten möglichst gezielt und entwicklungsorientiert vorzugehen, sind Kenntnisse der normalen Entwicklung der verschiedenen Wahrnehmungssysteme im frühesten Stadium hilfreich:

☐ Das *visuelle System* mit dem aufnehmenden Organ *«Auge»*
Gleich nach der Geburt kann die Netzhaut Bilder aufnehmen. Lichtunterschiede werden von Säuglingen am frühesten wahrgenommen; bevor sie aber etwas fixieren oder gar Bewegungen verfolgen können, vergehen mehrere Wochen. Bis jedoch optische Ereignisse wahrgenommen werden können, müssen Erfahrungen gesammelt werden, um diese Ereignisse im Zusammenhang mit Personen und Situationen u.a. als bedeutsam zu erleben und zu erfahren.

☐ Das *olfaktorische/gustatorische System* mit den aufnehmenden Organen *«Nase, Zunge, Mundraum»*
Über die Entwicklung des Geruch- und Geschmacksinns wissen wir noch wenig. Wenn Neugeborene alles in den Mund stecken, abschlekken und essen, was man ihnen gibt, so kann dies ein Zeichen sein, daß die Wahrnehmung über den Geruch- und Geschmacksinn noch einige Zeit bis zur vollen Ausbildung bedarf.

☐ Das *auditive System* mit dem aufnehmenden Organ *«Ohr»*
Schon im Mutterleib hat das Neugeborene sein Gehör trainiert. Es hat an der Musik, am Singen und Sprechen seiner Mutter, an der Geräuschkulisse auf der Straße teilgenommen. Auf plötzlichen Lärm reagierte es mit erschreckten Bewegungen. Es ist zu vermuten, daß der Säugling über das Gehör sehr früh wahrnehmen kann. Er erkennt seine Eltern viel früher an deren Stimmen als an deren Gesichtern, er scheint nur das zu hören, was ihn angeht, die Stimmen fremder Frauen und Männer gar nicht zu vernehmen.

☐ Das *taktil-kinästhetische System* mit den aufnehmenden Organen *«Haut, Gleichgewichtsorgan, Gelenkrezeptoren»* (GIBSON: der ganze Körper)
Die taktil-kinästhetische Wahrnehmung ist die früheste sensorische

Fähigkeit, über die der Mensch verfügt. Ein volles Repertoire von Bewegungsmustern, gesteuert von einer taktil-kinästhetischen Sensorik, steht dem Kind bereits bei der Geburt zur Verfügung. Zur Stabilisierung der Bewegungsmuster, zum Erlernen neuer Bewegungsmuster, zur Ausdifferenzierung gelernter Bewegungsmuster bedarf es allerdings noch mannigfaltiger taktil-kinästhetischer Erfahrungen.

Es sind bei Wahrnehmungsübungen und -aufgaben diese sehr unterschiedlichen Wahrnehmungsfelder zu berücksichtigen. Der Aufbau des Blickkontakts oder die Erweiterung des Gesichtsfeldes — als die herkömmlich bekanntesten — sind demnach nur ein Ausschnitt aus der notwendigen Vielfalt unserer Bemühungen im Bereich der Wahrnehmung.

Bewegungsfähigkeit — was ist das eigentlich?

Jede Bewegung eines Menschen läßt sich sowohl auf äußere als auch auf innere Impulse zurückführen. Lebensimpulse können von sich aus den Menschen in «Bewegung versetzen», wie dies auch äußere Anlässe zu tun vermögen.

Dabei werden jeweils zentral-nervöse Impulse den Muskeln zugeleitet, die zu motorischen Aktivitäten führen. Die erfolgte Bewegung wird wieder an die «Schaltstellen» im Gehirn zurückgemeldet, dort verglichen und damit kontrolliert und je nach Bedarf auch korrigiert.

Eine erfolgreiche, d.h., dem Bewegungs- oder Handlungsziel entsprechende Bewegung ist auf Intaktheit des Nervensystems ebenso angewiesen wie auf intakte Muskeln. Neben den physischen Leistungen sind allerdings für die erfolgreiche Entwicklung der Bewegung umweltbedingte und motivationale Faktoren ausschlaggebend. Beobachtet man die motorische Entwicklung beim Kleinkind, ergeben sich nachfolgende Stufen, wenn man einige Stadien zusammenfaßt (siehe Bild 4.3):

Die Lernerträge einer Förderung der Bewegungsfähigkeit sind auch hier wieder sehr unterschiedlich: Sie reichen von der Aktivierung der Bewegung insgesamt über die Ausbildung von Reaktionen bzw. von Reiz-Reaktions-Mustern zu kanalisierten Bewegungsmustern bis hin zu eng umschriebenen Bewegungsschemata (zum Beispiel: Saft in die Tasse gießen).

Daneben spielt die Ausbildung von Greifschemata eine Rolle, eine der wichtigen Voraussetzungen für eine sich zunehmend ausdifferenzierte Aktions- und Handlungsfähigkeit.

Stufe 1: Reflexreaktion
Es sind einfache, oft automatisch erfolgende Reaktionen auf Reize wie Licht, Geräusche und Berührungen, auf Geschmacks- oder Geruchsimpulse und auf Empfindungen innerer Organe.
Bei Reflexreaktionen taucht bereits das erste Übungsverhalten, ein Generalisierungs- und Unterscheidungsverhalten auf (vgl. PIAGET!).
Stufe 2: Motorische Übertragungen
Hier entwickeln sich zusammenhängende bzw. zusammenwirkende motorische Schemata, jedoch noch ohne gegenseitige Koordinierung.
Stufe 3: Koordinierte Bewegungen
Hier beginnt die Koordinierung der wichtigsten Motorik- und Wahrnehmungsfunktionen: Sehen und Greifen. Es bilden sich sensomotorische Schemata aus, als Grundlage für spätere Handlungsmuster bzw. Handlungsfähigkeit.
Stufe 4: Handlungen und Verhalten
Schemata, die im Laufe der koordinierten Bewegung — als Bewegungseinheiten — entstanden sind, werden miteinander verbunden, wobei die einen als Mittel benützt werden, die anderen der Handlung ihren Zweck geben (PIAGET) — z.B. ein versteckter Gegenstand wird durch das Umwerfen des Schirms sichtbar und dann ergriffen.

Bild 4.3 Stadien der motorischen Entwicklung

Zusätzlich spielen qualitative Merkmale der Bewegungsfähigkeit eine Rolle, wie sie in Ausdauer, Kraft, Schnelligkeit und Flexibilität umschrieben werden (vgl. FALTERMEIER, Wir treiben Sport, 1981).

Bewegungsfähigkeit und Wahrnehmungsfähigkeit bedingen sich gegenseitig:
Nicht nur im taktil-kinästhetischen Bereich wird die Verknüpfung von Wahrnehmung und Bewegung in doppelter Weise deutlich. «Wahrnehmung» läßt vielfach Bewegungen erst entstehen, oft ist aber auch Wahr-

nehmung erst durch Bewegung der Augen, des Kopfes, der Hände, der Finger, des gesamten Körpers möglich:

- ☐ Wir bewegen die Augen, um der Nadel bei der Handarbeit zu folgen.
- ☐ Wir zerkleinern die Speise, um ihren Geschmack noch intensiver wahrzunehmen.
- ☐ Wir drehen den Kopf in Richtung eines Geräusches, um dieses noch besser zu hören.
- ☐ Wir umfahren mit der Hand einen Gegenstand, um ihn in seiner Form oder in seinen Tastqualitäten noch besser aufzunehmen.
- ☐ Wir laufen zum Schaufenster hin, um die Preise sehr genau mit der Qualität der Ware vergleichen zu können.
- ☐ Wir bewegen unseren Körper, um wieder zu einem sicheren Stand zu kommen.

Immer ist Wahrnehmung und Bewegung aber auch mit den Dingen unseres Umfeldes eng verbunden.

Motorik und Wahrnehmung stellen lebenserhaltende Verbindungen zwischen dem Menschen und seiner Welt her (vgl. KEPHART, 1975).

Beide Fähigkeiten erfahren dadurch ihre Qualifizierung, und gleichzeitig gewinnt der Mensch nicht nur Eindrücke oder sammelt Erfahrungen, sondern baut seine Beziehungen zur Welt auf, entwickelt sein Bild von der Welt und seinen Standort in der Welt (vgl. Abschnitt 4.5.6 — Der Aufbau des Objektbegriffs).

Dies ist jedoch nur der Fall, wenn die Wahrnehmungsorgane, die Augen, die Ohren, die Nase, der Mund und die tastende Hand gesund, d.h. funktionstüchtig sind, gleichzeitig eine Ausrichtung auf die Umwelt zustande kommt (Zuwendungsleistungen) und die Wahrnehmungsinhalte und Bewegungsanlässe dem Kind in seiner Situation lohnend, d.h. bedeutsam und sinnvoll erscheinen.

Das hervorragende, herausgehobene Werkzeug ist dabei die menschliche Hand (vgl. Der Mensch ohne Hand, 1979). Sie ist es, die greift, festhält, transportiert, erkundet und losläßt.

Aber auch die anderen Bewegungsleistungen des gesamten Körpers gehören dazu: einen Standort einnehmen (aus dem Liegen zum Sitzen zu kommen, aus dem Sitzen zum Stehen) — seinen Standort verlassen (durch Hinausgreifen, durch Hingehen, durch Weglaufen, durch Sich-Umdrehen) und seine Körperhaltung verändern (aus dem Sich-Bücken zum Sich-Strecken).

Im täglichen Umgang mit unseren Schülern allerdings stellen wir fest, daß es oft nicht an der gestörten Wahrnehmung liegt oder an der gehandicapten Motorik, wenn es zu keinen befriedigenden Wahrnehmungs- und Bewegungsleistungen kommt, sondern an der geringen emotionalen Sicherheit oder an der fehlenden inneren Motivation, sich zu solchen Bewegungs- oder Wahrnehmungstätigkeiten veranlaßt oder herausgefordert zu fühlen.

Manchmal hilft bereits, das Kind auf den Schoß oder sehr nahe zu sich zu setzen, damit es das Schützende des Körperkontakts erlebt; ein andermal ist ein Handführen oder ein verbales Aufmuntern notwendig, das auch als zusätzliche Reizqualität erlebt werden kann.

So kommt es in der Wahrnehmungs- und Bewegungsarbeit nie nur allein auf einen entwicklungsorientierten Funktionsaufbau an, sondern immer gleichzeitig auch auf eine emotionale Stabilisierung der gesamten Schülerpersönlichkeit.

Daß auch sehr motivierende Lernvorhaben gefunden werden müssen — zum Beispiel «Wir schauen durch ein (anfangs vergrößertes, modellhaftes, später ein richtiges) Schlüsselloch» — sind außerdem Erfahrungen aus der täglichen Schularbeit.

Nur so können Wahrnehmungsleistungen geweckt, angebahnt und in ihrer Qualität und Quantität gesteigert werden.

In späteren Phasen wird es sicher auch um eine Steigerung der Wahrnehmungsschnelligkeit, der Wahrnehmungsdauer, der Präzision gehen, ebenso um das Anbahnen sicherer Vorstellungsinhalte wie «das ist ein Apfel» oder «das ist rund», «das ist mein Mantel», «dieses Zeichen sichert mir meinen Platz», «jetzt kommt Regen», «das ist Spinat, der ist aber heute gut!», «helle Geräusche machen mir keine Angst», «hörst Du, ich glaube, da kommt Deine Mama!», «Jetzt weiß ich, wo sich die Bausteine, wo sich der Wasserhahn und wo sich die Keksdose befinden!».

Zum Erlernen der Wahrnehmungs- und Bewegungsfähigkeit

Es ist durchaus verständlich, daß Lehrer und Erzieher in diesen Lernfeldern, weil sie für das gesamte Lernen — auch für das «Leben lernen» — von so herausragender Bedeutung sind, ihre Schüler möglichst schnell zu Erfolgen führen wollen.

Sie vergessen dabei aber meist den langen Weg der Wahrnehmungsfähigkeit, der über die Stufen des Empfindens, des Wahrnehmens, des Erkennens und des Vorstellens führt (vgl. MIESSLER/BAUER, 1979).

Ähnliches gilt für den Aufbau der Bewegungsleistungen (siehe FALTERMEIER, 1981).

Nicht immer sind für unzureichende Fortschritte neurologische Störungen verantwortlich zu machen. Oft sind es unzureichende äußere Bedingungen, daß z.B. ein Kind zu geringe oder völlig unzureichende sensorische Anregungen erhält, sich in diesem Bereich in einem verwirrenden Überangebot vorfindet oder auch, daß es sich mit diesen sinnlichen Reizen alleine gelassen erlebt und eine liebevolle Begleitung durch eine mütterliche Bezugsperson von Anfang seines Lebens an vermissen muß.

Weniger schwerwiegend, aber dennoch belastend ist es, wenn sich die Anregungsförderung nicht auf alle die für die menschliche Entwicklung wesentlichen Perzeptionsbereiche erstreckt, wie sie u.a. FRÖHLICH (1977) einschließlich überzeugender Beispiele im Felde der Basalen Stimulation dargestellt hat: den somatischen, den akusto-vibratorischen, den haptischen, den olfaktorischen und den optischen Bereich. Dazu kommen noch Wahrnehmungsbereiche, die eine gewisse Koordination darstellen wie der kinästhetische Bereich.

Für die Auswahl von Lernaufgaben, die eben nicht nur auf eine isolierte Funktionsertüchtigung abzielen, sondern bereits auf dieser Ebene — einem an sich noch niederen Lernniveau — mit dem Leben und Erleben des Kindes in Zusammenhang stehen sollen, bieten sich *bedürfnisorientierte* und *umfeldorientierte* Lernsituationen an.

Die *bedürfnisorientierten* Lernaufgaben werden sich an Lebenssituationen wie der Pflege, dem Essen, der Hygiene festmachen, an dem Bedürfnis nach Hautkontakt, nach Zuwendung zu bzw. von einer geliebten Person.

Die *umfeldorientierten* Aufgaben sind mehr sachbestimmt und beziehen sich auf Lebensfelder, die das intensivbehinderte Kind täglich erlebt:

den eigenen Körper, das Bett, sein Mobile, seine Spiel- und Schlaftiere, den Eßtisch mit den vielen schönen Dingen, den WC- und Hygiene-Bereich, den Schulbus, seine Kleidung, seinen Tisch und seinen Stuhl.

Es handelt sich dann in unserem Verständnis nicht mehr nur um «Wahrnehmungsgegenstände» (KRETSCHMANN, 1976), sondern um «Beziehungs- und Orientierungs-Gegenstände» (vgl. Abschnitt 5.3 — Mediale Hilfen).

Lernaufgaben zur Wahrnehmung und Bewegung — ein Beitrag zum «Leben lernen»

So wichtig es ist, daß ein Kind mit dem Faustgriff, später sogar mit dem Pinzettengriff greifen kann, oder daß es herausfindet und spürt, ob es bzw. daß es gleichzeitig am Fuß und an der Hand, an der Schulter und am Kopf angefaßt wird, so wenig wäre es dennoch, blieben diese Leistungen für sich allein stehen.

Ebenso wichtig wie der sehr präzise entwicklungsorientierte Aufbau einer Lernaufgabe ist auch deren Beziehung zur gesamten Person des Schülers. Der Schüler muß mit dem Faustgriff sich etwas holen wollen, er sollte das Anfassen als eine Geste zu oder hin zu einem «Weltausschnitt» verstehen lernen.

Nicht seine Hand oder sein Mund oder seine Ohren sind Lernadressat, sondern der Schüler selbst. Oft kann diese Rückführung auf den Schüler enttäuschend sein, weil eine vermutete oder beobachtete Bewegungsleistung sich als verselbständigende Teilleistungsspitze erweist, die ihn als Person wenig weiterbringt.

So ist es auch nicht unbedeutend, ob ein an beiden Beinen gelähmter Junge eine Lichtorgel durch Händeklatschen zum Aufscheinen bringt oder ob dies ein hyperaktiver «Läufer» (siehe Kap. 3) versucht. Für den einen ist es eine befriedigende Möglichkeit der Bewegung, für den anderen kann es eine unangenehme Störung seiner Laufrunden sein. Es wird nochmals deutlich: Die Lernaufgabe wird immer dem Schüler gestellt, nicht seinen Händen, auch nicht seinem Sinnesbereich.

Nicht nur die Beanspruchung des Schülers ist eine ganzheitliche — wenn auch Schwerpunkte gesetzt werden können und einzelne Funktionsbereiche mehr angesprochen werden als andere —, auch eine Lernaufgabe wird die «Welt» nicht nur nach einer Dimension hin repräsentieren, selbst wenn Schwerpunkte gesetzt sind (zum Beispiel die Türklinke *bedienen* meint sowohl den Bereich der Selbstversorgung als auch den Weltausschnitt «Technik»).

Lernaufgaben tragen dann zum «Leben lernen» bei, wenn die Sinne für die Eindrücke aus der Außenwelt offener werden, wenn die Bewegungsfähigkeit als eine Möglichkeit entdeckt wird, kraft eigenen Wollens und eigener Bedürfnisse in die Welt einzugreifen. Erst solche Beziehungen machen den Schüler wirklich «fest» in unserer Welt.

Dies ist vielleicht schon dann erreicht, wenn trotz der mechanistisch oder monotechnisch anmutenden Steck-Übung der Schüler darin eine seiner Lebensmöglichkeiten entdeckt.

4.5.5 Zum Aufgabenfeld 3

Mit dem Aufgabenfeld 3 — *Objekt-Kontakte, Objekt-Beziehungen und Umwelt-Orientierung* anzustreben — treffen wir genau die Vorstellungen, die man sich gemeinhin von einer schulischen Arbeit macht. Hier wird etwas *von der Welt* vermittelt (vgl. die Bildungstheorie, Kap. 4) und Wesentliches *für die Welt* gelernt — zum Beispiel typische Verkehrszeichen, exemplarische Verkehrssituationen einschließlich eines verkehrsgerechten Verhaltens. Solche Lernerträge gehören wegen ihren hohen Anforderungen nicht mehr zu den Grundleistungen, die wir — im Rahmen des Aufgabenfeldes 3 — bei intensivbehinderten Schülern aufbauen wollen. Die Schüler müßten dazu umfassende Zuwendungsleistungen erbringen, ausreichend kognitive Fähigkeiten entwickelt haben und Aufgaben- und Sinnverständnis einbringen. Das Ziel wäre neben der Fähigkeit zur Reflexion Handlungsfähigkeit, während wir *Beziehungsfähigkeit* aufbauen wollen.

Selbst eine noch so ausdifferenzierte «funktionale Ertüchtigung» ist für das «Leben lernen» und «Leben können» unzureichend, da ihr die inhaltliche notwendige Basis und das Feld der Anwendung ebenso fehlen wie die Sinnbezogenheit für jenes funktionalbestimmte Tun des Schülers.

Lernangebote im Bereich der Umweltorientierung und Umweltgewöhnung reichen von der ersten inhaltsfreien Reizzufuhr (vgl. FRÖHLICH, Basale Stimulation) bzw. dem In-Kontakt-Treten mit «sinnlichen Objekten» (PIAGET, 1974) über das Umgehen mit «praktischen Objekten» (ebenfalls PIAGET), dem ganzheitlichen Erleben von Objekten oder Umweltausschnitten bis hin zum Erfassen von Umweltphänomenen anhand klar gegliederter, abgehobener Umwelteindrücke und Umweltqualitäten (zum Beispiel an Dingen eine bestimmte Farbe oder eine bestimmte Form festzustellen).

Das Kennenlernen (im Sinne des Erlebens, Erfahrens und Bewußtwerdens) des eigenen Körpers und der eigenen Person als Beitrag zum Ich-Aufbau gehören gleichrangig zum Lernfeld 3 wie das Erfassen elementarer, lebensbedeutsamer Situationen, ausgestattet mit subjektiver Bedeutsamkeit und objektiver Notwendigkeit.

Es geht dabei jeweils um ein durchgängiges, erstes emotionales, sinnliches Erleben von Umweltausschnitten — immer noch als Fortsetzung der eigenen Handlung, des eigenen Tätigseins —, um ein Gewinnen von Beziehungen zu diesen und um den allmählichen Aufbau einer Objektkonstanz, nicht um ein kognitives Durchdringen, wie es sonst an der Schule für Geistigbehinderte möglich ist. So ist nicht die Mütze für intensivbehinderte Schüler primär «Wärmeschutz», etwas, das mit den Qualitäten «weich» und «farbig» ausgestattet ist, das als Objekt eine bestimmte «Form» hat oder als Teilobjekt zum Bereich «Kleidung» gehört, sondern etwas, das *ich* auf dem Kopf habe, das ich *mir* aufsetze, das *meine* Ohren bedeckt, das *mich* wärmt.

So steht das sinnlich-subjektive Erfassen im Vordergrund, nicht das Herausfiltern von objektiven Objekteigenschaften wie die Farbe oder Form.

Das methodische Vorgehen ist an das Prinzip der kleinen Schritte orientiert und auf die Klarheit und Prägnanz der Eindrücke angewiesen. Zu leicht kann man intensivbehinderte Kinder durch ein Zuviel an Eindrücken überschwemmen, sie dadurch irritieren und aus der Bahn des Lernens im Hinblick auf anzustrebende Beziehungen werfen. Immer geht es um sie *und* um die Welt; immer geht es aber auch um klare Eindrücke, um klare Informationen aus unserer Welt. Nur so kann die notwendige Prägnanz der Objekte außerhalb ihres Körpers, ihres Ichs wachsen und die Zäsur bilden, die späteres Lernen — als eine lebendige Auseinandersetzung zwischen dem Ich und der Welt — erst möglich macht.

Auf diese Weise entstehen feste Eindrücke, Punkte der Verläßlichkeit, die die Welt als einen sicheren Ort erscheinen läßt, auf den man sich verlassen kann, in der man nicht immer mit Angst oder Verunsicherung zu reagieren braucht. Dieser Lernintention und dem damit verbundenen Lernertrag stehen Lebensäußerungen Intensivbehinderter, die wir oft beobachten können, entgegen: Fehlendes Aktivsein oder stürmisches Hantieren und Umtriebigsein, aber auch geringe Bereitschaft, etwas erleben zu wollen oder die stets gleiche Art und Weise, Gegenstände zu erkunden (vgl. Abschnitt 2.2).

Der angestrebte Objektbegriff (PIAGET) — nicht im wörtlichen Sinn verbal zu verstehen, sondern als Ausdruck einer Objektpermanenz und einer tragfähigen Objektbeziehung, kann nur über Stufen der Kontaktnahme zu Objekten erreicht werden (vgl. PIAGET, 1974); dabei empfiehlt es sich, die Erkenntnisse aus der Entwicklungspsychologie des normalbegabten Kindes als Grundlage einzubeziehen (vgl. Abschnitt 4.5.6).

Hierzu ist eine sich ausweitende funktionale Tüchtigkeit ebenso förderlich wie auch eine möglichst ausgeglichene Aktivität des Kindes einschließlich der ständig zu fordernden behutsamen Führung des Pädagogen.

Er stiftet Bahnen und Wege, die für das Kind Klarheit und Geschlossenheit erbringen. Um Lernansätze in diesem Aufgabenfeld für Intensivbehinderte auszumachen, ist eine gründliche Reflexion des einzelnen Schülers oder der Schülergruppe und der Umwelt oder der Weltausschnitte gleichermaßen notwendig wie auch die Reflexion der Beziehung zwischen diesen beiden Polen. Das Finden von Gegenständen, von Personen oder Situationen allein genügt nicht, auch das Erstellen von Lernzielen deckt die Aufgabe des Pädagogen nicht ausreichend ab. Er muß die Welt, ihre Objekte, Personen und Situationen auf ihre «oral-sinnlichen und taktil-kommunikativen Wirklichkeiten» (THALHAMMER) für Intensivbehinderte befragen. Für viele Lehrer und Erzieher wird dies eine ungewohnte Art der Vorbereitung darstellen. Gleichzeitig aber wird die Umsetzung nur gelingen, wenn, wie bereits ausgeführt, eine Orientierung an den Entwicklungsstufen von PIAGET erfolgt, um wirkliche Objektbegriffe und damit vollgültige Objektbeziehungen aufzubauen (vgl. auch Abschnitt 4.5.6).

Eine so andere didaktische Analyse bewahrt das intensivbehinderte Kind vor verfremdender Überforderung und den Lehrer vor vermeidbaren Frustrationen. Nicht die sonst übliche, ins Verbale einmündende Begrifflichkeit ist das Ziel, sondern das Beziehungsfinden und das Beziehungsleben zur umgebenden personalen, materialen und situativen Umwelt. Dies erst trägt bei zum «Leben lernen» für Intensivbehinderte.

Daß sich dabei der Pädagoge — selbst wenn er zu Erfolgen in der Umweltorientierung gelangt — nie aus der Beziehung zum Kind herauslösen kann, erfährt jeder, der schon länger mit intensivbehinderten Schülern gearbeitet hat.

4.5.6 Exkurs: Wirklichkeit für intensivbehinderte Menschen — was ist das?

Mit dem Begriff der *Wirklichkeit* wollen wir versuchen, die Realität aus der Sicht des Betrachters zu erfassen und nicht nur mehr oder weniger objektiv beschreibbare Fakten zur Darstellung bringen.

Wirklichkeit ist demnach in *doppelter* Hinsicht zu verstehen und darzustellen

- ☐ einmal in ihrer physikalischen, zeitlichen und räumlichen Bedingtheit,
- ☐ zum anderen aus der mehr subjektiven Sicht des erlebenden oder auch des nachdenkenden Menschen, wie er die Wirklichkeit «sieht».

Am Beispiel «Papier» läßt sich das veranschaulichen:

Papier ist ein Material, das brennbar, zerreißbar, beschreibbar ist, das man aus verschiedenen Grundsubstanzen (organischen und anorganischen) herstellt, das Wasser aufnimmt, das Licht durchläßt usw.

Für den kulturgewohnten oder kultureingeübten Menschen ist das Papier ein Material, auf dem er seine Gedanken festhalten kann, das er zum Einwickeln von Geschenken benützt, das er gemäß der steigenden Holzpreise immer teurer bezahlen muß.

Für den *geistigbehinderten* Schüler kann Papier etwas sein, das er zum Malen braucht, das er von seiner Familie her kennt (als Zeitung, die der Vater liest), als Arbeitsblatt, das er bearbeitet, als Bastel- und Werkmaterial, das er knüllt oder auch zerreißt.

Für den *intensivbehinderten* Schüler ist Papier vielleicht ein Material, mit dem er wedeln kann, das er zerreißen wird, das er knüllen lernt, etwas, was sich nicht gut anfassen, ergreifen läßt, aber vielleicht doch etwas, dem man Töne, zumindest Geräusche entlocken kann.

Mit dieser Möglichkeit, die Welt subjektiv zu sehen und individuell zu gebrauchen, vermag der Mensch, die objektiv vorhandene Welt für sich bedeutsam zu erleben und zu erkennen. Er erweitert dadurch sein Lebens- und Daseinsfeld, vermehrt die Möglichkeiten seiner persönlichen Bedürfnisbefriedigung und gibt seinem Leben auf diese Weise mehr Sinn. Erschließt sich dem Menschen auf diese Weise die Welt nicht, wird seine mögliche Isolation nicht aufgehoben, und die Vielfalt seiner Umweltkontakte bleibt begrenzt.

Ein anderes bzw. ein zusätzliches Problem stellt sich in der Bewertung der subjektiven Benützung oder Behandlung der Welt durch die Gesellschaft, zumindest durch die Umgebung des einzelnen.

Die Kriterien dafür sind sehr unterschiedlich und reichen von «sachlogisch» oder «sachgerecht» bis hin zu «produktiv» oder «kreativ». Der intensivbehinderte Schüler wird aber mit solchen Maßstäben nur bedingt zu erfassen sein. Die Neigung, seinen Weltumgang als pathologisch einzustufen, ist bekannt.

Für den Pädagogen, der intensivbehinderten Menschen die Welt erschließen will, stellen sich zahlreiche Probleme und vielschichtige

Aufgaben. Er muß herausfinden, zu *welchen* Weltausschnitten sein Schüler bereits Kontakt hat, *wie* dieser Kontakt aussieht, welche *Bedeutung* dieser für ihn wohl haben wird, welcher *Kontakt* ihm darüber hinaus möglich und nützlich sein wird.

Vor allem aber wird er sich um eine Erschließung der Welt bemühen, die nicht auf der kognitiven Ebene angesiedelt ist, sondern auf der Ebene des Erlebens, des Wahrnehmens und des Erfahrens. Nur so wird er für intensivbehinderte Schüler Wirklichkeit aufbauen und eine lebendige Beziehung zur Umwelt schaffen können. Der Weg dorthin ist mühevoll und weit. Er ist an die Wahrnehmungsfähigkeit ebenso gebunden wie an die Bewegungstüchtigkeit der Augen, des Kopfes, des Körpers insgesamt und vor allem an die Beweglichkeit der Hand.

Der Weg wird aber weiterhin durch Stufen oder Stadien gekennzeichnet sein, wie sie aus der Entwicklungspsychologie bekannt sind (vgl. PIAGET, SPITZ u.a.).

Die Erschließung der Wirklichkeit

Erinnerung an die Bildungstheorie (KLAFKI, WENINGER, WAGENSCHEIN u.a.) läßt Begriffe wie «exemplarisch», «fundamental», «elementar» aufkommen, wenn man an die «Erschließung der Welt» denkt.

Eine so übergeordnete Weltsicht ist dem intensivbehinderten Schüler nicht nur nicht möglich, sie wird ihm für seine Lebensgestaltung auch wenig nützen. Hier müssen wir auf einfachere Stufen, die in der Gesamtentwicklung eines Weltbildes und einer Weltsicht ebenso wichtig und bedeutend sind, zurückgehen. Grob gefaßt lassen sich *vier* verschiedene Stufen der Erschließung der Wirklichkeit nennen:

Stufe 1

Erfassen, daß es überhaupt außer der eigenen Person «Welt» gibt

Stufe 2

Erfassen, daß die Welt außerhalb von mir aus Objekten, aus einzelnen Personen, Situationen usw. besteht

Stufe 3

Erfassen, daß die einzelnen Dinge, Personen, Situationen in einem Bedingungszusammenhang bestehen

Stufe 4

Erfassen, daß diese einzelnen Objekte, Personen, Situationen durch eine grundlegende Idee miteinander verbunden sind

Auf jeder Stufe geht es um eine neue Sicht der Welt, um eine andere Form der Begegnung mit und der Beziehung zur Welt. Die *Stufe 2* wird ausgefüllt durch das detaillierte Kennenlernen von Objekten (nicht nur als Gegenstände gemeint), wie dies zum Beispiel bei MIESLLER/BAUER, 1978, im Abschnitt 4.1 dargestellt wird. Hier soll das einzelne Objekt mehrdimensional erfaßt werden auf der Grundlage der Wahrnehmung und dennoch bereits im Stadium eines vorbegrifflichen Denkens.

Die *Stufe 1* davor will insgesamt einen Objekt-Subjekt-Bezug aufbauen. Hier geht es primär nicht um Detailkenntnisse oder bewußt gewordene Detaileinsichten, sondern um den Aufbau einer Vorstellung von «Welt außerhalb der eigenen Person». Wenn PIAGET vom Aufbau des «Objektbegriffs» spricht, dann wird das zwar immer ein einzelnes Objekt sein, das hier konkret gemeint ist, letztlich aber geht es ihm um den Aufbau einer «Wirklichkeit im Kinde» (vgl. KÖHLE, 1979) mit dem Ziel einer Objektkonstanz.

Aus *didaktischer Sicht* läßt sich die Erschließung der Wirklichkeit über nachfolgende Stufen realisieren:

- □ die Stufe der Begegnung
- □ die Stufe der Erfassung
- □ die Stufe der Beherrschung
- □ die Stufe der Gestaltung

Während für die letzte Stufe die hohe *Fähigkeit der Gestaltung* Voraussetzung ist, kann für die Stufe der Beherrschung *Handlungsfähigkeit* genügen. Aber auch die Stufe der Erfassung läßt sich ohne motorische Aktivität nicht denken. Alle die Qualitäten des Objektumgangs werden intensivbehinderte Schüler kaum erreichen. Ihr Feld des Welterschließens ist die *Begegnung,* die in einer späteren Phase sicher Ansätze einer Handlung mit einschließt, zumindest in der Form des zielgerichteten Eigenaktivseins.

Dieses Feld der Begegnung gilt es genauer auszuloten und für die Arbeit mit intensivbehinderten Schülern fruchtbar zu machen.

Fast immer wird die Wirklichkeit intensivbehinderter Menschen eine *pädagogische,* d.h. eine begleitende Wirklichkeit sein müssen.

Nach THALHAMMER (1979) versteht sich diese *pädagogische Wirklichkeit*

- □ als eine *oral-sinnliche* Wirklichkeit mit dem Ziel, eine schützende Hülle zwischen dem behinderten Menschen und der fremden, drohenden, feindselig erlebten Welt zu spannen

- ☐ als eine *taktile Wirklichkeit* mit dem Ziel, das intersubjektive Erleben als das gemeinsame Erleben zu empfinden, wahrzunehmen und zu praktizieren
- ☐ als eine *kommunikative Wirklichkeit* mit dem Ziel, die jeweils beteiligten Partner psychisch zu entlasten
- ☐ als eine *gemeinsame, lebensanregende Daseinsordnung* mit dem Ziel, an der gemeinsamen bzw. an den gemeinsamen Lebensaufgaben zu arbeiten

Diese Sicht der Wirklichkeit beschreibt gleichzeitig die Art und Weise einer möglichen Begegnung intensivbehinderter Menschen mit Weltausschnitten, mit ihrer Umwelt. Ihre Ergebnisse sind nicht Begriffe oder begrifflich fixierbare Vorstellungen, sondern Eindrücke, Empfindungen und Erlebnisse; ihre Qualitäten liegen nicht in objektivierbaren, allgemeingültigen Feststellungen, sondern in einem Angemutetsein auf der einen und in der Sicherheit und Orientierung auf der anderen Seite.

An sich erscheint es unmöglich, auf Begriffe und allgemeingültige Vorstellungen zu verzichten, weil sie Grundlage der Verständigung, der inhaltlichen Verständigung sind. Man kann nach einem Besuch des Tiergartens oder der «Feuerwehr» die Eindrücke austauschen, kann Probleme diskutieren oder auch sich einfach nur über das Erlebte freuen. Die oben beschriebene Begegnung mit der Wirklichkeit ist eine viel stärker gegenwartsbezogene. Sie erfüllt sich stark im Augenblick; ihre Wirkung ist dennoch eine langfristige, weil sich allmählich das anbahnt, was wir wollen: den Aufbau der Wirklichkeit, als etwas außerhalb der eigenen Person, als etwas, zu dem man Beziehung aufnehmen kann, das subjektiv bedeutsam wird.

Diese *pädagogische Wirklichkeit* läßt sich aber auch noch aus einer anderen als einer nicht inhaltlichen, sondern mehr *qualitativen* Sicht beschreiben.

Das intensivbehinderte Kind erlebt in dieser Begegnung mit Ausschnitten aus der Welt

- ☐ eine funktionale Dimension
- ☐ eine emotionale Dimension
- ☐ eine soziale Dimension
- ☐ eine normative Dimension

Diese qualitativen Momente der Weltbegegnung lassen sich als Färbungen verstehen, die die einzelne Begegnung in einer mehrdimensionalen Weise für ein Kind eindrucksvoll und bedeutsam werden lassen.

Die *funktionale Dimension* beschreibt vorwiegend die Basis, auf der sich die Weltbegegnung vollziehen wird. Sowohl die Motorik als auch die Wahrnehmung stellen die Verbindung her, die die Begegnung zwischen Kind und Welt ermöglichen (vgl. Abschnitt 4.5.4). Dies kann in Form der Basalen Stimulation, der Basalen Aktivierung oder eines Passiven Lernangebots ebenso geschehen wie in eigens angesetzten Wahrnehmungsübungen (vgl. PREKOP, 1980). Wichtig ist aber gleichzeitig das zielbezogene Handeln oder Aktivsein. So sollte eine duftende Blume eben nicht sinnlos zerrupft werden — das heißt, ein freier Umgang, ein reines Hantieren ist in diesem Fall auszuschließen —, sondern sie sollte wirklich ein «Objekt» zum Riechen, zum Freuen, zum Staunen bleiben bzw. werden.

Das mehrdimensionale Qualifizieren kommt dabei gut zum Ausdruck:

Das Kind erfährt mehr von der Welt, indem es eine duftende Blume erlebt, gleichzeitig aber übt es sich im Riechen, im Schauen, im Freuen und in seinem normativen Verhalten.

Die *emotionale Dimension* ist eine wichtige, aber schwer anzuregende Aufgabe. Eine Blume, um im obigen Beispiel zu bleiben, muß erst zu einer duftenden, zu einer bewundernswerten Blume werden. Man läßt Kinder riechen, macht dazu auch «hatschi», um ihnen das Besondere des Riechens zu verdeutlichen. Psychologisch meint dies ein *Emotionalisieren der Wahrnehmung* und des Wahrnehmungsgegenstandes.

Man verwendet dabei anfangs sog. *Empfindungslaute* wie «ui» oder «oh» oder auch «nein». Später können dann sog. *Empfindungswörter* dazu kommen wie «fein», «schön», «lieb» oder «gut» oder *Empfindungssätze* wie «mh, das schmeckt gut».

Dieses Emotionalisieren hebt das Objekt in seiner Bedeutung heraus, steigert die Wahrnehmungsbereitschaft und Zuwendungsleistung des Schülers und führt allmählich auf die normative Komponente hin. Der Pädagoge selbst hofft dabei auf eine Gefühlsübertragung.

Die *soziale Dimension* verdeutlicht, daß die Begegnung des intensivbehinderten Menschen mit der Wirklichkeit fast immer nur durch die soziale Dimension zu einer erfolgreichen Begegnung wird. Nur selten kann man einen unserer Schüler alleine mit einem «Material», konkret mit Dingen aus unserer Welt belassen. Seine Möglichkeiten der Umweltbegegnung sind noch zu wenig gesteuert, und seine funktionalen Leistungen sind zu bescheiden, oft auch zu wenig stabil und differenziert ausgebildet, als daß er erfolgreich mit Dingen aus seiner Umwelt Kontakt aufnehmen kann. Ausgehend davon, daß vor jedem Objektkontakt der personale Kontakt, die personale Beziehung das Fundament darstellt, die soziale Dimension *vor* der objektbezogenen vorhanden ist, gilt es, diese mit der Zeit auszublenden, so daß dem intensivbehinderten Schüler im Laufe seiner Lernzeit doch auch eine Objekterkundung ohne stete Führung des Pädagogen und ein Objektumgang ohne Anleitung und Steuerung in einigen Momenten doch möglich wird. Der Pädagoge realisiert die soziale Dimension unmittelbar, wenn er den Kontakt zwischen dem Kind und der Welt herstellt, oder mittelbar, wenn er durch die Schaffung einer Situation den Kontakt ermöglicht, sich aber dennoch in der Situation nicht aufhält (z.B. ein Gerät zur akusto-vibratorischen Anregung, vgl. BEGEMANN, 1979, Anhang und S. 134 f.).

Der intensivbehinderte Schüler erlebt dabei erstmals Momente, die er im Laufe seines Lebens immer wieder erfährt, Momente, die grundlegend zur sozialen Seite unseres Lebens gehören: sich durchsetzen, etwas abwehren, sich ein- und unterordnen, sich zurücknehmen, Wünsche äußern, sie zurückstellen, sie erfüllt bekommen (vgl. Abschnitt 7.3).

Soziale Bezüge auch beim Partner wahrzunehmen, gehört mit zu den Hochzielen der Begegnung. Dies ist insofern schwieriger, weil der soziale Partner gegenüber einem Objekt, zum Beispiel der Treppe im Schulhaus, «vielfältiger» und gleichzeitig weniger voraussagbar, weniger festlegbar ist (vgl. Abschnitt 5.3).

Die *normative Dimension* wird sowohl durch den Weltausschnitt als auch vom Pädagogen selbst repräsentiert, der die Begegnungsituation gestaltet (vgl. KÖHLE, 1979).

Der Pädagoge hat die Aufgabe, die sachimmanenten Gesetzmäßigkeiten einem Kind gegenüber ebenso zu vertreten — zum Beispiel, daß man einen Apfel essen kann, nicht aber einen Ball aus Schaumgummi —, wie er auch die sozialen Bedingungen unseres Zusammenlebens verdeutlichen und vermitteln wird — zum Beispiel, daß man seinen Apfel essen darf, nicht aber den des Nachbarn.

Daß in der pädagogischen Arbeit im Hinblick auf die normative Komponente vorwiegend über die Gewöhnung gelernt werden wird, schmälert die Bedeutung dieser Dimension keineswegs.

Allerdings hat der intensivbehinderte Schüler nur sehr geringe Chancen, sich und sein Handeln in den kulturellen und damit auch in den normativen Austauschprozeß einzubringen, wenn nicht seine Lehrer und Erzieher permanent versuchen, «die Sprache» des Intensivbehinderten zu erlernen (vgl. Abschnitt 7.3) und diese nach außen zu verdeutlichen.

Die normative Dimension darf nicht als einseitige Forderung der Gesellschaft an den einzelnen verstanden werden. Selbst wenn bestimmte sachliche Gesetzmäßigkeiten oder auch situative Gegebenheiten nicht ohne weiteres zu übergehen sind (auf dem Gehweg zu bleiben und wegen der fahrenden Autos nicht auf die Straße zu laufen), so sollte es doch eine Reihe von Freiräumen geben, die individuelles Verhalten ermöglichen und eine persönliche normative Komponente zum Ausdruck bringen, ja sogar erlauben.

So ist es nur bedingt einzusehen, warum auch ein intensivbehindertes Kind mit Messer, Gabel und Löffel essen muß. Es könnte für seine Umweltorientierung genügen, daß es Eßbares von Nicht-Eßbarem unterscheiden kann, daß es Essen als Nahrungs- und Genußmittel schätzen lernt, daß es sich auf seine Speise konzentriert und nicht mehr aus anderen Tellern ißt, daß es eine Lieblingsspeise entdeckt und sich vielleicht am Essen freut (vgl. Abschnitt 7.2).

Damit hat es seine *und* unsere normative Dimension voll erreicht.

Einige konkrete Hinweise für die tägliche Lernarbeit

Die Erschließung der Wirklichkeit bzw. der Aufbau der Wirklichkeit bei intensivbehinderten Schülern ist eine wichtige, gleichzeitig aber eine sehr schwierige pädagogische Arbeit. Die Schwierigkeit ergibt sich allein aus der Vielfalt der notwendigen Prozesse, zum anderen aber auch aus der Tatsache, daß kein Pädagoge *für* seinen Schüler eine Wirklichkeit aufbauen kann. Jeder Schüler muß dies für sich selbst tun. PIAGET spricht von «konstruktiven Ableitungen» und drückt damit aus, daß der Aufbau der Wirklichkeit und das Erschließen von Wirklichkeit ein aktiver, ein konstruierender Vorgang ist und nicht zuletzt Ergebnis von kognitiven Leistungen. Die Lebensäußerungen und Lebenstätigkeiten intensivbehinderter Schüler lassen dagegen solche Aktivität oft vermissen, wie sie auch Erfahrungs- und Erkundungswege erkennen lassen, die man eher als Erlebnisquellen bezeichnen möchte und nicht so ohne weiteres der Kognition zuordnen kann.

Diese sinnlichen Qualitäten sind keine Qualitäten, die den kognitiven Tätigkeiten entgegenstehen, sie sind basaler und auf früherer Stufe und letztlich — aufgrund ihrer Bedeutung — im Hinblick auf intensivbehinderte Kinder dann auch von gravierend anderem Gewicht.

Die Tiefensensibilität der Hand, wenn zum Beispiel das Taktile im Vordergrund des Erlebens und Erkundens steht, oder die des Mundes und des Mundraumes, wenn das Orale noch im Mittelpunkt steht, dürfen in ihrer Bedeutung nicht nur als Durchgangsstadium gesehen werden, zumindest bei intensivbehinderten Kindern nicht.

Allerdings wird der Ertrag eben auch ein anderer sein. Statt der möglichen permanenten Objektkonstanz bei unbehindert erfolgter Intelligenzentwicklung wird es vielleicht nur zu «sinnlichen Objekten» (PIAGET) kommen, die für das Leben des jeweiligen Kindes von anderer, eigener Lebensqualität sind.

Läßt man die von THALHAMMER genannten vier existentiell bedeutsamen Komponenten vorläufig unberücksichtigt, ergeben sich nach PIAGET sechs Stufen zum Aufbau eines Objekt- oder Gegenstandsbegriffs — parallel zur Entwicklung der sensomotorischen Intelligenz:

Stufe 1

Der Gegenstand erscheint als Reiz, der mit einer Reaktion beantwortet wird. Ist der Reiz abgeklungen, gibt es auch keinen Gegenstand mehr bzw. ist der Gegenstand verschwunden, gibt es keinen Reiz mehr. Die Reaktion verschwindet ebenfalls. Der Gegenstand ist hier ein «sinnliches Objekt».

Stufe 2

Wiederkehrende Reizmuster, d.h., wieder auftauchende Objekte erzeugen Bekanntheitswerte. Das Kind antwortet mit einfachen Gewohnheiten, jedoch immer noch auf der Grundlage von Reiz-Reaktions-Schemata.

Der Gegenstand besitzt noch «sinnliche Funktionen», d.h., er ist ein «funktionales Objekt».

Stufe 3

Allmählich wird der Gegenstand zu einem «praktischen Objekt», mit dem man vielfältig umgehen kann. Das Kind kann nun verschiedene Schemata koordinieren (z.B. Greifen und Saugen, Sehen und Hören, Sehen und Greifen). Der Gegenstand existiert nur durch die Handlung. Das Kind erlebt ihn als Teil seiner Handlung. Klingt die Handlung ab, ist auch der Gegenstand in seinem Objektsein verschwunden.

Stufe 4

Das Kind beginnt den Gegenstand, mit dem es umgegangen ist, zu suchen. Es vermißt ihn. Es fehlt seinem Handlungsbedürfnis etwas. Der Gegenstand besteht nicht mehr nur in der unmittelbaren Anschauung. Es kann aber noch keinen Weg verfolgen, wo der Gegenstand «hingewandert» sein könnte. Er ist aus dem Gesichtsfeld geglitten. Der Gegenstand wird allmählich zu einem «Vorstellungsobjekt».

Stufe 5

Das Kind beginnt mit dem Gegenstand von sich aus zu experimentieren. Es lernt verschiedene Seiten, verschiedene Eigenschaften des Gegenstandes kennen. Der Gegenstand wird deutlicher. Er wird allmählich zu einem «objektiven Objekt», das sich aus der Unmittelbarkeit zur Handlung des Kindes entfernt. Es bahnt sich eine Zäsur zwischen der Person des Kindes und der Welt an.

Stufe 6

Das Kind hat Vorstellungen vom Gegenstand. Es kann die Bahnen eines Gegenstandes verfolgen. Es erwartet den Gegenstand zum Beispiel am Ende einer Dachrinne wieder, durch die er rollt oder rutscht.

Der Gegenstand ist deswegen noch lange nicht zu einem vollwertigen «permanenten Objekt» geworden. Dazu muß das Kind noch viel lernen (die Invarianz, die Reversibilität usw.).

Es wäre zu einfach, wollten wir nur raten, im Lernen diesen Stufen entlangzugehen, um eine erfolgreiche Erschließung der Wirklichkeit mit intensivbehinderten Schülern zu garantieren. Allein die veränderten Erlebnis- und Erkundungsweisen Intensivbehinderter lassen andere, zumindest modifizierte Wege und Stufen vermuten (oral-sinnlich, kommunikativ, taktil). Auch von autistischen Kindern wissen wir, daß viele von ihnen kinästhetische Erkundungswege benutzen oder Wege über das Riechen und Schmecken bevorzugen. Sie weisen uns darauf hin, daß wie sie viele intensivbehinderte Schüler ihre Wirklichkeit vorwiegend auf den Stufen des sinnlichen und funktionalen Objektes aufbauen.

Dennoch geben uns diese sechs Stufen von PIAGET Anhaltspunkte und helfen uns, nicht vorschnell mit einer Permanenz der Objekte zu rechnen. Sie lassen den langen Weg zur Wirklichkeit erkennen und zeigen uns, daß wir hier sehr gründlich und vielfältig arbeiten müssen.

Mit diesen entwicklungs- und lernpsychologischen Hinweisen ist die Frage nach den Inhalten noch nicht geklärt. Welche Objekte, welche Umweltausschnitte sollen wir intensivbehinderten Schülern nahebringen?

Hier gibt es einen Bedingungszusammenhang, der manchen Wünschen nach Inhalten entgegensteht, andere wieder als günstig erscheinen läßt.

Immer geht es um die *Grundaufgabe*, geistigbehinderte Schüler zu einer aktiven und gleichzeitig zunehmend gesteuerten Auseinandersetzung mit der Welt zu bringen und sie selbst vor einer zu großen Objektrolle zu bewahren.

Diese Grundaufgabe läßt sich nicht mit allen Umweltausschnitten erreichen, zumindest nicht gleich gut anbahnen.

In einem früheren Zusammenhang haben wir die Lebensfelder dargestellt, in denen ein geistigbehindertes Kind leben kann (vgl. HETZER, FISCHER, 1976, 1978). Es ist das Körperfeld, das Vitalfeld, das Greiffeld, das Nahfeld, das engere, nähere und weitere Umfeld.

Viele intensivbehinderte Kinder verlassen ihren Standort nicht, um etwas außerhalb ihres Greiffeldes zu erreichen; manche Schüler sind so inaktiv, daß sie selbst vor ihnen liegende Objekte nicht ergreifen. Sie bleiben ganz bei sich (vgl. HETZER).

Wollte man aus dem obigen Bild ableiten, ein Kind sollte vorwiegend Objekte aus seinem Lebensfeld kennenlernen, dann kämen diese Kinder nie über ihren Körper, ihre Mobile, ihre Greiflinge, ihr Bett, ihre Kleidung, ihre Nahrung usw. hinaus.

Diese Dinge sind einfach zu wenig. Sie erfüllen unsere Vorstellungen von «leben lernen» nicht. Wir müssen auch die Objekte (wiederum nicht nur als Gegenstände, sondern immer als Personen, Situationen, auch

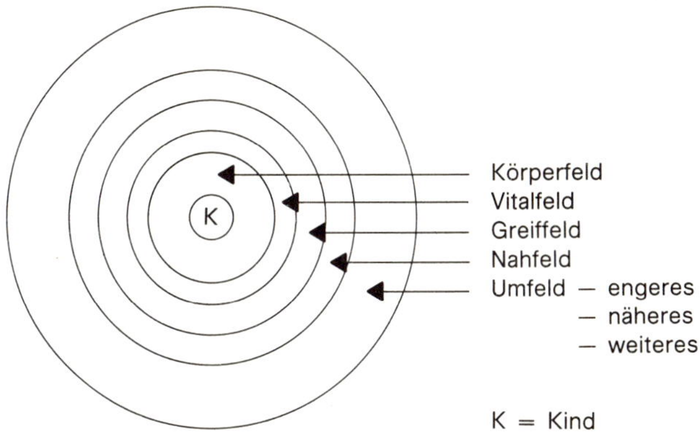

Bild 4.4 Die Lebensfelder eines Kindes

Pflanzen, Tiere usw. gemeint) mitsehen, mit denen es in Kontakt kommen oder auch gebracht werden könnte, die für sein Erleben bedeutsam, anregend, kommunikativ sind und oral-sinnliche Qualitäten besitzen.

Hier spielen die Sonne, der Wind, das Wasser, die Wärme eine ebenso große Rolle wie die Türe, durch die sie gefahren werden, der Tisch, an dem sie sitzen, das Fenster, aus dem sie schauen oder etwas werfen, die Höhe, die sie wahrnehmen, die Geschwindigkeit, die sie beim Fahren erleben, die Glocken, die sie hören.

Bei der Entscheidung über mögliche subjektiv bedeutsame und objektiv notwendige Inhalte helfen *drei* Fragen:

Frage 1 In welch einem Feld lebt das Kind (vgl. Bild 4.5.6)?
Frage 2 In welch ein Feld könnte es hineinwachsen?
Frage 3 Mit welchen Feldern kommt das Kind noch in Kontakt? Welch ein Feld soll bzw. kann man ihm noch nahebringen?

So gehören Rosen vom Garten vielleicht nicht unbedingt zum unmittelbaren Lebens- und Erlebensfeld eines intensivbehinderten Schülers und auch nicht Ponnys im Stall. Sie aber könnten dennoch Erlebniswerte besitzen, zumindest bekommen und so das Aufgabenfeld 3 der Umwelt-Orientierung und das Erschließen der Wirklichkeit erweitern und bereichern.

Nun sieht es fast so aus, als wäre die Auswahl möglicher Objekte oder Umweltausschnitte und die Vermittlung dieser als Beitrag zu einem erfolgreichen Erschließen der Wirklichkeit das größte Problem in der Arbeit mit intensivbehinderten Schülern. Dies aber ist nur vordergründig so.

Unsere Erfahrung zeigt, daß sich zumindest gleich große Schwierigkeiten dem Lehrer und Erzieher selbst stellen, der — bevor er seinen intensivbehinderten Schülern Lebensfelder auf der Stufe des sinnlichen und funktionalen Objekts erschließen will — diese oral-sinnlich, kommunikativ und taktil selbst erleben muß, um sie lebensanregend empfinden und ebenso anregend vermitteln zu können. Die Welt — und seien es nur die sogenannten kleinen Dinge daraus — so zu erfassen, heißt für viele Erzieher und Lehrer, die Welt neu zu erleben. Anregungen könnte das Taschenbuch «Der Mensch ohne Hand» bieten; aber auch das Buch von FISCHLE-CARL «Fühlen, was Leben ist» führt den Leser in diese Richtung.

4.5.7 Zum Aufgabenfeld 4

Das Aufgabenfeld 4 — *Lebensaufgaben für intensivbehinderte Menschen* zu entdecken und sie darin einzuüben — gilt wohl als das ungewöhnlichste Aufgabenfeld. Die Erziehung eines Menschen schließt seine Bejahung grundsätzlich mit ein. Er soll nicht nur am Leben gehalten werden, er soll zum Leben ertüchtigt und erzogen werden, er soll sein schwieriges Leben akzeptieren und gestalten können.

Lebensaufgaben sind Felder der *Selbstverwirklichung.*

Wer in der praktischen Arbeit mit behinderten Menschen steht, kennt das Gefühl der Angst im Hinblick auf die Zukunft behinderter Kinder und Jugendlicher. Die Frage «Was wird aus diesem Kind?» ist nicht nur eine Frage der Eltern. Es ist die Frage aller Erzieher und Lehrer, die sich über viele Jahre hinweg mit einem Kind oder einem Jugendlichen gemüht haben, «leben lernen» anzuregen.

Wozu erwarben diese Kinder, unsere Kinder ihre funktionale Tüchtigkeit, wozu haben sie Umweltkontakte aufgebaut, wozu erfolgten über die vielen Jahre hinweg Pflegeleistungen, wozu haben wir in ihnen Lebensfreude angeregt, wenn *danach* keine Felder der Realisation, der Anwendung, des Selbstseins für sie offenstehen? Grundsätzlich muß die pädagogische Förderung intensivbehinderter Menschen von der subjektiv bedeutsamen Lebenswirklichkeit des einzelnen ausgehen *und* auch dorthin wieder zurückführen, dorthin einmünden. Ein Stehenbleiben auf halbem, wenn auch pädagogisch begonnenem Wege, ist unbarmherzig und unmenschlich. Dramatisch spitzt sich die Frage wohl dann zu, wenn man sich als Pädagoge oder auch als Eltern mit nur wenigen Stufen eines vorgezeichneten Lernweges zufriedengeben muß, weil ein Kind nicht weiterkommen kann.

Schon für Schulabgänger aus den Normalschulen stellt sich das Finden von Lebensaufgaben als ein nicht geringes Problem. Für sie bieten sich aber immerhin noch alte Rollenmuster an, auf die man zurückgreifen und die man kraft vorhandener Fähigkeiten ausfüllen kann: die Berufsrolle, die Familienrolle, die Freizeitrolle, die Geschlechtsrolle, die Konsumentenrolle, die Rolle des (kritischen) Mitbürgers (vgl. Abschnitt 2.2). Leben außerhalb solcher gesellschaftlich legitimierten und gesellschaftlich geschätzten Rollen bringt eine beträchtliche Lebenserschwerung mit sich. Alle diese traditionellen Rollen eines Erwachsenenlebens setzen Kompetenz, Abgrenzung, Fähigkeit zum Produkt voraus, einschließlich dem Vorhandensein oder dem Aufbau einer Lebensperspektive.

Auf solche Rollen als Realisationsmöglichkeiten können intensivbehinderte Menschen für ihr Leben nicht ohne weiteres zurückgreifen. Sie umschreiben sehr wenig ihren Lebensstil und ihre Lebensbedürfnisse. Dennoch soll ihr Leben Produkte nicht ausschließen; auch wird niemand intensivbehinderten Menschen ihre Geschlechtsrolle, Mann oder Frau zu sein, absprechen. Auch soll ihr Leben Teilhabe an den Möglichkeiten unseres öffentlichen Lebens beinhalten — soweit es ihnen gut tut. Schließlich soll ihr Leben eine Perspektive haben und damit — trotz der Behinderung — in einem tieferen Sinne lohnend sein.

Wir werden uns dennoch kritisch fragen: Gibt es für intensivbehinderte Menschen überhaupt umschreibbare und realistische, damit auch konkretisierbare Lebensaufgaben? Oder ist das Fehlen bzw. das Nicht-Finden solcher Lebensaufgaben eines der typischen Kennzeichen ihres Lebens, Zeichen eines so schwer behinderten, so sehr beschädigten Lebens?

Manche Menschen, die über Lebensaufgaben schon nachgedacht haben, helfen sich so: Sie schreiben Intensivbehinderten eine Art übergeordnete Daseinsfunktion oder Daseinsaufgabe in unserer Gesellschaft zu. Sie bezeichnen diese Gruppe von Menschen als «die Schwachen», als «die Behinderten» schlechthin; sie würden ein «Ausrufezeichen» darstellen, das Schwache der menschlichen Existenz verkörpern, die anderen — die Nichtbehinderten — auf die Erlösungsbedürftigkeit aller Menschen hinweisen.

So wichtig und gültig Teilmomente solcher Sichtweisen sein können, so wenig nützlich sind diese für den Menschen in seiner konkreten Lebenssituation, selbst wenn er als tatsächlich «hoffnungsloser Fall» (vgl. SENN, 1979) lebt. Sein Wunsch ist es sicher nicht, unter dieser Bezeichnung als ein solcher in der Gesellschaft leben zu wollen oder leben zu müssen.

Wir müssen *für ihn* Lebenssituationen schaffen, in denen sich Leben realisieren läßt. Da durch die intensive Behinderung, die zum eigenständigen Leben und zur erfolgreichen Lebensbewältigung notwendige Anpassungsfähigkeit sehr eingeschränkt wird, wird es immer nur ein *gemeinsames* Leben sein können — ein gemeinsames Leben von behinderten und nichtbehinderten Menschen. Lebensaufgaben zu benennen, sie aber nicht in irgendeiner Weise mitzuleben, muß ein Scheitern zur Folge haben.

Dennoch sind Situationen zu finden, die auf den behinderten Menschen zugeschnitten sind. Sie umschreiben eine Kompetenz in ganz bestimmten, wenn auch engen Momenten des Lebensvollzugs. Solche Situationen können ganz kleine, sehr bescheidene Situationen oder Aufgaben sein, so einfach, daß man feststellen könnte: Das haben wir immer schon so gemacht!

Es kommt dabei weniger auf das äußere Gewand, mehr auf die innere Einstellung an und auf das Bewußtsein, das dahintersteht. Lebensaufgabe in diesem Zusammenhang sind Zusagen eines Menschen an einen anderen. Sie sind somit auch abhängig von Interpretationen und störbar durch Bewertungen. So wie die Beziehung zweier Menschen durch die Interpretation von außen zerstört werden kann, so können auch erste Versuche solcher Lebensaufgaben im Ansatz bereits erstickt werden (zum Beispiel: Das macht «unser Rolfi» ja so gerne! — Dabei ist «der Rolfi» bereits 18 Jahre).

Anstatt einer unbeabsichtigten, gedankenlosen Verharmlosung könnte eine solche Situation bereits erste Ansätze für das Gelingen einer Lebensaufgabe sein. Es sind eigenständige Lebensäußerungen und Lebenstätigkeiten schwerstbehinderter Menschen, die dann andere Qualitäten als die äußeren, sichtbaren aufscheinen lassen, werden ihnen solche Qualitäten durch Wertschätzung zugesprochen.

Lebensaufgaben für schwerstbehinderte Menschen werden selten große Dinge sein, selten auch in herkömmliche Rollenmuster passend, selten wirtschaftlich verwertbar, selten allgemein überzeugend oder Bewunderung abverlangend. Es sind kleine, nicht normorientierte Bewegungen des Alltags, die dringend des Schutzes und der Begrenzung durch Dritte bedürfen.

Lebensaufgaben sind sehr individuell auf das Leben des einzelnen abzustimmen bzw. aus dem Leben des einzelnen herauszuentwickeln. Sie heben den einzelnen aus der neutralisierenden Masse aller Menschen heraus, oft auch aus der Gleichförmigkeit der Gruppe der Behinderten. Sie sind typisch, besser kennzeichnend und damit hebend für den einzelnen Betroffenen.

Mit verständlicher Ungeduld fragt der Leser nach konkreten Beispielen für solche Lebensaufgaben; vielleicht würden manchen bereits Anhaltspunkte genügen, wie solche zu finden sind, und Kriterien, woran man diese messen oder einschätzen kann. Doch unsere Beispiele fallen mager aus. Wir befinden uns in dieser Frage erst am Anfang eines neuen Nachdenk-Prozesses. Die Sonderpädagogik hat sich bislang noch viel zuwenig mit diesen Fragen befaßt.

Lebensaufgaben können einfachste monotechnische Arbeiten sein, die ein Kind oder ein Jugendlicher mit einer einlinearen Bewegung erbringen kann; es kann die grundsätzliche Bereitschaft des Erziehers sein, seine Kinder bzw. Jugendlichen zwischen zwei Getränken bewußt wählen zu lassen; es kann das Mitteilen oder auch das bewußte Empfangen von Gefühlen sein, es kann das eigenständige Bedienen des Kassettenrecorders sein (den Knopf zu drücken); es kann das Erlernen und das Respektieren einfachster Kommunikationszeichen für sprachlose, vielleicht taubblinde Kinder sein; es kann auch das sein, was Frau Müller-Garnn in ihrem Buch schreibt: ... daß man einen so schwer behinderten Menschen einfach nur lieb hat (MÜLLER-GARNN, ... und halte mich an Deiner Hand, 1978).

Es sind also immer sehr persönliche Dinge, die gefärbt sind vom individuellen Leben eines Menschen, von seiner Biographie insgesamt.

Es sind aber immerhin gleichzeitig so wichtige Dinge, die die unaufgebbare und notwendige Abgrenzung zwischen dem betroffenen Menschen und seiner Umwelt, besonders aber auch gegenüber seinen Betreuern schaffen, die ihn nach außen hin kennzeichnen, ihm zu seiner Selbstdarstellung verhelfen und seinem Ich-Erleben förderlich sind. Der intensivbehinderte Mensch wird dann nicht wegen seiner Behinderung, sondern aufgrund dieser kleinen Insel — seinen Lebensaufgaben — für kleine Spannen seines Alltags ein Moment weniger verfügbar.

Ob Sie nicht doch auch für Ihre Schüler solche Lebensaufgaben finden könnten?!

4.5.8 Exkurs: Hoffnung? oder Hoffnung! in der Arbeit mit Intensivbehinderten?

An sich liegt es nahe, im Rahmen einer pädagogischen Grundsatzdiskussion auch über Hoffnung nachzudenken. Wie aber steht es mit der Hoffnung in der pädagogischen Arbeit, die uns im Rahmen dieses Buches befaßt?

Gibt es da nicht nur von enttäuschter, von aufgegebener Hoffnung zu berichten — zumindest dann, wenn wir an die Zukunft denken und sich keine normal erfüllbare Zukunft für den Sohn oder die Tochter, für den zur Entlassung anstehenden Schüler abzeichnet? Dennoch ist «Hoffnung» ein zentrales Thema für das «Leben lernen» mit unsern Schülern. Nicht nur auf unser Hoffen, besonders auch auf das Hoffen der Schüler selbst kommt es dabei an.

Hoffnung, was ist das eigentlich? (vgl. DREWITZ, 1978)

Hoffnung ist eine zukunftsgerichtete Erwartung ersehnter oder gewünschter Zustände. MARCUSE schreibt «Wer nicht weiß, was ein besseres Leben ist, ist hoffnungslos!».

Menschen ohne Hoffnung wissen nicht oder wissen nicht mehr, daß es außer der gegenwärtigen Wirklichkeit eine erstrebenswertere andere gibt. Hoffnung hat eine zeitliche Dimension, sicher aber auch eine innere.

Hoffnung richtet sich auf die Erwartung, ernst genommen zu werden. Nirgendwo gerät ein Mensch so schnell in Vergessenheit als in der Isolation von außen oder in der Isolation seiner selbst. Hoffnung sagt dem anderen «Wir kennen dich», «Wir möchten zu Dir hin», «Wir möchten Dich verstehen!».

Solche Zeichen der Zuwendung und der hoffnungsfrohen Erwartung reißen Mauern der Isolation noch nicht ein, machen diese aber transparent.

Ein alter Bauernspruch sagt: Wer liebt, hofft! Hoffnung verlieren heißt, Liebesfähigkeit verlieren, und damit ist Lebenskraft abhanden gekommen.

Umgekehrt, wer weiterarbeitet und weiterlebt, der beweist, daß er hofft. Nun erleben wir gerade bei Menschen, die nichts zu hoffen haben, nicht selten die größte Hoffnung, bei Menschen, die mit Splittern der Hoffnung umgehen, eher die Neigung zur Verzweiflung.

Der Konsum aber, alles zu haben und über alles zu verfügen, läßt Gedanken der Hoffnung dahinschmelzen wie Schnee. Sie sind zumindest vorübergehend unwichtig und unbedeutsam geworden. Sattheit erstickt das Hoffnung-Haben bzw. Sich-in-Hoffnung-Vorfinden. Allerdings findet auch die Einübung in Hoffen nicht mehr statt.

Hoffnung bringt Heiterkeit in das Leben, das sonst vorwiegend von Machen, Leisten und Verbrauchen bestimmt ist.

Dennoch ist Hoffen schwere Arbeit, wenngleich der Hoffnung die Schwere der Anstrengung fehlt. Hoffnung ist wie ein Impuls, der das Leben über den Augenblick hinaus bewegt, der Augenblicke von damals oder solche, die es noch nicht gab, herbeisehnen, der menschlichen Solidarität erwachen, Lebensaufgaben sehen und durchhalten läßt. Hoffnung kann nicht aus der Verneinung der Gegenwart entstehen; Hoffnung ist nicht der alleinige Wunsch, wegzukommen von gegenwärtigen Enttäuschungen, von derzeitigem Leid. Hoffnung ist mehr:

Sie ist die Klammer zwischen Gegenwart *und* Zukunft, zwischen den gegenwärtigen und den zukünftigen Augenblicken. Hoffnung läßt Gegenwärtiges auch nicht aus Angst, es verlieren zu können, festhalten. Sie gibt Mut, sich in neue, unbekannte Wirklichkeiten hinauszuwagen, weil sie von einem Ziel und von einem Zutrauen weiß, das sie umfängt.

Manchmal hilft «Glücklich-Sein» dem Hoffenden. Eine verwundete Seele dagegen schadet.

Lebensaufgaben — eine Möglichkeit des konkreten Hoffens?

Das Bedürfnis, Hoffnung sehr direkt festzumachen, ist nur zu verständlich. Es ist vergleichbar mit dem Spatzen in der Hand, der besser ist als die Taube auf dem Dach. Es muß aber beides geben: die Taube und den Spatzen, die schützende, festhaltende Hand und das ferne, bergende Dach.

Lebensaufgaben sind solche Spatzen in der Hand.

Befleißigten wir uns noch so sehr um alle nur denkbaren Förderprogramme, um die Erziehung zur Selbständigkeit, um eine pädagogisch ausgerichtete Pflege und um die Erreichung einer wenigstens in Ansätzen verwertbaren Arbeitsleistung und würde unser Nachdenken noch so sehr effektiven Methoden gelten, wir hätten sicher viel und dennoch wenig, zu wenig für unsere Schüler getan.

Unser Beitrag zum «Leben lernen» bliebe leer und ohne lebensdurchpulsenden Schimmer, den wir Hoffnung nennen, einen Schimmer, der wie ein Strahl eben auch die Lebensaufgabe in der Hand streift, ähnlich wie die ferne, große andere Hoffnung auf dem Dach, eine Hoffnung, die über das Heute hinausreicht.

Lebensaufgaben, die unsere Schüler übernehmen und ausfüllen können, sind selten Paradebeispiele für Leistung und Tüchtigkeit. Sie sind von ihrer Bedeutung und von ihrer Wertigkeit her insgesamt vom Zuspruch und von der Anerkennung Außenstehender in großem Maße abhängig. Lebensaufgaben müssen von einer Hoffnung auf vorbehaltloses Angenommensein, auf «radikale Anerkennung» (HOFMANN 1979) der praktizierten, meist alternativen Lebensform Intensivbehinderter durch alle Betroffenen und Beteiligten getragen sein (vgl. Kap. 8). In den Lebensaufgaben treffen wir auf ein Moment, das Solidarität mit dem und für den behinderten Menschen konkret und überzeugend sichtbar werden läßt.

Hoffnung kann man wohl nur noch dann entwickeln, wenn man irgendwo Fülle in sich spürt. Wir erleben dann «Löcher» in unserem Dasein positiv und warten bzw. hoffen auf «Füllung» (MASLOW, 1973).

Dieses starke Eingebundensein in den sozialen Kontext, in die soziale Dimension des Lebens vermag Alleinsein ebenso verhindern wie Isolation. Isolation und Alleinsein allerdings können umgekehrt dadurch vergrößert, ja noch viel schmerzhafter erlebt und erlitten werden, wenn das Nicht-Dazugehören, das Im-Wege-Sein zur permanenten Grunderfahrung des Lebens wird.

Solches Erleben kann ein in die Zukunft gerichtetes Hoffen völlig auslöschen.

Vielleicht läßt sich daran wieder konkret anknüpfen, was Hoffen sein kann:

Nicht das Leben in der Unabhängigkeit, nicht die Lösung von all den schweren Bindungen und Belastungen, sondern die Lösung der Unsicherheit in bezug auf das Dazugehören; Hoffnung wäre dann die absolute Sicherheit des Angenommenseins: Du gehörst zu uns, «ICH habe Dich bei Deinem Namen gerufen, Du bist mein!» (JESAJA, 43,1). Wer Lebensaufgaben übertragen bekommt, wer sich in die Bewältigung solcher einüben kann, der spürt etwas davon, auch wenn es nur die nahe Seite, der Spatz in der Hand ist.

Hoffnung — auch eine Hoffnung auf ein besseres Leben?

Diese Gedanken sind einem dann sehr nahe, wenn das Leben in die Zone des Unerträglichen gerät, wenn das Kind mit 14 Jahren immer noch wie ein Säugling ist, wenn die Lähmungen zunehmen, die Muskelkraft schwindet, die Sondenernährung nicht aufgegeben werden kann und der Thomas zu einem Jugendlichen herangewachsen ist, daß man seinen Rollstuhl nicht mehr über die Treppen bringt.

An Momente des Glücks wagt man nicht mehr zu denken, auch wenn ein Lächeln ab und zu auf dem Gesicht aufscheint, ein Ruhigwerden beim Autofahren beobachtet, ein befreiteres Durchatmen nach dem erholsamen Bad, ein frohes Rennen nach dem Wiederfinden der vermißten und geliebten Rassel erlebt werden kann.

Dieses bessere Leben hat nichts zu tun mit dem Streben nach utopischen, unrealistischen Forderungen oder Wünschen, weder für das Kind noch für die Familie, weder mit der Erwartung nach totaler Änderung des jetzigen Zustands noch mit einem heldenhaften Bezwingen des Schicksals.

Das «Drama des behinderten Kindes» (in Anlehnung an den Titel von MILLER) bleibt bestehen, solange die Wirklichkeit der Behinderung nur im Heute gesehen wird.

Hoffnung aber hat etwas mit dem Dazufügen des «Daches» für das Dasein, für diese Wirklichkeit zu tun, die eben als Realität nicht nur so ist, wie sie ist. Dieses Dazufügen kann ein Streicheln sein, das nicht nur die Oberfläche des Körpers sucht und meint, es kann ein Lied sein, nur für diesen Menschen gesungen, es kann ein Gebet sein, das sich über das Wünschen nach einer Veränderung hinaus erhebt — eben wie die Taube auf dem Dach.

Leben lernen ist schwer, Lebensaufgaben zu finden und sich in diese einzuüben, kann noch schwerer sein. Das Leben unter der Behinderung durchzuhalten mag sich auf Dauer als das Schwerste herausstellen. Hoffnung bietet sich als Triebfeder für die Bewältigung an.

Sie macht die Realität zu einer lebbaren Realität und die Zukunft zu einer Zukunft mit Perspektive. Sie bringt in das Schwere jene Heiterkeit, die nicht die Arbeit wegnimmt wohl aber die Anstrengung. Nur so läßt sich wahrscheinlich der verstiegen anmutende Gedanke von Gerd OTTO verstehen, wenn er meint, allein die Träumenden seien die wahren Realisten (vgl. DREWITZ, 1979).

4.6 Die Beziehung zwischen den einzelnen Aufgabenfeldern

Wie bereits vermerkt, sind die einzelnen Aufgabenfelder mehr als Schwerpunkte oder auch als Aspekte ein- und derselben Sache zu betrachten. Um unser Ziel «leben lernen» durchsichtiger und damit auch erfolgreicher zu gestalten, erschien eine solche Schwerpunktbildung und Schwerpunktbeschreibung sinnvoll und notwendig.

Es ging uns dabei außerdem um ein Herausführen der «Förderung Schwerbehinderter» sowohl aus dem therapeutischen Winkel als auch aus der schulischen Enge in das weitere Feld eines primär pädagogischen Arbeitens. Es sollten Perspektiven gefunden und aufgezeigt werden, die den hohen Zielanspruch der Beziehungsfähigkeit als Realisierung von «leben lernen» glaubhaft machen.

Alleinige und ausschließliche Grundlage ist die personale und mitmenschliche Haltung des Erziehers und Lehrers dem Kind bzw. dem Jugendlichen gegenüber. *Vor* aller Objekt-Erfahrung, *vor* jeder funktionalen Ertüchtigung, *vor* jeder Pflegeleistung «am Kind» steht das Annehmen und das Bejahen, vor allem aber auch die Zärtlichkeit, ein Ausdruck einer dialogischen Beziehung, die gibt und dann erst fordert (vgl. FISCHER, 1976).

Nachfolgende Skizze versucht den Gesamtzusammenhang aufzuzeigen, in den die vier Aufgabenfelder eingebunden sind:

Dieses Bild sagt sehr Verschiedenes aus:

1. Jedes Aufgabenfeld leistet einen sehr typischen Beitrag zum Ziel «leben lernen»; eine qualitative Bevorzugung oder eine besondere Gewichtung des einen vor dem andern ist von da aus abzulehnen.
2. Sowohl das Aufgabenfeld 1 als auch das Aufgabenfeld 4 begleiten die anderen Erziehungs- und Bildungsbemühungen durchgängig, auch wenn sie sich jeweils mit fortschreitendem Alter und auch mit fortschreitenden Fähigkeiten und Fertigkeiten verändern.
3. Liest man das Bild von links nach rechts, stellt man fest, daß für jede Aufgabe aus dem Bereich der Umweltorientierung ein gewisses Maß an funktionaler Tüchtigkeit vorhanden sein muß.
   Je mehr solche funktionalen Leistungen erbracht werden können, d.h., je geringer das Defizit in der funktionalen Grundausstattung ist, um so

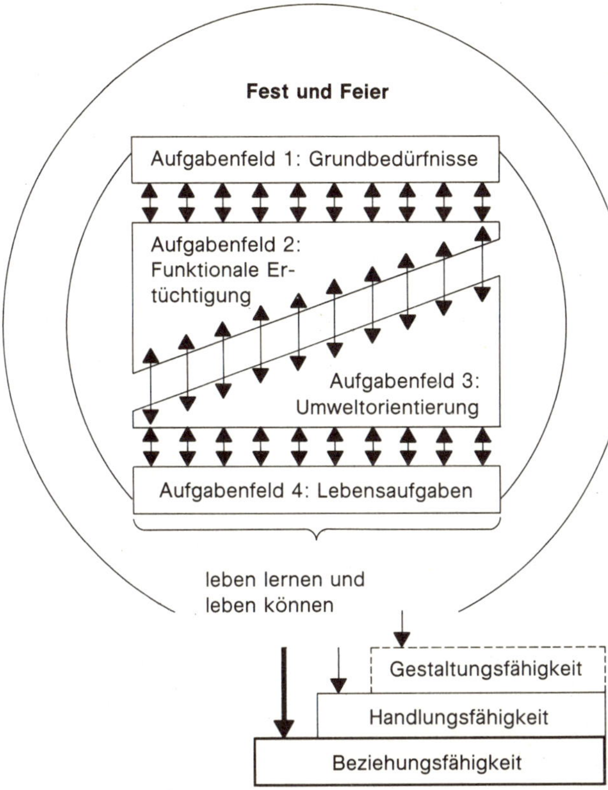

Bild 4.5 Zusammenhang der vier Aufgabenfelder der Erziehung und Bildung Intensivbehinderter im Rahmen der Schule

größer bzw. umfassender können die Umweltaufgaben werden, die zu bewältigen sind.

4. Lernt ein Kind im Bereich der «funktionalen Tüchtigkeit», hat die Umwelt dienenden Charakter. Das Kind lernt *am* Gegenstand. Eindrücke vom Gegenstand sind parallele Lernerträge.
   Lernt ein Kind primär die Umwelt kennen (Aufgabenfeld 3), erlernt es *den* Gegenstand. Dann werden die Ziele der «funktionalen Ertüchtigung» als parallele Lernerträge ausgewiesen.

5. Die zu fordernden Lebensaufgaben können inhaltlich allen drei Aufgabenfeldern entstammen. Lebensaufgaben, die dem Schüler übergeben wurden, wirken auf das Gesamtgeschehen, auf die Gesamtbeziehung wieder zurück und verändern das Beziehungsfeld.
6. «Leben lernen» und «Leben können» wird wesentlich mitgetragen von Fest und Feier. Sie haben eine einrahmende und gleichzeitig eine tragende Funktion. Äußerlich sind sie Ereignisse, die das Schulleben in seiner Lebendigkeit repräsentieren, innerlich drücken sie Lebensbejahung und Lebensfreude aus, ohne die eine Erziehung und Bildung Intensivbehinderter nur schwer denkbar und durchzuhalten ist.
7. «Leben lernen» mit intensivbehinderten Menschen zielt auf Beziehungsfähigkeit und Beziehung. Manche Schüler können auch zu allerersten Handlungsansätzen geführt werden.
   Die sich darauf aufbauende Gestaltungsfähigkeit wird nur noch gemeinsam mit einem Partner oder Begleiter möglich werden, so wie auch das Handeln allein dem intensivbehinderten Menschen kaum mehr gelingt.

Die sich abzeichnende Vielfalt der Aufgaben mag auf den ersten Augenblick hin erschrecken. Aber nur eine solche Vielfalt wird eine Veränderung oder Verbesserung der Gesamtsituation unserer Schüler bewirken.

Daß dies von keinem Pädagogen und auch von keiner Berufsgruppe allein mehr zu erreichen ist, haben wir verschiedentlich schon betont. Es wird die gemeinsame Kraft ebenso gebraucht wie die gemeinsame Freude, die gegenseitige Korrektur ebenso wie die gegenseitige Anregung. Davon dann profitieren unsere Schüler und mit ihnen auch ihre Eltern.

5 Basale Aktivierung — eine grundlegende Form des Lernens mit Intensivbehinderten

Nachdem im vorausgegangenen Kapitel vorwiegend *inhaltliche* Probleme des Lernens mit intensivbehinderten Schülern anhand der *vier Aufgabenfelder* diskutiert wurden, drängt sich die Frage nach der Umsetzung immer stärker auf. Damit soll sich dieses Kapitel schwerpunktmäßig befassen.

Sicher wäre es ein möglicher Weg, jedem Aufgabenfeld oder Lernfeld eine bestimmte Methode zuzuordnen, zum Beispiel der «funktionalen Ertüchtigung» das Training oder die Übung, der «Umweltorientierung» die Objekterkundung oder das Freie Aktionsfeld.

Dazu wären allerdings fortgeschrittenere Schüler notwendig. Intensivbehinderte Schüler müssen in einfacheren Bezügen lernen können, sie brauchen entflochtenere Lernaufgaben und können auch Lernziele in der curricular strengen Form noch kaum erreichen.

Wir versuchen dieser Tatsache mit einem neuen Konzept der Förderung zu entsprechen, das neben der Basalen Stimulation (FRÖHLICH) und dem Passiven und Aktiven Lernangebot (FISCHER) eine Art Zwischenstellung einnimmt.

Wir nennen dieses Konzept *Basale Aktivierung.* Die Basale Aktivierung greift die Bedürfnisse dieser Schülergruppe ebenso auf, wie die Lernmöglichkeiten und den Lernbedarf. Sie will die Welt, in die es hineinzuwachsen gilt, vorstellen und erleben lassen und mit den Möglichkeiten des Schülers zu einem lebendigen Bezug verknüpfen.

Dem Lehrer und Erzieher kommen dabei besondere Bedeutung zu. Die Basale Aktivierung setzt für das Lehrer-Schüler-Verhältnis neue Impulse. Sie will den Lehrer/Erzieher in ein kommunikatives Geschehen mit dem Auftrag einbeziehen, den Schüler zu diesem Kontakt zu befähigen, d.h. die Basale Aktivierung zu realisieren.

Aus dieser Sicht wird der Doppelcharakter der Basalen Aktivierung deutlich:

Sie ist zugleich ein methodisches *und* ein didaktisches Konzept der Förderung Intensivbehinderter.

5.1 Zur didaktischen Struktur

5.1.1 Basale Aktivierung — was ist das konkret?

Lernsituationen und ihre Gestaltung werden grundsätzlich vom Schüler, seinen Lernmöglichkeiten und seinem Lernbedarf mitbestimmt, wie auch vom Lernangebot und der konkreten Lernaufgabe selbst.

Dies gilt auch für den Unterricht und das Lernen mit intensivbehinderten Schülern, wenngleich sich an den Berührungspunkten dieser beiden Interaktionspartner die ersten und gleichzeitig grundlegenden Schwierigkeiten auftun. Der Erfolg jeder Lernsituation, jeder Lernbemühung, jeder Unterrichtsanstrengung hängt davon ab, ob es gelingt, zwischen beiden Polen — dem Schüler und der Welt (Lernaufgabe) — eine Verbindung herzustellen im Sinne einer lebendigen Beziehung. Aus diesen Polen müssen Partner werden, soll eine solche Beziehung entstehen. Diese ist Ausgangs- und Zielpunkt aller Bemühungen im Unterricht. Unterschied zwischen Anfang und Ende dieses gemeinsamen Lernweges ist lediglich ein qualitativer und weniger ein quantitativer.

Soll eine neue Konzeption Wesentliches zur Erziehung und Bildung intensivbehinderter Menschen beitragen, muß sie pädagogisches Handeln ermöglichen und das Merkmal «sonderpädagogisch» verdienen. Dies wird der Fall sein, wenn sie sich auf die beschriebenen Grundschwierigkeiten hin orientiert und sich der alle Lernprozesse tragenden Grundaufgabe annimmt.

Sie muß sowohl den Schüler als auch die Welt zum Dialog befähigen und beide zu Zuwendungsleistungen aktivieren.

Die Basale Aktivierung versteht sich als eine solche grundlegende Konzeption.

Basal kennzeichnet die grundlegende Bedeutung dieser Konzeption im Gesamtverband aller Bemühungen um Erziehung und Bildung, um Behandlung und Förderung intensivbehinderter Menschen. Gleichzeitig weist der Begriff «basal» auf die Bezogenheit von Grundfunktionen menschlichen Lebens und Lernens hin — Funktionen der Motorik, der Sensorik, der Kognition usw.

Außerdem gilt die Basale Aktivierung im herkömmlichen Verständnis als weitgehend voraussetzungslos.

Aktivierung beabsichtigt, im Schüler gemäß den vorgenannten Grundfunktionen Lernprozesse motorischer, kognitiver und emotionaler Art anzuregen bzw. aufrechtzuerhalten. Sie sind Grundelemente im Wechselspiel von «Austauschprozessen» (FEUSER, 1979). Aktivierung zielt aber auch auf die Umwelt selbst; auch sie soll bereit und fähig werden für Austauschprozesse und für die Kontaktnahme zum intensivbehinderten Schüler hin.

Zusammengefaßt versteht sich die Basale Aktivierung als ein *ganzheitliches* Konzept. Sie ist nicht ausgerichtet auf spezielle Inhalte oder bestimmte Ziele (zum Beispiel der «funktionalen Ertüchtigung» oder der Anbahnung eng umschriebener Grundleistungen). Der Mensch soll in seiner gesamten Person eine tiefgreifende Aktivierung erfahren. Nur so wird die Basale Aktivierung zum «Leben lernen» beitragen können.

- ☐ Basale Aktivierung will den intensivbehinderten Schüler in seiner Wirklichkeit ganzheitlich ansprechen
- ☐ Basale Aktivierung will zur Verbesserung der individuellen Lebenssituation beitragen und mehr Identität beim Schüler auslösen
- ☐ Basale Aktivierung will Aktivitäten im Schüler im Hinblick auf die fordernden und anregenden Lebenssituationen wachrufen und ausbauen
- ☐ Basale Aktivierung will im Schüler Orientierungswerte schaffen — Orientierungswerte im Verständnis von LERSCH als Lebens-, Bedeutungs- und Sinnwerte (vgl. THALHAMMER, 1979)
- ☐ Basale Aktivierung will ein Lernen auf weiteren Lernstufen und nach weiterführenden Modellen vorbereiten und so ein Lernen in eng umschriebenen Lernaufgaben (vgl. Aufgabenfelder) ermöglichen

Trotz dieser relativ umfassend erscheinenden Beschreibung macht die Basale Aktivierung andere Konzepte und auch andere Methoden der Förderung Intensivbehinderter nicht überflüssig. Sie versteht sich als *eine* Möglichkeit der Erziehung und Bildung und versucht dabei, sich pädagogisch zu orientieren und den sonderpädagogischen Erfordernissen zu entsprechen.

Darüber hinaus ist sie in der Lage, den Pädagogen in seinen Aufgaben zu ermutigen und zu bestärken,

- ☐ wenn er die Notwendigkeit der Erziehung und Bildung intensivbehinderter Menschen nach außen hin vertritt,

- ☐ wenn er nach Möglichkeiten sucht, diese Bildung und Erziehung erfolgreich und pädagogisch zugleich umzusetzen,
- ☐ wenn er ein Lernangebot wagt, das oft auf Vermutungen aufbaut, und er somit immer auch seine Überzeugung und seine Wertschätzung mit einbringt.

5.1.2 Basale Aktivierung — und ihre Voraussetzung

Wir gehen davon aus, daß Schüler mit intensiver geistiger Behinderung Lernprozesse bewältigen können.

Unter Lernprozessen verstehen wir komplexe Interaktionen des Organismus mit seiner Umwelt; komplex deshalb, weil sich Interaktionen nicht auf ein einlineares Reiz-Reaktions-Schema reduzieren lassen, ohne ihre Sinnhaftigkeit einzubüßen. Selbst einfachste Lernaufgaben — zum Beispiel sich einer Lichtquelle zuzuwenden — erfordern vom Schüler mehr als ein Reagieren, auch wenn seine Aktivitäten an Reaktionen denken lassen. Immer sind es gesamtmenschliche Aktivitäten als Ergebnis einer Bündelung vieler Fähigkeiten und Funktionen, Bedürfnisse und Strebungen.

Somit sehen wir in der Ganzheitlichkeit eine der Hauptforderung einer pädagogischen Lerngestaltung mit Intensivbehinderten.

Beim Zustandekommen von Aktionen bzw. Reaktionen als Ergebnis von Lernprozessen spielen neben dem äußeren sichtbaren Reiz, der in seiner Zusammensetzung oder auch in seiner Wirkung fast immer schon mehrdimensional ist, nach PAPOUSEK (1977) die Faktoren eine Rolle:

- ☐ die innere Motivation
- ☐ kognitive Funktionen
- ☐ soziale Komponenten
- ☐ biologische Faktoren

In unserem Zusammenhang bedeuten diese Faktoren folgendes:

Zur inneren Motivation

Innere Motivationen umfassen sowohl primäre als auch sekundäre Bedürfnisse, Verhaltenstendenzen und Haltungen.

Diese sind nicht immer einzeln oder getrennt auszumachen. Sie sind in dem Austauschprozeß wirksam, ohne den Leben und Lernen nicht denkbar ist.

Konkret kann sich das niederschlagen in einem Angezogensein von einem Gegenstand, dem Wasserhahn oder der Lichtquelle, oder in dem

Fixiertsein auf eine Tätigkeit, dem Fädchendrehen. Innere Motivation kommt aber auch durch ein Zurücklächeln eines Kindes zum Ausdruck oder durch das spürbare Wohlbehagen, das es beim Streicheln empfindet.

Letztlich sind es die Momente, in denen beim Kind innen etwas «von außen ankommt», wenn etwas in einen Menschen eindringt und dort auf Bereitschaft zu einer Antwort stößt.

Zu den kognitiven Funktionen

Jede Art von beobachtbaren Lebensäußerungen im Zusammenhang mit der Informationsaufnahme (Perzeption) oder der Informationsverarbeitung (Apperzeption) weist auf das Vorhandensein und auf die Mitwirkung von kognitiven Momenten hin. Auch der Einsatz von bereits gebahnten motorischen Mustern, von sensorischen Empfindungsqualitäten und -vorstellungen lassen Gedächtnisspuren vermuten und somit auf ein «kognitives System» schließen.

Das kann der Fall sein, wenn sich ein Kind in die wärmende Sonne müht oder wenn es den frischen Wind oder das kalte Wasser meidet. Es kann dann der Fall sein, wenn es sich beim Erblicken des Bechers oder des Tellers aufrechter hinsetzt, oder auch, wenn es nach dem gelben *oder* dem roten Saft — zur bewußten Auswahl angeboten — greift.

Zur sozialen Komponente

Die ersten wechselseitigen sozialen Bezüge erfährt der Mensch beim Berührt-, Versorgt- und Beachtetwerden. Der Kontakt selbst ist in seiner Qualität allerdings abhängig von den sozialen Komponenten der jeweiligen Bezugsperson. Sie bedingen jene lebenslang wirkende und prägende Lernerfahrung mit, die dann das jeweilige Lernverhalten gewissermaßen färben und sich als Grundtenor in der Lebenseinstellung positiv oder auch hemmend niederschlagen.

Daß sich hier die besonders schwierige, belastete Mutter- bzw. Eltern-Kind-Beziehung in den ersten Lebenswochen und Lebensmonaten oft dramatisch auswirkt, haben wir bereits im Kapitel 1 herausgestellt. Aber auch die später häufig wechselnden Bezugspersonen und die damit unregelmäßige Zuwendung — sowohl qualitativ als auch quantitativ — begünstigen eine positive Entwicklung keineswegs.

Umgekehrt können wir von sehr schwer behinderten Kindern berichten, die aufgrund einer ausgeglichenen familiären Situation und einem wirklichen Angenommensein in der Gruppe (Schule, Tagesstätte, Heim) in ihrer sozialen und emotionalen Entwicklung gute Fortschritte machten und ihre positiven Erfahrungen auch im Umgang mit anderen Kindern zurückstrahlen.

Zu den biologischen Faktoren

Von den vielfältigen biophysischen Faktoren spielen im Hinblick auf die Basale Aktivierung die Bewegungsfähigkeit und die Wahrnehmungstüchtigkeit — selbst wenn sie nur in den bescheidensten Ansätzen vorhanden sind — die größte Rolle. Sie bilden das Fundament aller Lernprozesse, die wir anstreben und anregen wollen (vgl. Abschnitt 4.5.4).

Allerdings kommt auch dem hormonalen Steuerungssystem eine nicht zu unterschätzende Bedeutung zu. Hier bieten sich Möglichkeiten, über Medikamente Einfluß zu nehmen — jedoch nur in konsequenter Zusammenarbeit mit dem Arzt.

Anlaß bieten manchmal schwerste torpide Zustände ebenso wie massive Formen von Aggression, die uns intensivbehinderte Kinder entgegenbringen und uns damit an den Rand aller Möglichkeiten führen. Nie wird es allein um die Wunderpille gehen, sondern immer um ein flexibles Zusammenwirken von Pädagogik und Medizin.

Wenn wir eingangs die Basale Aktivierung als weitgehend voraussetzungslos bezeichnet haben, so in einem schulischen Sinne. Das heißt konkret:

Schüler, die mit Basaler Aktivierung lernen können und gefördert werden, brauchen weder in einem gewissen Niveau funktional tüchtig sein, noch in einem bestimmten Ausmaß Vorstellungen über ihre Umwelt entwickelt haben.

Sehr wohl aber ist eine spurenhafte Zuwendungsbereitschaft oder eine spurenhafte Wachheit zu fordern, an der sich Verbindungen zur Umwelt anknüpfen lassen und eine Bereitschaft zu sogenannten Grundleistungen im funktionalen Bereich (motorischer, sensorischer, kognitiver und emotionaler Art).

Damit soll keine Grenze nach oben und schon gar nicht nach unten gezogen werden, die dann wiederum der Aussortierung dienen könnte. Jede Konzeption hat aber auch ihre Eigengesetzlichkeiten und nur in diesem Rahmen wird sie «ihr Bestes» geben. Feststellungen dieser Art — der zu fordernden Voraussetzungen — dienen damit der Klärung und der Präzision.

5.1.3 Basale Aktivierung — und ihr Verhältnis zur Basalen Stimulation

Beide Modelle zur Förderung intensivbehinderter Kinder unterscheiden sich nicht unwesentlich. *Basale Anregung* (Stimulation) versucht, «eigene zielgerichtete Aktivitäten des Kindes herauszufinden und in funktionsfähige Bahnen zu lenken» (BEGEMANN, 1979, S. 53), dem *Anregungsbedürfnis* des Schülers mit einem Reizangebot (meist materialer Art; vgl. FRÖHLICH, 1977, S. 132—140) zu entsprechen auf der Grundlage des Zusammenhangs von Bewegung und dem Aufbau kognitiven Verhaltens (vgl. BEGEMANN, FRÖHLICH). Dabei gilt die Wahrnehmung als Ansatzpunkt, wenngleich auch in dieser Richtung keine Voraussetzungen formuliert werden. Die Basale Stimulation versucht als pädagogisches Handeln der sensorischen Deprivation — besonders bei schwerstkörperbehinderten Kindern — entgegenzuwirken.

Der *Basalen Aktivierung* geht es darüber hinaus nicht nur um den Schüler, sondern auch um die Wirklichkeit, in die der Schüler hineinfinden soll.

Sie will die Welt und die jeweiligen Weltausschnitte mit Anregungsqualitäten ausstatten und über ein didaktisches Befragen und Analysieren hinaus dem Schüler die objektiv notwendige Welt subjektiv bedeutsam machen (vgl. Abschnitt 4.5.6). Die materiale Komponente des Lernens spielt nach herkömmlichem Unterrichtsverständnis eine führende Rolle. Früher wurde sie mit der Metapher «Stoff» umschrieben, heute spricht man sachlich von Lerninhalten, wobei die Funktionen beider Begriffe nicht ohne weiteres gleichzusetzen sind.

Diese inhaltliche Komponente ist auch sehr genau in der Basalen Aktivierung aufzuspüren und zu beschreiben (vgl. Abschnitt 5.1.4).

Die *Basale Aktivierung* will aber auch den Schüler aktivieren, ohne ihn durch ständiges Drängen zur Veränderung seines Verhaltens zu verfremden. Basale Aktivierung ist nur auf der Basis eines lebendigen Beziehungsfeldes denkbar und für den Schüler sinnvoll.

Der intensivbehinderte Schüler wird dies allein nicht bewerkstelligen können. Er bedarf dazu nicht nur der Hilfe des Lehrers, sondern dessen vollgültiger Mitwirkung.

5.1.4 Basale Aktivierung — und ihre inhaltlichen Schwerpunkte

Basale Aktivierung muß konkret werden, und sie tut es entsprechend den aktivierbaren Funktionen des jeweiligen Menschen, die gleichzeitig dessen Lebens- und Lernmöglichkeiten sind.

So kann im konkreten Vollzug die Basale Aktivierung zu einer motorischen Aktivierung, zu einer sensorischen oder kognitiven, aber auch zu einer emotionalen oder sozialen Aktivierung werden. Das durchgängig tragende Grundanliegen und die bestimmende Grundabsicht werden dadurch in keiner Weise berührt oder gar verändert.

Die eigentlichen inhaltlichen Zielpunkte der Basalen Aktivierung — zusammengefaßt als Aktivierung bezeichnet — beziehen sich auf die den Menschen in seinem Handeln bestimmenden primären und sekundären Bedürfnisse, sozialen Verhaltenstendenzen und Haltungen.

Damit nennen wir aus der Sicht der Didaktik vielleicht konstruktähnliche Ziele, die sowohl schwer zu überprüfen und als auch schwierig zu vermitteln, d.h. in einem anderen Menschen anzubahnen sind. Auch eine Operationalisierung wird nur bedingt gelingen.

Diese inneren Momente realisieren sich in sehr verschiedener Weise. Sie können einmal in Aufgaben der motorischen, der sensorischen und der sozialen Aktivierung zum Tragen kommen, zum anderen aber auch bis in die Aufgabenfelder hinein, wie wir sie im Kap. 4 vorgestellt haben, wirksam werden bzw. ein Lernen dort vorbereiten.

Es geht also der Basalen Aktivierung — betrachtet man ihre inhaltliche Zielsetzung — nicht um die Erstellung und Erfüllung eines abhakbaren Lernzielkatalogs. Vielmehr will sie — als Prinzip — den intensivbehinderten Menschen sehr fundamental ansprechen, seine Lebens- und Erlebensmöglichkeiten erweitern und ihm so auch mehr Welt «zukommen» lassen.

Vorweg bedürfen die *inhaltlichen Zielpunkte* einer Klärung:

Unter *sekundären (erlernten) Bedürfnissen* verstehen wir Zustände des Organismus, die ein bestimmtes (gezieltes) Verhalten auslösen oder wahrscheinlich werden lassen.

Sekundäre Bedürfnisse heben sich von primären als den nicht erlernten Bedürfnissen wie Hunger, Wärmebedürfnis, Sexualität durch ihre geringe Verknüpfung mit biologischen Vorgängen und durch geringere Eindeutigkeit in ihrer Wirksamkeit ab (vgl. EIFERTH, 1964, nach THALHAMMER, 1978).

Unter *sozialen Verhaltenstendenzen* verstehen wir Bereitschaften zu sozialen Akten. Sie formen das Verhalten in einer Situation gegenüber Personen und Gegenständen.

Soziale Verhaltenstendenzen sind sinnspendende Impulse, die einen Menschen lebenslang begleiten, seine Beziehungen zur Umwelt und auch zu sich lebendig werden lassen und ihnen Stabilität verleihen.

Zu solchem Verhalten kommt es nur, wenn ein Mensch ähnliche Situationen voraus schon erfahren und erleben konnte.

Bei intensivbehinderten Kindern kommt es — wie schon mehrfach ausgeführt — aufgrund ihrer individuellen Situation (Mangel an wirklicher Annahme, Fehlen von konstanter Zugehörigkeit) nicht selten zu erheblichen Defiziten, so daß die soziale Entwicklung dieser Kinder schon allein deswegen schwierig anzubahnen ist. Dennoch braucht man sich mit solchen Gegebenheiten nicht nur abzufinden. Es lassen sich durch psychologisch gut geführte Elternarbeit auf der einen Seite (GRUSCHWITZ, 1979), aber auch durch gezielte Lernarbeit und durch eine bewußte Erzieherhaltung auf der anderen manche Defizite im sozialen Bereich ausgleichen.

Ein Beispiel aus der Lernarbeit: Die Kinder einer Gruppe erleben sich — im Kreis sitzend — als zusammengehörend. Nacheinander wird ein Kind aus der Gruppe «entfernt» (der Andi, der geht fort!), hinter einen Vorhang geschoben/gelegt, gesetzt — und nach dem Feststellen, wer jetzt fehlt, wieder zurückgerufen. Die ankommenden Kinder werden mit Klatschen, Umarmen, Streicheln, mit Singen empfangen (der Andi, der ist wieder da!).

Unter *Haltungen* verstehen wir die Wahrscheinlichkeit, auf ein Objekt (Personen, Gegenstände, Situationen) in einer bestimmten Weise zu reagieren. Dies ist gleichzeitig einer der entscheidenden Zielpunkte unseres pädagogischen Handelns. Zum Beispiel: Am Morgen nach dem Aussteigen aus dem Bus seinen Mantel auszuziehen und ihn an einem bestimmten Haken aufzuhängen — wenn auch mit Hilfe. Hier zu Erfolgen zu gelangen, ist dann eher möglich, wenn nicht nur ein Lernen auf der Grundlage der Gewöhnung erfolgt, sondern das Objekt als komplexe Situation erlebt und erfahren wird.

Das geschieht dann, wenn das Kind erfährt, daß das *sein* Mantel ist, das *sein* Haken, daß *es* das kann, daß sich *seine* Erzieherin freut und daß es nach Schulschluß oder in der Pause *seinen* Mantel wiederfindet.

Das mehrdimensionale Erfassen des Objekts — in unserem Beispiel eine Situation — bringt nicht nur vertiefte Eindrücke, sondern auch motorische Fertigkeiten, emotionale Sicherheit und kognitive Lernerträge — alles wichtige Grundvoraussetzungen für eine erfolgreiche Lebensbewältigung.

Ob die Schüler in dieser angestrebten Richtung Fortschritte erreichen können, läßt sich an ihren Lebensäußerungen feststellen. Diese wirken sicherer, sie werden differenzierter und vielfältiger. Die Veränderung in der emotionalen Befindlichkeit, die Gespanntheit oder Gelöstheit des Körpers können weitere Hinweise sein.

Solche veränderten Lebensäußerungen lassen sich aber auch in herkömmliche Funktions- und Leistungsbereiche bündeln (wobei Leistung mehr als Ansatz und nicht als Stufe der Beherrschung zu sehen ist), wenngleich diese Grundleistungen nicht explizit — in Form von Lernzielen oder Lernprogrammen — zu verfolgen sind:

- ☐ Leistungen im Bereich der Beweglichkeit
- ☐ Leistungen im Bereich der Wahrnehmungstätigkeiten (FEUSER)
- ☐ Leistungen im Bereich der Zuwendung zur personalen, sozialen und materialen Umwelt (FISCHER)
- ☐ Leistungen im Bereich des Handelns bzw. des Tätigseins
- ☐ Leistungen im Bereich der Bedürfnisse als erstes Entstehen von Interessen oder Vorlieben

Dies alles gelingt nur durch ein Ansprechen des Schülers in seiner gesamten Person — ein Hauptanliegen der Basalen Aktivierung —,

- ☐ indem man den jeweiligen Schüler gemäß seiner Voraussetzungen zur Teilnahme am «lebendigen Austauschprozeß» einbezieht
- ☐ indem man den jeweiligen Schüler in seinen individuellen Lebensäußerungen (vgl. Kap. 2) anerkennt, beansprucht und herausfordert
- ☐ indem man den jeweiligen Schüler in Lernsituationen einbezieht, die seinen Möglichkeiten entsprechen und er sich in ihnen auch entfalten kann

Zusammengefaßt sollte in diesem Abschnitt deutlich werden, daß die *inhaltlichen Schwerpunkte* der Basalen Aktivierung — unabhängig, ob sie verstärkt den sensorischen, den motorischen oder den sozialen Weg (usw.) wählt — nicht gleichzusetzen sind mit den *vier Aufgabenfeldern*, wie wir sie im Kapitel 4 beschrieben haben, sondern lediglich dorthin zielen, in diese einmünden und auf ein Lernen innerhalb dieser Aufgabenfelder vorbereiten.

Je jünger bzw. je weniger befähigt ein Kind ist, um so eher fallen diese vier Aufgabenbereiche zusammen. Das tägliche Baden kann die Dimension der Pflege haben, wie es auch funktional ertüchtigt, basal stimuliert oder Eindrücke vom Wasser vermittelt.

Erst im Lauf der Entwicklung und im Laufe verschiedener Lernaktionen kommt es dann zu einem Ausdifferenzieren solcher Schwerpunktbildungen bis hin zu Fachbereichen, wie wir sie an der allgemeinen Schule für Geistigbehinderte in der Oberstufe sehr wohl antreffen.

5.1.5 Abschließende Bemerkungen

In den vorangegangenen Kapiteln ist das Anliegen der Basalen Aktivierung vorwiegend von der inhaltlichen Seite her aufgezeigt worden:

- ☐ die inneren Faktoren, die es zu aktivieren gilt
- ☐ die pädagogische Absicht, die verfolgt wird
- ☐ die äußeren Möglichkeiten, in denen sich die Aktivierung realisiert
- ☐ der ganzheitliche Ansatz, der Schüler und «Umwelt» gleichermaßen in das pädagogische Bemühen einbezieht

Bereits in den Ausführungen zu den Aufgabenfeldern (Abschnitt 4.4) wurde deutlich, daß der inhaltliche Aspekt *die* wesentliche Rolle beim «Leben lernen» einnimmt, ohne deren starke Gewichtung jeder Unterricht, jede Begegnung mit Intensivbehinderten in eine unpädagogische — d.h. in eine unmenschliche Form von Unterrichtstechnik, formaler Behandlung, mechanistischer Instrumentierung, lebloser Methodik abgleitet.

Wenn auch keine unterscheidbare Zieldimensionen — im Vergleich zu BITTLINGER — festgelegt wurden, so lassen sich doch Lerngewinne (WESTPHALEN, 1979) für unsere Schüler ausmachen:

- ☐ Die Verbesserung der (äußeren) motorischen und sensorischen Grundleistungen (funktionale Tüchtigkeit) in Verbindung mit einem bewußt gesetzten und keinem beliebigen Lerninhalt und
- ☐ die Stabilisierung von Lebensäußerungen aufgrund primärer und sekundärer Bedürfnisse, sozialer Verhaltenstendenzen und Haltungen, mit dem Ertrag, der geglückten und froh stimmenden Zuwendung zur Umwelt.

Insgesamt bedeutet eine bewußt pädagogische Gestaltung der Lebens- und Lernsituationen für die Schüler eine Bereicherung bzw. Verbesserung ihrer Lebensqualität, das dann kein Schlagwort mehr ist, das politisch umgedeutet werden kann, wenn sich jegliches pädagogisches Bemühen an den vier Dimensionen einer pädagogischen Wirklichkeit (vgl. Abschnitt 4.5.6) orientiert und sich für diese engagiert.

Die Leistung der Basalen Aktivierung im Hinblick auf das pädagogische Bemühen wird allerdings erst im Zusammenspiel der inhaltlichen Schwerpunkte mit der methodischen Handhabung konkret.

In den nachfolgenden Kapiteln versuchen wir die methodische Struktur der Basalen Aktivierung mit den Verknüpfungen zur inhaltlichen Seite aufzuzeigen. Gleichzeitig wird deutlich, wie komplex die Lebens- und Lernsituationen im Rahmen der Basalen Aktivierung anzulegen sind.

5.2 Zur methodischen Struktur

So wie für jedes methodische Modell (FISCHER, 1978) bedingende *Grundfaktoren* auszumachen sind, so gelten auch solche für das Modell der Basalen Aktivierung:

- ☐ die Komplexität und Mehrschichtigkeit der Ziele
- ☐ die Wiederholung und Stetigkeit der Lernangebote
- ☐ die Offenheit der Lernwege
- ☐ die Vielfalt der Interaktionsmöglichkeiten und der Wechsel in der Dominanz

5.2.1 Komplexität und Mehrschichtigkeit der Ziele

Basale Aktivierung versucht den ganzen Menschen anzusprechen und will nicht isoliert einzelne Funktionen trainieren. Dies bedingt — nahezu automatisch — eine Komplexität und Mehrschichtigkeit der Ziele.

Im einzelnen ist die *Komplexität* bedingt

- ☐ durch das niedrige Entwicklungsniveau intensivbehinderter Schüler und
- ☐ durch das Grundverständnis der Basalen Aktivierung

Die *Mehrschichtigkeit* läßt sich im Hinblick auf die schulische Realität in doppelter Weise begründen:

- ☐ Selbst in sogenannten homogenen Klassen mit intensivbehinderten Schülern sind die unterschiedlichsten Leistungsprofile auszumachen; das gemeinsame «Lernen» bedarf also einer mehrschichtigen, parallelen Zielsetzung in Anlehnung an die Einzelcurricula (vgl. ADAM, 1980).

- ☐ In *offenen* Lernsituationen — im Rahmen einer Lerneinheit — können nicht starr festgelegte und eng umschriebene Ziele verfolgt und auch nicht erreicht werden.

Nun umschreiben Lernziele den *Lerngewinn* des Schülers (WESTPHALEN) und geben so der konkreten pädagogischen und unterrichtlichen Situation Eindeutigkeit und Prägnanz. Komplexität und Mehrschichtigkeit der Ziele können demnach nur solange als positiv gewertet werden, solange der konkrete und persönliche Lerngewinn jedes Schülers gesichert bleibt.

Dies ist dann der Fall, wenn sich primär die unterrichtlich *offene* Situation prägend und damit mehr fördernd auf die Schüler auswirkt als der vorstrukturierte, streng gegliederte Lernweg.

An einem Lernvorhaben wollen wir die *Komplexität* und die *Mehrschichtigkeit* der Ziele in ihrer Wirkung bzw. in ihrer Absicht im Hinblick auf die Lernziel-Problematik verdeutlichen.

Das aufgeführte Unterrichtsbeispiel ist, wie meist im Bereich der Basalen Aktivierung, ein situativ angelegtes Lerngeschehen. Es konzentriert sich um einen konkreten Gegenstand — in unserem Fall der Gürtel der Schüler — oder um eine Tätigkeit und erlaubt jedem Schüler *seinen* Lerngewinn.

Primäre Lernziele stehen gleichberechtigt neben parallelen Lernerträgen. Parallele Lernziele ergeben sich aus dem nachgeordneten Lernfeld oder der nachgeordneten Lernabsicht. Lernt ein Schüler den Gürtel an seiner Hose zu öffnen (primäres Lernziel), wird er gleichzeitig in seiner Wahrnehmung aktiver (paralleler Lernertrag), wird ein Schüler durch den Gegenstand «Gürtel» aus seiner Isolation herausgelockt (primäres Lernziel), wird er sicher gleichzeitig erste Eindrücke von seinem Gürtel sammeln (paralleler Lernertrag).

Nebenbei konnten wir beobachten, daß die Schüler untereinander von dem jeweils anderen Schüler mit angeregt werden. Sie profitieren somit vom Lerngewinn des anderen.

Das nachfolgende Lernbeispiel ist verkürzt wiedergegeben.

Lernvorhaben: Wir alle tragen einen Gürtel
Schwerpunkt: Aufgabenfeld 3 — Erschließung der Umwelt
Methode: Basale Aktivierung
Medium: Der Gürtel der Schüler (aus Leder mit Klettenverschluß)

Alle unsere Schüler tragen einen solchen Gürtel. Sie sollen nicht nur lernen, mit diesem «Ding» gewohnheitsmäßig richtig umzugehen, sondern sich diesem *Objekt* zuzuwenden, es mehrdimensional erfassen und durch vielfältige Eindrücke, Erlebnisse und Erfahrungen eine Beziehung dazu aufbauen. Welche Stufe der Objektentwicklung angestrebt werden kann, ist im konkreten Fall zu überprüfen.

Nachfolgende Lernaufgaben beinhalten gleichzeitig die möglichen Zielintentionen mit der Klasse und für einzelne Schüler.

- ☐ *Beziehungen* zum Gürtel aufbauen:
  Das Staunen über die Beweglichkeit des Gürtels und die Aktionsmöglichkeiten mit dem Gürtel; glatte Oberfläche als angenehme «Fühlfläche» erleben; das ist mein (oder Udos) Gürtel; der Gürtel hängt am Haken neben der Tür; er steckt in der Hose
- ☐ *Handlungsmöglichkeiten* mit dem Gürtel anbahnen und erweitern:
  Den Gürtel sich um den Bauch legen; um eine Tonne herumlegen, öffnen, schließen; einem Mitschüler um den Bauch legen; ihn an einen Haken hängen; mit dem Gürtel wedeln, ihn ziehen; mehrmals um den Arm legen (lassen)
- ☐ *Wahrnehmungstüchtigkeit* erhöhen:
  Wiederfinden des Gürtels an seinem Platz, am Haken; beim Mitschüler «entdecken»; seinen Gürtel unter verschiedenen Gegenständen, verschiedenen Gürteln herausfinden; geöffnete und «geschlossene» Gürtel unterscheiden.

Unterrichtsbeispiele dieser Art lassen sich mit didaktischen Lernmaterialien (käuflich oder auch selbst hergestellt) ebenso wie mit leblosen oder auch lebendigen «Objekten» gestalten.

Die dargebotenen Lernsituationen selbst sind jeweils nach den nachfolgenden Kriterien zu gestalten.

5.2.2 Wiederholung und Stetigkeit des Lernangebots

Ein häufig wiederholender, gleichbleibender Lernweg mit einem «stabilen» Lernangebot ermöglicht dem Schüler den Erwerb «motorischer» Gewohnheiten, den Aufbau einer Aufmerksamkeits- und Erwartungshaltung (innere Motivation) und das Erleben der Sicherheit im Sinne von Ich-kann-Gefühlen — ohne ihn in ein strenges Training einzubeziehen.

Dabei ist die Binnenstruktur des Lernangebots durch die methodische Gleichförmigkeit und durch ein striktes Zuordnen von weitgehend *alternativlosen Aktivitäten* zu (Lern-)Objekten bzw. (Lern-)Situationen geprägt. Das Angebot einer alternativlosen Aktivität ist dann für einen Schüler förderlich, wenn es ihn vor unerwünschten und schädigenden Aktivitäten bewahrt. Dies läßt sich weitgehend durch eine entsprechende Vorbereitung des Lernangebots sicherstellen, oft aber wird es nur durch konsequente «Führung» möglich sein, daß zum Beispiel das gewünschte Zugreifen und Festhalten nicht durch ein sofortiges Wegschlagen des Gegenstandes unmöglich gemacht wird. Auch das Bestreben einzelner Kinder im «Morgenkreis», ihre Mitschüler an den Haaren zu ziehen, läßt sich meist nur durch ein konsequentes Bewahren und Führen der Hände zu liebevollen Streichelbewegungen vermeiden, will man den Kontakt eines Schülers mit der personalen, sozialen und materialen Umwelt nicht total abbrechen.

So gesehen sind alternativlose Aktivitäten kein Widerspruch zur Offenheit der Lernsituation.

Konkret wird sich die «Wiederholung» so vollziehen:

- ☐ Der Lehrer bietet einen Lerninhalt/Lerngegenstand *mehrmals* an einem Lerntag an, wobei er stets das Aufeinanderzugehen einzelner Schüler als Basis der sozialen Erziehung sieht.
- ☐ Der Lehrer bietet wichtige «Lerninhalte» *täglich* an, z.B. mit Hilfe einer Schnur den Lieblingsgegenstand aus einem dunklen Rohr ziehen.
- ☐ Der Lehrer bietet *regelmäßig* zu einem ganz bestimmten Zeitpunkt in der Woche Feste, Schwimmen, Turnen, Begegnungssituationen mit anderen Klassen an.

Konkret wird sich die «Stetigkeit» so vollziehen:

- ☐ Der Lehrer bietet eine Lerneinheit stets mit dem *gleichen äußeren «Bild»* (Ort, Sitzordnung, Atmosphäre) an.

- ☐ Der Lehrer bietet eine Lerneinheit stets im *gleichen Rhythmus/Ablauf* an.
- ☐ Der Lehrer bietet in einer Lerneinheit stets *konstante personale Hilfe* an.
- ☐ Der Lehrer bietet die täglichen Lerneinheiten stets in *gleichbleibender Reihenfolge* an.

Wichtig:
Sind Änderungen von Elementen der Lerneinheit notwendig, wird der Lehrer jeweils nur *ein* Element austauschen oder abändern, um die stabilisierende Wirkung der Stetigkeit nicht zu stören oder zu gefährden.

Wiederholung und Stetigkeit des Lernangebots ermöglichen, oftmals aber auch erfordern sie eine durchgängige und überdauernde Rhythmisierung der Lerntage. Diese Gleichförmigkeit vermittelt Sicherheit und Geborgenheit in der Lernsituation; für das Lernen und Leben Intensivgeistigbehinderter wird sich dies nicht nur positiv auswirken, sondern bereits bald signalisieren, daß hiermit eine grundlegende Form eines möglichen und erfüllenden Lebens für intensivbehinderte Menschen geschaffen wird (vgl. Abschnitt 6.2).

5.2.3 Offenheit der Lernwege

Um an einem streng gegliederten Lernweg, wie etwa den der «kleinsten Schritte», mit Erfolg zum Ergebnis «hochzuklettern», fehlen intensivbehinderten Schülern oftmals die Voraussetzungen: Anpassungsleistungen an einen Gegenstand und an notwendige vorgeplante Lerntätigkeiten, die der jeweilige Lernweg abverlangt. Funktionale Grundleistungen sind bei unseren Schülern meist selten frei verfügbar und können auch kaum in der erforderlichen Flexibilität abgerufen werden (vgl. Kap. 3).

Demgegenüber beobachten wir häufiger auf bestimmte Objekte gerichtete Lebensäußerungen sensorischer, motorischer und emotionaler Art. Um ein neues, weiteres Stück «Welt» zu erschließen, genügen weder isolierte oder fixierte Lebensäußerungen noch eine kanalisierte oder isolierte funktionale Tüchtigkeit. Um dem Anspruch und den Möglichkeiten einer «gesamtpersonalen Zuwendung zur Welt» gerecht zu werden, bedarf es *offener* Lerntätigkeiten und damit auch *offener* Lernwege. Nur so können gleichzeitig die individuellen Voraussetzungen beim Schüler (Abschnitt 5.1.2) und die sachgebundenen Gegebenheiten in einer Lernsituation zusammenfinden und zu einer vielfältigen Auseinandersetzung führen. Zudem finden wir in einer Schulklasse nie «gleiche» Schüler (vgl. Kap. 6). Um die unterschiedlichen Lebensäußerungen und Lerntätigkeiten der Schüler einer Klasse in der Lerneinheit gemäß ihrer Bedeutung für das «Miteinander-Lernen» zu bündeln, bedarf es in der Lerneinheit *vieler* Lernwege.

Konkret wird sich die «Offenheit der Lernwege» so vollziehen:
- ☐ Der Lehrer bietet Lernsituationen an, in denen jeder Schüler seine(n) Lernweg(e) sucht.
- ☐ Der Lehrer bietet Lernsituationen an, in denen der Lernweg zu den primären Lerngewinnen, aber auch zu parallelen Erträgen führt.
- ☐ Der Lehrer bietet Lernsituationen an, die durch neue, weitere Lernwege zu einer neuen, weiteren Auseinandersetzung von Schüler und Umwelt führt.

Wichtig:
Lernwege verändern sich bei zunehmender funktionaler Tüchtigkeit und zunehmender Orientierungsfähigkeit der Schüler (vgl. Abschnitt 4.6).

Grundlage für jedes Lernangebot ist die Interaktionsform, die der Schüler von sich aus in einer vom Lehrer gestalteten Situation praktiziert (z.B. Freies Aktionsfeld).

Aktivitäten der Schüler mit der Umwelt sind im Hinblick auf die *Entscheidung* für einen Lernweg daraufhin zu prüfen,
- ☐ ob die beobachtete Aktivität als «Ausgangshandlung», als brauchbarer Handlungsansatz *bestehen bleiben* und von da aus genützt,
- ☐ ob diese Aktivität durch Aktivierung zu anderen Handlungsmustern *erweitert,*
- ☐ ob diese Aktivität durch andere Handlungsmuster bzw. Handlungsansätze *ersetzt* werden kann oder muß.

Lernwege dürfen sich aber nicht nur an möglichen Handlungsansätzen der Schüler festmachen. Sie sollten auch auf vorhandene «Lebensäußerungen» basaler Art im sensorischen, kognitiven und emotionalen Bereich zurückgehen.

Nur so wird der Schüler in seiner «gesamtpersonalen Zuwendung zur Welt» beansprucht, und die Begegnung zwischen Schüler und Umwelt erhält dadurch jene individuelle Tönung, die dem Schüler hilft, sich auf *seinem* Lernweg *seine* Wirklichkeit zu erschließen.

Wenn im nachfolgenden *sechs Modelle* von Lernsituationen aufgeführt sind, so braucht ein Schüler diese nicht wie eine Treppe von Stufe zu Stufe hochzusteigen. Vielmehr werden mehrere unterschiedliche Modelle — wie schon erwähnt — mit unterschiedlichen Inhalten an einem Lerntag über lange Zeit hinweg nebeneinander angeboten.

Oftmals müssen wir «einfache Formen» der Auseinandersetzung unserer Schüler mit der Umwelt als die ihnen einzig möglichen anerkennen und sie darin auch «belassen». Dies hat jedoch keinen Einfluß auf den Umfang ihrer Förderung, wohl aber auf die Art.

Die Darstellung einzelner *Strukturmodelle* (vgl. Bild 5.1) erfolgt anhand

- ☐ der Aktivität des Schülers (Ausgangsniveau) (vgl. Kap. 3 Handlungs-Aktions-Tabelle)
- ☐ der angestrebten Qualität der Aktivität (Zielniveau); hierbei handelt es sich jeweils um *eine* Erweiterung der Auseinandersetzung mit der Umwelt, entweder durch neue Objekte *oder* durch neue Aktivitäten.
- ☐ der Aktivität des Lehrers bzw. Erziehers
- ☐ geeigneter Medien, die für bestimmte Schüler jeweils festzulegen sind
- ☐ der Ertrag des Modells — unterteilt in primäre und sekundäre Auswirkungen
- ☐ einige Beispiele aus der Praxis.

Um die Bilder besser lesen zu können, helfen nachfolgende Erklärungen:

S = Schüler, der aktiv wird

O = Objekt, das dem Schüler vertraut ist, dem die Zuwendung, die Aktivität oder Auseinandersetzung gilt

O' = Objekt, das dem Schüler noch nicht vertraut ist, dem die Zuwendung gelten soll

→ = Aktivität als beobachtete und anerkannte Lebensäußerung bzw. Lebenstätigkeit

↛ = Aktivität als beobachtete, aber *nicht erwünschte* d.h. auszuschließende Lebensäußerung bzw. Lebenstätigkeit

⇒ = Aktivität als neu zu erwerbende Form der Zuwendung, der Auseinandersetzung, die zur Lebensäußerung bzw. Lebenstätigkeit werden soll

Ergänzende Anmerkungen zum Bild 5.1

Lernprozesse sind nach PIAGET grundsätzlich auf das Wechselspiel von Assimilation und Akkommodation angewiesen. Das gilt auch und gerade für die Basale Aktivierung.

Da es der Basalen Aktivierung doch besonders um eine *Aktivierung* der Schüler auf bestimmte Objekte, Ereignisse und Situationen hin zu tun ist, haben wir auch den Lernprozeß nur einlinear mit *einem* Pfeil vom Schüler auf das Objekt hin dargestellt. Das sagt aber nicht, daß hier Lernprozesse zustande kämen, die ausschließlich von der Assimilation bestimmt sind. Die Akkommodationsleistung wird ebenfalls angeregt, selbst wenn sie erst in zweiter Linie oder auf höherer Stufe voll zum Tragen kommt.

Strukturmodell von Lernsituationen	Aktivität des Schülers	Angestrebte Qualität der Aktivität (Zielniveau)	Aktivität des Lehrers	
Modell 1 	Schüler ist in seiner/*einer* Weise aktiv mit *einem* Objekt	Schüler ist in seiner/*einer* Weise aktiv mit *mehreren* Objekten *Handlungsansatz wird auf andere Objekte angewandt* (Assimilation)	Lehrer schließt Nebenaktivitäten aus, verstärkt Handlungsmuster des Kindes, wenn diese dem Anliegen entsprechen	
Modell 2 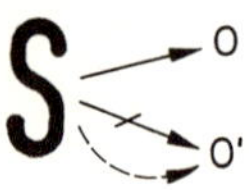	Schüler ist in seiner/*einer* Weise aktiv mit *mehreren* Objekten	Schüler ist in *unterschiedlicher* Weise aktiv mit *verschiedenen* Objekten *Neues Handlungsmuster wird einem Objekt zugeordnet* (Akkommodation)	Lehrer schließt Nebenaktivitäten aus, verstärkt Handlungsmuster des Kindes, wenn diese dem Anliegen entsprechen	
Modell 3 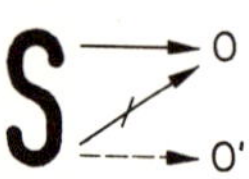	Schüler ist in *unterschiedlicher* Weise aktiv mit *einem* Objekt	Schüler ist in *unterschiedlicher* Art und Weise mit *verschiedenen* Objekten aktiv *Für einen Handlungsansatz wird ein neues Objekt eingeführt*	Lehrer schließt Nebenaktivitäten aus, verstärkt Handlungsmuster des Kindes, wenn diese dem Objekt entsprechen	

Bild 5.1 Lernwege der basalen Aktivierung

Geeignete Medien	Ertrag	Beispiele
☐ Gegenstände des täglichen Lebens: Löffel, Gabel, Stuhl, Tisch, Tür ☐ Spielobjekte: Ball, Bär, Plüschtiere ☐ Lernmaterialien: Handtrommel, Triangel	*primär:* Handlungsansatz als Handlungsmuster auf mehrere Objekte anwendbar erleben *sekundär:* Vergrößern der adäquaten Begegnungsmöglichkeiten mit der Umwelt, Sicherheit im Handlungsansatz	Bär und Plüschtier liebkosen, *nicht* schlagen oder wegwerfen Hand und Rücken des Mitschülers streicheln, *nicht* zwicken, *nicht* schlagen
☐ Gegenstände des täglichen Lebens: Kleidung, Schuhe ☐ Spielobjekte: Puppe, Ball ☐ Lernmaterialien: Stecker, Steckbrett, Kugelbahn	*primär:* eindeutige Zuordnung von bestimmten Handlungsmustern, zu bestimmten Objekten erleben *sekundär:* Erweiterung seiner Aktivitäten mit Objekten, Orientierung am Objekt	Hochwerfen von kleinen Bällen, Stekker in ein Steckbrett stecken, aber *nicht:* wegwerfen, in den Mund führen Schöpfen mit dem Schöpflöffel, Speisen zum Mund führen mit dem Eßlöffel, aber *nicht:* klopfen, wegwerfen
☐ Gegenstände des täglichen Lebens: Stuhl, Tisch, Fenster ... ☐ Spielobjekte: Autos, Bauklötze ☐ Lernmaterialien: Filzstift, Pinsel, Schwamm	*primär:* eindeutige Zuordnung von bestimmten (schon beherrschten) Handlungsmustern zu bekannten und weniger bekannten Objekten erleben *sekundär:* Erweiterung der Bezugsobjekte	sich auf einen Stuhl setzen (*nicht* auf den Tisch), und Bauklötze auf den Tisch legen *(nicht* auf den Stuhl) aber auch *Stuhl* nicht umwerfen, Bauklötze *nicht* wegwerfen

Strukturmodell von Lernsituationen	Aktivität des Schülers	Angestrebte Qualität der Aktivität (Zielniveau)	Aktivität des Lehrers	
Modell 4 	Schüler ist in *unterschiedlicher* Art und Weise aktiv mit *verschiedenen* Objekten	Schüler ist in *gleicher* Art und Weise aktiv mit den *verschiedenen* Objekten *Freier Umgang verschiedene Handlungsmuster an allen Objekten*	Lehrer schließt Nebenaktivitäten aus, verstärkt alle Handlungsmuster des Kindes, wenn diese dem Anliegen entsprechen	
Modell 5 	Schüler ist mit *einem* Objekt in *verschiedener* Art und Weise aktiv	Schüler mit *mehreren* Objekten in *verschiedener* Art und Weise aktiv *Handlungsmuster auf andere Gegenstände übertragen*	Lehrer schließt Nebenaktivitäten aus, unterstützt und fördert Handlungsmuster des Kindes, wenn sie dem Anliegen entsprechen	
Modell 6 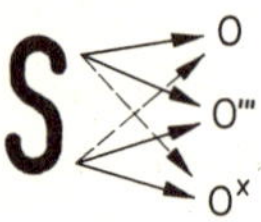	Schüler *«experimentiert»*, *«spielt»*	Schüler *handelt zielgerichtet, untersucht* die Objekte *Untersuchen und Experimentieren*	Lehrer verhindert «gefährliche» Aktivitäten, verstärkt Ansätze des Experimentierens und Untersuchens	

Geeignete Medien	Ertrag	Beispiele
□ Gegenstände des täglichen Lebens: Tasche, Korb, Becher, Tasse □ Spielobjekte: Seil, Tuch □ Lernmaterialien: Baubecher, leere Dosen, Bälle	*primär:* Handlungsmuster auch an anderen Objekten erleben *sekundär:* Erweiterung der aktiven Auseinandersetzung mit Objekten der Umwelt, Sicherheit, Orientierung	Bauen und Stecken mit Bauklötzen, Walzen *nicht* wegwerfen, *nicht* kauen Öffnen und schließen von Flaschen und Schachteln, *nicht* umdrehen oder wegwerfen
□ Gegenstände des täglichen Lebens: Bettdecke, Kleidung, Türe □ Spielobjekte: Rassel □ Lernmaterialien: Tastsack	*primär:* Handlungsmuster auch an anderen Objekten erleben *sekundär:* Sicherheit im Umgang mit neuen Objekten	Klopfen mit, rollen, stecken, lutschen der Walzen *und* der Bälle Zimmertür *und* Schranktür auf- und zumachen, daran klopfen, sie abschließen, aufschließen
□ Gegenstände des täglichen Lebens, □ Spielobjekte und □ Lernmaterialien alle, mit denen sinnlich handelnd umgegangen werden kann	*primär:* Verhalten gegenüber Objekten wird sach- und ich-gesteuerter *sekundär:* Sicherheit Orientierung Anerkennung Beziehung	Beispiele aus dem «freien Aktionsfeld» (FISCHER, 1978), einfache Bauaufgaben

5.2.4 Vielfalt der Interaktionsmöglichkeiten und Wechsel in der Dominanz

Aktivitäten lassen sich als Reaktionen bzw. Aktionen auf der Grundlage von Lebensimpulsen und einer «provozierenden» Umwelt beschreiben. Sie sind immer Ergebnis einer Sortierung und Bündelung von Umweltreizen und damit Teil eines wechselseitigen Austauschprozesses (FEUSER) zwischen Individuum und Umwelt, wobei jene Aktivitäten als äußere, sichtbare Zeichen zu werten sind und auf innere Verarbeitung der Umweltreize schließen lassen.

Lernangebote für intensivbehinderte Schüler finden — nach unserem Verständnis — in ihrer «situativen Ganzheit» Entsprechung zur personalen Ganzheit des Schülers. Aber gerade dadurch verfügen sie über eine mannigfaltige und mehrschichtige Wirkung und stellen den Pädagogen nicht nur vor die Aufgabe der «Entflechtung» (FISCHER, 1978) von natürlichen Situationen zu pädagogischen Lernangeboten, sondern fordern ihn heraus, nach einer angemessenen pädagogischen und ganzheitlichen *Auseinandersetzung* des Schülers mit der Umwelt zu suchen.

Basale Aktivierung vollzieht sich konkret als motorische, sensorische, kognitive, emotionale oder als soziale Aktivierung.

In der realen Unterrichtsarbeit werden sich diesbezüglich meist eindeutige Schwerpunkte setzen lassen (vgl. Kap 6). Basale Aktivierung vollzieht sich aber *immer* im Kontakt zwischen Schüler und Umwelt. In der schulischen Arbeit mit intensivbehinderten Schülern sind jedoch *drei* verschiedene Kontakt-«Partner» von Bedeutung:

- ☐ der Lehrer bzw. Erzieher
- ☐ der Mitschüler selbst
- ☐ das Objekt bzw. der Weltausschnitt

Soll sich diese Kontaktnahme zu einer fruchtbaren Auseinandersetzung entwickeln, wird sich der Lehrer nie ganz aus der Lernsituation herauslösen können und dürfen.

Je nach didaktischem Schwerpunkt bzw. je nach der Zielabsicht entstehen dabei für den Schüler wie für den Lehrer und Erzieher hinsichtlich der Dominanz drei unterschiedlich gewichtete Interaktionsverhältnisse:

- ☐ Die *Schüler-Lehrer-Interaktion* unter Beteiligung von dinglichen Objekten mit dem Ziel, ein Mehr an Kommunikationsfähigkeit zu entwickeln:

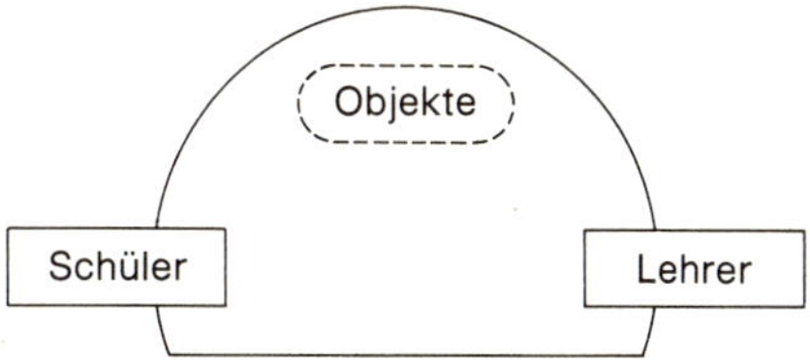

Bild 5.2 Schüler-Lehrer-Interaktion

□ Die *Interaktion zwischen Schülern* unter Beteiligung des Lehrers und ausgewählter Objekte mit dem Ziel, eine angemessene Kommunikation unter den Schülern anzubahnen:

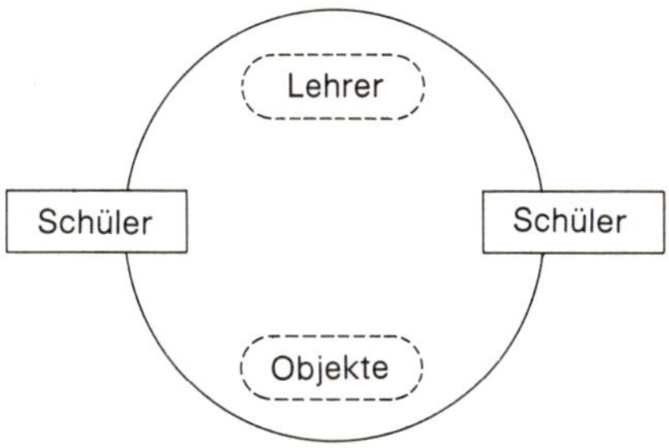

Bild 5.3 Schüler-Schüler-Interaktion

□ Die *Schüler-Objekt-Interaktion* unter Beteiligung des Lehrers mit dem Ziel der weiteren Erschließung (neuer) dinglicher Weltausschnitte:

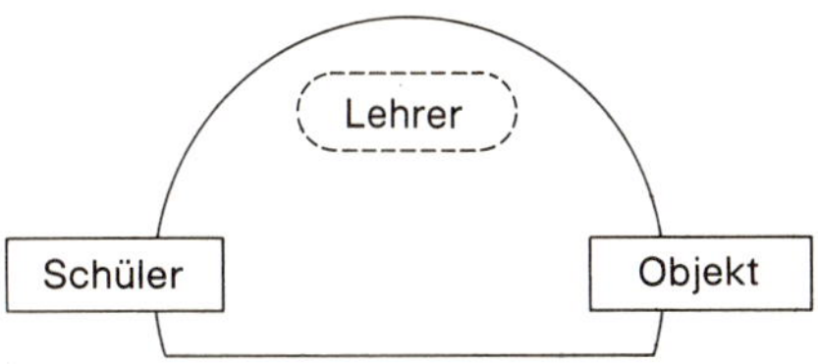

Bild 5.4 Schüler-Objekt-Interaktion

Aus den Darstellungen wird ersichtlich

Basale Aktivierung vermittelt dem Schüler nicht nur neue Eindrücke, bietet nicht nur neue Wahrnehmungsobjekte, sondern will ein *Mehr an Interaktionsfähigkeit* mit der Umwelt erreichen und aufbauen.

Gleichzeitig wird damit eine ausreichende, notwendige Basis für spätere Lernprozesse geschaffen, wenn es gilt, sensomotorische Schemata, genormte Bewegungsmuster und erste Handlungsansätze zu entwickeln. Auch die so wichtige Selbststeuerung nimmt zu.

☐ *Zu den wesentlichen Interaktionsformen im Unterricht mit intensivbehinderten Schülern*

Erfolgreich verlaufende Interaktionen zeichnen sich durch einen Wechselprozeß aus. Beide Partner beeinflussen sich gegenseitig (vgl. CORRELL bzw. PIAGET).

Betrachtet man einzelne Beziehungsverläufe genauer, findet man einen ständigen Wechsel in der Dominanz eines der beiden Partner, auch wenn sich «am Ende» jeweils ein Gleichgewicht ergibt.

Zu einem solchen ausgeglichenen Dialog (SPITZ) wird es bei intensivbehinderten Schülern kaum kommen. Meist sind die Wellenbewegungen zwischen diesem Auf und Ab um ein Vielfaches vergrößert, oft sogar herrscht ein einseitiges Aktivsein der einen oder anderen Seite vor.

Wir kennen Kinder, die in ihren Aktivitäten so sehr bestimmend sind — meist mit einer sehr reduzierten Tätigkeitspalette —, daß das Gegenüber kaum Chancen hat, sie zu erreichen.

Wir kennen aber auch Schüler, die selbst kaum Aktivitätsimpulse erzeugen und so von der Umwelt, dem Interaktionspartner, total bestimmt und manipuliert werden. Sie lassen sich von dem zum Reagieren bzw. Agieren anregen, was gerade in ihr Blickfeld kommt, jedoch ohne Dauer und abzeichnender Festigkeit.

Auf alle diese Gegebenheiten und den zusätzlichen, mannigfaltigen Variationen bei den verschiedenen Schülern muß sich der Lehrer in der Gestaltung der Basalen Aktivierung einstellen und beziehen.

Ein *Mehr an Interaktionen* heißt immer auch ein Mehr an zunehmender Ausgeglichenheit und auch ein Mehr an Selbststeuerung.

Lernsituationen, die ein solches Mehr erreichen wollen, stellen eine nicht unerhebliche Herausforderung und Belastung für den Schüler in seiner gesamten körperlich-geistigen und seelischen Existenz dar. Es darf auf keinen Fall zu einer «Entgleisung» des Dialogs (SPITZ) kommen, was bei einer Überbelastung durch die Umwelt geschehen kann (in Form des «sensory overload» ≙ Orientierungslosigkeit). Deswegen darf sich der Lehrer nie aus solchen Lernsituationen herausnehmen. Er sichert und unterstützt die gewinnbringende Lebendigkeit solcher Beziehungsmöglichkeiten, schafft für die einzelnen Schüler individuell günstige Voraussetzungen (vgl. Abschnitt 6.2) und verhütet Frustrationen (bietet zum Beispiel Rückzugsmöglichkeiten für «gefährdete» Schüler bei einem Fest).

Die Interaktionsformen nun im einzelnen:

□ *Die Schüler-Lehrer-Interaktionen* (vgl. Bild 5.2)

Die Beteiligten werden gemäß dem Merkmal «Wechsel in der Dominanz» beansprucht.

Vom *Lehrer* wird erwartet:

Er setzt *eindeutige* Orientierungssignale, die den Schüler in seiner sinnlichen Aufnahmemöglichkeit erreichen. Er setzt *überdauernde* Orientierungssignale, die dem Schüler ein *Wieder*-Erleben, *Wieder*-Erfahren und *Wieder*-Erkennen ermöglichen. Er entdeckt in den Lebensäußerungen und Lebenstätigkeiten der Schüler Impulse für *sein* pädagogisches Handeln. Er verhält sich so, daß der Schüler lernt, Impulse zu geben und Absichten zu bekunden.

Somit gibt es *kein Lehren als einseitiges Fordern,* sondern nur ein gegenseitiges Beeinflussen — gemäß COMBS: Im Lernprozeß gibt es nur Beteiligte.

Vom *Schüler* wird erwartet:

Er zeigt Spuren von *Wahrnehmungstätigkeiten* und *motorischen Output-Leistungen* und kündigt damit «Absichten» an.

Er duldet ein Entgegenkommen, einen Eingriff des Lehrers in seine Wirklichkeit und gibt dem Lehrer durch sein Verhalten Hinweise auf seine Befindlichkeit, seine Bedürfnisse und seine Erwartungen in bezug auf das erwünschte Lehrerverhalten.

Er läßt behutsames Herausführen aus seiner Wirklichkeit zu, wenn er auf Zärtlichkeit, auf soziale Kontakte, auf sachbezogene Impulse eingeht und nimmt damit neue Aktivitätsfelder und Handlungsmöglichkeiten an.

Somit vollzieht sich Lernen nicht als einseitige Anpassungsleistung, sondern als ein sich gegenseitiges Beeinflussen. Auch hier gilt wieder: Im Lernprozeß gibt es nur Beteiligte.

Die Kommunikation zwischen Lehrer und Schüler verfolgt demnach nicht als primäres Ziel, dem Schüler «normale» bzw. allgemein «verstehbare» Ausdrucksmöglichkeiten zu vermitteln, obwohl dies der Entlastung der Gesamtsituation dienen würde, sondern will vorerst gegenseitiges Wahrnehmen, Sich-Bemerken und Sich-Anerkennen erreichen. Dies ermöglicht Geborgenheit und läßt Sicherheit und Vertrauen wachsen.

Im sozialen Gefüge einer Schulklasse sind Kommunikationssignale für den einzelnen Schüler oft nicht eindeutig und ansprechend genug. Einem «Uwe, steh auf» folgt auch ein Klaus, da er «steh auf» versteht und danach handelt. Klaus hat sich als Person noch nicht entdeckt und kann «Uwe» davon noch nicht unterscheiden.

In der Zuwendung zu einem Schüler kann dessen Mitschüler ein Zurückweisen seiner Person erleben; Schwierigkeiten — hier nur angedeutet — lassen sich nicht allein durch Lehreraktivitäten auflösen. Es muß ein Lernprozeß einsetzen:

«Wir entdecken uns», aber auch «Wir lernen unseren Nachbarn kennen».

□ *Die Interaktion zwischen den Schülern*

Lebensäußerungen einzelner Schüler lassen sich oft nur sehr schwer abstimmen. In der Praxis hat sich beim Lernen mit sogenannten homogenen Klassen gezeigt, daß eine Klasse dann eine bessere Lerngemeinschaft darstellt und lebendigere Gruppenkontakte entstehen, wenn folgende Momente berücksichtigt sind (vgl. auch Abschnitt 6.4):

□ Die Schüler sollten unterschiedliches Leistungsverhalten zeigen, unterschiedliches Handlungsniveau praktizieren — nicht nur, um voneinander etwas zu lernen —, auch um unterschiedliche Kommunikationsformen zumindest passiv zu erleben bzw. zu beantworten.

□ Ein paar Schüler sollten gehen, laufen, springen können, damit die anderen ein körperliches Zu-, Hin- und Weggehen erleben.

□ Einige Schüler sollten greifen können, damit die anderen ein Zugreifen und ein Weitergeben von Gegenständen erleben.

□ Mindestens ein Schüler sollte «sprechen» können, damit die anderen präverbales bzw. verbales Kommunizieren erleben.

□ Einige Schüler sollten sehen und zeigen können, damit die anderen ein optisches Kommunizieren erleben.

□ Mindestens ein Schüler sollte sehr kontaktfreudig sein, damit die anderen Kontaktfreudigkeit erleben.

- ☐ In jeder Klasse sollten Mädchen und Jungen sein, weil auch diese «Eigenschaften» die Begegnungs- und Beziehungserlebnisse bereichern.

Auch hier gilt: Die Lebensäußerungen und Lebenstätigkeiten der Schüler im Unterricht sind nicht nur Material, das der Kanalisierung und Regulierung bedarf, sondern lebendige Ansatzpunkte für «Interaktionen», für mitmenschliche Begegnungen.

Basale Aktivierung ist soziale Aktivierung, wenn bei aller Ausgerichtetheit auf Weltausschnitte und deren Objekte letztlich auch das Aufeinanderzugehen der Schüler herausgefordert und gewährleistet ist:

- ☐ Der Lehrer bietet den Schülern konstante, stabile «Kontaktsituationen», um für sie enttäuschende Erlebnisse zu vermeiden (vgl. Abschnitt 5.3).
- ☐ Der Lehrer übt einfache Kommunikationsformen ein und setzt dazu konsequente Impulse, die den Schüler auf seinen Mitschüler aufmerksam machen.
- ☐ Der Lehrer ermöglicht den Schülern Kommunikationsformen, die ihnen erlauben, ihre Aktivitäten aufeinander abzustimmen; die Interaktionsfähigkeiten der Schüler werden dadurch erweitert und differenziert.
- ☐ Der Lehrer schafft Situationen zur gemeinsamen Aktivität, zum Miteinander-Tun und Handeln in der Weise, daß sich der Schüler als Auslöser dieser Aktivitäten erlebt.

Die Interaktionen zwischen den Schülern sind auch im Hinblick auf ihre *Zukunft* von hervorgehobener Bedeutung:

Meist sind es doch Mitschüler — und in den Heimen Mitbewohner —, die dem einzelnen Schüler längerfristig als Partner zur Verfügung stehen, längerfristig wahrscheinlich als ihre Eltern oder wir, die Berufserzieher. Auf solche möglichen Beziehungen zu verzichten bzw. solche nicht aufzubauen, zu stabilisieren und zu erweitern, würde zu einem Mehr an Isolation führen.

Interaktionen in der taktilen, oral-sinnlichen und kommunikativ-lebendigen Form zu schaffen, Handlungsansätze dazu entwickeln, sie eindrücklicher, wahrnehmbarer und bewußter zu gestalten, beinhaltet auch, intensivbehinderte Menschen für uns weniger «verfügbar» zu machen. Sie sind dann auf uns weniger unmittelbar angewiesen und können dann mehr aus sich selbst heraus leben, so leben, wie es ihrem Rhythmus und Bedürfnis entspricht, auch wenn sich eine unmittelbare Begleitung dadurch noch nicht erübrigt (vgl. Abschnitt 2.3).

□ *Die Schüler-Objekt-Interaktion*

Leblose Umwelterscheinungen haben gegenüber lebendigen Partnern durch ihre Eindeutigkeit (sinnlich gleichbleibende Reize) für den Aufbau einer Interaktion noch weitere Vorteile. Sie sind in verschiedener Weise *gestaltbar*, auch einer *Reduktion zugänglich* und *«reagieren»* in der Regel auf Kontaktversuche immer *gleichbleibend*. Nicht von ungefähr haben viele unserer Schüler ihre bevorzugten Aktivitätsfelder an bestimmten Objekten festgemacht.

Interaktionen mit diesen «stabilen Partnern» lassen sich durch ein behutsames Angebot von neuen Zuwendungsformen erweitern und ausdifferenzieren mit dem Ziel, ein Mehr an Interaktionsfähigkeit zu erreichen.

R. A. SPITZ (1973) stellt drei aufeinanderfolgende Stufen bei der Entstehung der *ersten Objektbeziehungen* vor — beobachtet bei normalbegabten Kindern. In Anlehnung an diese Stufen, wollen wir *Qualitäten der «Objektbeziehung»* herausstellen und den *Gegenstand* als *Lerngegenstand* hinsichtlich eines Aufbaus von Interaktionen, die zur nächsten Stufe führen, charakterisieren (vgl. Bild 5.5).

Wir können aufgrund unserer Erfahrung vermuten, daß manche unserer Schüler in einer «symbiotischen Beziehung» oder auch in einer «Signal-Reaktion-Beziehung» zu Material und Personen über lange Zeit — oft über zu lange Zeit — verharren (vgl. Abschnitt 4.5.6). Unser Nachdenken kann sich dann nicht vorschnell nur auf die verständliche Frage «Wie kann der Schüler diese Stufe überwinden» beschränken, sondern es muß hier grundsätzlicher gefragt werden:

□ Welche zusätzlichen Möglichkeiten der Begegnung gibt es innerhalb der Stufen?

– In der sog. *objektlosen Stufe:*
  Bieten sich neue, andere Gegenstände als Partner für neue, andere symbiotische Beziehungen an? (z.B. Plüschball, Teddybär, Tuch und andere)

– In der *Vorstufe des Objekts:*
  Welche Signal-Reaktion-Beziehungen lassen sich in neuen und bestimmten Situationen mit welchen «Objekten» aufbauen? (z.B. in verschiedenen lebenspraktischen Situationen).
  Aber auch: Welche Signalobjekte können noch in eine bekannte Situation eingeführt werden? Lassen sich bekannte Signalobjekte «ausblenden» (z.B. Tischtuch auflegen = Signal für Essen)?

Stufe nach SPITZ	Qualität der «Objektbeziehung»	Der Gegenstand als Lerngegenstand für unsere Schüler
objektlose Stufe	symbiotische Beziehung zwischen Kind und Objekt	Signalgegenstand für Reaktionen in bestimmten Situationen
Vorstufe des Objekts	Signal-Reaktion-Beziehung in bestimmten Situationen	Dingobjekt als Lerngegenstand für Aktionen und Reaktionen in «unabhängigen» Situationen
das Objekt im eigentlichen Sinne	Dingobjekt ist für das Kind subjektiv bedeutsam	Lerngegenstand als Gegenstand der (freien) Erkundung von Weltausschnitten

Bild 5.5 Objektbeziehung nach SPITZ und Charakter des Lerngegenstandes

– In der *Objektstufe:*
  Welche Dingobjekte bieten sich als weitere subjektiv bedeutsame Partner an? (z.B. mehrere Besitztümer: Rassel, Löffel, Handtuch, Einkaufskorb nebeneinander in verschiedenen Situationen)

☐ Als Hilfen zur Ausdifferenzierung der Objektbeziehungen, sowohl innerhalb der ersten beiden Stufen, wie auch über diese hinaus, bieten sich an:

– Der Lehrer «belegt» Gegenstände mit Gefühlen und versinnlicht diese für seine Schüler (bäh → Abwehrhaltung, wegdrücken; schön → Freude, Lachen, in den Arm nehmen, streicheln).
– Der Lehrer bietet bestimmte Gegenstände zum «Besitzen» als «nur dem einen Schüler gehörend» an (mit der Rassel spielt nur Norbert; dieses Tuch gehört Sieglinde, nur sie darf sich damit zudecken).
– Der Lehrer fordert die Schüler zu affektiven Äußerungen gegenüber Gegenständen heraus (Anwenden bei «schlechten» Gerüchen, Zurück-

stoßen von unangenehmen Reizmaterialien; Zugreifen, In-den-Arm-Nehmen des Teddybärs oder des Wasserballs).

— Der Lehrer bietet eindeutige und überdauernde Signalgegenstände in bestimmten Situationen an (die große Schüssel mit einem Brötchen auf dem Tisch als Signal für «jetzt geht's zum Essen»).

Da Gegenstände normalerweise für unsere Schüler kaum einen derartigen *Sensationscharakter* haben, daß sie zu weiterführenden Interaktionen anregen und auch der Schüler durch seine ihm eigene Aktivität selten seine Objektbeziehung von sich aus erweitern kann, ist es Aufgabe des Pädagogen, die Gegenstände so gezielt sensorisch bzw. sensationell «aufzumachen», daß sie den Schüler nicht nur an der «Oberfläche» berühren, sondern ihn zu einer auf das Objekt gerichteten, vorgedachten, lebendigen Aktivität verlocken (vgl. Abschnitt 5.3 — Mediale Hilfen).

Zusammengefaßt:
Der Kontakt zu Personen und Dingen als unverzichtbarer Bestandteil des Lernprozesses und das Ausfüllen solcher Kontaktmomente mit Bedürfnissen, Anliegen und Forderungen, beanspruchen den intensivbehinderten Schüler in seiner gesamten Person.

Daß er solche Begegnungen von sich aus selten sucht, sondern sich auf seine wenigen Aktionsfelder und die damit im Zusammenhang stehenden Gegenstände beschränkt (z.B. den Wasserhahn, mit dem er spielt), stellt eine der wirklichen Mühen, nicht selten sogar der echten Blockierungen in der unterrichtlichen Arbeit mit unseren Schülern dar.

Dieser Erschwerung will die Basale Aktivierung im Grundsätzlichen entgegenwirken. Dabei geht es ihr vorwiegend um ein Vermehren von Interaktions- oder Begegnungsmöglichkeiten und nicht primär um ein Qualifizieren, also um ein «Herrichten» oder Normieren solcher Kontaktversuche.

Für den Lehrer ist dies anfangs unbefriedigend und schwer zugleich. Nur von da aus ist es zu verstehen, daß er lieber, oft ausschließlich, auf das Formen einer Aktivität zu einer Bewegung — z.B. den Becher beim Schütten richtig zu halten — Wert legt und weniger auf das Mehr an solchen Aktivitäten (z.B. verschiedene Gefäße anzubieten, mit denen man schütten kann).

Mit Hilfe der Basalen Aktivierung soll der Schüler insgesamt angeregt, gelockert und zu einer ersten Freude gelockt werden, die Passivität aufzugeben und es doch mehr mit dem Aktivsein zu versuchen. Erst auf diesem Fundament erscheint es sinnvoll und ergiebig, Bewegungsmuster oder Handlungsansätze auszubilden, sollen diese nicht wie Dressurergebnisse vertrocknet und dürr wirken und den Schüler selbst in seiner alten, nicht lebensvollen, nicht lebensbejahenden Haltung belassen.

In einem ganz bescheidenen Sinne sind hier bereits erste Spuren von Kreativität gelegt, eine Daseinskraft, ohne die «leben lernen» nie das sein kann, was wir meinen, nie das sein kann, was Leben letztlich ist.

5.3 Mediale Hilfen

Lernen in Lernsituationen ist leer und eigentlich kaum vorstellbar ohne Dinge, ohne konkrete und anregende Umwelt und ohne lebendige Partner. Dies trifft auf jede Form des Lernens zu, besonders aber auch auf Lernvorgänge im Bereich der Basalen Aktivierung.

Jede Aktivität, jede Wahrnehmungstätigkeit, jede Zuwendungsleistung und erst recht jeder Handlungsansatz steht mit einem Gegenüber in Verbindung. Beziehungen zur Realität — eines unserer Ziele — können nur im Kontakt, in der Begegnung und im Dialog mit ihr entstehen.

Dorthin aber müssen wir unsere Schüler erst führen.

Wie das Wort sagt, geht es in der Basalen Aktivierung um eine grundlegende und gleichzeitig um eine erste Weckung und Anbahnung von Kontakten zur Umwelt. So müssen wir uns auch sehr gründlich überlegen, mit welchen «Objekten» wir eine solche Aktivierung einleiten wollen, welche Objekte aber auch so viel Faszination und Aufforderungscharakter besitzen, daß sie tatsächlich Aktivität nicht nur hervorlocken, sondern diese Aktivität auch auf sich beziehen und an sich binden.

Darüber hinaus ist zu bedenken, welche Aktivitäten bei einem intensivbehinderten Kind hervorgelockt werden können, um eine solche Beziehungsabsicht zum Erfolg zu führen. Sind es mehr motorische oder mehr sensorische Aktivitäten? Sind es Aktivitäten des Erlebens und des Aufnehmens oder sind es bereits Aktivitäten des Hantierens und des Produzierens?

So kommt es anfangs im Bereich der Basalen Aktivierung nicht darauf an, daß ein Kind das jeweilige Objekt bereits objektgerecht in seinen vielfältigen Dimensionen und Seinsweisen erfaßt oder daß es ganz bestimmte Umgangsqualitäten ausbildet. Das sind Lernerträge späterer

Stufen. Es geht um eine Aktivierung in der von uns beschriebenen Offenheit der Zielsetzung und in der Mehrschichtigkeit der Ziele (vgl. Abschnitt 5.2.1 und 5.2.3).

Sicher werden mit der Zeit durch die sich wiederholenden und stetigen Lernangebote im Bereich der Basalen Aktivierung (vgl. Abschnitt 5.2.2) sich bestimmte oder später auch geplante Formen des Objektumgangs herausbilden und somit die Aktivitäten zu festgeformten Bewegungen oder auch zu Handlungsschematas qualifizieren und stabilisieren.

Solche Hochziele sind aufgrund der methodischen Struktur dieser Lernform zumindest für den Anfang nicht gedacht, da die Position der Basalen Aktivierung im Gesamtfeld aller methodischen Modelle für Intensivbehinderte erst den Blick für die Welt öffnen und aus der Symbiose bzw. aus einer möglichen Selbstisolation herausführen will.

Wichtig dagegen sind sowohl erste *Zuwendungsleistungen,* deren Gerichtetheit, deren Dynamisierung und zunehmende Beständigkeit, deren allmähliche strukturelle Stabilität und mögliche Flexibilität bei Veränderung des Objekts, als auch erste *Erfahrungen* mit sich als aktiv werdende Person *und* mit den zum Umgang bestimmten bzw. angenommenen Objekten.

So gesehen hat die «mediale Ausstattung» des Lernfeldes der Basalen Aktivierung weder etwas mit einer Fitnesskammer zur funktionalen Ertüchtigung zu tun noch mit einer Spielwiese samt allen nur denkbaren Objekten, auf der ein Kind ungeleitet und unbegleitet aktiv sein darf.

Wenn wir «mediale Hilfen» in dieses Lernfeld einbringen, müssen wir nicht nur die Auswahl einzelner Objekte sehr gut überlegen, sondern auch die methodische Gestaltung und die Lernorganisation selbst bestens reflektieren.

Die Unterscheidung zwischen «Lerngegenstand», «Lernmaterial» und «Lernmedien» spielt auf dieser Stufe der Objektzuwendung eine noch nachgeordnete Rolle.

«Mediale Hilfen» im Bereich der Basalen Aktivierung umfassen — gleich einem Sammelbegriff — alle drei dieser Unterscheidungsmomente bzw. dieser Sichtweiten von Objekten im Hinblick auf das gesamte Lerngeschehen. Eine solche Ausgliederung ist meist erst das Ergebnis einer positiv zu kennzeichnenden Entwicklung aufgrund intensiver Lernarbeit.

Zur Erinnerung sei kurz wiederholt:

1. Wird ein *Objekt* selbst in seinen Funktionen, seinen Qualitäten und Gesetzmäßigkeiten erkundet und damit gelernt bzw. erfaßt, ist das Objekt selbst Lern-GEGENSTAND
   ⪢ das Kind erlernt *das* Objekt!
2. Dient das *Objekt* zum Erlernen bestimmter Funktionen, Fähigkeiten oder Fertigkeiten, ist das Objekt ein Lern-MATERIAL
   ⪢ das Kind lernt *am* Objekt!
3. Vermittelt das *Objekt* zusätzliche Informationen über einen Sachverhalt oder zu einem Problem, ist das Objekt Lern-MEDIUM
   ⪢ das Kind lernt *über* das Objekt!

Bild 5.6 Das Objekt und seine Funktionen im Lernprozeß

Wesentlich sind die tatsächlichen Wirkungen, die von «medialen Hilfen» ausgehen bzw. die wir von ihnen erwarten und die wir später mit ihnen planen. Sie helfen dem intensivbehinderten Schüler

☐ Zuwendung zur Umwelt zu erbringen
☐ Objekterleben anzubahnen
☐ Beziehungen zu Objekten aufzubauen
☐ die körperliche Beweglichkeit zu steigern
☐ Wahrnehmungstüchtigkeit zu verbessern
☐ Handlungsansätze oder -schemata grundzulegen

Gleichzeitig aber erlebt der Schüler sich als Person in seinen Aktivitäten. Dies stellt eines der wichtigen Momente für seine Ich-Entwicklung dar. Er erlebt «ich bin aktiv», «ich kann etwas», «ich bewirke etwas», «die Welt ist aufregend und interessant». Allerdings setzt ein solches Erleben die Begleitung einer Person voraus, die nicht nur richtige oder der Sache entsprechende Aktivitäten verstärkt, sondern die dem Kind grundsätzliche Bejahung erleben und erfahren läßt. Das Kind muß sich in seinem gesamten Aktivsein — zumindest auf der Stufe der Basalen Aktivierung — akzeptiert und bestätigt erleben und nicht nur vereinzelte, sogenannte positive oder erwünschte Handlungen.

So gilt auch hier, daß vor jedem Ding-Objekt-Kontakt der Kontakt zwischen Kind und einer (mütterlichen) Bezugsperson zu stehen hat.

«Mediale Hilfen» sind — wie das Wort bereits sagt — nur Mittel oder Mittler, die die Beziehung zwischen diesen beiden Personen ausweiten oder ergänzen, sie sind aber — zumindest in den Anfängen der menschlichen Entwicklung und auch in den Anfängen des Lernens mit intensivbehinderten Schülern — nie ausschließliche Partner des Kindes allein. Somit können Lernsituationen im Bereich der Basalen Aktivierung personal bedeutsame *und* ergänzende objektbezogene Lernprozesse auslösen und Erfahrungen stiften, die beide als unverzichtbares Fundament für die weitere Entwicklung des Schülers gelten.

Daß intensivbehinderte Kinder von Anfang ihrer Lern- und Lebensgeschichte an Zugang zur Welt haben, später ihn auch gezielt suchen und ihn dann auch finden, erleben wir täglich sowohl in der Schule als auch im persönlichen, häuslichen Bereich eines Kindes. Es kann sein Bett sein, in dem es sich wohlfühlt oder das unterschiedlich temperierte Badewasser, in dem es mit Vergnügen planscht, es kann die Taschenlampe sein, oder der Kassettenrecorder, aus dem Musik kommt, nach dem es noch greift.

Die Frage der «medialen Hilfen» wird dann erneut schwierig, wenn man solche konkret für seine Klasse oder für bestimmte Schüler auswählen und gestalten will.

Welche «medialen Hilfen» sollen wir auswählen?

Diese Frage kann man erst dann beantworten, wenn man sich einen ersten Überblick über die «medialen Hilfen» insgesamt geschaffen und gleichzeitig Kriterien für eine mögliche Auswahl zur Verfügung hat. In der nachfolgenden Tabelle werden die «medialen Hilfen» für den Bereich der Basalen Aktivierung in sechs Gruppen vorgestellt, *drei* Gruppen sogenannte Personobjekte und *drei* Gruppen sogenannte Dingobjekte. Sie sollen im Hinblick auf ihre sachimmanenten Merkmale und nach ihrer Hilfsfunktion für die jeweilige Lernabsicht oder Lernsituation exemplarisch vorgestellt werden (Bild 5.7).

Vielleicht überrascht manchen Leser, daß wir Personen mit Dingen gleichsetzen. Dies beruht sowohl auf unserer Erfahrung aus der Arbeit mit intensivbehinderten Schülern als auch auf Berichte aus der Entwicklungspsychologie (vgl. SPITZ und PIAGET). Für ein Kind ist in der Vorstufe des Objekts noch nicht zu unterscheiden, was ist eine Person, was ist ein Objekt. Die Hand des Erziehers, die Haare der Mitschüler, das Gesicht der Mutter, der eigene Fuß sind nahezu gleich objekthaft — und werden auch so behandelt — wie Greiflinge über dem Bett oder der Ball, den man dem Kind in seine Hände legt.

Erst in der Kommunikation damit wird ein Kind herausspüren, daß das eine gleichbleibend, sinnlich eindeutiger ist — die leblosen Objekte, die Dingobjekte also —, während die anderen Objekte sich schneller und weniger erfaßbar verändern — die lebendigen Objekte, die Personobjekte. Von da aus rührt es wohl auch her, daß man in der Arbeit mit intensivbehinderten Schülern vorwiegend Dingobjekte als «mediale Hilfen» vorfindet — nicht selten sogar ausschließlich; Personobjekte oder lebendige Objekte wie Tiere oder Pflanzen werden kaum in das Lernfeld eingebracht, weil «intensivbehinderte Schüler damit nichts anfangen können», «weil sie diese nur kaputt machen oder demolieren», «weil sich solche lebendigen Partner nicht auf die Möglichkeiten intensivbehinderter Schüler einstellen können, während ich dies mit meinen selbstgemachten Materialien sehr wohl kann», «weil Dingobjekte von Haus aus einfacher sind und ich sie, wenn nötig, noch reduzieren kann» (das sind einige Meinungen von Kollegen, die mit intensivbehinderten Schülern arbeiten und danach befragt wurden, warum ihre mediale Ausstattung so «technisch» oder «sachlich» ist).

Wenn man sich für Dingobjekte entscheidet, dann sollte man auch Objekte aus der natürlichen Umwelt auswählen und nicht nur auf didaktisch ausgedachte oder fabrikmäßig hergestellte zurückgreifen (vgl. Abschnitt 9.3).

Objekt	Art des Objekts anhand wesentlicher Merkmale	Hilfen zur Gestaltung einer erfolgreichen Lernsituation
PERSON-Objekte die Person des Schülers	lebendige, flexible, auch individuelle Merkmale, Teile seines Körpers, Vorlieben, Abneigungen	Medien, um die eigene Person, aber auch den Körper und seine Teile bewußt werden lassen: Tücher, Seile, Kugelbad, schiefe Ebene, Schaukel, Spiegel, Cremes, Fön
die Person des Pädagogen	lebendige, flexible, auch individuelle Merkmale, für den Schüler leichter faßbar, weil sich der Pädagoge auf den Schüler einstellen kann. ... seine Stimme, Gestik, Mimik, aber auch seinen Körper (Hände, Haare, Gesicht) sein Kommunikationsverhalten und seine wissenschaftliche Bildung	Der Pädagoge stellt sich als Person ganz zur Verfügung, flexibel und konsequent — als «sozialer Verstärker» ebenso wie als «Untersuchungs- und Begegnungs-Objekt». Er wird auch Spiegel für den Schüler sein
die Person des Mitschülers	lebendige, flexible, auch individuelle Merkmale, für den Schüler selbst schwer faßbar, weil vom Mitschüler her kein Sich-Einstellen erwartet werden kann, oft nicht einmal eine Absicht zur Kommunikation vorliegt. Wichtig sind Zusatz-Merkmale wie der Rollstuhl, Kleider	Gegenstände, gemeinsame «Spiele», Tonbandaufnahmen, u.U. Videoaufnahmen, Körperkontakt, Namen. Es muß erlebt werden: gemeinsames Führen, Halten, Sitzen, Stoßen, Schieben, Schaukeln, miteinander sein, einander spüren, mögen und lieb haben

Objekt	Art des Objekts anhand wesentlicher Merkmale	Hilfen zur Gestaltung einer erfolgreichen Lernsituation
DING-Objekte	sinnlich meist eindeutiger als Personen, verfügbarer	Ding-Objekte, gleich welcher Kategorien, sind zielgerichtet und damit bestimmbar in die Lernsituation einzubringen
– in der Umwelt vorhanden	als lebendige (Pflanzen, Tiere) und leblose (Dachrinnen, Blumentöpfe usw.)	Die Schüler sollen die Objekte der Lernsituation in ihrer Lebenssituation außerhalb der Schule wieder treffen
– selbst hergestellt	eindeutige, kanalisierte Objekte oder Materialien (Drehräder, Tastwände usw.)	Sie können individuell angefertigt und auch zur freien Verfügung im Raum «vorhanden» sein
– fabrikmäßig hergestellt	eindeutige, nach Lernzielen entwickelten Didaktische Materialien (Steckbretter, Riechdöschen, Baustraßen)	Sie sind aus curricularen und entwicklungspsychologischen Überlegungen heraus entstanden. Es besteht hierbei die Gefahr der Entpersonalisierung des Lernprozesses

Bild 5.7 Mediale Hilfen im Lernfeld der basalen Aktivierung

Die konkrete Auswahl oder auch Herstellung von «medialen Hilfen» wird nur im Hinblick auf den einzelnen Schüler oder eine bestimmte Klasse möglich sein. Dennoch gelten übergeordnete Prinzipien, die von Bedeutung sind, soll die Auswahl oder Gestaltung das Qualitätsmerkmal «sonderpädagogisch» verdienen. Solche Kriterien sind:

1. *Das Aktivitätsniveau des Schülers/der Schüler*
   Ist den Schülern ein motorisches Aktivsein möglich?
   Welche Aktionsmuster bahnen sich an? Welche werden praktiziert?
   Steht mehr das pathische Aufnehmen oder schon mehr das Aktivsein im Vordergrund?
2. *Das Wahrnehmungsverhalten des Schülers/der Schüler*
   Welche Wahrnehmungskanäle werden bevorzugt, welche vernachlässigt? Ist die Wahrnehmungsbereitschaft kurzfristig, zufällig, andauernd?
3. *Die Lebenssituation des Schülers/der Schüler*
   In welch einer Lebenssituation leben die Schüler? Sind welche bettlägrig oder Rollstuhlfahrer? Sind welche Läufer oder Sitzer? Kommen sie aus einer anregenden Umgebung, aus bescheidenen Verhältnissen?

Die Chancen einer Basalen Aktivierung nehmen zu, wenn die Auswahl der «medialen Hilfen» den Lebens- und Lernbedingungen der Schüler entsprechen.

Außerdem sollten die ausgewählten Objekte gleichermaßen die interpersonale und die materiale Wahrnehmung beanspruchen, d.h., es ist auf ein Gleichgewicht zu achten zwischen dem Angebot von Personobjekten und Dingobjekten.

Bei den Dingobjekten sollten auf keinen Fall Objekte aus der natürlichen Umgebung eines Kindes vernachlässigt werden. Es sollte mit Zeitungspapier ebenso in Kontakt gebracht werden wie mit Wasser oder mit Steckdosen aus der Lehrmittelindustrie, wenn diese seinem Lernbedarf entsprechen.

Als konkrete Objekte aus der natürlichen Umwelt lassen sich für Lernsituationen der Basalen Aktivierung gut einsetzen:

- ☐ Schwämme zum Aufsaugen und Ausdrücken von Wasser
- ☐ Matten zum Liegen und Rollen
- ☐ Seile oder Taue zum Ziehen und Festhalten

- □ Schaufeln zum Holen oder (Ver-)Streuen
- □ Räder zum Drehen, Anhalten oder Beschleunigen
- □ Klingeln zum Läuten
- □ Schalter zum Einschalten (für die Lichtorgel oder Musikkonserven)
- □ Tesakrepp zum Abzupfen, Bekleben oder Festhalten
- □ Schiefe Ebenen zum Besteigen oder Rollen
- □ Stühle zum Schieben, Kippen, Stapeln,
- □ Spiegel zum Betrachten, zum Demonstrieren, zum Erkunden
- □ Kissen zum Werfen, zum Stapeln, zum Verstecken
- □ und andere (vgl. Abschnitt 9.3).

Daß sich außerdem zahlreiche Kombinationen ermöglichen lassen, erfährt der, der sich mit Entdeckungslust und ein bißchen Phantasie an die Findearbeit macht.

Wie aber setzt man «mediale Hilfen» ein, wie geht man mit ihnen um? Diese Frage betrifft einmal die mehr äußere Organisation. Hier spielen sowohl der *Raum* selbst, der als Lernraum ja bereits eine «mediale Hilfe» darstellt, seine gezielte Strukturierung und Ausstattung eine Rolle, aber auch die medialen Angebote, die für eine begrenzte Zeit — meist als Fortsetzung einer abgeschlossenen, längeren Unterrichtseinheit — den Schülern zur Verfügung stehen. Für den jeweils aktuellen Unterrichts- und Lerntag wird ein einzelnes Ding- oder Personobjekt gezielter im Mittelpunkt der Aktivitäten stehen und damit auch den Pädagogen in seiner Planarbeit umfänglicher befassen.

Er weiß, daß er nicht nur durch die *Auswahl eines attraktiven Objekts* (zum Beispiel ein großer Weidenkorb zum Einsammeln von Äpfeln im Garten oder der Rechen zum Zusammenholen von Heu) die Aufmerksamkeit anregen kann, sondern durch die Möglichkeit der *Hervorhebung* — der Veränderung der Umgebung — und durch die *Veränderung* des Objekts selbst — als ein Dazufügen oder ein Reduzieren.

Dabei darf der Schüler allerdings nicht in eine willkürliche Ansammlung von Objekten hineingestellt werden, es wird immer ein begleitendes Heranführen an bestimmte — für den Schüler — subjektiv bedeutsame Objekte sein.

Möglichkeit 1: Wir verändern die Umgebung der Objekte

Die Blume auf der Wiese rückt selten als Lernobjekt in den Lebensraum intensivbehinderter Schüler, wohl aber dann kann eine Blume Objekt sein, das Zuwendung und Aufmerksamkeit erfährt, wenn im Klassenzimmer an einem hervorragenden Ort, der Hinwendung abverlangt, die Blume den Schülern entgegengebracht wird.

Die Blume wird dabei im Sinne der Komplexität der Ziele

- ☐ zu einem Wahrnehmungsobjekt (im Sinne einer sensorischen Aktivierung)
- ☐ zu einem Beziehungsobjekt (im Sinne psychologischer Aktivierung)
- ☐ zu einem Sozialobjekt (im Sinne einer sozialen Aktivierung)

Man kann sie anschauen, beriechen, anfassen, pflegen, verschenken, auf Bildern wiederfinden, im Garten suchen, beim Gärtner holen, selbst einpflanzen, sie beobachten.

Man kann konkret Objekte

- ☐ durch eindeutige Plätze hervorheben (Blumen am Fenster, in der Vase, Kleider am Haken)
- ☐ in verschiedener Umgebung zeigen (Bälle rollen im Gang, in der Rinne, ruhen im eigenen Schoß)
- ☐ in besonderes Lichtverhältnis stellen (Blumen werden mit einem Strahler angestrahlt, Gießkannen von innen beleuchtet)
- ☐ durch zusätzliche akustische Reize ausstatten (den Ball mit einem Glöckchen versehen, die Ente mit einem Klapperschwanz)

> *Unseren Kindern helfen also eindeutige, stimulierende und handlungsorientierte Darbietungen der Objekte — auf den Hintergrund ist besonders zu achten!*

Möglichkeit 2: Wir verändern das Objekt selbst

Dazu hat der Lehrer verschiedene Möglichkeiten. Einmal kann er etwas dazufügen. Es kann die Glocke sein, es kann eine besondere Farbgebung oder auch eine bestimmte Größe sein, in der er die Objekte wählt. Das heißt letztlich: Der Lehrer versinnlicht das Objekt, damit der Aufforderungsgrad zunimmt und das Bedürfnis wächst, mit ihm umzugehen.

Dabei kommt es jeweils auch auf die richtige Größe und auf die entsprechende Oberflächenstruktur an. So kann es notwendig werden, die Tastqualitäten für die Hand des Schülers zu gestalten, vor allem dann, wenn man die Wirklichkeit taktil-sinnlich erleben lassen will, die Sensibilität aber noch nicht ausreichend gewachsen ist, um die Wirklichkeit, wie sie ist, mit der Hand zu erleben.

Der Lehrer kann aber auch Lernlandschaften selbst gestalten, die weniger zum Umgehen mit dem einzelnen Objekt anregen, sondern zum Aktivwerden insgesamt herausfordern. Doch auch hier muß dafür gesorgt werden, keine Verwirrung zu stiften, sondern möglichst eindrucksvolle und klare Reize den Schülern anzubieten.

Unseren Kindern helfen Objekte, die aktivieren, die sinnlich eindrucksvoll und eindeutig sind!

Die andere Möglichkeit besteht in der Reduzierung. Hier sollen alle die ablenkenden oder überflüssig erscheinenden Attribute der Objekte weggenommen werden.

So sollte ein Ball nicht aus mehreren Farbflächen «zusammengesetzt» sein, sondern eindeutige Farbeindrücke bieten. Auch lenkt ein Raum mit zu vielen Objekten zu stark ab oder ein Angebot zum Stecken erfüllt seine Zwecke besser, wenn nur wenige Steckelemente angeboten werden.

Oft sagen uns die Kinder durch ihr Verhalten, in welch einer Weise wir eine Reduzierung vornehmen müssen.

Gleichzeitig ist im Rahmen der Vorbereitung wichtig, die ausgewählten Objekte daraufhin zu befragen, in welcher Weise sie herausfordern, wo sie unter Umständen aber auch überfordern könnten.

Anstatt einer Zusammenfassung

«Mediale Hilfen» spielen im Bereich der Basalen Aktivierung eine hervorgehobene Rolle, weniger durch ihre Notwendigkeit als solche, mehr durch die Notwendigkeit, diese «medialen Hilfen» richtig zu gestalten.

Für den Pädagogen selbst ist es schwer und wichtig zugleich, sich in diesen «Vorraum» der Objektbeziehung hineinzufinden, weder sich mit der Basalen Stimulation zu begnügen, noch auf eine Objekterkundung hinzudrängen, die dann letztlich verfrüht wäre und so den Lernerfolg einer Basalen Aktivierung aufs Spiel setzen würde.

Sicher wird er die nächsten Stufen anstreben, die auf der einen Seite einen gezielten Objektaufbau mit dem Ziel der Erschließung der Welt verfolgen, zum andern einen gezielten Aufbau von Funktionen und Fähigkeiten mit dem Ziel der Ertüchtigung zur Welt.

Vorerst aber geht es um die Gewinnung von Beziehungen

- ☐ zu sich selbst und dem eigenen Körper, dem eigenen Erleben und Lernen

- ☐ zu den anderen, zu einem Du und zu einem Wir, den Mitschülern, den Lehrern und Erziehern
- ☐ zu Dingobjekten, Dinge zum Liebhaben, zum Gebrauchen, zum Besitzen, zum Verschenken als Vorstufe einer Beziehung zur Welt

Mit der Zeit und nach viel Einsatz im Unterricht bildet sich auch für intensivbehinderte Schüler eine Distanz zwischen sich und der Welt aus, die sowohl ihr Ich als auch die Welt deutlich werden läßt.

Nur dazu sind «mediale Hilfen» wirkliche Hilfen, nur dazu sind sie gedacht.

5.4 Abschließende Stellungnahme

Ein didaktisch-methodisches Modell kann nie allein «richtig» und ausreichend für die Förderung intensivbehinderter Menschen sein.

Auch die von uns hier vorgestellte «Basale Aktivierung» läßt Fragen offen, intendiert nicht alle möglichen und im konkreten Fall wichtigen Ziele einer Förderung Intensivbehinderter, bietet nicht eine methodische Anleitung «für alle Fälle». In den Unterrichtsbeispielen (Abschnitt 6.5 und 7.), den Strukturmodellen zum Lerntag intensivbehinderter Schüler (Abschnitt 6.2) und im Lehrplan (Abschnitt 6.1) wird die konkrete Auswirkung dieses Modells deutlich. Auch Begrenzungen werden sichtbar.

Man würde die «Basale Aktivierung» falsch verstehen, sähe man in ihr nur eine Methode zum Lernen mit Intensivbehinderten. Die «Basale Aktivierung» stellt zugleich Anforderungen an die Schüler wie an die Umwelt.

Die Gewichtung der methodischen Einflußnahme auf die Wahrnehmungs- und Bewegungstätigkeit, auf die Handlungs- und Beziehungsfähigkeit ist abhängig von der Ausbildung neuer Möglichkeiten zur Kommunikation zwischen den am Lernen und Erziehen beteiligten Partnern.

Auf diese Weise werden Türen zu einer gemeinsamen Lebens- und Lernwelt aufgemacht, in der dann nicht nur «Beobachtbares», objektiv Beschreibbares oder Feststellbares ihren Platz haben, sondern sehr wesentlich das menschlich lebendige Miteinander.

Somit könnte die «Basale Aktivierung» — bei aller Anstrengung mit unseren Schülern — auch den Lehrer und Erzieher meinen und letztlich sie aktivieren.

6 Realisation von «leben lernen» im Rahmen der Schule

6.1 Eine Grundsatzbesinnung

Bislang war vorwiegend von übergeordneten Zielen, Inhalten und Methoden die Rede. Dabei interessiert jeden Mitarbeiter in der Praxis, wie man diese vielen oft theoretischen Gedanken in konkrete Lern- und Erziehungssituationen umsetzen kann, und zwar so, daß die jeweiligen Schüler daraus auch für sich Erfolge gewinnen.

Soweit dazu ohne Bezug auf konkrete Schüler Aussagen gemacht werden können, soll dies in diesem Kapitel versucht werden.

Es wird dabei bald deutlich, daß eine Umsetzung nicht nur vom Engagement und dem didaktisch-methodischen Geschick der Lehrer, Therapeuten und Erzieher abhängt, sondern in gleicher Weise von der Institution und der jeweils damit im Zusammenhang stehenden Organisation.

«Leben lernen» bedarf eines Orts, an dem es entstehen und sich entfalten kann.

Nach den Erfahrungen aus der letzten Zeit mit dem «System» Schule als einer Institution der Gesellschaft für ihre jungen Mitglieder ist es verständlich, wenn man gerade im Hinblick auf das Ziel, mit intensivbehinderten Schülern «leben zu lernen» bzgl. der Schule mehr Skepsis als Begeisterung enwickelt hat.

Auch wenn man sich noch so sehr um eine objektive Betrachtung der beiden Pole bemüht — Schule für Geistigbehinderte und «leben lernen» —, tauchen doch sehr kritische Fragen auf: Kann man tatsächlich nach einer festgeschriebenen Stundentafel, bei fest vorgeschriebenen Quadratmeterzahlen für die Klassenräume, bei einem so dichten Netz von Vorschriften und Verordnungen, bei dem exakt durchgerechneten Personalschlüssel und der tarifrechtlich abgesicherten und festgelegten Arbeitszeit mit intensivbehinderten Schülern «leben lernen» realisieren?

Ähnlich kritische Gedanken werden in der letzten Zeit auch in Diskussionen um die sog. Normalschule erörtert. Allein die vielen Publikationen zum Problem «Schulleben» in letzter Zeit beweisen dies: Man möchte der Schule als Lebens- und Lernstätte für Kinder wieder zu der (mancherorts verschütteten) Lebendigkeit einer lebensfrohen Schulgemeinde verhelfen; das «System» Schule soll wieder mehr Mitmenschlichkeit durchscheinen lassen.

Das «Dazufügen» von Festen und Feiern, die erhöhte Anzahl von Wandertagen oder Ausflügen, das gemeinsame Arbeiten an größeren Projekten leisten dies allein noch nicht. Die Schule müßte sich insgesamt von einem einseitigen Ausgerichtetsein auf Leistung befreien und lebensvolle Kontakte der Kinder zu ihrer Umwelt ermöglichen, um zu einer Stätte des Lebens, der Einübung von Leben zu werden.

Aber auch die andere Richtung, all jene Momente zu eliminieren, die an das «System» Schule erinnern und mit Kindern — wenn auch unter Anleitung eines Pädagogen — nur noch zu leben, erfüllt die pädagogische Aufgabe und unsere Vorstellung von «leben lernen» noch nicht.

Lebenssituationen kann man weder theoretisch-verbal, noch handelnd-einübend im Hinblick auf die Zukunft eines Kindes verläßlich vorbereiten.

Grundvoraussetzung ist vielmehr die bewußt geführte Auseinandersetzung des Schülers mit Situationen aus seinem Leben. Sie bahnt jene Wege und Stufen, die eine weitere Bewältigung von schwierigen Alltagsaufgaben möglich machen. Es muß zu einer wirklichen Synthese von «leben» und «lernen» im Rahmen der Schule und demzufolge auch im Rahmen des Unterrichts kommen.

Nachfolgende, recht äußerlich anmutende *Bedingungsfaktoren* bilden eine brauchbare Grundlage für ein pädagogisch gestaltetes Lernen mit intensivbehinderten Schülern:

□ Die ausgewählten und praktizierten *Methoden*

Eine Schule, die dem Leben nahesteht, zieht sich nicht auf traditionelle schulbezogene Methoden zurück und beschränkt sich auch nicht auf therapeutisch-orientierte Verfahren. Vielmehr versucht sie «leben lernen» mit Verfahren bzw. Methoden zu verwirklichen, die dem Leben und Lernen gesunder Kleinkinder abgeschaut sind.

Intensivbehinderte Schüler beschränken sich häufig nur auf *ein* «Untersuchungs»- und Weltverhalten, nur auf ein Schema der Weltbegegnung — zum Beispiel Wedeln. Daß auf diese Weise nicht nur wenige Erfahrungen gesammelt bzw. wenig in der Welt ausgerichtet und Lebenssituationen nicht einmal im Ansatz bewältigt werden können, ist einer der leidvollen Momente im Lernen mit intensivbehinderten Menschen.

☐ Das bewußt gestaltete und bereichernde *Gruppenleben*

Besonders intensivbehinderte Kinder leben in der Familie sehr isoliert, auch wenn sie in ein Symbiose-ähnliches Beziehungsgefüge zu ihrer mütterlichen Bezugs- oder Pflegeperson verstrickt sind. Die Schule dagegen hat die Chance, dieses enge Bezogensein aufzubrechen und die Basis des emotionalen und sozialen Erlebens auszuweiten und lebendig zu gestalten.

Die Gruppe ist nach unserer Meinung der ausschließliche Ausgangs- und Endpunkt aller Erziehungs- und Fördermaßnahmen (vgl. Abschnitt 6.2). Sie vermittelt Geborgenheit, Sicherheit und Wohlbefinden — Grundvoraussetzungen für Lernanstrengungen und Lernerfolge.

☐ Strukturierte *Lern- und Schulräume*

Schulische Lernräume brauchen nicht — wie oft gemeint — den Lebensgewohnheiten der bürgerlichen Familie zu entsprechen. Die Modell-Wohnung als alleiniger Lernort vermittelt nicht die vielen Lernerfahrungen, die notwendig sind. Oft verhindert sie solche sogar, weil sie durch die vielen Reize, Aktionsmöglichkeiten und die gleichzeitig vielen Regelungen intensivbehinderte Schüler verwirrt und überfordert.

Vielmehr sind eigene Lernräume so zu gestalten, daß dort kindliche Grundaktivitäten möglich sind und auch Grundbedürfnisse erfüllt werden können — wie essen, sitzen, spielen, liegen, rennen, schauen, hören, sich bewegen, schlafen.

Dies kann durch einzelne Zentren möglich werden, wie sie von HEWETT vorgeschlagen werden (vgl. FISCHER, 1978), aber auch durch eine zunehmend anregende Ausstattung, die ihrerseits steigende Anforderungen an das Kind stellt, und Bedürfnisse erfüllt.

Besonderer Wert ist nicht nur auf verschiedene Lernorte innerhalb des Klassenraumes zu legen, sondern auch auf verschiedene *Lernebenen.*

Unabdingbar für jede Klasse sind ein großer Spiegel, in dem man sich ganz sehen kann und Liege- bzw. Ruhemöglichkeiten, besonders bei mehrfachbehinderten und unruhigen Kindern.

Der eigentliche Lernraum selbst — in Zonen strukturiert — ist durch weitere *Lernorte* außerhalb des Klassenzimmers zu ergänzen: ein Schwimmbecken, ein Sandraum, ein Bewegungsraum (Rhythmikraum) mit einem Trampolin usw.

□ Die ausgewählten *Inhalte*

Lebensorientierte Erziehung und Bildung lassen sich nicht ausschließlich durch eine Verbesserung der «funktionalen Grundausstattung» erreichen — zum Beispiel durch ein Aufmerksamkeitstraining, eine krankengymnastischen Förderung oder eine lebenspraktischen Gewöhnung. Die Erziehung Intensivbehinderter darf nicht zu einer Förderung ohne Inhalte werden trotz aller diagnostizierbarer und markant erscheinender Ausfälle im funktionalen Bereich. Die Gefahr, Inhalte nur noch als Lernmaterial oder als Lernmedium zu benützen, ist so groß, daß man nicht eindringlich genug ein Gegengewicht setzen kann (vgl. Abschnitt 5.3 bzw. die nachfolgenden Beispiele von Lernvorhaben).

Es werden lebensnahe und kindgemäße Inhalte sein müssen, Inhalte, die primär sinnlich erfaßbar sind, das heißt sensorisch-taktilen oder auch oralen Aufforderungscharakter besitzen, es werden Dinge sein, die man kommunikativ und erlebnishaft aufnehmen und vielleicht doch auch erfahren kann — zum Beispiel den Obstbaum im Garten, die Sonne, den Wind, den Regen, den Sturm, die Kerzen, den Traktor, die Kutsche oder den Kombi, das Kissen, die Stühle, die Treppen.

Lernen sollte sich aus dem Lebensfeld herausentwickeln wie die aufkeimende Pflanze aus dem Samen im Frühlingsbeet. Diese enge Verbindung von Lernen zum jeweiligen Lebensfeld muß auch dann noch bestehen bleiben, wenn sich Lernprozesse auf höherer Ebene verwirklichen lassen. Zu schnell ist man verleitet, sich wieder auf das so bequem zu handhabende didaktische Material zurückzuziehen, Einsteck- oder Zuordnungsübungen anzubieten oder nahezu stereotyp Türme bauen zu lassen — was vereinzelt sicher seinen Sinn haben mag.

Reißt die Verbindung von Leben und Lernen, vermag das Lernen Intensivbehinderter vielleicht zu einem wissenschaftlich interessanten Phänomen zu werden, nicht aber zu dem, was wir sonderpädagogisch anstreben und wofür wir uns engagieren: eine lebensanregende und lebenstragende Lernhilfe.

In diesem Rahmen sind nachfolgende Aufgaben zu sehen:

- Lebensanforderungen aus dem Leben für intensivbehinderte Schüler so zu dosieren, daß diese es verkraften können
  (Zum Beispiel keine verwirrende Vielfalt an Lernsituationen, sondern ein behutsames Heranführen an einzelne ausgewählte)
- Lebens- und Lernschwierigkeiten auszugliedern, zu isolieren und gezielt anzugehen
  (zum Beispiel ein stark ablenkbares Kind in einem eigenen Raum füttern, verbunden mit einer Eßtherapie)
- für den jeweiligen Schüler und seine Angehörigen ein lebbares und erfüllendes Umfeld und Lebensfeld aufbauen
  (zum Beispiel Nachbarschaftshilfe anregen, Sicherung der materiellen und sozialen Notwendigkeiten)
- den Kontaktraum und das Erlebnisfeld behutsam, aber doch systematisch erweitern
  (zum Beispiel durch wiederholendes Begegnen mit Freizeitorten wie dem Wald, der Wiese, dem Schwimmbad)
- die Möglichkeiten intensivbehinderten Menschen für die Gesellschaft interpretieren
  (zum Beispiel Begegnungsstätten für gemeinsames Erleben erarbeiten)
- Anwendungsfelder für erworbenes Können und für die sich herausbildende Persönlichkeit schaffen
  (zum Beispiel Arbeitsfelder erschließen, Freitzeitangebote beanspruchen)
- angeregte und geförderte Bedürfnisse angemessen befriedigen oder die Befriedigung durch den Schüler selbst unterstützen
  (zum Beispiel Lebensräume schaffen, in denen sich die Schüler auch *später* nach der Schulzeit wohlfühlen)

Diese Auflistung ließe sich fortsetzen. Es soll nicht Vollständigkeit erreicht, sondern aufgezeigt werden, wie weit sich die Schule für ihre intensivbehinderten Schüler engagieren muß.

Dennoch hat die Frage, ob nicht eine Tagesbildungsstätte alle diese Aufgaben, wenn nicht besser, so doch genauso gut erfüllen könnte, ihre Berechtigung. Muß sich «leben lernen» tatsächlich in einer Schule vollziehen?

Eine Antwort auf diese Frage läßt sich nur prinzipiell geben. Im Einzelfall kann eine Tagesbildungsstätte die äußerlich günstigeren Voraussetzungen stellen, besonders engagierte Mitarbeiter haben einen günstigeren Personalschlüssel aufzuweisen. Ähnlich positive Voraussetzungen bietet andernorts vielleicht die Schule.

Grundsätzlich ist der *Schule* für intensivbehinderte Kinder der Vorzug zu geben, vorausgesetzt, sie paßt sich den Bedürfnissen und Möglichkeiten dieser Schülergruppe an und verlangt nicht umgekehrt einseitige Anpassungsleistungen ihrer Schüler.

Schule ist eine Einrichtung des Staates für die Erziehung und Bildung *aller* Kinder und Jugendlichen im schulpflichtigen Alter. Somit hat die Schule gerade für Intensivbehinderte eine *integrative Funktion.*

Gleichzeitig wird damit sowohl inhaltlich als auch didaktisch in den Grundstrukturen ein gleiches Lern- und Erziehungsangebot garantiert; auch die Festschreibung durch die Lehrpläne sorgt dafür. Selbst eine mögliche private Trägerschaft kann trotz einer individuellen Ausgestaltung an dieser Tatsache wenig ändern. Für die Umsetzung von Erziehung und Bildung auf das einzelne Kind hin sorgt ein Team mit sonderpädagogisch qualifizierten Mitarbeitern, das sich um einen Gleichklang von pädagogischen, didaktischen und therapeutischen Anstrengungen bemüht.

Schule bedeutet ein Anrecht aller Bürger. So kann auch die Aufnahme von Intensivbehinderten in eine Schule für Geistigbehinderte nicht abhängig gemacht werden von den Bedingungen oder Kriterien privater Einrichtungen oder bestimmter Mitarbeiter. Das Recht auf Schule heißt für intensivbehinderte Kinder ein Anrecht auf einen Schulplatz und damit als Mitglied und späterer Bürger in unserer Gesellschaft Anrecht auf staatlich gewollte, bejahte und finanzierte Erziehung und Bildung, Förderung und Therapie nach dem jeweils notwendigen Umfang. Besonders für Eltern ist dieses Moment ein sehr wichtiges.

So wird Schule für intensivbehinderte Schüler und für ihre Angehörigen zu einem wesentlichen Partner, mit dem man rechnen kann und der für sie eintritt.

Dies ist dann besonders der Fall, wenn die derzeit immer noch — wenn auch verdeckt — gehandhabten Kriterien zur Aufnahme in die Schule für Geistigbehinderte vollends an Bedeutung verlieren und die Schule selbst sich sowohl personell, organisatorisch als auch inhaltlich stärker auf diese neue Schülergruppe der Intensivbehinderten einstellt und ihnen damit das Tor zu ihrer Erziehung und Bildung öffnet.

Das setzt u.a. voraus, daß die Schule für Geistigbehinderte in verstärktem Maße sich nicht nur der Schüler annimmt, die — wenn auch bedingt — mit Erfolg lernen können, sondern auch solcher, deren Lernerfolg nach herkömmlichen Vorstellungen nicht mehr durchgängig zu garantieren ist (vgl. Kap. 1).

Geschieht die Erziehungs- und Bildungsarbeit mit Intensivbehinderten in dieser Weise im Rahmen einer Schule, wird sie nicht mehr allein Inhalt und Anliegen privatem Engagements sein, sondern eine allgemein gültige und eine allgemein verpflichtende Aufgabe.

Die Scheu mancher Eltern, dem Staat oder staatlichen Institutionen ihre behinderten Kinder anzuvertrauen, läßt sich aufgrund mancher Erinnerung an frühere Zeiten verstehen. Sorge in dieser Richtung erscheint nach derzeitigen Beobachtungen unbegründet.

Wohl aber wird von den Eltern wie von den Mitarbeitern der Schule für Geistigbehinderte außer Geduld für die weitere Aufbauarbeit gerade in der pädagogischen Arbeit mit intensivbehinderten Schülern viel gemeinsames Überlegen und Bemühen notwendig sein, um noch bessere Wege des Lebens und des Lernens für diese Gruppe von Schülern zu finden.

Für die tägliche Unterrichtsarbeit stellen sich den Mitarbeitern einer Schule eine Reihe von Problemen, aus denen nachfolgend einige ausgewählt zur Diskussion kommen sollen:

Problem 1

Wie kann man einen Lehrplan gestalten, welche Themen, Vorhaben, Aufgaben sind konkret aufzunehmen, will man die im Kapitel 4 vorgestellten Aufgabenfelder verwirklichen?

Problem 2

Wie gestaltet man am besten einen Lerntag für intensivbehinderte Kinder, damit sie diesen verkraften, gleichzeitig auch optimal davon profitieren?

Problem 3

Soll man intensivbehinderte Schüler vorwiegend nach einem Grundmodell unterrichten? Gibt es ein solches überhaupt? Welche Rolle spielt die Basale Aktivierung?

Problem 4

Soll man eigene Klassen mit intensivbehinderten Schülern bilden oder diese Schüler in anderen Klassen mitführen?

Zum Abschluß des Kapitels 6 sollen dann noch einige Unterrichtsbeispiele entsprechend den vier Aufgabenfelder vorgestellt werden, um auch auf diese Weise dem Leser Anregungen für seine Unterrichts- und Erziehungsarbeit zu bieten.

Das erspart ihm jedoch nicht die Mühe, seine konkrete Arbeit auf die eigene Klasse abzustimmen und von da aus diese zu planen und zu entwickeln.

6.2 Problem 1 — Der Lehrplan für intensivbehinderte Schüler

6.2.1 Vorbemerkung

Grundsätzlich ist die Grobstruktur durch die vier Aufgabenfelder (vgl. Abschnitt 4) vorgegeben. Probleme bereitet jedoch die Füllung mit Inhalten. Dies ist aufgrund der besonderen Lernmöglichkeiten und Lernerschwerungen dieser Schülergruppe besonders schwierig.

Während anders begabte Kinder ein Repertoire von Vorstellungen, Fähigkeiten und Fertigkeiten besitzen und diese je nach Lernanforderung abrufen und zur Verfügung stellen können, muß der Lehrer bei intensivbehinderten Kindern entweder eine solche Lernfähigkeit und Lernbereitschaft erst erzeugen und aufbauen oder sich auf die oft nur spurenhaft vorhandenen und dazu sehr individuellen Lernleistungen beschränken. Diese gilt es aber erst einmal zu finden (vgl. Kap. 3).

Während in der herkömmlichen Schule für Geistigbehinderte das Leben in seinen für das Kind relevanten Lebenssituationen in *Lern-*

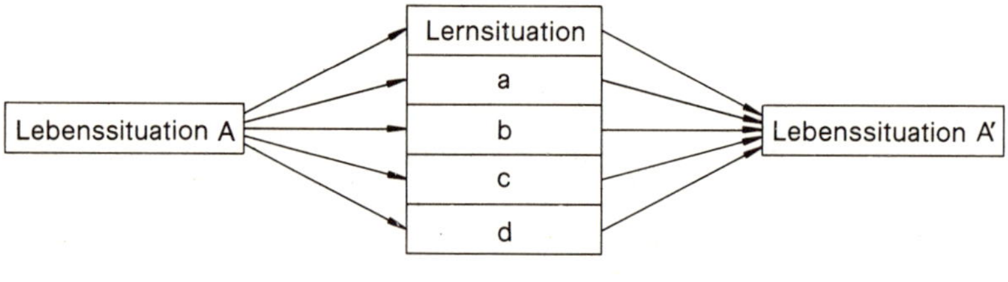

Bild 6.1 Eingebundensein der Lernsituationen in die Lebenssituation Geistigbehinderter

situationen übergeführt werden muß und diese dann wieder die jeweiligen Lebenssituationen qualifizieren (vgl. Bild 6.1), steht in der Arbeit mit Intensivbehinderten die *Gruppe* als Ausgangs- und Endpunkt im Mittelpunkt aller Lernaktivitäten (vgl. Bild 6.2), unabhängig, ob diese sich im Gruppenverband oder in der Einzelsituation, in einer mehr gewohnheitsorientierten oder mehr erlebnisbezogenen Lernweise vollziehen.

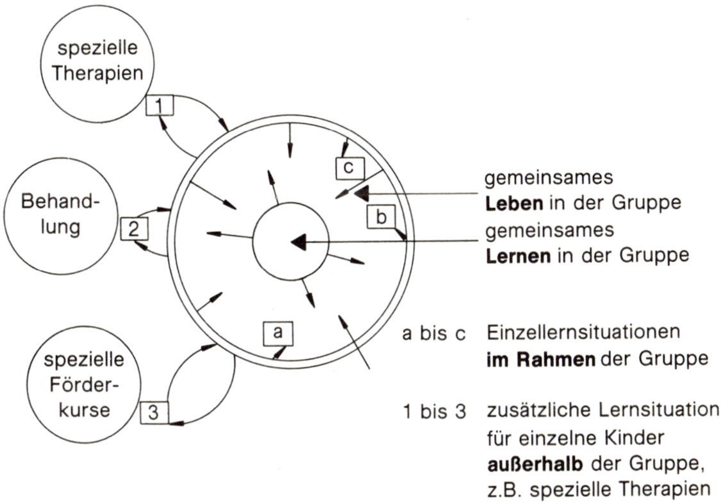

Bild 6.2 Eingebundensein von Lernsituationen mit Intensivbehindertern in die Gruppe

Neben dieser grundsätzlichen Bezogenheit aller Förderaktionen auf die jeweilige Schulgruppe spielen für die Auswahl und für die Gestaltung von Lernzielen drei weitere Faktoren eine entscheidende Rolle:

1. das von den Schülern erlebte Lebensfeld (vgl. Abschnitt 4.5.6 bzw. Bild 4.4)
2. der von den Lerngegenständen vertretene Weltausschnitt (vgl. Bild 6.3)
3. die vom Schüler geforderte Aktivität (vgl. Bild 6.4).

□ *Zum Lebensfeld intensivbehinderter Schüler*

Im Abschnitt 4.5.6 wurde die Problematik bereits angesprochen. Die Berücksichtigung des Erlebens- und Lebensfeldes garantiert am ehesten eine schülerorientierte Zielentscheidung. Hier geht es weniger um sein Können als um seine innere Gerichtetheit. Befindet sich ein Kind noch ganz in der «oralen Phase», wird es sich nur für Dinge interessieren, die man in den Mund stecken kann. Es wird dementsprechend auch ganz bestimmte, geprägte Erfahrungen sammeln.

Wir müssen helfen, dem Kind auch andere Erlebnis- und Erfahrungsräume zu erschließen. Dies ist neben der «funktionalen Ertüchtigung» eine unserer Hauptaufgaben.

□ *Zu den Lerngegenständen, die einen Weltausschnitt vertreten*

Erschließung der Umwelt bzw. der Wirklichkeit macht erforderlich, unsere Kinder nicht nur mit einem — vielleicht besonders bevorzugten — Weltausschnitt bekannt zu machen. Da wir eine Orientierung in unserer Welt erreichen wollen und eine durch vielfältige Anregung und vielfältige Beziehungen verbesserte Lebensqualität, haben nahezu alle Lebensbereiche eine Bedeutung für unsere Unterrichtsarbeit, die Natur ebenso wie die Technik, die Kunst ebenso wie der Verkehr. Solche Umweltbereiche bzw. Weltausschnitte werden im Bild 6.3 dargestellt.

Bild 6.3 Weltausschnitte für die Förderung Intensivbehinderter

Die Zuordnung von Lerngegenständen ist nicht immer einfach und auch oft nicht eindeutig. So kann zum Beispiel das Besteck der Selbstversorgung zugerechnet werden wie der Technik oder der Waldweg dem Verkehr ebenso wie der Natur.

Auf keinen Fall soll hier durch einen Spalt veraltetes Bildungsdenken wieder in das Klassenzimmer kommen. Es geht nicht um ein möglichst vollständiges Erfassen von Welt im Sinne exemplarischen Lernens (vgl. KLAFKI), sondern um die Erschließung der Wirklichkeit, in der sich unser Leben ereignet. Dabei kommt es sehr auf die didaktischen Schwerpunkte an, damit auf keinen Fall das sog. Objektive das subjektiv Bedeutsame für ein Kind erschlägt. Nicht die Sonnenblume als Korbblütler wird der Lerngegenstand für intensivbehinderte Schüler sein, sondern die Sonnenblume, die wir gesät haben, die wir anfassen, die wir bewundern.

Schließlich sind Weltausschnitte spätere Lebenssituationen, auf die es sich vorzubereiten gilt.

Leben Kinder aufgrund ihrer intensiven Behinderung nahezu ausschließlich im Vital- und Körperfeld, können die Weltausschnitte zusammenschmelzen. Es spielen dann vorwiegend die *Reize* aus diesen eine Rolle, wobei wir dennoch annehmen, daß auch an diesen unsere Schüler Unterschiede feststellen und sich hier besondere Vorlieben oder auch bestimmte Verhaltenstendenzen entwickeln.

□ *Zu den geforderten Aktivitäten*

Die Möglichkeiten des Aktivseins sind für intensivbehinderte Schüler beschränkt. Oft müssen sie erst durch die Basale Stimulation oder durch die Basale Aktivierung hervorgelockt werden.

Jeder Weltausschnitt, jede Lebenssituation allerdings ermöglicht eine Fülle menschlicher, existentiell bedeutsamer Aktivitäten (vgl. Bild 6.4).

Man sollte sich bei jedem Objekt, bei jeder Situation, bei jedem Lernvorgang einen Überblick über die theoretisch möglichen Aktivitäten verschaffen. Nur so können wir verhindern, durch die Zuschreibung möglicher Behinderung in eine sehr einseitige Förderhaltung zu geraten, ein Kind nur zu bewegen, nur über musikalische Angebote zu arbeiten.

Daß sich viele Kinder auf der Stufe der sensomotorischen Intelligenz befinden und hier in der typischen Weise agieren, modifiziert unser Anliegen, hebt es aber nicht auf.

Bild 6.4 Möglichkeiten der Auseinandersetzung Intensivgeistigbehinderter mit ihrer Welt

Schließlich ist daran zu erinnern, daß zusätzlich zu jeder Aktionsform oder Tätigkeit die gesamte Spanne von der mehr passiven Variante bis zur höchst aktiven zu sehen ist. Man kann sehr wohl durch ein pathisches Aufnehmen genießen wie auch durch ein Aktivsein, man kann sich bewegen lassen oder selbst etwas in Bewegung versetzen.

□ *Weitere Intentionen*

Neben diesen mehr didaktischen Überlegungen spielen bei der Lehrplangestaltung auch Momente eine Rolle, die mehr pädagogischen Charakter haben. Sie stellen weniger exakt umschreibbare Verhaltensleistungen dar, sondern eher Prinzipien oder Förderrichtungen, die eine Dynamisierung der gesamten Person im Auge haben.

Hierzu lassen sich folgende Beispiele zählen (sie sind nicht geordnet und geben eine weit streuende Vielfalt wieder):

- Suchaktivitäten entwickeln
- Untersuchungsmethoden aufbauen und differenzieren
- neugierig werden
- Bewegung als Herausforderung spüren
- sich an einem Ort, bei einer Person geborgen fühlen
- ein Lieblingsspielzeug besitzen
- Lieblingstätigkeiten haben und diese einsetzen

- etwas haben, etwas holen wollen
- Positionsveränderung durch Höhe, Geschwindigkeit, Entfernung verspüren
- den Erfahrungsraum vom Mund in die Hände verlegen
- einen Weg in verschiedenen Variationen zurücklegen
- sich bemerkbar machen
- sich mitteilen wollen und können
- sich in Pflegesituationen mit einbringen
- etwas abwehren als frühe Form des Neinsagens
- Objekte (Personen, Materialien usw.) voneinander unterscheiden
- sich in bestimmten Situationen freuen
- traurig sein/weinen können
- Greifen/Festhalten/Loslassenkönnen als Grundvoraussetzung vieler lebenswichtiger Aktivitäten
- zur Ruhe kommen

Inwieweit solche pädagogischen Intentionen als primäre Lernziele oder mehr als parallele Lernerträge zu ermöglichen sind, kann nur vor Ort in einer Klasse oder bzgl. eines Kindes entschieden werden. Man würde ihre Bedeutung zu gering schätzen, ließe man sie nur als zwar sehr wichtige, aber eben doch nur als übergeordnete Prinzipien nebenher laufen.

6.2.2 Zum Lehrplan selbst

Der Lehrplan gliedert sich in vier Bereiche:

Bereich I zur Sicherung existentieller Grundbedürfnisse

Hier werden alle Leistungen der *Pflege* einschließlich der damit in Zusammenhang stehenden Therapien eingetragen, z.B. Eßtherapie, Sauberkeitstraining. Auch Elternarbeit, ärztliche Maßnahmen, Behandlungen und Verordnungen sind hier aufzunehmen. Schließlich ist das zu vermerken, womit man das Wohlbefinden und die Sicherheit eines intensivbehinderten Schülers anregen, stützen oder steigern kann.

Bereich II   zur funktionalen Grundausstattung

Hier sind alle die Funktions- und Fähigkeitsbereiche einzutragen, die durch eigens auszuweisende Lernanstrengungen angegangen werden, z.B.

Grobmotorik	Schwimmen
Feinmotorik	Sport/Bewegungserziehung
Wahrnehmung	Ausdrucksgestalten
Nachahmungsleistungen	lebenspraktische Fertigkeiten
Gedächtnisleistungen	Umwelttraining
Zuwendungs- bzw. Aufmerksamkeitsverhalten	
Sprachanbahnung	Selbstversorgung
allgemeine bzw. Basale Aktivierung	Musik und Rhythmik

Bereich III   zur Umwelterschließung und zum Objektaufbau

Hier sind alle die Vorhaben bzw. Ziele einzutragen, die mit dem Kennenlernen der personalen, sozialen, situativen und dinglichen Umwelt zu tun haben, einschließlich solcher umweltgebundener Fähigkeiten wie singen, spielen, handeln, gestalten.

Allerdings wird meist das Erleben, Erfahren und Erfassen, weniger das Handeln im Vordergrund stehen, nachdem die Beziehungsfähigkeit unser primäres Ziel für intensivbehinderte Schüler ist und nicht die Handlungs- oder Gestaltungsfähigkeit.

Bereich IV   zu den Lebensaufgaben

So wenig abgeklärt und erschöpfend durchdacht und erprobt dieser Bereich auch ist, sollten dennoch Versuche gewagt werden, Lebensaufgaben auszuweisen — und wenn es nur so banale, herkömmliche «Dinge» sind wie Ämter, Vorlieben, Beschäftigungen.

Zur Abrundung der Gesamtplanung — meist für einen Monat — sollten nach den *vier Aufgabenfeldern* auch die Dinge genannt werden, die man als „besondere Ereignisse" bezeichnen könnte: Kleine Feste und

Feiern, den Elternnachmittag, den Kinderbesuch aus der Nachbarschaft, die Veränderung im Morgenkreis, ein neues Kommunikationszeichen, ein bestimmtes Bild, eine Umstellung im Speiseplan.

Noch einige ergänzenden Anmerkungen für die Praxis:

1. Jeder Lehrplan muß in ein *Schema* gebracht werden. Dafür gibt es verschiedene Möglichkeiten. Wer im streng *curricularen* Sinne arbeiten will, dem sei das nachfolgende empfohlen:

Lernziele	Lernvorhaben und Lerninhalte	Hinweise zum methodischen Vorgehen	Pädagogische Intentionen als parallele Lernerträge

Ob man jetzt *am Rande* oder *vor* den einzelnen Ausführungen den Aufgabenbereich nennt oder auch einen Lern- oder Fachbereich angibt, kann jeder selbst entscheiden.

Wer *vorhaben- oder situationsorientiert* arbeitet, wird das Schema insgesamt verändern müssen, (vgl. FISCHER, 1978).

2. Dieser allgemeine Lehrplan, der meist für eine ganze Gruppe oder Klasse erstellt wird, muß dringend ergänzt werden durch Lehrpläne für *einzelne* Schüler. Hier fließen Ergebnisse aus den Therapie-Gesprächen ebenso mit ein wie aus der Beobachtung oder aus möglichen Testuntersuchungen (vgl. Kap. 3).
3. Berücksichtigt werden müssen auch *pädagogische Probleme.* Wenn diese lang- oder mittelfristig anzugehen sind, sollten sie auch im Lehrplan — als ein zusätzlicher oder ergänzender *Erziehungsplan* für die Klasse bzw. für einzelne Schüler aufgeführt werden.
   Erziehungspläne sind in einem noch größeren Maße als Lehrpläne mit den Eltern abzusprechen, wenn nicht sogar zu erarbeiten.
4. Wichtig ist, daß sich der Lehrplan für den Schüler nicht als ein reiner Fleckerlteppich erweist. Der Schüler soll zusammen mit seinem Lehrer nicht wie ein Schmetterling von Blume zu Blume, oder in der Sprache der Didaktik, von Ereignis zu Ereignis, von Vorhaben zu Vorhaben hüpfen.

Aus diesem Grunde sind sog. *Kerninhalte* notwendig — dies kann in Form von Projekten oder Vorhaben geschehen, wie auch in Form von Erlebnissen oder Ereignissen.

Lernvorhaben bilden meist den Rahmen für gemeinsames Erleben und Aktivsein. Selten können unsere Schüler diese allein für sich bewältigen. Sie brauchen unsere Begleitung. Lernvorhaben stellen Realisationsfelder für das «Leben lernen» dar. Sie vermögen das Einüben einer Fertigkeit aufzufangen und das notwendige, oft belastende Therapieren abzumildern bzw. sinnvoll zu machen. Außerdem können Lehrer und Schüler an einer inhaltlich verbindenden Aufgabe *gemeinsam* arbeiten.

5. Der notwendige Aufbau von Funktionen, Fähigkeiten und Fertigkeiten, das Anbahnen von Eindrücken, Vorstellungen und eventuellen Begriffen wird sicher nicht immer lehrgangsmäßig erfolgen. Viele Fähigkeiten bzw. Lernvorhaben erlauben keine Operationalisierung — zum Beispiel «Wir lachen gerne» oder «Wir lernen uns wehren». Wir sollten dennoch auch solche Lernvorhaben in unseren Unterricht aufnehmen. Darüber hinaus ist es wichtig, alle sich abzeichnenden Lernfortschritte, die oft sehr inselhaft sind, zu bündeln und auszuweiten.

   Haben Kinder — zum Beispiel — das Transportieren von Dingen als Grunderfahrung erlebt, versuchen wir diese durch ähnliche Aufgaben, mit anderem Material und in sehr unterschiedlichen Situationen zu festigen bzw. übertragen — zum Beispiel: «Wir ziehen einen (Leiter-) Wagen» oder «Wir tragen/holen Wasser». Ähnliches gilt für Objekterfahrungen (vgl. Bild 6.5 und 6.6).

6. Der *Lehrplan sollte Ergebnis gemeinsamer Diskussionen im Team* sein und nicht in der stillen Kammer des Sonderschullehrers entstehen. Nicht nur das *Finden* von Zielen und Inhalten, von Lernsituationen und Lernaufgaben ist im Rahmen unserer Arbeit schwierig.

   Viel problematischer erweist sich in der Praxis, einen Mittelweg zwischen therapeutischer Arbeit und unterrichtlich-erziehlicher Arbeit zu gehen.

   Die *Verhaltensausprägungen* unserer Schüler sind oft so gravierend, daß man zu allererst diese „in Ordnung bringen“ will, bevor man Unterricht anbietet, oder wegen dieser zahlreichen, manchmal massiven Schwierigkeiten an gar kein Lernen im Rahmen der vier Aufgabenfelder mehr zu denken wagt. Hier ist wieder das Team aller pädagogischen, psychologischen und therapeutischen Mitarbeiter eine gute Korrekturinstanz, sich nicht in Verhaltensprobleme allein zu verstricken oder gar zu verlieren.

7. Grundsätzlich sollten Eltern den jeweiligen Lehrplan ihrer Kinder kennen, nicht nur der Information wegen, sondern aus der Notwendigkeit heraus, am Erleben ihrer Kinder und unserer Schüler innerlich Anteil nehmen zu können.
   Vielleicht ließe sich allein dadurch an manchen Stellen die Kommunikationslosigkeit durchbrechen, die unsere Kinder und uns — ihre Angehörigen und ihre Lehrer und Erzieher — ständig so bedrückt.
8. Grundvoraussetzung für eine Lehrplanarbeit ist, daß sich der Lehrer in das Welterleben seiner Schüler hineindenkt, hineinfühlt und hineinlebt. Tut er das nicht in ausreichendem Maße, weicht er in ein — wenn auch didaktisch-methodisch geschicktes — Handeln aus oder gar in ein „Reden über die Dinge". Spätestens dann lebt und lehrt er an seinen (intensivbehinderten) Schülern vorbei.

6.2.3 Mögliche Lernvorhaben für intensivbehinderte Schüler

Nachfolgend sind einige Lernvorhaben für intensivbehinderte Schüler zusammengestellt. Sie sind alle im obigen Sinne zu verstehen. Zur besseren Übersicht wurden sie gemäß der Aufgabenfelder aus Kap. 4 geordnet.

Gruppe 1	Lernvorhaben zum Aufgabenfeld 2
Gruppe 2	Lernvorhaben zum Aufgabenfeld 3
Gruppe 3	Lernvorhaben, die über beide Aufgabenfelder streuen

Den Schlüssel für die verwendeten methodischen Modelle findet der Leser ebenso wie die Erklärungen zur Funktion der einzelnen Spalten in den Anmerkungen nach den Auflistungen.

Beispiele von Lernvorhaben zum Aufgabenfeld 2 — Funktionale Ertüchtigung

Thematisierung	Funktionale Ertüchtigung	Umwelterschließung	Lebensfeld	Weltausschnitt	Aktionsfeld	Gebundenes bzw. offenes Lernfeld	Methodische Modelle
Wir stellen Rollen auf	xxxxx greifen — loslassen	xx Rollen als LM	Greiffeld	Technik	bewegen	xxx (gebundenes)	(2) (4) (9) (10)
Wir bewegen/ gehen auf Licht/ Geräusche zu	xxxxx Koordinierung von hören und gehen	x versch. Licht- und Geräuschquellen	Körperfeld bis Nahfeld	Kunst/ Technik/ Natur	genießen/ erleben/ bewegen	xxx	(1) (2) (3) (6) auch (4) und (10)
Wir befreien uns von ... Hindernissen verschiedener Art	xxx nicht festgelegte Bewegungen	xxx Tücher, Sand, Stühle, Seile	Greif- und Nahfeld	Räume, Natur, Technik, Ich	bewegen, arbeiten, üben	xxxxx (offenes)	(2) (3) (4) (7)
Wir wählen zwischen ... (einem roten und gelben Saft)	xxx als Ausbildung von Gewohnheiten	xxx verschiedene Obstsäfte	Vital- bis Nahfeld	Selbstbesorgung, Natur	bewegen, genießen, denken	xxx	(4) (8) (9) und (10)

Wir sammeln … (Äpfel, Bälle, Steine, Brettchen) ein	xxxxx als Koordinierung von Greifen — gezieltes Ablegen	xxxx verschied. Objekte bedingen verschiedene Greifsch.	Greif- bis weites Umfeld	Selbstbesorgung, Natur, Räume	bewegen, erleben, arbeiten	xxx		(2) (3) (4) (9) (10) (5)
Wir ziehen … (Spieldinge) hinter/zu uns her	xxx/xxxx einlineare und koordinierte Bewegungs- bzw. Handlungssch.	xxx verschied. Objekte setzen verschiedene Aufforderung/Erfahrung	Greif- bis weites Umfeld	Technik, Natur, Verkehr, Räume, Ich	bewegen, spielen, arbeiten	xxx		(2) (3) (4) (9)
Wir setzen … (Bälle) in Bewegung	xxx einlineare Stoßbewegung	xx Objekte mit verschied. Gewicht/Form, auch Autos	Greif- bis Umfeld	Technik, Verkehr, Räume	bewegen, spielen		xxx	(2) (4) (7) auch (9)

Thematisierung	Funktionale Ertüchtigung	Umwelterschließung	Lebensfeld	Weltausschnitt	Aktionsfeld	Gebundenes bzw. offenes Lernfeld	Methodische Modelle
Wir halten uns … (an einem Seil/Tau) … fest	xxx einlineare Greifmuster	xx Objekte wie Taue, Stangen, Geländer	Greif- und Körperfeld	Selbstbesorgung, Ich, Körper	üben, bewegen, arbeiten, erleben	xxx	(2) (4) (9)
Wir halten … (eine rollende Kugel) … auf	xxx einlineare Reaktionsbew.	Steine, Bälle, Kugeln	Greif-, Körper-, Nahfeld	Technik, Natur, Ich	üben, erleben, bewegen	xxx	(2) (4) (9)
Wir rühren … (einen Pudding) … an	xxx Drehbewegung	xxx Milch, Quark/ auch Linsen usw.	Vital-, Körper-, Greiffeld	Selbstbesorgung, Technik	erleben, bewegen, üben	xxx	(4) (9) auch (8)
Wir steigen Treppen	xxxxx verschied. Treppen, dann Leitern	xx Treppen, Heidelberger Treppe	Körper-Nahfeld	Körper, Ich, Selbstbesorgung	bewegen, üben, genießen	xxx	(2) (4) (9) auch (8) (7)

Wir hören Musik	xxx verschied. Klänge/ Musik	xxx Musik vokal und instrum.	Körperfeld	Ich, Kunst	genießen, hören, bewegen		xxx	(1) (3) (6) auch (8) (2)
Wir erleben ... (Sand)	xx verschied. sensorische Empfindungen	xxx Sand/ Wasser/ Luft/ Wind	Körper- bis Nahfeld	Ich/ Körper, Natur	genießen, erleben, spielen		xxx	(1) (2) (3) (6) (11)

Beispiele von Lernvorhaben zum Aufgabenfeld 3 — Erschließung der Wirklichkeit

<table>
<tr><th>Thematisierung</th><th>Funktionale Ertüchtigung</th><th>Umwelterschließung</th><th>Lebensfeld</th><th>Weltausschnitt</th><th>Aktionsfeld</th><th colspan="2">Gebundenes bzw. offenes Lernfeld</th><th>Methodische Modelle</th></tr>
<tr><td>Wir sitzen in der Sonne/im Wind ...</td><td>xx passives Sitzen</td><td>xxxxx Wärme/ Sonne</td><td>Vital- bzw. Körperfeld</td><td>Natur, Körper, Ich</td><td>genießen, erleben</td><td></td><td>xxx</td><td>(1) (2) (3) auch (8)</td></tr>
<tr><td>Wir erleben Kälbchen im Stall</td><td>xx gehen/ schauen ...</td><td>xxxxx Stall Stroh/ Kälbchen</td><td>Nahfeld, auch Körperfeld</td><td>Natur, Räume, Ich</td><td>erleben, erkunden, sehen ...</td><td></td><td>xxx</td><td>(3) (2) (8)</td></tr>
<tr><td>Wir sitzen auf einem Baumstamm</td><td>xxx sitzen, tasten, greifen</td><td>xxxxx Baum, Rinde usw.</td><td>Greiffeld</td><td>Natur</td><td>erkunden, erleben</td><td colspan="2">xxx</td><td>(3) (8) (5) (2)</td></tr>
<tr><td>Wir lernen ein neues Signal kennen</td><td>xxx hören, merken</td><td>xxxxx Signal (ak.op.)</td><td>Körper- bis Nahfeld</td><td>Selbstbesorgung, Verkehr</td><td>üben, hören</td><td>xxx</td><td></td><td>(8) (4) (9) (10)</td></tr>
<tr><td>Wir erleben den ... Boden/die Wände</td><td>xxx tasten, sehen, laufen</td><td>xxxx den Boden, Unebenheiten, Beläge</td><td>Körper- bis Nahfeld</td><td>Räume, Technik, Körper</td><td>bewegen, erleben, erkunden</td><td colspan="2">xxx</td><td>(2) (3) (8) auch (9)</td></tr>
</table>

Wir streicheln … ein Lamm	xxx tasten, strei-cheln	xxxx Plüsch-tiere, echtes Schäf-chen	Greif- bzw. Nahfeld	Natur, Ich, Körper	erleben, genießen, erkunden	xxx	(3) (8) (9)
Wir schauen uns im Spiegel an	xxx schauen, merken	xxx das eigene Gesicht/ der Kör-per	Körper- bis Nahfeld	Körper, Ich, Natur, Technik	erkun-den, erleben, genießen, spielen	xxx	(3) (2) (1) (8)
Wir schauen durchs Fenster	xxx schauen, bewegen	xxxx Fenster, Vorhang, Rahmen	Greif- bis Umfeld	Natur, Technik	erkun-den, erleben, üben	xxx	(3) (2) (4) (8) (5)

Beispiele von Lernvorhaben, die das Aufgabenfeld 2 und 3 zwingend miteinander verbinden, d.h., es geht um eine feste Kopplung bestimmter Funktionen oder Fähigkeiten an einen bestimmten Gegenstand, eine bestimmte Situatior

Thematisierung	Funktionale Ertüchtigung	Umwelterschließung	Lebensfeld	Weltausschnitt	Aktionsfeld	Gebundenes bzw.	offenes Lernfeld	Methodische Modelle
Wir spritzen mit dem Schlauch	xxx halten, bewegen	xxx Schlauch	Greif- bis Nahfeld	Technik, Räume, Natur	arbeiten, bewegen	xxx		(2) auch (1) (3) (5)
Wir haben bei der Fahrt mit der Ponykutsche keine Angst	xxx sitzen/ruhig bleiben	xxx Kutsche mit Pony	Körper- bis Nahfeld	Technik, Natur, Ich	genießen, erleben	xxx		(1) (2) (3) (5)
Wir finden den Weg zum Ausgang/zum Bus	xxx gehen/öffnen, merken	xxx Bus/ Gang/Tür bes. Merkm.	Nah- bis Umfeld	Räume, Ich, Technik	bewegen, üben, denken	xxx		(4) (8) (9) (5) auch (10)
Wir blasen eine Kerze aus	xxxxx blasen	xxxxx Kerze	Nahfeld	Technik, Körper	bewegen, üben	xxx		(4) auch (3) (8)
Wir decken den Tisch	xxx greifen, festhalten, loslassen, merken	xxx best. Gegenstände, best. Orte	Nahfeld bis Umfeld	Technik, Räume, Ich	üben, denken	xxx		(4) (7) auch (8) (9) auch (10)

Wir freuen uns an der Rose	xxx riechen, schauen, freuen	xxx verschied. Rosen	Greif- bis Umfeld	Natur	erleben, genießen, merken	xxx		(3) (4) (5) (8)
Wir belegen Erdbeertörtchen	xxx festhalten, ablegen	xxx Erdbeeren	Greif-, Nahfeld	Selbstbesorgung, Natur	üben, arbeiten, genießen	xxx		(4) (3) (8)
Wir erleben die Vibrationswürfel	xxx wahrnehmen, reagieren	xxx Vibrationswürfel	Vital-, Körperfeld	Technik, Körper	erleben, genießen	xxx		(1) (2) (3) (6)

6.2.4 Anmerkungen zu den Lernvorhaben in der vorausgegangenen Tabelle

Anmerkung 1: Inhalte der Spalten

In den Spalten «funktionale Ertüchtigung» und «Umwelterschließung» zeigen die Anzahl der Sternchen (x) an, wo der Schwerpunkt des Lernvorhabens zu setzen ist, gleichzeitig aber signalisieren sie auch die Eindeutigkeit und die Gewichtung der jeweiligen Funktion oder Fähigkeit bzw. des Objekts oder der Situation.

In den Spalten «Lebensfeld» (vgl. Bild 4.4) und «Weltausschnitt» (vgl. Bild 6.3) wird angegeben, wo dieses Lernvorhaben seine didaktische Verankerung hat. Von da aus läßt sich auch leichter entscheiden, ob es einem Schüler oder einer Klasse zugemutet werden kann.

Auch muß vom Lehrer im konkreten Einzelfall entschieden werden, ob seine Schüler fähig sind, angestrebte oder mit dem Lernvorhaben im Zusammenhang stehende Objekte als Lerngegenstände oder als Lernmaterialien zu erfahren bzw. damit konfrontiert zu werden (vgl. Abschnitt 5.3).

Die Spalte «Aktionsfeld» (vgl. Bild 6.4) gibt nur schwerpunktmäßig eine oder mehrere dominante Formen der möglichen Auseinandersetzung oder auch der Beziehung des Schülers zur Welt an. Nicht ausgesagt werden kann in dieser Spalte — sondern wiederum nur in der konkreten Lernsituation —, ob mehr ein passives Erleben oder eine schon stärker aktive Begegnung oder gar eine selbstgesteuerte Auseinandersetzung des Schülers mit dem Lerninhalt möglich ist.

Die gewählte Lernform wird wesentlich den Ertrag des Lernvorhabens mitbestimmen. Ein mehr passives, gewöhnendes Umgehen zeitigt andere Ergebnisse als ein denkendes Durchdringen von Situationen oder Sachverhalten.

In der Spalte «Gebundenheit oder Offenheit eines Lernfeldes» signalisieren wiederum die Sternchen (x) den möglichen Schwerpunkt und damit, inwieweit einem Schüler Freiraum zum Verhalten bleibt oder ob ihm eng umschriebene Verhaltenstendenzen oder Haltungen abverlangt werden müssen.

Das gebundene Lernfeld nimmt wesentlich stärker auf die Lebensäußerungen und Lebenstätigkeiten eines Schülers Einfluß als das offene

Lernfeld. Es hat mehr Anregungs- oder Aktivierungscharakter — bis hin zum Freien Aktionsfeld.

In der Spalte «Methodische Grundmodelle» wird mit den jeweiligen methodischen Gestaltungsmöglichkeiten auf die möglichen unterschiedlichen Auslegungen eines Lernvorhabens hingewiesen. Es soll vermieden werden, auch mit intensivbehinderten Schülern, die ja weitaus weniger Möglichkeiten zur Umweltbegegnung haben, als normal begabte Schüler, immer nur nach einem Methodischen Modell zu arbeiten (vgl. FISCHER, 1978).

Auch hier gilt: Das gewählte Methodische Modell bestimmt den Lernertrag mit.

Folgende *Methodische Grundmodelle* bieten sich an:

1. Basale Stimulation (FRÖHLICH)
2. Basale Aktivierung (BREITINGER)
3. Ereignisangebot bzw. Erlebniseinheit (BREITINGER/FISCHER)
4. Lernen außer Haus (BAUER/FISCHER/MEHL)
5. Übung bzw. Training (AEBLI/BOLLNOW)
6. Passives Lernangebot (FISCHER)
7. Aktives Lernangebot (FISCHER)
8. Objekterkundung (BAUER/MIESSLER/FISCHER)
9. Gewöhnung (KANE/KANE/SCHMITZ)
10. Konditionierung (HALDER)
11. Freies Aktionsfeld (FISCHER)

Die in Klammer genannten Verfasser gelten entweder als Schöpfer oder als Autoren der jeweiligen Methodischen Grundmodelle. Soweit diese nicht in diesem Buch behandelt und dargestellt werden, wird auf das Literaturverzeichnis verwiesen.

Anmerkung 2: Didaktischer Schwerpunkt

Insgesamt muten die vorgenannten Beispiele — zumindest auf den ersten Blick — für intensivbehinderte Schüler als relativ «hoch» und anspruchsvoll an.

Nun darf man allerdings nicht vergessen, daß Lernvorhaben ähnlich wie Lerninhalte zu behandeln sind und erst durch die Ausweisung von *Lernzielen* bzw. durch die Bestimmung von *didaktischen Schwerpunkten* in ihrer eigentlichen Intention transparent werden (vgl. BITTLINGER).

Immer geht es um eine möglichst lebendige Beziehungsfähigkeit des intensivbehinderten Schülers zu seiner Umwelt und nicht primär um eine ausschließliche «funktionale Ertüchtigung». Dieser Leistungsaspekt ist nur ein Aspekt möglicher Auffaltung. Gleichbedeutend sind Bedürfnisse und der Objektaufbau auf der Basis eines sinnlichen Erlebens und Erfahrens.

Als Beispiel einer Auffaltung nach möglichen *didaktischen Schwerpunkten* soll nachfolgendes Unterrichtsvorhaben dienen:

«Wir spritzen mit dem Wasserschlauch»
Mögliche didaktische Schwerpunkte sind:

- ☐ den Schlauch festhalten, ohne bzw. mit verschieden dosiertem Wasserstrahl
- ☐ den Schlauch auf ein Ziel richten
- ☐ den Wasserfleck verändern/vergrößern
- ☐ mit dem Wasserstrahl Bewegungen ausführen, ihn steuern
- ☐ durch den Wasserstrahl laufen, gehen, bewegt werden (Rollstuhl)
- ☐ mit der Hand den Wasserstrahl aufhalten
- ☐ dem liegenden Schlauch nachgehen, nachfahren, nachzeigen
- ☐ den Schlauch ausrollen, zusammenrollen
- ☐ beim Spritzen mit dem Schlauch zuschauen (Gärtner, Hausmeister)
- ☐ zwischen Schlauch und ähnlichen Objekten unterscheiden (Seil, Tau, Fahrradschlauch)
- ☐ den Wasserstrahl im Hinblick auf das Objekt regulieren
- ☐ u.a.

Je nach didaktischem Schwerpunkt werden auch Lernziele, meist Feinziele auf der funktionalen Ebene ausgewiesen. Nie geht es darum, Handlungsfähigkeit mit dem Gartenschlauch zu erwerben. Das wird nur in wirklichen Ausnahmesituationen möglich sein. Es geht vielmehr um eine Basale Aktivierung, um eine Bindung der Aktivität an einen Gegenstand — in diesem Fall an den Schlauch, um die Regulierung oder Kanalisierung solcher Aktivitäten und um das Erleben, selbst etwas bewirkt zu haben. Damit ereignet sich die Wendung nach außen, die als Zuwendungsleistung für ein «Leben lernen» Grundlage und Ziel ist. In welch einer Weise das kommunikative Moment eine Rolle spielt, ja wie wichtig dieses für eine solche nahezu optimale Entwicklung sein kann, soll noch eigens zur Darstellung kommen (vgl. Abschnitt 6.3).

Die weiteren wirksam werdenden «parallelen Lernerträge» — Verbesserung der Wahrnehmung, Stabilisierung einer Beziehung zum anderen, Desensibilisierung, Entängstigung usw. — können nur individuell und nie generalisierend festgelegt werden.

Sie sind aber in der konkreten Planung jeweils mit den didaktischen Schwerpunkten auszuweisen.

Schließlich sei im Zusammenhang mit diesem Lernvorgang noch auf eine mögliche unterschiedliche Formulierung verwiesen: *Wir* spritzen mit dem Schlauch oder *Ich* spritze mit dem Schlauch. Die erste Aussage betont stärker das Gruppenleben oder Gruppengeschehen und weniger ein mögliches Bezogensein auf die Ich-Leistung als personale Fähigkeit, wie dies bei der zweiten Formulierung der Fall ist. Auch diesbezüglich hat sich der Lehrer bei seiner Unterrichtsplanung zu entscheiden.

Anmerkung 3: Grundstruktur der Lernvorhaben

Bei genauer Betrachtung und Analyse der ausgewählten Lernvorhaben stellt sich eine immer ähnliche Struktur heraus:

Um einen jeweils ähnlichen *Kern* lagern sich verschiedene Situationen an.

Dieser «Kern» kann

a) eine *Funktion*, eine Fähigkeit oder Fertigkeit sein oder

b) ein *Objekt*, eine Situation, eine Aufgabe, vielleicht auch ein Bedürfnis.

An wenigen Beispielen soll dies verdeutlicht werden:

Je nach der angebundenen Tätigkeit oder Lernaufgabe wird die Fähigkeit bzw. das Objekt qualifiziert.

Wer länger mit intensivbehinderten Schülern arbeitet, wird bald feststellen, daß sowohl die Möglichkeiten der anzubahnenden Funktionen als auch die zu erschließenden Objekte ziemlich beschränkt sind.

Er wird immer wieder auf gleiche oder ähnliche solcher «didaktischen Kerne» zurückkommen. Die Chance einer erfolgreichen Lerngestaltung liegt in der Ausdifferenzierung solcher «Kerne».

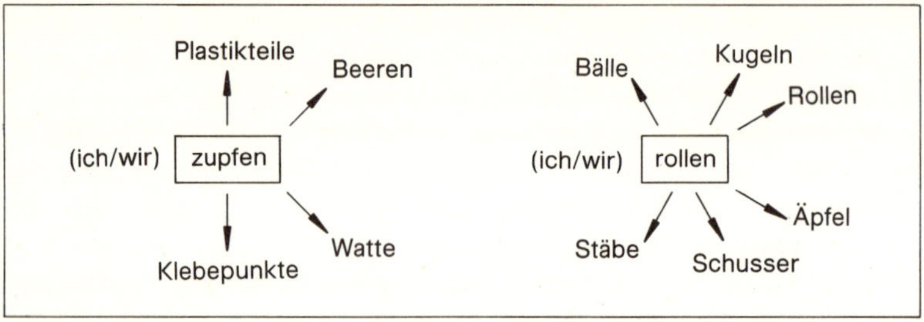

Bild 6.5 Ausgestaltung didaktischer Kerne I — Funktionen/Fähigkeiten/Fertigkeiten

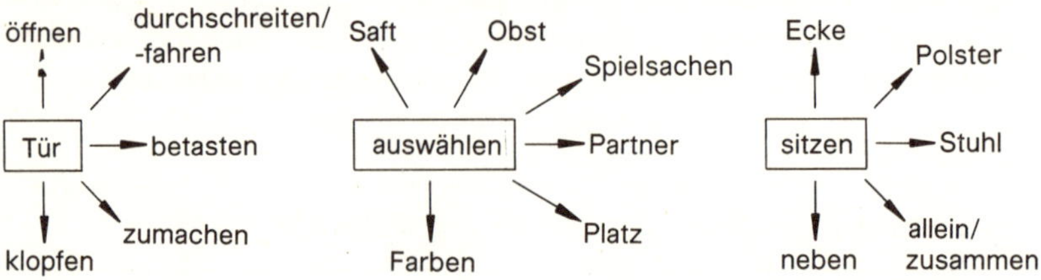

Bild 6.6 Ausgestaltung didaktischer Kerne II — Objekte/Situationen/Bedürfnisse

Die kann sowohl in einer Art «Epochen-Unterricht» geschehen (die Schüler befassen sich dabei mehrere Wochen nur mit ihrem Körper) oder in einer Art Jahresrunden, in dem sich der «Inhaltskern» jährlich wiederholt, doch unter einem anderen Aspekt und mit anderen didaktischen Schwerpunkten.

Die letztgenannte Möglichkeit kann sich auch im Rahmen *einer* Unterrichtseinheit vollziehen, wenn die Schüler sehr heterogen begabt sind. Dann lernt der eine Obst aus dem Korb zu nehmen, der andere Birnen von Äpfeln unterscheiden und wieder ein anderer kann bereits bei der Vorbereitung des Obstes für einen Obstsalat mithelfen.

Gleichzeitig wird durch diese Notwendigkeit der Wiederholung aufgrund der beschränkten Möglichkeiten beliebig vieler *Inhaltskerne* die

Art und Weise des Lernens mit Intensivbehinderten nochmals deutlich: Es ist nie ein Absolvieren eines Lernschrittes, auf den dann mit Sicherheit der nächste folgen kann. Es ist immer wieder ein Aufnehmen eines bereits vollzogenen Lernschrittes, sicher in unterschiedlich gewichteten Variationen, der erneut zusammen mit den Schülern gegangen werden muß.

So bekommt das «Leben lernen» eine neue Variante und damit eine neue Qualität:

Das *Lernen* muß jeweils *gelebt* werden — gelebt in der jeweils vorgegebenen Lernsituation und gelebt zusammen von Schülern und Lehrern bzw. Erziehern. Strukturierung und Kanalisierung der Aktivität vollziehen sich ebenfalls wie die Aktivierung und Dynamisierung im Moment des Vollzugs, also im *Prozeß.* Die *Beziehung*, die aufgenommen wird und nachklingt, vielleicht auch für eine gewisse Zeit bleibt, ist das *Produkt,* und nicht die sich verselbständigende Fähigkeit, die abrufbare oder zur eigenen Verfügung bereitstehende Leistung. Das gleiche gilt für das Erlernen von Objekten und den damit im Zusammenhang stehenden Vorstellungen. Dies erklärt die häufig anzutreffende Unsicherheit Intensivbehinderter in und mit ihrer Umwelt.

Hier muß nicht nur ein Umdenken der Außenstehenden erfolgen, sondern auch derer, die sich um solche Lernergebnisse bemühen.

Es könnte den intensivbehinderten Menschen vor ständig ungerechtfertigten Anforderungen oder Erwartungen entlasten, es könnte aber auch das noch deutlicher werden, was er kann: mit anderen zusammen etwas tun.

6.3 Problem 2 – Der Lerntag mit intensivbehinderten Schülern Das Problem der fehlenden Struktur

Die fehlende *Strukturierung* des gesamten Lebensvollzugs und aller damit verbundenen Lebensäußerungen und Lebenstätigkeiten stellt sich für den norm-orientierten Beobachter als ein Hauptkennzeichen intensivbehinderter Menschen dar.

Beobachtet man intensivbehinderte Kinder unangeleitet in ihrer Wohngruppe oder in einem Schulraum, fällt das Auseinanderstreben auf. Das eine sitzt in der Ecke und schaukelt vor sich hin, ein anderes lehnt am Fenster und schaut hinaus, ein nächstes verharrt in seinem Rollstuhl, weil es sich allein nicht fortbewegen kann, wieder ein anderes jagt und hetzt durch den Raum ohne erkennbares Ende und Ziel. Selten beschäftigen sich zwei Kinder mit einer Sache, selten finden sie von sich aus zu einem Kreis, zu einer Gruppentätigkeit. Selbst nur zu solchen Aktivitäten eine Gruppe mit intensivbehinderten Schülern zu veranlassen, läßt an Meisterschaft erinnern. Die Gründe für solch ein Verhalten sind mannigfaltig.

Einerseits ist dafür die mangelnde Außengerichtetheit, die zu geringe oder einseitige Bindung an Objekte und damit an die Umwelt als Ursache anzusehen, zum andern fehlen Ideen für ein Spiel, für ein Vorhaben, für eine Unternehmung. Es kommen Lebensimpulse aus dem Innersten des Menschen, ohne eine Steuerung oder eine Instanz der Reflexion zu durchlaufen. Diese fehlende Strukturierung als ein Überwiegen von Assimilationsleistung und einem gleichzeitigen Mangel an Akkommodationsfähigkeit könnte als persönliche Eigenart gewertet werden und bedürfte keiner sonderpädagogischen Arbeit, wenn sie dem einzelnen Schüler nicht Nachteile verschaffen würde. Es entgehen ihm dadurch eine Fülle von Anregungen aus der Umwelt und viele Momente der Erfüllung aus dem sozialen Erleben. Die notwendige Weiterentwicklung als Ergebnis einer lebendigen und ausgeglichenen Auseinandersetzung, in der weder das Kind noch die Welt festgelegt ist (CORRELL), in der es zu einem Prozeß des Gleichgewichts von Assimilation und Akkommodation (PIAGET) kommt, wird ganz wesentlich beeinträchtigt, ja blockiert.

Nicht zuletzt erweist sich ein Leben in so unstrukturierten, auseinanderstrebenden oder gar chaotisch wirkenden Gruppen (soweit man hier den Begriff «Gruppe» überhaupt noch gebrauchen kann) für jeden Nicht-Behinderten als äußerst belastend. Das trifft für Eltern ebenso zu wie für Berufspädagogen. Den Lehrer und Erzieher kann dies so sehr irritieren, daß er mit seinem inneren Selbstkonzept außer Tritt gerät und selbst nicht mehr die klare Linie findet, die ein erfolgreiches Erziehen eigentlich voraussetzt.

Oft sind die Primärbedürfnisse die einzigen Unterbrechungen, die rhythmisiert auftreten, vorausgesetzt, die Kinder zeigen Hunger- oder Durstgefühl, sie lassen Müdigkeit oder Wachsein erkennen. Auch die Ausscheidungsvorgänge gehören dazu, manchmal sogar ein rhythmisiert auftretendes Anfallsgeschehen.

Wer Kinder in diesem vitalen Anteil ihres Lebens länger begleitet hat, wird den Rhythmus bzw. die Strukturierung herausgespürt haben, die sich durch Bedürfnisse und ihre Befriedigung abzeichnet.

Sie muß allerdings weitergeführt werden bzw. sich weiterentwickeln zu ersten Erwartungen, ersten Zeitvorstellungen und einfachsten Planungen. Nur so trägt sie mit zum «leben lernen» bei.

Letztlich ist eine *Strukturierung* notwendig, um vor einer Überforderung zu bewahren, einer Überforderung im sensorischen, im psychischen und physischen Bereich. Das gilt sowohl für den Lehrer als auch für die Schüler.

Die hier zu leistende Strukturierung muß beide Partner in einen Prozeß der Anpassung einbeziehen und eine Flexibilität abverlangen, die wiederum beiden Partnern schwer fällt. Im Gegensatz zur Normalschule darf man und kann man intensivbehinderte Schüler nur in einem sehr begrenzten Maße zu Anpassungsleistungen an das «Lehrersystem» veranlassen; aber auch vom Lehrer her ist ein Anpassen an das «Schülersystem» vonnöten, was ihm auf der einen Seite schwerfallen wird, was er auf der anderen Seite aber auch nicht unreflektiert tun darf. Es ist weniger ein behutsames Annähern an die Verhaltensweisen der Schüler gemeint und auch nicht nur ein psychologisches Verstehen, sondern ein wirkliches Hineindenken und Vertiefen in diese völlig andere und doch uns gleiche Lebensweise — selbst wenn sie verschiedentlich fremd anmutet. Mit ein paar didaktischen Farbtupfern oder einigen psychologischen Anstößen ist diese nicht zu übermalen oder zu überwinden. Es ist eine pädagogisch eigene und eine subjektiv andere Wirklichkeit.

Die Forderung nach Strukturierung und Rhythmisierung des Lern- und Lebenstages für intensivbehinderte Kinder kann man mit Hilfe sehr einfacher methodischer Maßnahmen einlösen. Anfangs sind Situationen wichtig, die starke Abwechslung bringen:

- ☐ einen Wechsel zwischen Gruppen- und Einzeldasein
- ☐ einen Wechsel von Anpassungsleistungen und Eigentätigkeit
- ☐ einen Wechsel zwischen objektgebundenen und objektfreien Phasen
- ☐ einen Wechsel zwischen passivem Verhalten und Aktivsein
- ☐ einen Wechsel zwischen Angebot und Ruhe
- ☐ einen Wechsel zwischen den Lernorten

Bevor aber eine solche Rhythmisierung und dadurch eine Strukturierung in den Tätigkeiten, vor allem zwischen objektbedingten und selbstgewählten Tätigkeiten erreicht wird, muß diese stellvertretend für die Schüler durch die Organisation — für die der Lehrer und seine Mitarbeiter verantwortlich sind — angestrebt werden. Sie kann von Momenten der Gewöhnung über die Pflegeleistungen (zum Beispiel ganz bestimmte Essens- oder Toilettenzeiten) initiiert werden, aber auch

- ☐ durch konsequenten Wechsel von Sitzformationen
- ☐ durch prägnant abgesetzte, oft mit einem akustischen oder optischen Signal unterstützte Tätigkeiten des Lehrers
- ☐ durch die Strukturierung des Klassenraumes
- ☐ und durch die Gestaltung des *Lerntages*

Zur Strukturierung des Lerntages für intensivbehinderte Schüler selbst

Aus den bisherigen Überlegungen einerseits und aus den Erfahrungen im Schulalltag andererseits ergeben sich mehrere Möglichkeiten, den Lerntag für Intensivbehinderte zu strukturieren.

Drei Modelle mit exemplarischen Wert sollen anschließend vorgestellt werden:

Modell 1 Der Lerntag — unter didaktisch-methodischem Aspekt
Modell 2 Der Lerntag — unter kommunikativem Aspekt
Modell 3 Der Lerntag — unter pädagogischem Aspekt

Ziel ist es jeweils, durch eine solche Strukturierung eine Entlastung des Schultages zu erreichen, das Lernen für intensivbehinderte Schüler zu erleichtern, es für sie anregender und interessanter zu gestalten.

Der Schwerpunkt selbst bildet das Hauptanliegen: zusammen mit Intensivbehinderten zu *lernen.* Dies muß und kann sowohl in der Einzel- als auch in der Gruppensituation konkret werden. Unterrichtseinheiten finden dabei nicht im herkömmlichen Sinne statt, sondern als Lernphasen, die dem individuellen Lernbedürfnis und Lernvermögen der einzelnen Schüler angepaßt sind.

Der Lerntag hat nach dem *Modell 1* folgende didaktisch-methodische Schwerpunkte:

Schwerpunkt 1:
Momente der Gewöhnung und Einübung mit emotionalen, sozialen, funktionalen und lebenspraktischen Aspekten

Schwerpunkt 2
Momente der individuellen Förderung mit verstärkt funktionalen und fähigkeitsbezogenen Aspekten; besonders die Lernbedürfnisse werden realisiert, die im Gruppenleben und Gruppenlernen unerfüllt bleiben

Schwerpunkt 3
Momente der gruppenorientierten Förderung mit verstärkt umweltbezogenen Aspekten und erlebnishaften Angeboten

Sind individuelle *Pflegeleistungen* notwendig, sind diese jeweils — nach Möglichkeit im Team vorgeplant und reflektiert — einzubringen und zu gestalten. Die Unterrichtsphasen werden in ihrer Gesamtstruktur davon nicht berührt.

Und so kann ein Lerntag dann strukturiert werden:

UR-Sequenz 1	Ankunft der Schüler Ausziehen — lebens- praktische Arbeit	Schwerpunkt 1	Eingewöhnung Einübung Beruhigung
UR-Sequenz 2	Einzelarbeit 1	Schwerpunkt 2	funktionale Ertüchtigung freie Spielauf- gaben
UR-Sequenz 3	Morgenkreis mit einem inhalt- lichen Schwer- punkt	Schwerpunkt 2 und 3	Gewohnheits- bildung neuer Inhalts- akzent
UR-Sequenz 4	Einzelarbeit 2	Schwerpunkt 2	funktionale Ertüchtigung Entspannung
UR-Sequenz 5	Schulkreis	Schwerpunkt 3	Umwelt- erkundung Objekt- anbahnung Ereignisangebot
UR-Sequenz 6	Obstpause lebensprak- tische Arbeit freie Aktivitäten	Schwerpunkt 1 und 2	Gewöhnung Einübung Entspannung
UR-Sequenz 7	Einzelarbeit 3	Schwerpunkt 2	s.o.
UR-Sequenz 8	Mittagessen u.U. als Eßtherapie lebensprakti- sche Arbeit	Schwerpunkt 1	s.o. Genießen

Ergänzende Anmerkungen zum Bild 6.7

1. Den inhaltlichen Mittelpunkt bilden Lernziele, die einem der vier Aufgabenfelder zuzuordnen sind (vgl. Kap. 4).

   Sie werden jedoch nicht nur dem Schüler zur Lernarbeit übergeben, sie werden zusammen mit den Erziehern und Lehrern gemeinsam durchgearbeitet. Intensivbehinderte Schüler können ohne personale Begleitung und Führung kaum erfolgreich lernen; die mitmenschlichen Beziehungen zwischen ihnen und ihren Lehrern und Erziehern stellen den Kern aller gemeinsamen Lernarbeit dar.

2. Nicht alle Lernziele — vor allem solche nicht, die in Einzel-Curricula einem bestimmten Schüler zugedacht sind — können in der Lerngruppe erreicht werden. Hierfür sind die Lernsituationen «Einzelarbeit» vorgesehen.

   Nach unserer Erfahrung lassen sich *drei Gruppen* von Lernsituationen bilden und für unsere Schüler erfolgversprechend umsetzen:

   Gruppe 1

   Lernsituationen — vorwiegend als Materialangebote — nur mit geringer personaler Zuwendung

   Diese Lernsituationen dienen sowohl dem Bedürfnis nach Fortbewegung (für die Läufer) als auch dem Bedürfnis, sich von der Gruppe zu erholen.

   Die bevorzugten Anlaufziele oder Lieblingsplätze werden dann jeweils mit speziellen Lern- und Beschäftigungsaufgaben und Spielangeboten ausgestattet.

   Gruppe 2

   Lernsituationen, die eine parallele Führung von zwei Kindern durch eine Erzieherin erlauben.

   Diese Lernsituationen ermöglichen eine dosierte Zuwendung; einerseits erfährt der Schüler durch das Vorbild der Erzieher Lernanreize oder Lösungsvorhaben — er lernt dann über die Nachahmung —, zum andern bringt die Reduzierung der personalen Begleitung mehr Hinwendung zur Sache und damit eine größere Sachlichkeit in den Lernvorgang. Der Erzieher wird dennoch «aus der Ferne» seine Augen auch bei diesem Schüler haben.

◀ Bild 6.7 Strukturierung des Lerntages unter didaktisch-methodischem Aspekt

Gruppe 3
Lernsituationen, die eine fortlaufende, enge Führung eines Schülers durch einen Pädagogen ermöglichen

Diese Lernsituationen sind für Kinder gedacht, die gezielte output-Reaktionen zustandebringen oder ein bestimmtes Reiz-Reaktions-Verhalten bzw. sensomotorische Schemata aufbauen sollen.

3. Trotz dieser sehr differenziert erscheinenden Einzelsituationen darf die Gruppe als zusammenschließendes Band, als Lebens- und Lerngemeinschaft nicht in ihrem Wert und ihren Möglichkeiten unterschätzt oder gar vergessen werden (vgl. Abschnitt 6.2).

Modell 2 Der Lerntag unter kommunikativem Aspekt

Bei der Gestaltung des Lerntages nach kommunikativem Aspekt steht nicht das Lernen und schon gar nicht die Ertüchtigung sondern das Miteinander-Lernen und -Leben — beschrieben als Kommunikation — im Vordergrund. Es geht um ein Versuchen gegenseitigen Verstehens, um ein Anbahnen von Körperkontakt, von Zärtlichkeit, von Körpernähe als Basis für weiterführende Beziehungen zu Personen und zu Dingen.

Es soll ein Offenwerden, ein Aufschließen und damit ein Herausholen aus der Isolation, aus dem In-sich-Verschlossensein angestrebt werden. Das Kind soll sich an das Außen anbinden trauen, Beziehungen wagen und so auch sein Ich erleben und aufbauen können. Geborgenheit vermitteln und Angst nehmen, sind Ziele, die stets mit einhergehen.

Das Objekt als Sache bzw. als Umwelt gewinnt erst allmählich an Bedeutung und Eigenständigkeit. Es wird lange Zeit umschlossen sein von der personalen Beziehung zwischen dem intensivbehinderten Schüler und seinem Lehrer.

Dieser wird ihm zeigen, ihn führen, ihn bewegen, ihm etwas bringen, ihn Zärtlichkeiten erleben lassen, aber auch Distanz, Zäsuren und Prägnanz von Dingen, Personen und Situationen andeuten.

Es geht nicht um neues Verschmelzen zu einer weiteren Symbiose, aus der der einzelne Schüler vielleicht gerade herausgeholt werden soll.

Zärtlichkeit erlaubt den Durchblick auf das Wesentliche; sie ist dabei nicht nur eine Angelegenheit der Körperlichkeit, sondern auch eine Angelegenheit von Worten und von Tönen, von Lautstärke und von Materialität.

Es muß etwas Liebenswürdiges übrig bleiben und darf nicht bei der Zuschreibung enden, weder in der ausschließlichen Zuschreibung von Lernzielen noch in der Zuschreibung von diagnostischen Ergebnissen.

Es soll Zuwendung erfolgen, jedoch Zuwendung durch und mit der gesamten Person, Zuwendung, die Lernen erlaubt, Zuwendung, die tüchtig macht und Welt erleben läßt.

Von da aus lassen sich keine so eindeutigen Phasen oder Sequenzen für den Lerntag vorgeben wie bei Modell 1, weil diese Form der Strukturierung noch viel stärker von individuellen Gegebenheiten abhängt, fast ein Spiegel davon ist.

Das nachfolgende Strukturschema ist als *Beispiel* zu verstehen — zwar mit exemplarischem Charakter, weniger aber mit prinzipieller Gesetzmäßigkeit (vgl. auch FISCHER, in Hofmann, 1979).

Die Hauptphasen eines Lerntages unter kommunikativem Aspekt ergeben sich aus sozialen Konstellationen. Geht man von den drei Pfeilern des Didaktischen Dreiecks aus, so wird die Aufgabe oder die Sache immer nur Medium sein, anhand der sich Schüler und Lehrer treffen, sich begegnen.

Bedeutung erhält dieses Strukturmodell zusätzlich aus der Aktualität, daß sich viele intensivbehinderte Schüler — nicht zuletzt aufgrund ihrer familiären Situation — völlig abschließen, kaum Kontakt zu sich, zu Personen und Dingen ihrer Umwelt aufnehmen können. Von da aus wird die Hauptarbeit des Lehrers und Erziehers sein, solche ersten Beziehungsspuren zu bahnen.

Aus diesen Überlegungen ergeben sich folgende Phasen:

- ☐ die Partnerarbeit A (Lehrer und Schüler arbeiten gemeinsam)
- ☐ die Partnerarbeit B (Schüler und Mitschüler arbeiten gemeinsam)
- ☐ die Gruppenarbeit A (alle Schüler arbeiten zusammen mit ihren Lehrern und Erziehern)
- ☐ die Gruppenarbeit B (alle Schüler arbeiten zusammen — ohne direkte Einflußnahme oder Mitwirkung des Erziehers oder Lehrers)
- ☐ die Einzelarbeit (ein Schüler beschäftigt sich ohne direkte Mitwirkung seines Lehrers oder Erziehers)

In allen diesen sozialen Beziehungen kann Lernarbeit, lebenspraktische Arbeit, Erholungs- oder Entspannungsarbeit oder auch Begegnungsarbeit erfolgen.

Didaktische Lernziele stehen demnach gleichbereichtigt neben lebenspraktischen Zielen, und Sachziele stehen gleichrangig neben Beziehungszielen.

Für den Lehrer oder Erzieher kann dieses Modell fordernder und menschlich anstrengender sein als Modell 1. Er muß sich auch über Grenzen des Kontakts Gedanken machen, wenn er sich ganzheitlich zur Verfügung stellt.

Er muß sich als Ich sehr bewußt und gezielt einbringen, dagegenstellen und dennoch anbieten. Über die Beziehung zu ihm gelingt dann dem Schüler die Beziehung zur Welt.

Wie lange die einzelnen Phasen sein können, welche Reihenfolge sich als angemessen erweist, wie häufig gewechselt werden muß, hängt sowohl vom einzelnen Schüler als auch vom Lernvorhaben, den Lernaufgaben selbst ab.

Und so kann ein Lerntag dann strukturiert werden:

UR-Phase 1	Partnerarbeit A Individuelles Ankommen und Begrüßen der Schüler lebenspraktische Arbeit	Gewinnen bzw. Herstellen des Kontakts zu jedem Schüler — Lieblingsbeschäftigung
UR-Phase 2	Gruppenarbeit A *Morgenkreis:* gegenseitiges Begrüßen, Singen, Anschauen, Hören, Zeigen	Ausbau des gewonnenen Kontakts zu anderen Schülern Erleben des gemeinsamen Tuns
UR-Phase 3	Einzelarbeit: die Schüler beschäftigen sich mit bestimmten Aufgaben, Materialien, Objekten, an ihren Plätzen	Erholung für den einzelnen Schüler von der Gruppe, Lehrer zieht sich zurück, behält aber die einzelnen Schüler im Auge, behält Ruf- und Blickkontakt, u.U. auch Körperkontakt

UR-Phase 4	Gruppenarbeit B Erholungssituation, Obstpause, Ruhepause	Lehrer/Erzieher stellt die neue Situation her, läßt aber die Schüler dann bei sich; bietet u.U. Musik an, bietet Obst an ...
UR-Phase 5	Partnerarbeit A individuelles Vorbereiten des Lernraumes, der neuen Lernaufgaben	Lehrer/Erzieher stellen den Kontakt wieder her, holen die Schüler zu neuen Aufgaben
UR-Phase 6	Gruppenarbeit A *Schulkreis* – die Schüler erarbeiten mit ihren Erziehern und Lehrern eine Aufgabe (Lernvorhaben)	Schüler lernen in der Gruppe je nach dem eigenen Vermögen und Bedürfnis; die Sicherheit und Zuwendung erfolgt sowohl von den Erwachsenen als auch den Mitschülern her
UR-Phase 7	Einzelarbeit s.o.	Vorangegangener Gruppenkontakt wurde als stärkend und motivierend erlebt
UR-Phase 8	Gruppenarbeit A Mittagessen, lebenspraktische Arbeit	Zum Abschluß wird auf jeden Fall die Gruppensituation erlebt
UR-Phase 9	Partnerarbeit A individuelles Aktivsein, Verabschiedung, Anziehen	Nochmaliger, intensiver Kontakt vom Lehrer zum einzelnen Schüler und dann Ablösung

Bild 6.8 Strukturierung des Lerntages unter pädagogischem Aspekt

Modell 3 Der Lerntag unter pädagogischem Aspekt

Bei der Gestaltung eines Lerntages unter *pädagogischem Aspekt* steht das pädagogische Anliegen im Vordergrund, auf der einen Seite dem Schüler zu ermöglichen, am gemeinsamen Leben teilzunehmen, auf der anderen Seite ihm zu verhelfen, seine Bedürfnisse und «Vorstellungen» durchzusetzen und zu erfüllen.

Mit dieser erziehlichen Absicht fühlt sich der Schüler nicht nur in seiner «gesamtpersonalen Existenz» geachtet und bestätigt, indem er den «Schul-Raum» als «Lebens-Raum» mit seinen individuellen Lebensäußerungen und Lebenstätigkeiten ausfüllt. Er wird ebenso in seinen Lebens- und Lernmöglichkeiten im Hinblick auf ein gemeinsamens Leben mit uns herausgefordert, indem er sich mit Hilfe der Lernangebote unsere Welt erschließt.

Auch nach diesem Modell finden Unterrichtseinheiten nicht im herkömmlichen Sinne statt; der *Lerntag* verläuft in Phasen, die sich an den jeweiligen Erfordernissen und Bedürfnissen der Schüler orientieren. Die Schüler erleben, daß sie nicht nur negative, d.h. verbesserungswürdige und abbaunotwendige Verhaltensweisen produzieren. Sie können sich vielmehr in ihren Aktivitäten finden und sie voll gültig erleben, auch wenn diese unter objektivem Blickwinkel als pathologisch eingestuft werden könnten.

Trotzdem läßt sich eine unterschiedliche innere Struktur der einzelnen Phasen festlegen. Dabei ist die jeweilige *Dominanz eines Beteiligten* das wesentliche Moment der Struktur:

☐ Der Schüler bestimmt die Situation

- Der Lehrer reagiert auf Lebensäußerungen und Lebenstätigkeiten des Schülers
- Sein Handeln orientiert sich an den Bedürfnissen des Schülers
- Er agiert innerhalb der vom Schüler vorgegebenen Erlebnisbereiche (z.B. «Aktive Pause»).

☐ *Der Lehrer bestimmt die Situation:*

- Der Schüler reagiert auf ein vorgedachtes Lernangebot und auf das pädagogische Handeln des Lehrers

– Er orientiert sich an den ausgewählten Weltausschnitten in Form von Lernangeboten
– Er agiert innerhalb des vom Lehrer vorgegebenen Weltausschnittes

Während in den vom Schüler weitgehend ausgefüllten und bestimmten Phasen die *Beziehungsmöglichkeiten* vom Schüler selbst festgelegt werden, bieten die vom Lehrer vorgedachten «Lernangebote» unterschiedlich gewichtete äußere «Orientierungsobjekte» an:
– das Ich (der einzelne)
– das Wir (die Gruppe)
– das Objekt (der Weltausschnitt)

Daraus ergeben sich inhaltlich unterschiedliche Schwerpunkte:

□ *Die Ich-Arbeit*

beinhaltet sowohl «funktionale Ertüchtigung» des Schülers als auch persönliche Befriedigung von Bedürfnissen. Mögliche Lernvorhaben können sein:

Ich greife nach dem Tuch. *Ich* hole mir den Apfel. *Ich* erlebe mich im Spiegel.

□ *Die Wir-Arbeit*

beinhaltet Erleben und Erfahren des anderen, Aufeinanderzugehen und Miteinandertun ebenso wie Erleben der eigenen Person in der Gruppe, Beansprucht-Werden von anderen und «Füreinander-etwas-Tun».

Wir begrüßen uns. *Wir* haben uns lieb. *Wir* machen ein Fest. *Wir* räumen die Spielkiste aus.

□ *Die Objektarbeit*

beinhaltet eine stärkere Orientierung an den Objekten. Signale, Zeichen, Eigenschaften der sächlichen Umwelt sind maßgeblich für die Art und Weise der Auseinandersetzung der Schüler.

Lernvorhaben können sein:

Der Schulbus wird gereinigt. Die Blumen werden gepflegt. Wir drehen eine Trommel ...

Und so kann ein Lerntag strukturiert werden:

UR-Phase 1	Objekt-Arbeit lebenspraktische Arbeit wechselnde Distanz	Gewinnen und Herstellen eines positiven Kontaktes zwischen Lehrer und Schüler, gegenseitiges Beanspruchen und Bestätigen
UR-Phase 2	Entspannungsphase Schülerdominanz «Aktive Pause»	Sicherheit und Geborgenheit im Schulraum, Bestätigen und Stabilisieren der Lebensäußerungen und Lebenstätigkeiten
UR-Phase 3	Wir-Arbeit *Morgenkreis*	Entwickeln von Interaktionsformen auf der gemeinsamen Basis des Singens, Hörens, Spielens
UR-Phase 4	Entspannungsphase Schülerdominanz	siehe UR-Phase 3
UR-Phase 5	Ich-Arbeit Erschließung neuer Weltausschnitte Lehrerdominanz	Auf- und Ausbau von Beziehungen zu Objekten, Anbahnen neuer erfahrungen und Handlungsansätze
UR-Phase 6	Objekt-Arbeit Obstpause/Brotzeit wechselnde Dominanz	Stabilisieren von Beziehungen zu Objekten, Stabilisieren von neuen Erfahrungen und Handlungsansätzen

UR-Phase 7	Entspannungsphase Schülderdominanz	siehe UR-Phase 3
UR-Phase 8	Objekt-Arbeit Erschließung neuer Welt-ausschnitte Lehrerdominanz	Gewinnen von neuen Beziehungen zu Weltausschnitten, Anbahnen neuer Handlungsmuster
UR-Phase 9	Ich-Wir-Arbeit Mittagessen lebenspraktische Arbeit Abschluß	siehe UR-Phase 6 bzw. UR-Phase 1 Lösen von Kontakten

Bild 6.9 Strukturierung des Lerntages unter kommunikativen Aspekt

Anmerkung zu den Bildern 6.7, 6.8 und 6.9:

Lerntage mit intensivbehinderten Schülern unter didaktisch-methodischem, unter kommunikativem und unter pädagischem Aspekt sind — wie schon begründet — von prinzipiell ähnlicher Struktur.

Der jeweils konkrete Lerntag mit bestimmten Schülern erst setzt Unterschiede. So sind zum Beispiel bei eingeschränkterer Aufnahmefähigkeit der Schüler die einzelnen Phasen kürzer, dafür wird sich dann die Anzahl der sich abwechselnden Phasen erhöhen. Ebenso kann die Zeit der Erholung (Entspannungsphase) zwischen den «Arbeitsphasen» unterschiedlich lange sein bzw. bei fortgeschrittenen Schülern stark begrenzt werden. Eine grundsätzliche Gemeinsamkeit haben aber alle Lerntage: *den Wechsel* in der Art der Beanspruchung der Schüler.

Ob nun ein Lehrer mehr den einen Aspekt — zum Beispiel den kommunikativen — gegenüber einem anderen bevorzugt, wird von der Gesamtkonzeption seiner Erziehungs- und Bildungsarbeit abhängen.

Diese ist jedoch nicht ausschließlich seinem Belieben anheimgestellt.

Seine Schüler werden sicher aufgrund ihres Verhaltens bei dieser Entscheidung «kräftig» mitbestimmen.

6.4 Problem 3 — Gibt es ein didaktisches Grundmodell für die pädagogische Arbeit mit intensivbehinderten Schülern?

6.4.1 Vorbemerkung

Die Frage nach dem *Didaktischen Grundmodell* für intensivbehinderte Schüler erscheint uns als eine sehr wesentliche. Sie ist aufgrund der Überzeugung gestellt, mit dieser Gruppe von Schülern nicht nur therapeutisch oder verhaltensorientiert arbeiten zu dürfen, sondern sehr wohl in einem unterrichtlichen, d.h. in einem didaktisch und methodisch geführten Sinne.

Seiner Struktur nach wird ein solches Grundmodell dem der *Aufgabenfolge* (FISCHER, 1978) ähnlich sein. Da geistigbehinderten Schülern oft der Gesamtüberblick über ein Lernvorhaben oder über die Abfolge von Lernzielen fehlt, muß der Lehrer für sie diesen schaffen und den Unterricht selbst als Aufgabenfolge vorstrukturieren.

Solche Aufgabenfolgen werden dem intensivbehinderten Schüler in vielen Variationen begegnen müssen, um für ihn eine abwechslungsbestimmte und ertragreiche Lernarbeit zu gewährleisten.

Im Gegensatz zur originalen Aufgabenfolge, wo der innere Zusammenhang zwischen den einzelnen Teilschritten durch die Handlung, das Vorhaben oder das Projekt bestimmt wird, wird dieser bei Aufgabenfolgen für intensivbehinderte Schüler durch einen Gegenstand, ein gemeinsames Anliegen, eine Idee, eine Tätigkeit, die sich dann in Variationen wiederholen, ermöglicht bzw. angestrebt.

Dazu kommt eine gewisse «Pendelbewegung» zwischen der Aktivität und Passivität des Schülers; diese spielt besonders bei intensivbehinderten Schülern eine Rolle.

In der nachfolgenden Übersicht (Bild 6.10) versuchen wir eine solche den im Abschnitt 6.2 aufgelisteten und verwendeten Methodischen Modellen zuzuordnen. Sie stellt eine *Groborientierung* dar, auch wenn sich vereinzelt einige der vorgeschlagenen Methodischen Modelle nach der einen oder anderen Richtung ausweiten lassen.

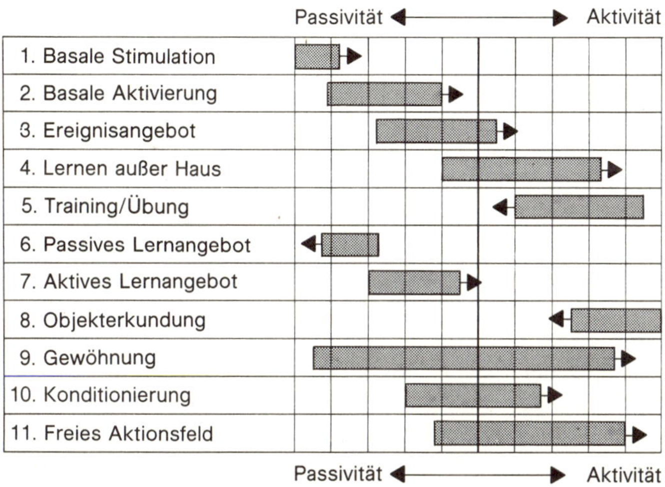

Bild 6.10 Methodische Modelle im Hinblick auf ihre „passiven“ bzw. „aktiven“ Anteile

Dies haben wir mit einem Pfeil (→) angedeutet. So kann man sicher auch sehr passive Kinder zu einem Unterrichtsgang mitnehmen, der dann aber mehr eine *Erlebniseinheit* darstellen wird und weniger ein «Lernen außer Haus».

Aus der Tabelle geht aber, abgesehen von der Zuordnung, sehr eindrucksvoll hervor, wie sehr die Chancen eines erfolgreichen Lernens sowohl in qualitativer als auch in quantitativer Hinsicht steigen, wenn den Schülern zielgerichtete Aktivitäten als über den Augenblick hinausreichende Zuwendungsleistungen möglich sind.

Daraus wird erneut deutlich, wie wichtig eine Basale Aktivierung unserer Schüler ist, wie sehr es auf die systematische Weckung, Anbahnung und Stabilisierung von *Zuwendungsleistungen* ankommt.

6.4.2 Zum Ereignisangebot selbst

Das *Ereignis*-Angebot nimmt eine Art Zwischenstellung ein, in dem es wesentliche Momente eines passiv aufnehmenden Lernens mit deutlichen Momenten eines aktiven Sich-Beteiligens vereinigt.

Da es sich aufgrund dieser Grundstruktur in der Unterrichtsarbeit mit intensivbehinderten Schülern vielfach bewährt hat, soll es hier genauer dargestellt werden.

Ob aus dem Ereignisangebot ein Ereignisunterricht werden soll oder werden kann, muß sowohl im Hinblick auf die Schüler als auch im Hinblick auf die angestrebten Lernziele entschieden werden.

Am besten wird die Grundstruktur des *Ereignis-Angebotes* im Vergleich zur originalen *Aufgabenfolge* (siehe FISCHER, 1978) deutlich.

Die *Aufgabenfolge* verfolgt ein *didaktisches* Gesamtziel (z.B. ein Päckchen zu verpacken, ein Milchmixgetränk herzustellen); der Weg als Handlungskette dorthin ist in *Teilhandlungen* (1, 2 bis 9) untergliedert, die in sich für den Schüler sinnvoll sein müssen, auch wenn er weder allein das Ziel erreichen kann, noch dieses zu erfassen imstande ist.

Das *Ereignis-Angebot* verfolgt ein *pädagogisches* Gesamtziel (z.B. die emotionale Beteiligung des Schülers; das teilaktive Mitwirken an einer Situation); der Weg dorthin führt über eine *Reihung* von Teilangeboten

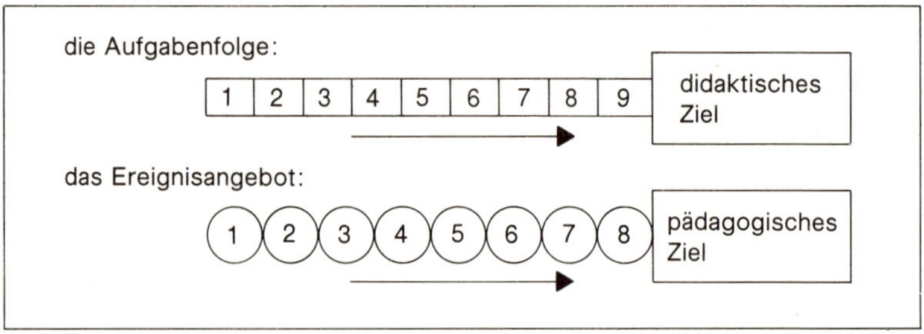

Bild 6.11 Die Aufgabenfolge und das Ereignisangebot im Vergleich

(1, 2 bis 8), die in sich geschlossene Lernsituationen darstellen, jedoch aus sachbezogener Sicht nur einen sehr lockeren Gesamtzusammenhang besitzen.

Als Beispiel für ein in sich geschlossenes Ereignisangebot:

Wir holen ... (Rollen) aus ... (dem Korb, der Dose)

1. Es wird eine Kerze angezündet, die Schüler staunen, zeigen auf die Kerze, sie lassen die Kerze stehen
2. Es wird ihnen eine Dose mit Deckel angeboten; die Schüler öffnen diese und holen einen Gegenstand heraus.
   Sie legen diesen in eine Materialschale
3. Die Schüler erkennen eine angebotene Dose als offen;
   sie wiederholen den Vorgang von (2)
4. Die Schüler nehmen einen Gegenstand aus ihrer Schale und geben ihn dem Nachbarn
5. Die Schüler legen einen Gegenstand in die Dose (oder andere Behälter) zurück
6. Die Schüler tauschen ihren letzten Gegenstand gegen etwas Eßbares ein; sie freuen sich an dem Eßbaren
7. Die Kerze wird ausgeblasen,
   die Schüler klatschen nach Vorgabe bzw. auf Anregung des Lehrers
8. Die Schüler hören Musik und passen ihr Klatschen dieser Musik an

Der Begriff des *Ereignisses* weist auf die Qualität der Lernsituation hin. Sie besitzt zweifelsohne zwingende sachliche Elemente, die jedoch noch keinen unmittelbaren Objektbegriff voraussetzen. Die Inhalte von Ereignisangeboten entstammen meist der sinnlich-konkreten oder sinnlich-handelnden Stufe. Das Unterrichtsgeschehen soll den Schüler vorwiegend emotional ansprechen, die einzelnen Unterrichtsschritte sollen jeweils neu zu einem Erlebnis werden und so stets von neuem seine noch brüchige Aufmerksamkeit abrufen.

Mit dieser Kennzeichnung schließt das Ereignisangebot oder ein Ereignisunterricht eine isolierte Sinnesschulung ebenso aus wie eine isolierte funktionale Ertüchtigung in der lebenspraktischen Arbeit.

Zusammenfassend lassen sich *fünf wesentliche Merkmale* des Ereignisangebotes herausstellen:

1. Das Ereignisangebot ist ein Vorgang, der sinnlich-oral bzw. kommunikativ-taktil anregt, eine Veränderung der Zuwendungsleistung jeweils neu anstrebt und bei Gelingen zu einer Aktivitätskette führt:
   schauen/spüren → staunen → klatschen
   sehen/riechen → haben wollen → greifen → sich freuen
2. Daraus ergibt sich ein Lernen, das nicht im Sinne eines Stufenmodells — wie beim Lernen «Schritt für Schritt» (vgl. FISCHER, 1978) einem Ziel — meist einer Fertigkeit — zustrebt, sondern ein Lernen, das sich an sogenannten *Angebotskernen* festmacht und den Schüler in eine Lebensdynamik führt bzw. eine Lerndynamik in ihm auslöst.

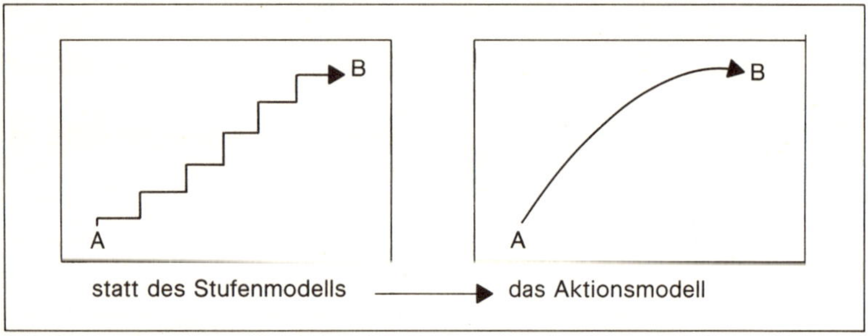

Bild 6.12 Lernen „Schritt für Schritt" im Vergleich zum Ereignisangebot

3. Das Ereignisangebot ist nicht primär von kognitiver Prägnanz gekennzeichnet, sondern von sinnlich-anregender und motivationalaufgeladener Atmosphäre.
4. Das Ereignisangebot gliedert sich in die Unterrichtsphasen «Einstieg» — *Ereignis* — «Ausklang» und umschreibt damit einen dreiphasigen Spannungsbogen «Anspannung» — *Spannung* — «Entspannung».
5. Das Ereignis selbst ist in einzelne *Teilangebote* oder auch in *Teilhandlungen* unterteilt.

Dies wird an einem weiteren Beispiel aus der Praxis deutlich:

> *«Wir packen einen Teddybären aus»*
>
> Das Ereignisangebot gliedert sich in:
>
> Sequenz 1: das Paket wird gezeigt → Schüler fühlen, tasten, sehen, hören
> Schüler heben, schütteln, reichen weiter
>
> Sequenz 2: das Paket wird geöffnet → Schüler reißen das Papier ab, streifen die Schnur ab, reißen das Klebeband auf
>
> Sequenz 3: der Teddy wird herausgeholt → Schüler nehmen ihn in den Arm, streicheln ihn, sagen: ei, ei
>
> Während die Sequenz 1 auf das sinnliche Erfassen zielt, die Sequenz 2 Handlungsanlässe bietet, sichert die Sequenz 3 die eigentliche Absicht, Beziehungen aufzunehmen

6.4.3 Spezielle methodische Hinweise zum Ereignisangebot

Um für intensivbehinderte Schüler Ereignisangebote erfolgreich und gleichzeitig anregend und lustbetont zu gestalten, mögen folgende methodischen Hilfen eine zusätzliche Anregung bieten:

- ☐ Das Erreichen der Aufmerksamkeit ist von ausreichender, eindeutiger und eindrucksvoller sensorischer Anregung abhängig (vgl. Abschnitt 4.4.4 Exkurs: Wahrnehmen und Bewegung.) Oft ist eine zusätzliche optische Unterstützung angebracht, zum Beispiel durch die Verwendung eines Strahlers oder auch eines Demonstrationsbrettes (Brett schwarz eingefärbt).

- □ Das Aktivwerden in den jeweiligen Phasen bedarf oft der Unterstützung durch den Lehrer; ob ein direktes «manual guide» oder nur noch eine symbolische Unterstützung notwendig ist, muß jeweils aus der Sicht der Schüler entschieden werden. Wichtig ist, das Prinzip der Substitution zu beachten (vgl. FISCHER, 1978).
- □ Um das emotionale Angesprochensein auszulösen, bedarf es meist einer zusätzlichen emotionalen Belegung des Objekts, einzelner Teilhandlungen oder Aktivitätsansätze des Schülers durch den Lehrer (vgl. Abschnitt 5.2.3).
- □ Der häufigste «Weg» zum ereignisorientierten Aktivwerden führt bei vielen unseren Schülern über die Nachahmung des Lehrers. Vorgaben der Schüler können selten aufgenommen und nachgeahmt werden.
- □ Fast immer bietet ein Ereignisangebot die Möglichkeit, die Aufmerksamkeit und das Tätigsein *mehrerer* Schüler auf *ein* Objekt hin zu lenken; dies ist notwendig zum Aufbau von *ersten Gruppenerlebnissen* – auch hin zum Ziel, Mitschüler in ihrem Verhalten und ihrem Erleben zu erfassen.
- □ Den Vorzug vor winzigen Handlungsschritten, die auf Richtigkeit im Nachvollzug zielen, haben kleine Handlungsketten, die dem Schüler als Einheit vorgestellt werden und ihm mit der Zeit auch als solche Einheiten erscheinen. Sie lassen eher die Dynamik aufkommen (vgl. Bild 6.12) und leichter Abstand von Lernanstrengungen nehmen, die auf Richtigkeit oder gar auf Perfektion zielen.

6.4.4 Einige Anregungen für weitere Themen bzw. Inhalte

Zum Schluß sollen noch einige Anregungen gegeben werden, die das Selbst-Finden von Lernvorhaben anregen, die als Ereignisangebot intensivbehinderten Schülern vermittelt werden können.

Grundsätzlich eignen sich *Objekte,* die die Schüler emotional ansprechen, die das taktil-kommunikative und das oral-sinnliche Interesse hervorlocken, die mit primären Bedürfnissen in Zusammenhang stehen, schließlich auch solche, die die Schüler kennen oder gar besonders mögen (Lieblingsgegenstände).

Man muß aber auch ebenso grundsätzlich die Tätigkeiten bedenken, die den Schülern möglich sind und die mit diesen Objekten sinnvoll ausgeführt werden können. Sie sind nach unserer Erfahrung:

- □ etwas haben wollen, sich holen, sich nehmen, auspacken

- ☐ etwas bekommen, etwas essen, trinken dürfen
- ☐ etwas drücken, streicheln, lieb haben
- ☐ etwas erkunden (in den Mund nehmen, betasten, hantieren)
- ☐ etwas damit tun wollen (klopfen, drehen, schichten, bauen)
- ☐ sich bewegen, seine Lage verändern, auf jemanden zugehen

Ereignisangebote, die zum Selbstfinden von (neuen) Lernvorhaben anregen:

- ☐ *Situation «wegziehen»*
  Tuch vom Kopf ziehen — wieder «da» sein, Tuch vom Stuhl, vom Tisch ziehen, weil darunter etwas versteckt ist usw.
- ☐ *Situation «verstecken — finden»*
  Gegenstände im Sand verstecken, im Kugelbad, in der Wanne mit Erbsen oder Linsen
- ☐ *Situation «wegwerfen»*
  Blätter, Tannenzapfen, Äpfel, Bälle usw., vom Tisch, vom Stuhl, einem Behälter, Korb, in ein Loch im Tisch (vgl. Abschnitt 9.3) wischen, schieben, rollen, werfen usw.
- ☐ *Situation «sich bewegen»*
  Durch einen Bogen, einen Tisch einen Wasserstrahl durchlaufen, zur Gruppe hingehen, zur Gruppe zurückfinden, wenn man 2 oder 3 m von ihr — sichtbar/ohne Sicht — entfernt ist.

So sehr Kinder und Lehrer Spaß haben, mit diesem Unterrichtsmodell zu arbeiten, so sehr muß abschließend nochmals betont werden, daß dieses Methodische Modell nur eines unter mehreren ist.

Es bringt viel Aktivität, viel Lernfreude, viel Bewegung und damit auch Motivation in die Klasse. Es bringt aber wenig präzise Fortschritte im Bereich der «funktionalen Ertüchtigung», die uns genauso wichtig ist, auch wenn sie ganz andere Akzente im Rahmen unserer Erziehungs- und Bildungsbemühungen des «Lebenlernens» setzt.

6.5 Problem 4 — Organisationsmodelle für die schulische Arbeit mit intensivbehinderten Schülern

6.5.1 Vorbemerkung

Die bisherigen Ausführungen mögen den Eindruck erwecken, als gingen die Verfasser in ihren Überlegungen ausschließlich von sogenannten homogenen Klassen aus — Klassen also mit nur intensivbehinderten Schülern —, als die optimale Organisationsform schulischen Arbeitens mit dieser Gruppe von Behinderten.

Lediglich in einem Kapitel (vgl. Abschnitt 5.2.4) war die Rede davon, man sollte davon absehen, Klassen mit Schülern zu bilden, von denen keiner reden oder von denen sich keiner mehr bewegen kann.

In der allgemeinen Sonderpädagogik denkt und handelt man immer noch im Sinne des Spezialisierungsprinzips. Blinde Schüler besuchen selbstverständlich die Blindenschule und gehörlose Schüler gehen in die Schule für Gehörlose. Oft kann hier schon ein einziges «Rollstuhl-Kind» gewaltige Probleme schaffen. Neben Argumenten, die aus einem geschichtlich gewachsenen Selbstbewußtsein herrühren, liegt diesen Überlegungen die Annahme zugrunde, daß sich Unterricht «auf diese Weise am ökonomischschsten und effektivsten organisieren» läßt (vgl. ADAM, 1980). Zusätzliche und unaufgebbare Vorteile ergeben sich nach dieser Ansicht auch aus den speziellen baulichen Gegebenheiten, den behinderungsspezifischen Gegebenheiten, der behinderungs-spezifischen Ausstattung und durch das eigens für diese Behinderungsgruppe ausgebildete und erfahrene Fachpersonal.

In letzter Zeit sind vereinzelt Versuche bekannt geworden, die diese «Sichtweise» durchbrechen wollen (körperbehinderte oder blinde Schüler besuchen das öffentliche Gymnasium, verhaltensgestörte Kinder besuchen weiterhin die Grundschule). In diesen Fällen geht der behinderte Schüler nicht in die «für ihn» geschaffene Institution, sondern diese kommt durch einen Vertreter bzw. Mitarbeiter zu ihm in seine Familie oder in seine Schule und beraten seine Eltern bzw. seine Lehrer und Erzieher «vor Ort».

Prof. MILANI-COMPARETTI (1980) berichtet dazu aus seinen Erfahrungen in Florenz:

«Früher ging man von der Illusion aus, daß erst, wenn die Behinderung durch die Behandlung (bzw. spezielle Förderung — die Verf.) vermindert sei, ein «normales Leben» möglich werde ... Die Absonderung (in eigene Einrichtungen — die Verf.) aber selbst schafft wieder Behinderung ... Das ganze Leben eines Kindes kann auf diese Weise durch die Behandlung so bestimmt werden, daß es unausweichlich zur Aussonderung hingeführt wird ... Sozialisation ist nicht ein fernes Ziel, sondern selbst Mittel der Rehabilitation.»

Diesen beiden Denk- und Handlungsansätzen liegen jeweils sehr unterschiedliche pädagogische Konzeptionen zugrunde.

In Schulen oder Klassen mit einer Monostruktur verfolgt man stärker den Leistungsgedanken und das Lernen als Hauptanliegen der Förderung. In Schulen oder Klassen, die auf Integration absehen, stehen dagegen die Normalisierung und Sozialisation im Mittelpunkt der Arbeit.

Während man in der ersten Gruppe meint, ein behinderter Mensch kann seine Behinderung, wenn überhaupt, dann durch optimale Leistung wettmachen und nur so einen stabilen Platz in unserer (Leistungs-)Gesellschaft finden, sieht die andere Gruppe das Einüben des Zusammenlebens von Behinderten und Nicht-Behinderten als vorrangiges Ziel ihrer Arbeit und als größte Chance der Eingliederung.

Von da aus stellt sich die Frage nach der Organisationsform schulischer Förderung von intensivbehinderten Schülern neu.

Aus der Erfahrung heraus, daß gerade das Lernen der schwächste und schwierigste Punkt in der Arbeit mit diesen Kindern ist, und die schulische Arbeit — wie auch sonst an der Schule für Geistigbehinderte (vgl. Kap. 4) — sich nie ausschließlich auf Lernen ausrichten wird, lassen sich sowohl überzeugende Argumente für homogene Klassen als auch ebenso überzeugende Argumente für heterogene Klassen mit intensivbehinderten Schülern finden.

Erinnert man sich kurz der geschichtlichen Entwicklung der Schule für Geistigbehinderte, so weiß man, daß sowohl die größere Gruppe der geistigbehinderten Schüler der Durchschnittsform als auch die kleinere Gruppe der intensivbehinderten Schüler jeweils eine Randgruppe darstellten. Zuerst wurden geistigbehinderte Schüler in Sonder- oder Sammelklassen an der Schule für Lernbehinderte mitgeführt, bevor man für sie eigene Schulen errichtete. Ähnlich ging und geht es heute noch vielen intensivbehinderten Schülern. Auch sie stellen nicht selten den «traurigen Rest» (ein Rektor) einer Schule für Geistigbehinderte dar, die man in einer eigenen Gruppe zusammenfaßt unter den verschiedensten Namen wie «Intensivklasse», «Sonderklasse», «S-Gruppe» usw. — Daß sich dann in solchen Gruppen oder Klassen die unmöglichsten Konstellationen ergeben, Schüler im Alter von 4 bis 18 Jahren, Kinder und Jugendliche mit allen nur denkbaren Krankheiten oder Behinderungen, die alle auf ihre Weise das Lernen und Erziehen in verschiedenster Weise erheblich erschweren oder behindern, kann sich jeder vorstellen. In solchen Klassen muß man als Pädagoge überfordert sein, wie es sicher auch die Schüler sind.

Das zusätzlich Schwierige ist die häufige Isolation dieser Klassen im Gesamtverband der Schule selbst. Nicht selten sind diese Klassen das «schwarze Schaf» im Gruppenverband Schule.

Die andere Lösung, die es in wenigen Städten oder Anstaltsbereichen gibt, Schulen für nur Schwerstbehinderte zu bilden, hat auch ihre eigenen Probleme. Man muß sich fragen, ob nicht auch damit Schüler wie Lehrer auf Dauer überfordert werden. Vielleicht kann man in solchen Klassen oder Schulen das *Lernen* gezielter und sicher auch stimmiger für die Gruppe der Intensivbehinderten gestalten. Das «Leben lernen» jedoch ist auf integrative Impulse angewiesen, die für Einrichtungen mit einer Monostruktur nur mit großer Schwierigkeit zu gewinnen sind.

Aber auch die «normale» Schule für Geistigbehinderte erleidet einen deutlichen Substanzverlust, «verzichtet» sie auf die Aufnahme intensivbehinderter Schüler. «Die Arbeit mit Intensivbehinderten ist die Brunnenstube der Geistigbehindertenpädagogik» (MEHL, 1977).

Die sich daraus ergebende Alternative wäre die Aufnahme von intensivbehinderten Schülern in die Klassen von geistigbehinderten Schülern durchschnittlicher Befähigung. Frau ADAM hat eine solche heterogene Klasse modellhaft über zwei Jahre geführt und dazu einen interessanten und aufschlußreichen Situationsbericht vorgelegt. Sie nennt eine Reihe nachdenkenswerter Argumente für die Schaffung heterogener Klassen (vgl. ADAM, 1980).

These 1 Im Blick auf den Schüler:
Heterogen zusammengestellte Klassen eröffnen allen Schülern bessere Lernmöglichkeiten.

Begründung:

1. Schüler, die sprechen können, kommen häufiger zu Wort, als wenn sie in einer Klasse wären, in denen alle 12 Schüler sprechen können.

2. Schüler, die nicht sprechen können, hören andere sprechen. Der Lehrer ist nicht in Gefahr zu verstummen, wie das leicht der Fall ist, wenn kein Kind sprechen kann.
3. Schüler, die sich nicht bewegen können, sehen andere laufen. Sie werden motiviert, sich ebenfalls zu bewegen.
4. Leichtbehinderte Schüler bemerken ihre Defizite, besonders wenn sie in Familien leben. Sie entwickeln häufig ein negatives Selbstbild. Das Zusammensein mit Schwerbehinderten verbessert ihr Selbstwertgefühl. Sie machen die Erfahrung, daß sie etwas können und daß ihre Hilfe gebraucht wird.
5. Negative Erfahrungen mit leichter behinderten Mitschülern (einen Knuff zu bekommen, etwas weggenommen zu bekommen usw.) schadet den Schwerbehinderten nicht, da sie sonst kaum Gelegenheit haben festzustellen, daß die Welt Ecken und Kanten hat, wie das für jedes bewegungsfähige Kind selbstverständlich ist.
6. Schwerbehinderte Schüler brauchen eine Umwelt, die möglichst viele Entwicklungsreize bietet. Dies ist in der gemischten Klasse am leichtesten und natürlichsten zu realisieren; es gibt ständig etwas zu tun, zu hören, zu riechen und zu fühlen. Neben dem Lehrer nehmen auch die leichter Behinderten Kontakt zu ihnen auf.

Die These 2 Im Blick auf den Lehrer:
Die heterogen zusammengesetzte Klasse ist für den Lehrer weniger belastend als die homogen zusammengesetzte.

Begründung:
1. Für den Lehrer ist es keine zusätzliche Belastung, sich auf so unterschiedliche Schüler einzustellen. Auch bei einer sogenannten homogenen Klasse ist es an der Schule für Geistigbehinderte notwendig, für jeden einzelnen Schüler einen individuellen Lehrplan zu entwickeln.
2. Eine Klasse, in der sich nur Schwer- und Schwerstbehinderte befinden, ist für viele Lehrer eine größere psychische und physische Belastung als eine gemischte Klasse.
3. In einer homogenen Klasse leichtbehinderter Schüler ist die Zahl der erethischen Kinder und Kinder, die weglaufen, größer als in gemischten Klassen mit Schwerbehinderten. «Wer im Rollstuhl sitzt, läuft nicht weg.»

Nun ließen sich zu jedem Argument eine Reihe von Gegenargumenten finden.

Das individuelle Lernen mit sozialem Schwerpunkt wird von Frau ADAM als Hauptanliegen gesehen. In ihrer Schlußreflexion stellt sie fest, daß solche gemischten Klassen vom Lehrer her als belebend und als Erleichterung empfunden wurden. Solche Lehrer seien belastbarer, weil sie sich wohlfühlen. Von den Schülern her gesehen konnten die leichter behinderten Schüler gut lernen, für die schwerer behinderten allerdings bestand die Gefahr, daß sie häufig zu kurz kamen. Von da aus bleibt auch für ADAM offen, in welch einer Zusammensetzung schwerer behinderte Schüler besser gefördert werden können.

Somit scheint sich zu bestätigen, daß es nicht die optimale Organisationsform für das schulische Lernen mit intensivbehinderten Schülern geben wird. Sehr wohl lassen sich aber *verschiedene Modelle* schulischer Arbeit mit intensivbehinderten Schülern aufzeigen, die jedoch alle nachfolgenden pädagogischen Kriterien genügen müssen:

1. Erziehung und Bildung intensivbehinderter Schüler machen eine Reihe von individuellen Differenzierungsmaßnahmen notwendig.
2. Erziehung und Bildung intensivbehinderter Schüler erfordern ausreichende Integrationsmöglichkeiten, um einer drohenden Isolation vorzubeugen bzw. einer vorhandenen entgegenzuwirken.
3. Erziehung und Bildung intensivbehinderter Schüler müssen zu einem lebendigen Lernen werden. Dies setzt eine entsprechende Binnenstruktur der Klasse voraus.
4. Erziehung und Bildung intensivbehinderter Schüler können nicht mehr von einem Lehrer je Klasse erreicht werden. So ist es besser, ja dringend notwendig, lieber die Klassenmeßzahl zu erhöhen und die Klasse als 2-Lehrer-System zu führen, unterstützt von einer zusätzlichen Pflegekraft.

6.5.2 Modelle der schulischen Arbeit für diese Gruppe von Schülern

Sieht man von der Sonderform — der Schule für Schwer- und Mehrfachbehinderte — ab, wie sie beispielhaft von der «Patmos-Schule» in Bethel, der Schule «Helfende Hände» in München oder der Schule «St. Martin» in Bruckberg durchgeführt und erfüllt wird, dann lassen sich für die schulische Arbeit mit schwerbehinderten Schülern *drei* Organisationsmodelle nennen, die nach unserer Erfahrung die obengenannten Kriterien erfüllen:

Modell 1

Intensivbehinderte Schüler besuchen Klassen mit geistigbehinderten Schülern der Durchschnittsform (DF) bzw. Übergangsform (ÜF)

Modell 2

Intensivbehinderte Schüler bilden im Gesamtverbund einer Schule für Geistigbehinderte eigene Klassen

Modell 3

Immer zwei Klassen, die zahlenmäßig gleich mit leicht und schwerbehinderten Schülern besetzt sind, bilden eine Einheit.

zum Modell 1

die Klasse	Differenzierungsmaßnahmen	Integrationsmöglichkeiten
Intensivbehinderte Schüler besuchen Klassen mit Schülern der DF bzw. ÜF Verhältnis 1 : 3 Neben dem Klassenlehrer arbeiten Fachlehrer, therapeutische Fachkräfte und eventuell eine Pflegehilfe stundenweise mit	individuelle und therapeutisch-orientierte Lernhilfe durch Fachlehrer, Sonder- bzw. Heilpädagogen und therapeutische Fachkräfte	gemeinsamer Unterrichts-Beginn und -Abschluß, Spiele, Singen und Musizieren, Projekte und Vorhaben, Hilfsaufgaben für die besseren oder befähigteren Schüler bei den schwächeren, Unterrichtsgänge (Lernen außer Haus), musische und kreative Aufgaben

Probleme, die es zu beachten gilt:

□ Nie sollte nur *ein* intensivbehinderter Schüler in einer besseren Klasse «mitgeführt» werden; dies wäre die totale Vereinsamung.

- ☐ Es ist darauf zu achten, daß die intensivbehinderten Schüler mit sinnvollen und ihnen entsprechenden Aufgaben konfrontiert werden und nicht stereotyp mit didaktischem Material «beschäftigt» werden, damit sie ruhig sind, wie es nicht selten geschieht.
- ☐ Die Lernförderung der intensivbehinderten Schüler darf keiner Hilfskraft für längere Zeit übertragen werden.
- ☐ Über die Bemühungen um Integration darf das Lernen für keine der Gruppen der Schüler zu kurz kommen.
- ☐ Auch diese Klasse bedarf der vielfältigen Außenkontakte, um lebendig zu bleiben. Jede zeitweilige Ausgliederung eines Schülers oder einer Schülergruppe muß der Gesamtgruppe bekanntgemacht werden und mit einer Wiedereingliederung — auch mit dem «Zeichen» einer

zum Modell 2

die Klasse	Differenzierungsmaßnahmen	Integrationsmöglichkeiten
Intensivbehinderte Schüler bilden für sich eine bzw. mehrere Klassen. Diese sollten nicht mehr als 5 bis 6 Schüler umfassen. Neben dem Klassenlehrer arbeiten eine weitere Erzieherin und eine Pflegekraft mit	Innerhalb des Gesamt-Lernfeldes bzw. Lerntages sind verschiedentliche Einzel- bzw. Kleingruppen-Situationen anzubieten (vgl. Abschnitt 6.4), in denen individuelle Lernziele verfolgt werden. Wenn es notwendig wird, findet Einzeltherapie als Ergänzungsangebot außerhalb des Unterrichts statt	Jede dieser Klassen sollte an der Schule eine Patenklasse besitzen, die sie einlädt zum gemeinsamen Unterricht, zu Ausflügen, zu Festen und Feiern. Im Gesamtverband der Schule finden z.B. das große Wochenabschluß-Singen statt, an dem alle Schüler teilnehmen; aber auch Stufenzusammenkünfte (aller Unterstufen z.B.) sind vorzusehen

besonderen Begrüßung — in die Gesamtgruppe verbunden sein (Wir schauen uns an, was die Gabi heute gearbeitet hat!).

- ☐ Die Erziehungs- und Bildungsarbeit wird für beide Schülergruppen nur erfolgreich sein können, wenn diese im Team aller befaßten Mitarbeiter bestens vorbereitet und — inhaltlich und methodisch — abgesprochen ist.

Probleme, die bei Modell 2 zu beachten sind:

- ☐ Unabdingbare Voraussetzung ist die gemeinsame Planung — sowohl methodisch als auch inhaltlich —, sollen die Schüler zu Erfolgen geführt werden.
- ☐ In den Einzel-Lernsituationen, aber auch sonst im Unterricht ist es notwendig, daß jedes Kind einen Ansprechpartner bzw. seine Bezugsperson hat. Von da aus empfiehlt sich, daß in solchen Situationen jeder der drei Erwachsenen je zwei Schüler «betreut», d.h., daß diese drei Personen dann eine kleine Einheit für sich bilden.
- ☐ Die Pflegeaufgaben fallen allen Mitarbeitern zu bzw. sie werden gemäß der vorgenannten Aufteilung erledigt.
  Sind nur zwei Mitarbeiter möglich oder notwendig, gilt das gleiche Prinzip.
- ☐ Auf die Außenkontakte ist dringend zu achten, nicht im Sinne der Sozialbetreuung, sondern im Sinne wirklicher Partnerschaft.
- ☐ Den Partnerklassen muß zahlreiche und sehr verschiedenartige Information über die schwerbehinderten Schüler gegeben werden. Nach unseren Erfahrungen haben die besser begabten geistigbehinderten Schüler oft Angst vor den schwerer Behinderten, weil sie sich nicht wehren, das andere Verhalten sich nicht erklären können und auch zu wenig herausfordernde Angebote bekommen.
- ☐ Es sind aber auch Außenkontakte über die Schule hinaus zu suchen.
- ☐ Die Klassen mit intensivbehinderten Schülern dürfen an der Schule für Geistigbehinderte nicht länger eine Extrarolle als Schwarzes Schaf oder in ihrem Schattendasein weiterführen. Dies belastet Lehrer und Schüler wie auch die Eltern über die Maßen.

zum Modell 3

die Klasse	Differenzierungsmaßnahmen	Integrationsmöglichkeiten
Auf zwei Klassen — A und B — werden zahlenmäßig möglichst gleichmäßig intensivbehinderte Schüler und Schüler der DF bzw. ÜF «verteilt». Diese beiden Klassen A und B bilden eine organisatorische Einheit. Neben den beiden Klassenlehrern arbeiten ein weiterer Sonder- bzw. Heilpädagoge mit, ergänzend kommen Fachlehrer und therapeutische Fachkräfte stundenweise in Betracht	Der Unterricht im Bereich der «Funktionalen Ertüchtigung» findet behinderungsspezifisch statt (A′ und A″ bzw. B′ und B″), sonst wie Modell 1, bzw. Modell 2	Soziale Aktionen, musische Aufgaben, Spiele, Projekte und Vorhaben können sowohl in der integrierten Klasse als auch im «Großverband» beider Klassen erfolgen. Durch diese beiden Klassen kann man das soziale Moment sehr steigern und dieses sogar über diesen Klassenverbund hinaus ausdehnen

Probleme, die es zu beachten gilt:

□ Grundsätzlich ermöglicht diese Organisationsform eine Reihe Begegnungen und Lernanlässe. Manchen Schülern allerdings bereitet es Mühe, den für sie gewonnenen sozialen und emotionalen Raum ständig wieder zu verändern und für Kontakte mit der anderen Klasse zu öffnen.

Man muß also darauf achten, die Schüler sozial nicht zu überfordern. Dies gilt besonders für die intensivbehinderten Schüler.

- ☐ Viele Lernmaterialien können ausgetauscht werden. Dadurch kann für manche das so wichtige Eigentums-Empfinden («Diese Rinne aber gehört uns!») verloren gehen oder gar nicht zustande kommen.
- ☐ Die Notwendigkeit der Zusammenarbeit vergrößert sich sowohl personell als auch gedanklich. Die Gefahr besteht, den einzelnen Schüler vor lauter Sorge um das Gemeinsame, um die sozialen Beziehungen, zu übersehen.
- ☐ Schwierige Kinder können unter Umständen für bestimmte Zeiten auch einmal «ausgetauscht» werden, was nicht ohne pädagogische Probleme für die anderen Schüler bleibt (ist das Strafe, Belohnung oder Hilfe?).
- ☐ Die Zahl der sozialen Ansprechpartner erhöht sich, dadurch auch die Gefahr der Ablenkbarkeit.

Sicher lassen sich eine Reihe weitere Modelle der schulischen Arbeit mit intensivbehinderten Kindern und Jugendlichen denken.

Die drei vorgestellten zeigen exemplarisch sehr gut die mögliche Vielfalt auf, gleichzeitig machen sie deutlich, wie unterschiedlich jeweils die verschiedenen Hauptanliegen realisiert werden können: das schulische Lernen, die Sozialisation — die Begegnung also — und die Erziehung. Man kann nur sehr bedingt den jeweiligen Modellen einen dieser Schwerpunkte besonders oder gar ausschließlich zuordnen. Es wird der Lehrer in der Hand haben, eine solche Schwerpunktsetzung selbst vorzunehmen und zu gestalten.

6.5.3 Es kommt auf eine lebendige Gruppe an:

Die bisherigen Vorschläge zur Organisation gingen sehr stark von der Leistung des Schülers bzw. der Intensität der Behinderung selbst aus.

Das Gruppengeschehen lebt jedoch noch von ganz anderen Fakten, solchen nämlich, die die Binnengliederung ausmachen. Sie läßt sich weit weniger vom Leistungs- oder Behinderungskriterium her allein bestimmen, vielmehr sind psychodynamische Momente gefragt. Sie beziehen den Lehrer bzw. Erzieher ebenso mit ein wie die Schüler.

Von da aus ist es wichtig, sich zu fragen, ob der Klaus mit der Gabi zusammen in eine Klasse möchte bzw., ob sie sich gegenseitig positiv anregen oder negativ beeinflussen, ob man zu Thomas nicht auch den Jens — seinen Freund, mit dem er zusammen mehrmals wöchentlich zur Krankengymnastik gefahren wird — in die Klasse nehmen soll.

«Leben lernen» muß auch von innen her lebendig sein.

Von da aus sind auch die Anregungen zu verstehen (vgl. Abschnitt 5.2.4): Es sollte keine Klasse sein, in der niemand mehr sprechen oder singen kann, es sollte keine Klasse sein, in der kein Kind mehr von sich aus nach etwas greift, kein Schüler mehr von sich aus sich auf etwas zubewegt, keine Klasse, die im Übermaß mit technischen Hilfsgeräten arbeiten muß (alle Schüler sitzen im Rollstuhl).

Auch von den Pflegeleistungen her ist ein Ausgleich zu schaffen. Wenn alle Kinder gewickelt und gefüttert werden müssen, kann das eine Klassengemeinschaft total zerreißen: immer wieder ist ein anderer dran.

Solche Probleme lassen sich nicht mehr mit den vorgestellten Modellen lösen, weil die hier geforderte Heterogenität weniger mehr mit dem Grad oder mit der Art der Behinderung zu tun hat, sondern mit der persönlichen Ausprägung von Lebenstätigkeiten und Lebensäußerungen, wie sie eben Klaus und Thomas, Gabi und Jens mitbringen.

0.5.4 Das Problem der massiv verhaltensgestörten Kinder

Als letzte Frage stellt sich die nach den *verhaltensschwierigen Kindern.* Wir erleben nicht selten bei mehrfachbehinderten und intensivbehinderten Schülern massive Verhaltensprobleme. Dies trifft besonders für Heimschulen zu. Ein kaum mehr verkraftbares Maß an Aggressivität oder Selbstzerstörung, eine enorm hohe Rate von nicht einstellbaren Anfällen, eine Fülle negativistischer Verhaltensweisen und sogenannte Abnormitäten, wahnhafte Ideen (alle Schüler sind Mitglieder eines Käferstaates) und Ängste, eine Fülle von Tics und Stereotypien kommen auf uns zu und müssen bewältigt werden.

Von hier aus gesehen stellt sich die Frage nach der Homogenität oder Heterogenität erneut und unter Umständen massiver als zuvor.

Soll es zu einem lebendigen Miteinander in der Gruppe kommen, wo man «leben lernen» kann und man nicht nur auf das Abgewöhnen, Löschen und Abbauen von pathologischem Verhalten konzentriert sein muß, dürfen weder die Schüler noch die Lehrer bzw. Erzieher mit einem solchen Übermaß von schwierigem Verhalten konfrontiert und belastet werden. Nahezu keiner dieser Verhaltensimpulse signalisiert eine lebensbejahende Grundbefindlichkeit. Im Gegenteil, diese muß erst allmählich wachsen und sich entwickeln. Dazu sind eben nicht nur therapeutische Maßnahmen notwendig, sondern möglichst vielseitige, lebensanregende Impulse von außen wie von innen. Wenn der Lehrer nur noch negatives Verhalten ausgleichen und damit ertragen und verarbeiten muß, wird er kaum mehr genügend Kraft haben, positive d.h. wachstumsanregende Lebensimpulse in ausreichendem Maße in sich zu erzeugen.

Von da aus gesehen, ist wohl sehr darauf zu achten, daß neben den persönlichen Bedürfnissen der Schüler auch die Verkraftbarkeit der Erzieher und Lehrer gesehen und berücksichtigt wird und keiner der Beteiligten in eine innere Überforderungssituation gerät. Nicht die Behandlung und nicht die Behinderung stehen im Mittelpunkt, sondern das Arbeiten am Leben, das Freuen am Leben, das Sich-vorfinden im Leben, soll «leben lernen» erfolgreich und erfüllend für alle verlaufen.

6.5.5 Und in welche Schule sollen mehrfachbehinderte Kinder gehen?

Über diesen bedrängenden Fragen haben wir ganz die viel häufiger diskutierte Frage «vergessen»: Sollen intensivbehinderte Schüler, die ja nahezu alle mehrfachbehindert sind, nicht doch bei vorliegender Körperbehinderung oder bei zusätzlicher Sinnesbehinderung in Einrichtungen für Körperbehinderte oder für Sinnesbehinderte aufgenommen werden?

Sowohl WENZ (1978), FEUSER (1977) als auch FRÖHLICH (1979) haben sich dazu sehr grundsätzlich geäußert.

Die Frage kann und soll hier nicht entschieden werden. Uns ging es um andere Momente. Um Leben zu lernen sind intensivbehinderte Schüler zwar oft auf technische Hilfsmittel und auf Fachkräfte mit einer Spezialausbildung angewiesen; entscheidend für die Realisation von «Leben lernen» sind aber die Begegnungen unserer Schüler mit den Menschen, die mit ihnen leben, sie lehren, betreuen und pflegen und die möglichen menschlichen Begegnungen in einer Gruppe.

Wenn uns die Gruppe als Lebenszelle so sehr wichtig ist, dann muß es die Primärgruppe — die Familie also — auch sein. Kinder sollten möglichst lange zu Hause bleiben und gleichzeitig möglichst wenig Zeit in einem oft nicht zumutbaren Bus bei Hitze und Kälte, bei Regen und Schnee verbringen. Das kann zur Folge haben, daß unter diesem «Nützlichkeitsaspekt» die nächste Schule die beste ist.

Das darf aber die fachliche Hilfe nicht reduzieren, abwerten oder gar ausschließen.

Sie kann man aber oft leichter holen, als das Kind zu ihr schicken.

Wahrscheinlich läßt es sich auch leichter und lieber in einer kleineren Einrichtung leben und lernen, als in großen Zentren. Aber hier können wir meist nicht mehr wählen. Wir müssen heute mit ihnen leben und sollten dann aber versuchen, das Leben in den großen Zentren möglichst für alle Beteiligten überschaubar, lebendig und natürlich zu gestalten.

6.6 Unterrichtsbeispiele

Nachfolgend sollen vier Unterrichtsbeispiele die pädagogische Arbeit mit intensivbehinderten Schülern veranschaulichen. Es sind verkürzte Darstellungen, denn die hier niedergeschriebenen und zusammengefaßten Lernvorhaben geben nicht die tatsächliche Wirklichkeit mit ganz bestimmten Schülern wieder. Unterricht mit intensivbehinderten Schülern ist mehr als ein Vermitteln didaktisch exakt gewonnener Absichten und mehr als ein Durchführen methodisch gut überlegter Lernsituationen.

Es kommt wie sonst kaum auf das jeweils nicht nur individuelle, sondern sehr auch auf das aktuelle Begleiten unserer Schüler an.

Die hier vorgegebenen Ziele können nur als allgemeine «didaktische Schwerpunkte» verstanden werden. Es ist notwendig, für die einzelnen Schüler gemäß der Lernabsicht und den verfolgten Erziehungsplänen jeweils sehr genaue, individuelle Ziele zu setzen; diese können so abgehoben von den anderen sein, daß diese von uns genannten nur noch als Zielrichtung zu verstehen sind oder gar zu «parallelen Lernerträgen» verändert werden müssen.

Der Unterricht muß den Schülern entsprechen, für sie zum Ereignis werden, dann erst hat sich «leben lernen» auch im konkreten Unterrichtsalltag erfüllt.

Es werden folgende Unterrichtsbeispiele vorgestellt:

☐ zum Aufgabenfeld 2	Wir üben unsere Hände Wir bereiten uns auf das Sportfest vor
☐ zum Aufgabenfeld 3	Wir erleben unsern Körper (mit Hilfe von Wasser und Sand) Wir lernen die Türe kennen

Zum Schluß noch folgende Feststellung:
Alle diese Unterrichtsbeispiele sind als Sammlung von Lernaufgaben wiedergegeben, die für Schüler mit intensiver Behinderung in Frage kommen *können.* Sie haben Anregungscharakter und sollen zu weiterem Suchen und Finden veranlassen.

Wie viele dieser Lernaufgaben an einem Lern-Vormittag (Lerntag) angeboten und durchgearbeitet werden können, wie viele Entspannungsphasen eingebaut werden müssen, richtet sich zum einen nach dem bevorzugten Lernmodell (didaktisch, kommunikativ oder pädagogisch — vgl. Abschnitt 6.3), zum andern nach dem Fassungsvermögen und der Lernbereitschaft der Gruppe bzw. der Klasse.

Von da aus haben wir Unterrichts-Phasen wie «Morgenkreis» oder «Obstpause» weggelassen, sondern uns lediglich auf didaktische Schwerpunkte beschränkt.

Unterrichtsbeispiele zum Aufgabenfeld 2

Beispiel I

Lernvorhaben:	Wir üben unsere Hände — bzw. unsere Hände sollen geschickter werden
Lernbereich:	Schulung der Handmotorik
Lernort:	Das Klassenzimmer, Tische, Stühle, der Raum als solcher
Methodisches Modell:	Basale Aktivierung, Übung
Medien:	Steckbretter mit Walzen
Steckbrett:	Größe: 24 cm × 24 cm × 4,5 cm, Löcher: Ø 3 cm, Tiefe: 3,5 cm, Material: Holz
Walzen:	Größe: 4 cm bis 12 cm lang, Ø 2,8 cm

Variationen zu den Steckbrettern:
- Anzahl der Löcher variieren
- Anordnung der Löcher variieren
- waagrecht, schräg, senkrecht stellen

Variationen zu den Walzen:
- bunt färben
- mit verschiedenem Material überziehen

□ *Angestrebte Lerngewinne:*
- Ausüben verschiedener Greifschemata, besonders des Faustgriffs
- Verbessern der Auge-Hand-Koordination
- Verbessern des Aufgabenverständnisses
- Erleben des gemeinsamen Tuns
- Erleben der Eigenaktivität als ein Befriedigung schaffendes Gefühl «Das habe ich getan!», «Ich kann etwas!»

□ *Vorbemerkung*

Die nachfolgenden Unterrichts-Vorschläge verstehen sich als eine *ganzheitliche Schulung der Handmotorik* und nicht als ein gezieltes Funktionstraining ganz bestimmter Greifschemata. Wie dies beispielhaft auf jeden Schüler hin geplant und durchgeführt werden kann, ist aus dem Beitrag von SCHMITZ, G. (1978) zu entnehmen. Die verschiedenen angestrebten Greifschemata lassen sich in unserem Beispiel durch die Verwendung verschiedener Steckwalzen und auch durch eine unterschiedliche Position der Steckbretter erreichen. So erlauben längere Walzen eher den Faustgriff, während kürzere Walzen zum 3-Finger-Griff «hindrängen».

Wichtig ist in diesem Zusammenhang, daß der Schüler zwar zu freien und sehr unterschiedlichen Aktionen veranlaßt wird, dennoch diese Aufgaben als Erledigung einer «sinnvollen Handlung» erleben soll. Er soll sich ganzheitlich und damit sinnvoll beansprucht fühlen.

Als mögliche Verstärker sollte primär die erfüllte Aufgabe gelten, auch wenn diese mit Handführung erledigt wird. Orale oder soziale Verstärker sind zusätzlich einzusetzen.

Eine erhöhte Motivation kann von einem Signal oder von Musik, von einem Licht oder von einem Austausch der Walzen gegen ein Lieblingsspielzeug ausgehen.

☐ Als *parallele Lernerträge* wären verschiedene Ziele denkbar:

∞ für den Läufer:	Ein Unterbrechen des stereotypen Laufens an einer solchen Steckbrettstation
∞ für die Sitzer:	Ein Aktivieren zu mehreren Einsteckaktionen
∞ für den körperbehinderten Schüler:	Ein mehrfaches Erreichen des Steckloches mit einer Walze
∞ für einen autistisch anmutenden Schüler:	Statt der Drehbewegung Steckbewegungen mit den Walzen ausführen

☐ *Vorausgehende Lernvorhaben*

Bevor solche Steckaufgaben möglich und sinnvoll sind— ihre Anforderungen liegen in dem Zusammenbringen von zwei verschiedenen Objekten nach einer von den Gegenständen vorgegebenen Weise —, müssen die Objekte als Einzelelemente erlebt werden:

— Wir lernen die Steckwalzen kennen
— Wir spielen mit den Steckbrettern

Bevor der Einsteckvorgang erfaßt und ausgeführt werden kann, ist es günstig, den umgekehrten Vorgang zu erleben:

— Wir leeren gefüllte Steckbretter
— Wir ziehen vereinzelte Walzen — nach bestimmten Vorgaben — aus den Steckbrettern, aus Tonflächen usw. heraus

☐ *Nachfolgende Lernvorhaben*

Wir halten es für sehr wesentlich, an didaktischem Material gewonnene Fähigkeiten und Fertigkeiten, Einsichten und auch Gewohnheiten auf die Umwelt zu übertragen, wenn es sich einigermaßen sinnvoll bewerkstelligen läßt.

So bieten sich als weiterführende Lernaufgaben an:

— Wir stecken und sortieren «Spitzer» in Kartons (monotechnische Arbeit in der Werkstatt)
— Wir füllen Eierbehälter mit Eiern
— Wir belegen einen Kuchen, ein Brot
— Wir verteilen Bonbons in ein unterteiltes Behältnis

Wo sich solche Übertragungen nicht ermöglichen lassen, die oft auch ein Weiterführen der erlernten Tätigkeit darstellen (zum Beispiel wird aus dem Stecken ein Hineinlegen und aus dem Hineinlegen ein Belegen!), können Lernaufgaben nur an didaktischem Material sinnvoll sein, wenn sie in funktional-fördernder Weise übungsträchtig sind, wenn sie die Aktivität des Schülers zu binden imstande sind und wenn der Schüler die geleistete Arbeit als eine sinnvolle Tätigkeit — als ein in sich geschlossenes Aufgabensystem — «erkennen» bzw. erleben kann.

□ Folgende Lernaufgaben lassen eine «ganzheitliche Schulung der Handmotorik» verwirklichen, wobei die Reihenfolge nicht zwingend eingehalten werden muß:

Aufgabe 1:

Die Schüler sitzen am runden Tisch; in der Mitte steht ein Behälter mit Walzen; die Schüler haben Steckbretter vor sich, holen sich jeweils eine Walze und stecken diese «frei» ein

Aufgabe 2:

Die Schüler haben statt dem Behälter ein gefülltes Steckbrett vor sich; sie holen sich jeweils eine Walze aus diesem weg und stecken diese bei sich ein

Aufgabe 3:

Die Schüler holen sich Walzen «außerhalb» des runden Tisches; sie stecken diese dann in ihr Brett ein

Aufgabe 4:

Die Schüler haben farbige Steckbretter vor sich und holen entsprechend der Farbe farbige Walzen und stecken diese ein

Aufgabe 5:

Die Schüler erhalten mit Walzen gefüllte Materialschalen; im Raum sind Steckbretter verteilt; sie gehen «auf Wanderschaft» und stecken jeweils eine Walze in ein solches gefundenes Steckbrett ein

Aufgabe 6:

Die Schüler finden Steckbretter in veränderter Position vor (schräg, senkrecht usw.). Sie versuchen auch hier ihre Walzen einzustecken

Aufgabe 7:

Die Schüler sitzen zwischen zwei Tischen; auf dem rechten Tisch steht ein gefülltes Steckbrett, auf dem linken ein leeres; sie holen sich jeweils eine Walze, transportieren diese zum leeren Brett und stecken diese dort ein

Aufgabe 8:

Die Schüler reichen Walzen weiter, die sie von ihrem Nachbarn erhalten haben — sie sitzen in einer Reihe —, der letzte füllt das Steckbrett (die Reihe muß dann jeweils verändert werden)

Diese Aufgaben können sowohl durch modifizierte Steckbretter als auch durch jeweils andere Walzen so verändert werden, daß neue Lernaufgaben entstehen. Wie oft dazwischen Bewegungsphasen oder Entspannungszeiten eingeschoben werden müssen, hängt von der Klasse bzw. dem einzelnen Schüler ab. Das gleiche gilt für das Maß des «manual guide».

Beispiel II
Lernvorhaben: Wir üben für das Sportfest
Lernbereich: Bewegungserziehung
Lernort: Turn- oder Gymnastikhalle

Die Aufgaben beim Sportfest:
☐ Ich gehe (fahre) durch eine Hindernisbahn
☐ Ich schlage mit dem Stab Keulen vom Podest
☐ Ich ziehe ein langes Tau aus der Tonne

Methodisches Modell: Basale Aktivierung, auch Übung

Medien:
☐ für die *Ruhepausen*
— Sitzgelegenheiten (Stühle mit Lehne geben Halt)
— Liegemöglichkeiten (Matten, Tücher, Kissen, Teppich)
— Gegenstände, die den Schülern bekannt sind (der Teddybär, ein Reifen, bunte Bälle)
☐ für die *Hindernisbahn*
— 4 Langbänke als Begrenzung
— Kastenteile und Blechbüchsen (ohne scharfe Kanten) als Hindernisse
— ein Tisch als Ziel (zum Ablegen von transportierten Materialien oder als Ort, wo der Schüler sein «Wunsch»-Objekt erhält (abholen kann)
☐ für die *anderen Aufgaben*
— Stab in Stabhalter, Keulen auf Podest
— etwa 3 m lange Taue, feststehende Tonne

Die nachfolgenden Unterrichtsvorschläge beziehen sich auf die Hindernisbahn, die anderen Vorhaben sind ebenso Disziplinen beim Sportfest. Dabei werden die Übungen klassenweise und — je nach den Erfordernissen der konkreten Klasse — mit oder ohne Zuschauer durchgeführt. Für die Teilnahme am Sportfest erhalten die Schüler eine Urkunde mit ihrem Porträt wie alle anderen Schüler der Schule.

Die drei unterschiedlichen Übungen — ihre Unterschiedlichkeit liegt in der motorischen Beanspruchung — sollen jeden Schüler seine bevorzugte Bewegung wieder finden lassen (für die Läufer die Hindernisbahn, für die Rollstuhlfahrer die Schlag- bzw. Ziehaufgabe); es sollen aber auch Aufgaben sein, die alle Schüler mitmachen könne und müssen.

Die *Hindernisbahn* ist etwa sieben Meter lang, wobei sie von Langbänken, evtl. auch durch eine Wand zur Seite hin begrenzt ist, die Hinternisse (Kastenteile und Büchsen) sind innerhalb der Bahn aufgestellt, Rollstuhlfahrer können durch die Bahn gefahren werden. Am Ende der Wegstrecke steht ein Tisch, auf dem transportierte Materialien abgelegt bzw. «Wunsch-Objekte» der Schüler wieder abgeholt werden können.

□ *Angestrebte Lerngewinne*

- Wahrnehmen der Kastenteile und der Büchsen als Hindernisse (sie sehen und spüren können); den Weg voraus mit den Augen erkunden können
- Verbessern motorischer Grundfähigkeiten wie gehen, steigen, kriechen, ausweichen
- Verbessern der Auge-Körpermotorik-Koordination bzw. der Koordination von Tast-/Bewegungssinn und Motorik
- Sicherer werden im Aufgabenverständnis
- Erleben von Eigenaktivität als ein Befriedigung schaffendes Gefühl «Das kann ich!», «Da kann ich gehen!», «Ich mache etwas!»

□ *Vorbemerkung:*

Auch bei dieser «Übung» lernt der Schüler selbst, nicht seine Augen empfinden und nicht seine Beine reagieren allein (vgl. Abschnitt 4.5.4), sondern er selbst muß steuern. Die Lernaufgabe beansprucht den Schüler ebenso in der emotional-sozialen Dimension wie in der kognitiven und motorischen.

□ Als *parallele Lernerträge* wären verschiedene Ziele denkbar:

für die Läufer:	Ein zielgerichtetes Laufen
für die Sitzer:	Ein Aktivieren zu lustbetonten Körperbewegungen
für die körperbehinderten Schüler:	Ein mehrfaches Ausdrücken von Lebensimpulsen in Form von Lebensäußerungen auf wahrgenommene Umweltreize
für einen autistisch anmutenden Schüler:	Statt auf die schnipsenden Finger, auf die mit den Beinen spürbaren Hindernisse zu schauen

□ *Vorausgehende Lernvorhaben:*

Bevor solche Bewegungsübungen möglich und sinnvoll sind, müssen die Elemente der Hindernisbahn, aber auch der Raum an sich erlebt werden

– Unsere Turnhalle hat Wände, wir gehen hin und her
– Wir gehen durch den «Büchsengarten» (viele Büchsen auf engem Raum)
– Wir steigen über Kastenteile, wir befühlen sie, wir tragen sie

□ *Nachfolgende Lernvorhaben*

Wir halten es für wichtig, die in der Turnhalle gewonnenen Fähigkeiten, Fertigkeiten und Gewohnheiten nicht nur durch nachfolgende Lernvorhaben zu verbessern, und am Sportfest eine «Leistungsschau» zu organisieren, sondern sie auch auf Situationen im Alltag zu übertragen. So bieten sich weiterführende Lernsituationen an:

– Wir gehen zum Spielplatz
– Wir gehen durch den Wald
– Wir gehen auf der Straße

□ Die Hilfen zum *zielgerichteten Gehen* durch die Hindernisbahn sind individuell, je nach den Erfordernissen der einzelnen Schüler:

– Der Lehrer zeigt den Lieblingsgegenstand des Schülers, geht dabei vor dem Schüler her, dieser folgt ihm, wobei er die Hindernisse – trotz oder wegen dem starken Verlangen nach dem Lieblingsgegenstand – umgeht oder übersteigt.

- Der Lehrer gibt dem Schüler den gewünschten Gegenstand schon nach der Hälfte der Distanz, um damit ein Bedürfnis des Schülers zu befriedigen, und führt ihn durch die restliche Strecke der Bahn.
- Dem Schüler wird der bevorzugte Gegenstand auf dem Tisch am Ende der Bahn gezeigt, er geht selbständig durch die Bahn.
- Der Schüler geht nach verbaler «anfeuernder» Aufforderung durch die Bahn.
- Der Lehrer oder Mitschüler schieben Willi im Rollstuhl durch die Bahn. Willi bewegt seinen rechten Arm nach rechts, seinen linken Arm nach links, evtl. mit Handführung, wenn die Hindernisse entsprechend umfahren werden sollen.

□ Folgende Lernaufgaben lassen eine «ganzheitliche Schulung der Körpermotorik» verwirklichen, wobei die Reihenfolge nicht als hierarchisches System zu verstehen ist:

Aufgabe 1: Zusammen mit dem Lehrer durch die Hindernisbahn gehen
Aufgabe 2: Allein durch die Hindernisbahn gehen
Aufgabe 3: Durch die Hindernisbahn krabbeln
Aufgabe 4: Über alle Hindernisse steigen
Aufgabe 5: Hindernisse umgehen
Aufgabe 6: Die Hindernisbahn möglichst schnell durchgehen
Aufgabe 7: Etwas durch die Hindernisbahn tragen
Aufgabe 8: Mit einem Schüler durch die Hindernisbahn gehen
Aufgabe 9: Alle Schüler versuchen zur gleichen Zeit miteinander durch die Hindernisbahn zu gehen.

Es bleibt dem Praktiker überlassen, neue, andere Finde-Leistungen zu erbringen und die Aufgaben für seine Schüler «herzurichten». Wie oft die Lernaufgabe «Ich gehe durch die Hindernisbahn» der Klasse und dem einzelnen Schüler angeboten bzw. zugemutet werden kann, wie oft dazwischen Entspannungsphasen eingelegt und ob andere Übungen (siehe: Keulen umschlagen oder Seil ziehen) zwischendurch angeboten werden, hängt von der Klasse bzw. den einzelnen Schülern ab.

Beispiel I

Lernvorhaben:	Ich erlebe Sand an meinen Beinen, meinen Händen, meinem Körper
Lernbereich:	Sachunterricht
Lernort:	Sand-Wasser-Raum
Methodisches Modell:	Basale Stimulation, aber auch Basale Aktivierung
Medien:	Sand im Sandkasten, Bürsten, Felle und Tücher

□ *Angestrebte Lerngewinne:*

– Lokalisieren der mit Sand berieselten bzw. zugedeckten Körperteile
– Angst vor Kontakt mit Sand abbauen (den Sand anfassen, wegstreifen, rieseln)
– Wohlfühlen im Sandkasten, sich beruhigen durch den Kontakt mit Sand
– Neben anderen im Sand sitzen/liegen/stehen können

□ *Vorbemerkung:*

Mit diesem Lernvorhaben wollen wir die Schüler zu einer aktiven und zunehmend gesteuerten Auseinandersetzung mit der Welt, hier in ihrem Körperfeld, Greiffeld und dem Nahfeld (vgl. Abschnitt 4.5.6) bringen.

Das «Medium Sand» bietet viele Möglichkeiten zur taktil-kommunikativen und auch handelnd-motorischen Auseinandersetzung des Schülers mit seinem Körper.

Sand kann warm und trocken sein, aber auch kalt und feucht. Man kann Sand auf den Bauch rieseln lassen, mit Sand einzelne Körperteile zudecken und wieder ausgraben. Man kann Sand zwischen den Fingern durchlaufen lassen und man kann Sand drücken, werfen, schieben, festhalten und loslassen.

□ Folgende *Lernaufgaben* lassen eine aktive und zunehmend gesteuerte Auseinandersetzung mit dem eigenen Körper verwirklichen, wobei die Reihenfolge nicht als hierarchisches System zu verstehen ist:

Aufgabe 1:	Sand über die Schulter, die Arme, die Beine rieseln lassen, mit den Händen die betroffenen Körperteile berühren
Aufgabe 2:	Der Schüler selbst läßt Sand über seine Schulter, die Arme, die Beine rieseln
Aufgabe 3:	Die Beine des Schülers mit Sand zudecken und wieder ausgraben
Aufgabe 4:	Sand von den Beinen mit der Hand, mit der Bürste und einem Fell abstreifen
Aufgabe 5:	Nasses Tuch aus dem Sand ausgraben und «säubern»

Ob mehrere oder nur ein einzelner Schüler an einem solchen Unterrichtsangebot teilnehmen können, durch welche Variation — der beeindrukkenden Objekte bzw. der Form der Auseinandersetzung mit dem Objekt — die Aufgaben für die Klasse und den einzelnen Schüler erweitert oder auch verändert werden, hängt von den äußeren Möglichkeiten (Größe des Sand-Wasser-Raums bzw. Durchführung am Sandplatz vor dem Schulhaus) und von den Schülern ab.

Beispiel II

Lernvorhaben:	Wir lernen unsere Tür kennen
Lernbereich:	Sachunterricht
Lernort:	Das Klassenzimmer — später der Gang und auch andere Schulräume
Methodisches Modell:	Objekterkundung — aktives Lernangebot
Medien:	Die Tür im Klassenzimmer, Seile, Stoffbänder, Tische, Stühle, Heidelberger Treppe

□ *Angestrebte Lerngewinne:*

Die Tür als Objekt und gleichzeitig als Möglichkeit des Durchgangs bewußt machen
- das «Objekt» Tür ganzheitlich und in seinen Details erleben
- das «Objekt» Tür in seinen Funktionen erleben
- mit dem «Objekt» Tür erkundend umgehen
- das «Objekt» Tür in verschiedenen Aktionen erleben
- das Schlüsselloch, die Klinke, das Schloß, die Angel erfassen

Aus der Weiterführung in das Aufgabenfeld 2 — funktionale Tüchtigkeit — ergeben sich folgende Lernziele, die hier aber unberücksichtigt bleiben

— wir finden den Weg zur Tür
— wir können mit der Tür umgehen
  (sachgemäß, situationsentsprechend)
— wir schauen durchs Schlüsselloch
  (als Beitrag zur Schulung der optischen Wahrnehmung)
— wir putzen/polieren/streichen/bekleben die Tür
— wir können Türen an Schränken öffnen
— wir können eine Tür absperren/aufsperren

□ *Vorbemerkung:*

Aus der Sachanalyse ergibt sich die Bedeutsamkeit der Tür. Sie stellt einen beweglichen Teil einer Begrenzung (Wand, Zaun) dar, oder den «Verschluß» einer Öffnung (Schranktür) bzw. eines Loches oder einer Lücke.

Alle Kinder benützen die Tür zum Klassenzimmer zumindest als Durchgang täglich mehrmals. Den wenigsten aber ist die Tür als einzelnes Objekt bewußt; die «Zutaten», wie Klinke, Türloch, Angel, Schloß sind kaum einem Schüler bekannt. Die meisten Schüler sind auch noch nicht in der Lage, die Tür zu benützen. Es wird diese für sie benützt; sie finden sie geöffnet vor.

Unseren Kindern begegnet die Türe in verschiedenster Form: als Gartentür, als Haustür, als Zimmertür, als Stalltür, als WC-Tür, als Aufzugtür.

Sie kann aus Holz, aus Glas, aus Kunststoff, aus Metall sein.

Oft trägt sie ein Schild oder ein Symbol.

Die Tür kann nach innen oder nach außen aufgehen, manche kann man auch aufschieben; einige gehen automatisch auf.

Die *Tätigkeiten* im Zusammenhang mit der Tür sind vielfältig:
Man kann sie öffnen, schließen, zu- oder aufsperren, einhängen, aushängen, aufreißen, zuschlagen, man kann an die Tür klopfen, sie vorsichtig, leise, langsam öffnen, man kann sie auch zuhalten, den andern aussperren; mit der Tür kann man den Wind aussperren und die Kälte ebenfalls.

Daraus ergeben sich wichtige *Eigenschaften:* die Tür verschließt einen Raum, schirmt ab vor anderen Räumen, vor Menschen, vor Geräuschen, vor Gerüchen, ist Aus- und Eingang von Räumen, sie versperrt oder gibt den Blick frei.

Durch die Tür kommen Gäste oder auch bekannte Menschen zu uns herein. Durch das Anklopfen kündigen sie ihr Kommen an.

Im Zusammenhang lassen sich einfachste *Begriffe* erlernen (im Sinne eines vorwiegend passiven Sprachverständnisses): Die «Tür», «mach auf», «mach zu» — «horch, es hat geklopft», die «Klinke», der «Schlüssel», das «Schloß», «herein!»

Aber auch *Haltungen* oder Gewohnheiten sind wichtig: stets die Tür hinter sich schließen; dem andern die Türe aufmachen, wenn er keine Hand frei hat; vor dem Betreten eines Raumes bei Fremden anklopfen.

Zur Methode: Objekte zur Erkundung sind in der unterrichtlichen Arbeit mit intensivbehinderten Schülern nicht primär kognitiv anzubieten, sondern taktil-kommunikativ, auch handelnd-motorisch.

Dazu bietet die Tür viele Möglichkeiten: man kann die Tür zuschlagen, aufstoßen, etwas vor die Türe legen, sich hinter der Tür verstecken; einen Radio, der Musik sendet, aussperren; die Tür aushängen und durch andere Elemente ersetzen (Schnüre, Bänder Platte, Papiere, Stoffbahnen usw.); man kann sich gegenseitig zurufen, etwas zuspielen; man kann etwas über die Türschwelle hinausrollen oder etwas vor der Türe hereinholen.

Aber auch die Tür, der Türrahmen als einzelne Elemente bzw. Objekte sind wichtig. Sie erlauben zahlreiche taktil-sensorische Erfahrungen. Auch kann man zahlreiche kommunikative Aufgaben anbieten und mit unseren Schülern gestalten.

□ *Lernaufgaben zur Erkundung des Objekts «Tür»*
(nicht hierarchisiert zu verstehen, sondern als Anregung, weitere Aufgaben sind zu finden)

Aufgabe 1: Raumerlebnis schaffen — durch eine Tür gehen, in einen Raum hineingehen, einen Raum durch die Tür verlassen, die Tür ist dabei weit offen/etwas offen/angelehnt.
Als Motivation:
Rufen der Kontaktperson — Musik — Licht, ankommende Kinder wirklich mit Freude empfangen!

Aufgabe 2: Die ausgehängte Tür (vor den Augen der Kinder sollte die Tür ausgehängt werden) ertasten, abreiben, mit einem

	Auto darauf spazieren fahren, die Kinder um die Tür setzen
Aufgabe 3:	Den Türrahmen bewußt machen — in seiner Höhe, Breite einschließlich der Türschwelle — durch Licht, Bänder, Stäbe usw.
Aufgabe 4:	Die Tür verschlossen erleben durch Aussperren von Geräuschen, Verstecken von bekannten Dingen, durch Anklopfen, Trommeln, Stampfen. Geräusche bei geschlossener und offener Türe erleben
Aufgabe 5:	Durch eine veränderte «Tür» gehen Die Tür als Plastikvorhang, als Stoffdecke, als italienischer Streifen- oder Perlenvorhang (kann man mit einer Oberstufe selbst herstellen)
Aufgabe 6:	Durch eine in der Höhe oder in der Breite veränderte Tür gehen. Die Höhe von oben her einschränken, von der Seite her begrenzen. Man muß sich bücken, sich durchzwängen.
Aufgabe 7:	Hindernisse auf die Türschwelle legen, über die man steigen muß, eine Treppe dranbauen (Heidelberger Treppe)
Aufgabe 8:	Tür durch einen Tisch versperren, über den oder unter den man (durch)kriechen muß
Aufgabe 9:	Die Tür in ihren Geräuschen erleben: zuschlagen, auf- oder absperren, anklopfen, Füße abstreifen, Besucher erraten (Kind, Mann, Hund, Musikinstrumente ...)

□ *Beobachtung des Lernzuwachses:*

Die Kinder sollten nach dieser Lerneinheit, die über mehrere Tage gehen wird, nicht unbedingt das Wort «Tür» sprechen, vielleicht aber doch verstehen können und die Tür selbst bewußter, interessierter und wacher gebrauchen.

6.7 Abschließende Gedanken

Mit welchen Gefühlen haben Sie dieses Kapitel 6 wohl zu Ende gelesen? Vielleicht haben Sie dabei Ihre tägliche Schulwirklichkeit vergessen, vielleicht entstand in Ihnen das Bedürfnis, das eine oder andere der Vorschläge oder Anregungen selbst einmal auszuprobieren.

Aber auch das Gegenteil könnte der Fall sein. Sie fanden sich und Ihre Arbeit hier nicht wieder — nicht nur, weil bei Ihnen in der Klasse alles ganz anders, sondern weil alles viel schwieriger ist.

Sie erleben kaum mehr verkraftbare Situationen, überdimenionalen Pflegeaufwand, kaum sichtbaren Fortschritt, viel Unabänderliches, so daß die Frage in einem entstehen kann: Hat es wirklich noch einen Sinn weiterzumachen?

Es ist richtig, in den zurückliegenden Überlegungen haben wir jenes oft bescheidene Stück der Lern- und Erziehungsarbeit mit intensivbehinderten Kindern und Jugendlichen, die Spuren des Wünschbaren und vielleicht doch des Machbaren zu fassen versucht und auf die Ebene des Machens gezogen, unter Umständen nach Ihren Eindrücken vielleicht sogar «gezerrt».

Es ist uns absolut bewußt, daß nicht nur die Machbarkeit — trotz Strukturmodelle und Inhaltsanalysen, trotz verhaltenstherapeutischer Programme und strukturierter Lerntage — begrenzt ist, sondern daß damit auch das Wesentliche oder Eigentliche der Lebensproblematik intensivbehinderter Menschen — ihre Schwierigkeiten mit uns und unsere Schwierigkeiten mit ihnen — oft nur am Rande, manchmal gar nicht berührt wird.

Und dennoch gilt es zu handeln, dennoch gilt es das Leben aktiv anzunehmen, anzugehen und zu gestalten.

Neben der aktiv zupackenden und methodisch-didaktisch orientierten Arbeit gibt es eine äußerlich scheinbar inaktive, nicht zupackende und nicht konkret methodisch und didaktisch ausgerichtete Arbeit. Sie erweist sich nicht selten als die stabilere, die tragende: die Meditation und Reflexion.

Im Laufe eines Tages und noch öfters in der Nacht wird es Zeiten geben, da ist diese Arbeit lediglich ein Sitzen beim Kind, ein Innehalten und tiefes Durchschnaufen, ein Fragen und Schauen, ein Aushalten und Weitermachen in der dem so schwer behinderten Kind gegenüber erlebten, nicht selten fremd anmutenden Befindlichkeit.

Meditation und Reflexion ist aber nicht der «letzte Weg», wenn alles andere nicht mehr hilft, der Weg, den man beschreitet, wenn totale Erschöpfung in einem ist. Meditation und Reflexion hat nichts mit Resignation oder Frustration zu tun. Das Gegenteil ist der Fall!

Ein Aktivsein wird zum bloßen Machen, eingleisig, eng kanalisiert und unflexibel, wenn es nicht mehr das Entspannen, das Zur-Ruhe-Kommen als Gegenpol kennt. Das Aktivsein muß ausschwingen können, so wie der Mensch den Schlaf und die innere Verarbeitung braucht, um Erlebnisse zu dem werden zu lassen, was diese sein können und wollen. Oft entstehen in diesen scheinbar ruhigen, wenig erbringenden Phasen die eigentlichen Lebensimpulse und die besten Ideen *und* der Entschluß weiterzumachen!

THALHAMMER schreibt in seinem Aufsatz (1980) zum «Umgang mit Geistigbehinderten»:

«... denn bei den belastenden Bedingungen in der Auseinandersetzung mit dem geistigbehinderten Menschen kann der Prozeß einer *neuen* Betroffenheit und eines *neuen* Mit-Leidens beginnen.»

Wir können ihn durchstehen, er läßt sich auch weitgehend, subjektiv zumutbar, modifizieren; meist jedoch distanzieren wir uns allzu schnell und ziehen uns zurück an den «Schreibtisch, diesem Stammplatz der Apathie», in den «Lehnstuhl der Dauerreflexion», «die sich durch keine Praxis irritieren läßt (METZ, 1977)».

Bei jedem Versuch, Unterricht mit intensivbehinderten Schülern zu gestalten, ist letztlich nicht das Strukturgitter oder das Methodische Grundmodell, nicht die curriculare Zielformulierung wesentlich, sondern die Bereitschaft zur und die Form der Auseinandersetzung mit dem intensivbehinderten Menschen selbst.

Es wird eine Begegnung sein, die Solidarität zum Ausdruck bringt, ohne ein unechtes Gefühl der vordergründigen, harmonisierenden Sympathie aufkommen zu lassen. Wer sich in Zuneigung zum intensivbehinderten Menschen einüben will, der muß in sich auch immer wieder ein Nein zulassen, das aufkommt, weil es auch Realität ist. Es kann und darf deswegen sein und braucht keine Angst zu machen, weil es eingebettet ist in die Solidarität, die für sein Leben ist. So verstanden ist das Kapitel 6 keine zusammengetragene Fibel des Machens, auch keine Sammlung von Ideen, die Machbarkeit garantieren.

Es sind Ergebnisse aus dem eigenen Nachdenken und Erfahrungen aus der eigenen Arbeit des Zusammenlebens, die uns besonders wichtig schienen. Andere ebenso wichtige Momente wurden etwas vernachlässigt, jedoch nicht ausgeblendet und schon gar nicht eliminiert (vgl. Abschnitt 7.6).

Das Kapitel 6 ist nicht losgelöst von den anderen Kapiteln zu lesen. Nach wie vor gilt: Dieses Buch soll ein ehrliches Buch sein, demnach ein Buch mit manchen Anregungen und Erfahrungen, aber auch mit erfahrenen und erlebten Begrenzungen, mit «Löchern», die unser berufliches und persönliches Dasein kennt (MASLOW, 1973), und somit ein Buch, das zum Innehalten anregen und zum Durchhalten Mut machen will.

7 Aufgaben von besonderer Bedeutung in der Erziehung und Bildung intensivbehinderter Menschen

7.1 Vorbemerkung

Die Aufgliederung der Gesamtaufgabe «leben lernen» in vier Aufgabenfelder erfolgte von Anfang an mit einem gewissen Unbehagen.

Es sollte damit die Vielschichtigkeit aufgezeigt werden und gleichzeitig die Notwendigkeit zum Ausdruck kommen, keinen dieser Schwerpunkte zu übersehen oder auch bevorzugt zu behandeln.

Im pädagogischen Alltag treffen wir jedoch auf Situationen, die eine solche Aufgliederung nicht durchhalten lassen. Eine typische Situation stellt hierfür die Basale Aktivierung dar. Hier befindet sich der Schüler noch in einem Vorfeld, sowohl zur funktionalen Ertüchtigung als auch zur Umwelterschließung hin.

Es gibt aber auch eine Reihe von anspruchsvolleren Aufgaben, die einen ähnlich übergreifenden Charakter haben. Sie sind meist aufgrund ihres Inhaltes und ihrer Ziele so komplex, daß sie alle vier Aufgabenfelder zusammenbinden.

Dieses letzte Kapitel möchte solche Situationen einschließlich einzelner Anregungen für die Praxis vorstellen.

Wir haben die Auswahl sehr bewußt getroffen.

Wir haben Situationen ausgewählt, die für die Lebensgestaltung eines Lebens, das mit einer intensiven Behinderung gelebt werden muß, von herausgehobener Bedeutung sind:

- ☐ das Sich-Ernähren
- ☐ das Sich-Verständigen
- ☐ das gemeinsame Leben in der Pflege
- ☐ das Sich-Hinwenden zu Gott

In allen diesen vier Situationen ereignet sich «leben lernen» in besonders intensiver und doch gleichzeitig in jeweils anderer Weise.

Dazu muß es gründlich und tief durchdacht und durchlebt werden, damit es die Dimensionen des Einfachen gewinnt und nicht im Komplexen, im Schwierigen stecken bleibt.

7.2 Leben lernen — sich ernähren lernen

Ohne Einschränkung wird von seiten der Geistigbehindertenpädagogik *Essen und Trinken* als eine existentiell bedeutsame Angelegenheit und damit auch als Anliegen der Erziehung und Bildung gesehen (vgl. BACH, 1971, SPECK, 1974, WALBURG, 1974, GÜNZBURG, 1978, FISCHBACH, 1974, FISCHER, 1979).

Meist geht es dabei um ein Formen der Bedürfnisse, ein Einüben von Eß- und Trinkgewohnheiten und um ein Erlernen von Grundfertigkeiten bzw. küchenspezifischer Fertigkeiten (FISCHER, 1979).

Dazu kommt die Absicht, Primärbedürfnisse wie Hunger und Durst zu kultivieren, um ein Mehr an sozialer Anpassung und ein Mehr an Selbständigkeit zu ermöglichen.

Die basalen und funktionalen Bedingungen für den Trink- und Eßvorgang sind u.a. Gegenstand spezieller Therapien (siehe KLÖS); sie werden irrtümlicherweise in der Schule für Geistigbehinderte oft als Bedingung für weitere Lernvorhaben vorausgesetzt.

Essen und Trinken zählt zu den Primärverstärkern im Bereich verhaltenstherapeutischer Maßnahmen (siehe KANE/KANE, 1976, MEYER, 1978 u.a.). Aber auch in der Schule finden sie in zahlreichen Variationen als Belohnung oder als Verstärker Verwendung.

Essen und Trinken sind lebensnotwendige Aktivitäten des Menschen, unabhängig von bestimmten Ausformungen oder begleitenden Regeln und Gewohnheiten.

Nahrungsaufnahme, Nahrungsbeschaffung und Nahrungszubereitung dienen der Lebenserhaltung und Lebenssicherung im eigentlichen wie im übertragenen Sinne.

Neben diesen konkreten Momenten spielen Essen und Trinken — als Moment des Oralen — in der Gesamtentwicklung des Menschen eine entscheidende Rolle.

Die Entwicklung des Ich- und Selbstwertgefühls, das Gewinnen von persönlicher Sicherheit, die Einstellung zu Besitz, aber auch ganz konkret zur Nahrung und zu den Vorgängen der Ernährung stehen mit dem Essen und Trinken seit frühester Kindheit im Zusammenhang (vgl. JACOBSON 1978 u.a.).

Darüber hinaus erlebt sich der Mensch in Ernährungssituationen mehrfach beansprucht:

□ In seiner *Empfindungs-* und *Wahrnehmungstüchtigkeit*
  Essen und Trinken ist nicht nur eine Sache des Gaumens, sondern auch eine Sache des Riechens und Sehens, des Fühlens und Greifens.

□ In seiner *Beziehungsfähigkeit*
  Essen und Trinken ist begleitet von Lust- und/oder Unlustgefühlen, vom Bedürfnis nach Sättigung, von Gefühlen der Angst und der Freude, der Ablehnung und Zustimmung gegenüber bestimmter Speisen, des Habenwollens und des «In-Besitz-Nehmens». Auch das Verbundensein mit anderen Menschen beim Essen und Trinken klingt mit; das Abhängigsein von anderen Menschen wird deutlich.

□ In seiner *Handlungsfähigkeit*
  Essen und Trinken beinhaltet ein Herholen oder Wegschieben, ein Aufnehmen und Transportieren, aber auch ein Aussortieren und Auswählen guter und weniger guter bzw. geeigneter Nahrungsmittel.
  «Essens- und Trinksituationen» sind in der Regel — entsprechend der ganzheitlichen Beanspruchung des Menschen — *komplexe* Situationen, in denen vielerlei Gegenstände (Nahrungsmittel, Besteck, Mobiliar) notwendig und mehrere Personen (Mitschüler und Lehrer) beteiligt sind.

Essen und Trinken — existentieller Bestandteil des Lebensvollzugs

Essen und Trinken ist also nicht nur eine Angelegenheit der Sättigung, keine Angelegenheit, die sich allein zwischen Hand, Mund, Magen und Darm abspielt, es ist eine Angelegenheit, die den ganzen Menschen befaßt. So ist Essen und Trinken auch ein «Erlebnis der Ernährung».

Unterschiedliche Formen der Eß- und Trinksituationen und auch die sich entwickelnde Eßkultur lassen erkennen, daß Essen und Trinken nicht nur Bestandteil des persönlich-privaten Lebensbereichs ist, sondern auch Ergebnis gesellschaftlicher und sozialer Prozesse:

□ man ißt in der Küche, im Wohnzimmer, im Eßzimmer, in der Kantine, im Gasthaus, im Restaurant, in der Pizzeria, in der Stehkneipe, am Kiosk, am Tisch, auf der Waldbank, auf dem Boden

- ☐ man frühstückt, trinkt Kaffee, vespert, macht Brotzeit, ißt zu Mittag, diniert, soupiert, geht essen, macht Picknick, ißt nebenbei, nimmt an einem Festessen teil
- ☐ man trinkt Milch, Wasser, Tee, trinkt einem zu
- ☐ man ißt aus Dosen, Papptellern, trinkt aus Gläsern, Pappbechern, Plastiktassen oder auch aus feinem Porzellan
- ☐ man ißt mit den Händen, mit dem Löffel, mit Messer und Gabel, mit Stäbchen
- ☐ man ißt allein, mit Freunden, in Gesellschaft, mit Kollegen, bei einem Fest
- ☐ man beginnt zu essen, wenn alle da sind; man steht erst vom Tisch auf, wenn alle fertig sind, schöpft sich nur soviel auf den Teller, wie man auch essen kann; man ißt den anderen nichts weg; man trinkt nicht unmäßig; man bietet erst dem anderen an; man dankt dem Gastgeber
- ☐ man ißt gesundheitsbewußt

Es wird deutlich: Essen und Trinken ist ein weitreichendes Lebensfeld. Es beinhaltet persönliche Momente ebenso wie soziale, Momente des Materiellen wie des Schönen, des Genießens wie des bewußten, gesundheitsgarantierten Verhaltens. Essen und Trinken vermittelt einen lebenszugewandten Eindruck, eine positive Einstellung zum Leben insgesamt. Bekömmliches Essen macht nicht nur satt, sondern frohgestimmt und vergnügt.
Jeder erlebt Essen und Trinken anders.

So unterschiedlich wie das hastige Hinunterschlingen des Brötchens während der kurzen Arbeitspause und das festliche Abendessen bei Kerzenlicht erlebt wird, so vielfältig sind die Beziehungen von uns Menschen zur Situation des «Essens und Trinkens». Oftmals wird das «Erlebnis der Ernährung» getrübt durch medizinische Erfordernisse. «Kindliche Fettsucht» (LEMPP) bedeutet oft Verzicht auf Süßigkeiten, Anfallsleiden bedarf einer überdauernden regelmäßigen Medikamentierung, Phenylketonurie erfordert eine spezielle Diät, die alaninfrei ist (LEMPP, 1975).

Für unsere Schüler ist Essen und Trinken eines ihrer wichtigsten Lern- und Lebensfelder. Sie signalisieren uns hierbei öfters als sonst ihre Bedürfnisse und Wünsche; sie führen uns aber auch durch ihr Verhalten an die Grenzen unseres Tuns.

Wir kennen Kinder und Jugendliche,

- □ die alles Eßbare verschlingen, aber auch Papier, Blätter und Erde «in den Mund stopfen», die «essen können, bis sie platzen» und beim Baden «das ganze Schwimmbad leertrinken» möchten;
  wir kennen aber auch solche,
- □ die sich mit Händen und Füßen wehren, wenn es zum Essen geht, die nur ganz bestimmte Speisen zu sich nehmen, die sich nur mühsam mit lebensnotwendiger Nahrung versorgen lassen, weil ihre Eßmotorik kaum in den Anfängen funktionstüchtig ist.

Innerhalb des Lebens und Lernens mit Intensivbehinderten gilt die «Essens- und Trinksituation» als eine der schwierigsten und gleichzeitig als eine der vielschichtigsten.

Durch das Erleben des Pädagogen selbst wird sie mit zusätzlichen Schwierigkeiten aufgeladen:

- □ Er erlebt die schwierige und *andere* «Nahrungsaufnahme» seiner intensivbehinderten Schüler oft als unangenehm, unappetitlich und nicht selten sogar als unzumutbar (vgl. FISCHER, 1979, S. 366 f.).
- □ Er kann bei manchen Schülern über lange Zeit im Bereich der Nahrungsaufnahme oder des selbständigen Essens keine Lernfortschritte entdecken, so daß er zu zweifeln beginnt, ob Essen und Trinken tatsächlich ein Lernfeld für die Schule ist.
- □ Seine Absicht, Essen und Trinken als Ausdruck der Lebensbejahung anzubieten, wird von manchen Kindern abgelehnt. Die Ursachen dafür können im physischen, aber auch im psychischen Feld liegen. Dieses Ablehnen trifft den Pädagogen ebenso wie auch die Eltern.

Aber nicht nur der Pädagoge tut sich schwer, die Art und Weise der Ernährung seiner Schüler zu verarbeiten und daraus eine gemeinsame Lebens- und Lernsitution zu entwickeln; auch für den Schüler hat die Situation «Essen und Trinken» gerade in ihrer Unmittelbarkeit Schattenseiten, die Leben und Lernen zu blockieren vermögen:

- □ Sie erleben ihre *eigene Schwäche*
  - – essen wollen und sich beim Kauen und Schlucken quälen müssen
  - – «Hunger und Durst empfinden und dies nicht adäquat äußern können» (FISCHER, 1979, S. 371)
- □ Sie erleben ihre *totale Abhängigkeit*
  - – gerne selbst essen wollen und doch gefüttert werden müssen

□ Sie erleben *Fremdbestimmung*

— «Triebverzicht leisten müssen und dies nicht einsehen können» (FISCHER, 1979, S. 371)

Daneben gibt es Schüler, die mit Begeisterung an jedem Essen teilnehmen, mit Hingabe ihre Suppe auslöffeln oder ihren Becher mit Orangensaft in einem Zug leeren.

Das alles sind Momente einer einzigen Lebenssituation, auf die der Pädagoge für sich und für seine Schüler eine überzeugende, pädagogische Antwort finden muß.

Essen und Trinken — eine bessere Chance leben zu lernen?

In kaum einem anderen Lebensbereich fühlen wir uns so stark herausgefordert zu helfen und pädagogisch tätig zu werden, als gerade im Bereich des Essens und Trinkens. Dies ist besonders dann der Fall, wenn das Sich-Ernähren aufgrund zahlloser Schwierigkeiten nicht mehr zu einem Erlebnis des Ernährens und Sättigens werden kann und wenig mehr mit der an sich einhergehenden Lebensfreude und mit dem Genießen zu tun hat.

Allerdings werden wir unseren Schülern nicht gerecht, wenn uns als Antworten auf noch unkultiviertes Eß- und Trinkverhalten nur Therapien, Lernprogramme oder Lehrgänge einfallen oder wir nur Ziele der Gewöhnung, der Disziplinierung und Kultivierung verfolgen. Wir müssen nach Alternativ-Angeboten Ausschau halten.

Um keine Mißverständnisse aufkommen zu lassen: Es ist sicher angebracht, noch nicht entwickelte oder latent ausgebildete Mundmotorik mit Hilfe von Funktionsprogrammen (z.B. nach KLÖS, 1975) zu schulen oder systematisch ein möglichst selbständiges «Essen mit dem Löffel» anzustreben (vgl. ADAM, 1978).

Ebenso wichtig sind Übungen zur Unterscheidung von Eßbarem und Nicht-Eßbarem und möglichst vielfältige Situationen, in denen ein Kind lernt auszuwählen, vor allem dann, wenn sich Ansätze für Vorlieben zeigen.

Auch werden wir mit intensivbehinderten Kindern erste Grundfertigkeiten für eine einfache Zubereitung von Speisen erarbeiten, vorausgesetzt, die Schüler zeigen Leistungsansätze, die der «Vorstufe des Objekts» zuzurechnen sind. Und für das behutsame Einüben sogenannter guter Gewohnheiten können unsere eigenen Tisch- und Eßsitten einen möglichen Rahmen darstellen.

Dennoch steht der Pädagoge vor einer sehr komplexen und schwierigen Aufgabe. Einmal sind nahezu gleichzeitig alle vier Aufgabenfelder (vgl. Kap. 4) repräsentiert und damit anzugehen

- ☐ Sicherung existentieller Grundbedürfnisse (z.B. Füttern)
- ☐ Aufbau einer funktionalen Tüchtigkeit (z.B. Essen mit dem Löffel)
- ☐ Erschließung der Wirklichkeit und ihrer Objekte (z.B. Eßbares von Nicht-Eßbarem oder reife Birnen von nichtreifen unterscheiden)
- ☐ Beitrag zu Lebensaufgaben (z.B. das Tischdecken als Amt zu übernehmen),

zum anderen soll er gerade Intensivbehinderte — trotz der vielfachen Mängel und Erschwerungen im Bereich des Ernährens — zum Genießen und zur Lebensfreude führen, so daß Essen und Trinken doch zu einem «Erlebnis des Ernährens» wird.

Neben Entscheidungen, die der Didaktik oder Methodik zuzurechnen sind, hat der Pädagoge wie sonst kaum auch Entscheidungen bezüglich der Norm oder auch der Moral zu treffen. So wird er sich immer wieder fragen:

- ☐ Müssen wirklich alle intensivbehinderten Schüler mit Löffel, Gabel und Messer essen, obwohl sie gerade durch diese Fähigkeiten weniger auffielen?
- ☐ Müssen alle intensivbehinderten Schüler wirklich warten, bis jeder sitzt, bevor man mit dem Essen beginnt, obwohl dies oft nur mit eiserner Strenge erreicht werden kann?
- ☐ Soll ein sehr ablenkungsbereiter Schüler zu einer gesonderten Eßtherapie aus dem Klassenverband, aus der Gruppe entfernt werden, also ohne die Geborgenheit bietende Gemeinschaft sein Mittagessen therapeutisch zugeführt erhalten?
- ☐ Soll und darf man intensivbehinderte Schüler durch Essensentzug bestrafen, wo Essen und Trinken für sie vielleicht die einzige Freude am Tag ist, vielleicht das einzige, wozu sie eine Beziehung aufgebaut haben?
- ☐ Wie kann besonders bei Kindern, die im Bereich des Essens und Trinkens hoher Pflegezuwendung bedürfen, eine wohltuende, entspannte Atmosphäre entstehen und Essen und Trinken doch noch zu einem «Erlebnis der Ernährung» werden?
- ☐ Wie kann man als Pädagoge mögliche Impulse der Abwehr und vielleicht auch des Ekels überwinden, die ungewollt in einem auftauchen?

- □ Sollten wir nicht die Flasche oder gar die Hände als Trink- und Eßgeräte zulassen, wenn damit ein Kind selber essen will?
- □ Sollten wir nicht großzügiger bei der Begrenzung der Nahrungsmenge sein, wenn dies unsern Schülern Freude bereitet?
- □ Sollten wir die gut mundende Baby-Kost nicht doch belassen und unsere Schüler nicht mit «harter» Kost und damit mit dem Kauen plagen?

Diese Reihe könnte man mit Erfahrungen aus der täglichen Arbeit fortsetzen. Nicht selten schwankt der Pädagoge zwischen Fordern und Nachgeben, zwischen Aufgeben und Weitermachen, zwischen «nur» leben und «nur» lernen.

Keine dieser Fragen läßt sich pauschal für alle Fälle und für alle Kinder beantworten und schon gar nicht stellvertretend für den Pädagogen.

Alternativangebote zur Kultivierung, Regulierung und Disziplinierung müssen abgestimmt sein mit der Entwicklung eines Kindes, seinen sensorischen, motorischen, kognitiven und emotionalen Fähigkeiten. Sie dürfen aber auch nicht nur in einer Laissez-faire-Haltung begründet sein.

Alternativangebote machen eine persönliche Entscheidung des Pädagogen in enger Zusammenarbeit mit den Eltern oder Erziehern im Heim notwendig, wenn sie nicht die Gewöhnung, nicht die Funktionen, die Fähigkeiten und Fertigkeiten in den Mittelpunkt alles Lernens stellen, sondern von der Idee getragen werden, «leben lassen» und «erleben lassen»; von ihr aus sind dann sehr allmählich als Fernziele auch lebenspraktische Fertigkeiten ins Auge zu fassen und auch vorsichtig anzubahnen.

Damit wird auch die Frage nach der Verwendung von Trinken und Essen als positiver oder negativer Verstärker nochmals angesprochen. Wir sollten bedenken, daß gerade intensivbehinderte Kinder sehr wenige Verbindungen zur Welt haben, die ihnen Sicherheit und Verläßlichkeit garantieren. Die täglich wiederkehrende Nahrung gehört sicher mit zu diesen Urerlebnissen, die eine solche Sicherheit und Geborgenheit zum Ausdruck bringen. Diese Tatsache begründet auf der einen Seite ihre enorme Wirksamkeit als mögliches pädagogisches Mittel, beansprucht man sie auf der anderen Seite aber, muß diese Tatsache in uns auch so etwas wie eine Hemmschwelle erzeugen, um nicht unbedacht darauf zurückzugreifen bzw. in diesen lebensbedingenden Zusammenhang einzugreifen.

Zusammengefaßt:
Essen und Trinken bringen dem Pädagogen, der mit intensivbehinderten Kindern arbeitet, eine Fülle von Problemen, Aufgaben und Herausforderungen.

Er muß zu einer verläßlichen Sicherung existentieller Bedürfnisse ebenso beitragen, wie er sich um die Ertüchtigung zum selbständigen Essen bemüht. Er wird versuchen, den großen Bereich des Essens und Trinkens seinen Kindern aufzuschließen und Freude daran zu wecken, wie er auch versucht, Lebensaufgaben für seine Kinder zu finden.

Das «Ereignis der Ernährung» läßt sich für den einzelnen Schüler unterrichtlich so ausweiten:

- □ Der Pädagoge regt zur *Wahrnehmungstätigkeit* an.
  Dem Schüler werden verschiedene Nahrungsmittel angeboten, er probiert, lehnt ab, nimmt an; dem Schüler werden bestimmte Nahrungsmittel angeboten, er unterscheidet, erkennt wieder, wählt aus;
- □ Der Pädagoge bahnt *Beziehungen* an.
  Dem Schüler werden in der Situation ein überdauerndes, regelmäßiges Geordnetsein der vielen Elemente angeboten, er entdeckt dabei seine «Vorlieben» für bestimmte Nahrungsmittel und ihre Zubereitung oder Abneigungen auch gegen bestimmte Formen der Nahrungsaufnahme;
  Beziehungen zu neuen Speisen; zu neuen Eßformen werden behutsam aufgebaut; auch zum eigenen Besteck, zum eigenen Platz sollen Beziehungen entstehen.
- □ Der Pädagoge aktiviert zu *Handlungsansätzen.*
  Der Schüler wird zur (Selbst-)Tätigkeit beim Essen und Trinken angehalten, er holt Nahrungsmittel herbei, bereitet sie zu und nimmt sie auf. Vielleicht kann er sie auch an seinen Nachbarn weitergeben, verschenken.

Lassen unsere Schüler bei der Nahrungsaufnahme und beim Umgang mit Nahrungsmitteln vermuten, daß sie Grundfertigkeiten der Nahrungszubereitung erwerben können, gibt uns das Buch «Wir lernen in der Küche» (FISCHER, 1979) dazu wichtige, weiterführende Informationen.

Essen und Trinken — in beispielhaften Lernsituationen
Essen und Trinken — eine Chance, um besser leben zu lernen? — so fragten wir im vorausgegangenen Abschnitt. Wir meinen, es sei noch mehr. Nicht nur die funktionale Tüchtigkeit oder die Welt der Nahrungs-

mittel können erschlossen, sondern Urvertrauen und Lebenszuversicht können im Rahmen dieses Lernfeldes spürbar werden und wachsen.

Dabei wird der Alltag, der die Mühe kennt, das eigentliche Lern- und Lebensfeld darstellen. Auf ihn und seine Gestaltung kommt es demnach auch besonders an. Sicher aber läßt sich auch für intensivbehinderte Schüler Essen und Trinken als Fest realisieren, vielleicht auch das einfachste Essen festlich gestalten, wenn die bloße Lebensnotwendigkeit zurücksteht und das Auge, die Nase und der Mund für die Dinge des unmittelbaren Umfeldes wach und aufnahmebereit werden, wenn die Mühe weniger wird und das Genießen für alle Beteiligten mehr.

□ *Unterichtsvorhaben, die über das Aufgabenfeld 1 hinausgehen*

Das «Erlebnis der Ernährung» im Schulalltag ist wie jedes andere Lernangebot für intensivbehinderte Schüler nur als Lern*situation* zu gestalten. Welches der Aufgabenfelder dann jeweils den *didaktischen Schwerpunkt* vorgibt, kann erst im Hinblick auf die konkrete Klasse entschieden werden.

Die nachfolgenden Unterrichtsbeispiele sind als Realisationsfelder zum Bereich «Essen und Trinken» zu sehen. Ihre methodische Struktur wird sich zwischen passivem Lernangebot, dem Ereignisunterricht, der Erlebniseinheit und der Gewöhnung bzw. Übung bewegen (vgl. Bild 6.10).

Auf Lernziele für einzelne Schüler braucht in keinem Fall verzichtet werden.

Unterrichtsvorhaben zum Bereich der Nahrungsaufnahme:

□ wir essen Brei
□ wir essen Bananen
□ wir essen Äpfel
□ wir essen zu Mittag
□ wir trinken Tee (aus dem Becher)
□ wir trinken Milch (mit dem Halm)
□ wir trinken Saft (und wählen aus)
□ wir trinken Kaba (selbst angerührt)

Unterrichtsvorhaben zum Bereich der Nahrungsvorbereitung und der Nahrungsbesorgung

□ wir sammeln Äpfel ein
□ wir pflücken Beeren
□ wir öffnen Packungen
□ wir packen unser Brot aus
□ wir ziehen Radieschen aus der Erde
□ wir kaufen Milch ein
□ wir füllen Saft um
□ wir schrauben Gläser/Flaschen auf
—
□ wir schaben Gelbe Rüben
□ wir hobeln Kraut
□ wir brechen Brot
□ wir pressen Saft
□ wir knacken/mahlen Nüsse
□ wir schneiden Gurken/Bananen
□ wir schälen Bananen
□ wir zupfen Weintrauben ab

Unterrichtsvorhaben zum Bereich der Nahrungszubereitung

□ wir bereiten Brötchen zu und essen sie
□ wir bereiten Fertig-Pudding zu und verteilen diesen/essen ihn
□ wir bestreichen/belegen Brötchen oder Brote
□ wir bereiten einfaches Weihnachtsgebäck und verzieren es
□ wir bereiten eine süße Quarkspeise und bieten sie an
□ wir machen Würstchen warm und feiern ein Fest

□ *Und so gestalten wir das «Erlebnis der Ernährung»*

Wie bei jedem Unterrichtsangebot wird der Lernertrag durch die Gestaltung der Situation nicht nur von methodischen Gesichtspunkten her bestimmt, sondern auch von Gestaltungsideen, die der Lehrer oder Erzieher im Hinblick auf seine Schüler in sich entwickelt.

So haben sich zum Beispiel für die täglich wiederkehrende Lern- und Lebenssituation «Wir essen und trinken gemeinsam am Tisch» folgende Hilfen bewährt:

□ Wir trennen streng den Eßtisch vom Arbeits- und Spieltisch. Das erleichtert die Unterscheidung von Orten und den dazugehörigen Tätigkeiten und läßt Erwartungshaltungen entstehen.

- ☐ Wir essen immer an einem bestimmten Platz, wir versuchen, immer die gleichen situativen Bedingungen herzustellen. Das erleichtert unseren Schülern die Orientierung.
- ☐ Wir haben beim Essen leicht zu reinigende Kleidung an und sorgen dafür, daß der Eßplatz und seine Umgebung ebenso leicht zu reinigen ist. Dadurch sollen nicht die für diese Situation erst sekundär bedeutsamen Gegenstände zum Anlaß werden für ein zu reglementierendes Verhalten des Pädagogen, das letztlich der entspannten, frohen Essenssituation abträglich ist.
- ☐ Wir betonen und kennzeichnen Beginn und Ende, ebenso bestimmte Zwischenschritte der Situation «Essen und Trinken» durch riechbare, hörbare, sichtbare oder schmeckbare Signale. Das gibt der sehr bedürfnisbestimmten Essenssituationen mehr Struktur und Gewinn.
- ☐ Wir richten uns nach festen Essenszeiten. Dies erleichtert die Orientierung und läßt Tagesabläufe strukturiert erleben.
- ☐ Wir benützen «kontrastreiche» Teller und ebensolche Unterlagen. Dies erleichtert die Wahrnehmungstätigkeit.
- ☐ Wir betonen die ästhetisch schöne Seite des Essens, bieten zum Beispiel «polierte» Äpfel und duftende Pfirsiche an. Dies ist *ein* Ausdruck unserer Lebensbejahung in dieser Situation.
- ☐ Wir bereiten die Speisen an einem anderen Ort als dem Eßtisch zu. Dies hilft zum Unterscheiden zwischen Zubereitung und dem eigentlichen «Essen und Trinken».
- ☐ Wenn wir Speisen vor oder mit den Schülern zubereiten, gilt jeder Teilschritt der Zubereitung als ein abgeschlossenes Ereignis und doch lassen wir Handlungsketten erleben.
- ☐ Wir lassen unsere Kinder den «Weg» der Speise erleben:
  vom großen Topf auf dem Herd → in die Schüssel auf den Tisch, dann in den Teller, dann auf den Löffel und in den Mund.
- ☐ Wir benützen bildhafte Speisekarten und ebenso Bildrezepte für die Zubereitung von Speisen, wenn unsere Schüler Bilder erkennen.
- ☐ Wir versuchen die Essenssituation durch ein behutsames Dazufügen neuer Elemente (Becher mit Saft, Blumen am Tisch) anzureichern.
- ☐ Wir singen ein Lied oder sprechen einen Gebetsspruch und wünschen uns mit Handgeben «guten Appetit». Das hebt das Gemeinschaftserleben.

□ *Und hier ein etwas umfangreicheres Unterrichtsangebot:*

Das «Erlebnis der Ernährung» muß nicht immer eine kurzphasige, einlineare Angelegenheit sein. «Kochvorgänge» müssen aber entflochten werden (vgl. auch FISCHER, 1978), das nachfolgende Beispiel soll zeigen, wie eine «komplizierte Angelegenheit» in den *Erlebnisbereich* intensivbehinderter Schüler eingebracht werden kann, ohne daß diese jetzt hauswirtschaftliche Ziele im Sinne des Fachunterrichts erreichen sollen.

Wir bereiten und essen Milchbrötchen (5 bis 7 Stück)
Zutaten: 500 g Mehl; 50 g Margarine; knapp 1/4 l Milch; 1/2 Teelöffel Salz; 1 Teelöffel Zucker; 20 g Hefe
Vorbereitung: (Vorteig)
Hefe, Zucker und einen Teil des Mehls werden in der Backschüssel und einem Teil der lauwarmen Milch gut verrührt und zum «Aufgehen» zugedeckt und warm gestellt (10 bis 15 Minuten).
Entstehung: (Gesamtteig)
Der Rest des Mehls, die Margarine, Salz und Milch werden zum Vorteig dazugeknetet. Der Teig wird solange geknetet, bis sich der Teig von Hand und Schüssel löst. Er kann sofort zu «Brötchen» verarbeitet werden. Der Teig (portioniert) geht auf dem gefetteten Backblech auf. Gebacken werden die Brötchen bei 210 bis 220 °C in 15 bis 20 Minuten.

Das Unterrichtsvorhaben gliedert sich in einzelne (Teil-)Ereignisse:

Die Schüler erleben die Zutaten und sammeln Erfahrungen

□ Mehl wie es aussieht, wie es sich anfühlt, wie es schmeckt
□ Margarine wie sie aussieht, wie sie sich anfühlt, wie sie schmeckt
□ Salz wie es aussieht, wie es sich anfühlt, wie es schmeckt
□ Zucker wie er aussieht, wie er sich anfühlt, wie er schmeckt
□ Milch wie sie aussieht, wie sie sich anfühlt, wie sie schmeckt

Die Schüler erleben die Backtätigkeiten und werden selbst tätig

□ bei der Vorbereitung: Hände waschen, Kochschürze umlegen
□ bei der Teigzubereitung: aufnehmen von Behältern, öffnen, schütten, leeren, streuen
□ bei der Teigverarbeitung: kneten des Teiges, ihn auf das Blech legen, das Blech in den warmen Backofen schieben

ꝏ *Die Schüler erleben, wie gut selbstgebackene Brötchen schmecken*

- ☐ wir essen unsere Brötchen am (selbst-)gedeckten Tisch
- ☐ wir «brechen» oder «reißen» mundgerechte Stücke ab
- ☐ wir schneiden Brötchen auf, u.U. belegen wir sie auch
- ☐ wir laden Freunde ein und teilen unsere Brötchen mit dem Nachbarn

Das Beispiel und die angeführten Unterrichtsvorhaben sagen kaum etwas aus über die Schwierigkeiten und die Mühe, die solche pädagogischen Ereignisse auch im konkreten Schulalltag mit sich bringen.

Wir kennen den Jungen, der den anderen alles vom Teller holt, der seine eigenen Brötchen vom Tisch fegt und auch das Mädchen, das unentwegt auf Papier herumkaut, anstatt in ein Brötchen zu beißen.

Dies darf und soll uns aber nicht daran hindern, mit unseren intensivbehinderten Schülern «Essen und Trinken» täglich neu zu wagen.

Wir wissen von den Schwierigkeiten und von der Mühe, aber auch von der Lebensbejahung und Lebensfreude, die sich im Essen und Trinken ausdrückt; und so versuchen wir trotz aller Widrigkeiten dem «Erlebnis des Ernährens» frohstimmenden Optimismus beizugesellen.

7.3 Leben lernen — sich verständigen lernen

So wenig wie wir uns menschlich erfüllendes Leben ohne Verständigung vorstellen können, so bitter sind die Erfahrungen im Umgang mit intensivbehinderten Menschen, wenn wir ihre Lebensäußerungen und Lebenstätigkeiten nicht verstehen und ihnen unsere Sprache nicht lehren können.

Im Alltag erleben wir ein solches «Zusammensein» oft als ein Leben in getrennten Welten. Dem Nichtverstehen weichen wir dann verständlicherweise durch ein Aktivwerden aus und lassen dann nur noch objektiv feststellbare Äußerlichkeiten gelten: die nasse Hose wird durch eine trockene ersetzt, das bettlägrige Kind wird zweimal am Tag an die Luft gebracht, wir geben ihm das zu essen, was ihm so gut schmeckt. Ob wir damit schon irgendeine Spur von Mitteilung erfaßt haben und ob wir gleichzeitig mit unserem Tun dem Kind schon irgendeine Spur unserer Absicht vermitteln bzw. verständlich machen konnten — das bleibt meist völlig im Dunkeln; und gerade dies ist, was uns so sehr belastet.

Nach THALHAMMER nimmt der «eindrucksfähige geistigbehinderte Mensch» dann an Interaktionsprozessen teil, «wenn er Daten psychosensorisch aufnimmt und diese allem Anschein nach verarbeitet (dekodiert)» (THALHAMMER, 1974, S. 51). Seine mangelhafte Ausdrucksfähigkeit, sein Schweigen jedoch verursachen bei uns Ratlosigkeit bis hin zur Verzweiflung. Der geistigbehinderte Mensch definiert «sich selbst in seiner Hilflosigkeit *für* den Partner» (THALHAMMER, 1974).

Der «ausdrucksfähige Geistigbehinderte» dagegen vermag schon «Interaktionen des Menschen durch psychomotorische Ausdrucksmodalitäten (output) zu differenzieren» (THALHAMMER, 1974), wenngleich uns sein Ausdrucksverhalten nicht selten ähnliches Kopfzerbrechen bereitet wie sein Schweigen — zum Beispiel ein permanentes Schreien, ein «deplaziertes», stereotypes Lachen, das ständige Klopfen ans Fenster, das ruhelose Wandern durch das Zimmer, das häufige Sich-Selbst-Schlagen oder -Beißen. Auch hier bleiben für den Lehrer und Erzieher, ebenso wie für Eltern oft Ratlosigkeit und Verzweiflung über die eigene Ohnmacht zurück.

Wir fragen uns nach den Ursachen, wenn keine «identischen Elemente» (FISCHER, 1979) entstehen oder wenn sich kein geregeltes, normorientiertes Ausdrucksverhalten ausbildet. Ist es nur das «kognitive Anderssein» (THALHAMMER) oder sind es auch unsere fehlenden Möglichkeiten, vom ersten Tage ihres Lebens ab mit so schwerbehinderten Kindern in einen Dialog, in ein Gespräch zu kommen? Fördern also unsere Schwierigkeiten in der Verständigung mit ihnen nicht auch die ihrigen?

Unsere Aufgabe wäre demnach eine sehr pauschale: Ein Feld des Verstehens zu schaffen, in dem die Lebensimpulse, die Lebensäußerungen und Lebenstätigkeiten unserer Schüler zu Signalen der Verständigung werden können.

In welch einer Vielfalt wir diesbezüglich nachdenken müssen, erschließt sich allein aus der Fülle von Kommunikationsformen, die uns im Alltag begegnen, die wir auf der Straße, in der Familie, bei der Arbeit und in der Freizeit praktizieren: Da erzählt ein Kollege von seiner Urlaubsreise und wir können uns dieses Land, seine Erlebnisse vorstellen; da schreibt ein Sohn seiner Mutter und diese weiß, ihr Sohn hat das Examen bestanden; da wird ein Lastzug feinsten Kies bestellt und am nächsten Tag bereits geliefert; da erfahren wir durch das Fernsehen von einem Erdbeben und schon rollt eine Spendenaktion; da regelt ein Polizist den Verkehr und schon wird die Kreuzung wieder frei; da flirten zwei Menschen in einem Café — scheinbar stumm — und doch verstehen sie sich; da nimmt ein Vater sein Kind in den Arm und dieses weiß, ich werde vom Vater geliebt.

Es wird deutlich, nicht nur das gesprochene oder geschriebene Wort, nicht nur die Postkarte oder das Telefon allein helfen uns zur Verständigung, sondern ebenfalls sehr wesentlich unsere gemeinsamen Erfahrungen, Erlebnisse und Vorstellungen.

Sich verständigen lernen — eine Aufgabe für Lehrer und Schüler

Diese Aufgabe ist in mehrfacher Hinsicht zu sehen und auch zu bewältigen. Grundsätzlich kann kein Unterricht stattfinden, wenn nicht in irgendeiner Weise eine Verständigung zwischen Lehrer und Schüler zustande kommt. Ob es dann bei einem relativ äußerlichen Verständigen bleibt oder zu einem gegenseitigen Verstehen kommt, erscheint zweitrangig.

Somit ist die Notwendigkeit des Verstehens ein Grundanliegen, die Grundvoraussetzung unserer Arbeit schlechthin.

Daneben wird der Lehrer eigens das Sich-Verständigen üben — als primäres Lernziel anstreben; gleichzeitig aber wird in jeder Unterrichtseinheit das Sich-Verständigen — als paralleler Lernertrag — mitgeübt, was sicher bei intensivbehinderten Schülern häufiger der Fall sein wird.

Welche Probleme stellen sich dem Lehrer bei intensivbehinderten Schülern im Bereich der Verständigung?

Problem 1 Wie teile ich mich als Lehrer meinen Schülern mit, damit diese mich verstehen?

Problem 2 Wie können sich mir meine Schüler mitteilen, damit ich sie verstehe?

Problem 3 Wie können sich meine Schüler untereinander mitteilen, damit sie sich verstehen?

Sind diese drei Probleme in der Laborsituation «Schule» gelöst, sind die Schwierigkeiten einer möglichen Übertragung und Ausweitung auf die Außenwelt relativ nachgeordnet.

Das Lernfeld «Sich-verständigen-Lernen» ist also weit umfassender als das Erlernen der Sprache und des Sprechens selbst. Es ist ähnlich komplex und zentral wie das «Sich-ernähren-Lernen». Dementsprechend erstreckt es sich auch über alle *vier* Aufgabenfelder (vgl. Kap. 4).

Im einzelnen lassen sich diesen folgende Aufgaben zuordnen:

□ *Zum Aufgabenfeld 1*

Der Lehrer schafft lebendige, gelockerte und frohgestimmte Situationen, so daß sich alle (auch die Lehrer und Erzieher) untereinander mitteilen können und wollen. Auf eine normierte Form soll kein Wert gelegt werden, selbst wenn wir anfangs solche gehäuft benützen. Er sorgt immer wieder für Impulse, die den Schüler zu einem Sich-Äußern führen, damit er etwas «sagen» kann, selbst wenn er keine Sprache hat. Anfangs werden solche Kontaktversuche oder Kontaktsituationen ausschließlich nonverbal und mit viel Körperkontakt gestaltet und vom Lehrer her initiiert werden müssen.

Das Sich-äußern-Können, ebenfalls wie das Verstandenwerden, rechnen wir zu den existentiellen Grundbedürfnissen eines Menschen.

□ *Zum Aufgabenfeld 2*

Der Lehrer bietet lebendige, gelockerte und frohgestimmte Situationen an, in denen jeder seine Form des Kontakts und des Sich-Mitteilens ausbilden kann. Aus dieser Form der Basalen Aktivierung entwickeln sich mit der Zeit Kommunikationstechniken und Kommunikationsformen, die sich den herkömmlichen annähern (man gibt sich die Hand beim Begrüßen).

Er wird auch versuchen, erste Laut- und Sprachanbahnungsübungen anzustreben; bei einigen Kindern könnten sogar die ersten Stufen der Sprachentwicklung gelingen.

□ *Zum Aufgabenfeld 3*

Der Lehrer bietet viele, sicher auch sehr unterschiedliche Situationen an, die dem Schüler helfen, die Umwelt besser zu verstehen. Damit ist noch nicht unmittelbar ein passives oder aktives Sprachverständnis gemeint, sondern eher ein Gegenstands- oder Situationsverständnis. Er lernt bestimmte Kennzeichen, Signale und Symbole kennen, erfährt, daß bestimmte Dinge einen (hörbaren) Namen haben, daß man Kinder rufen kann, daß der Nachbar Uli heißt und der Lehrer «Johannes».

Diese Orientierung in der Umwelt gelingt nur über ein sehr konsequentes Erschließen der Umwelt, das über die Basale Aktivierung hinausführen muß, aber auch Phasen der Gewöhnung beinhaltet. Ohne Kommunikationsinhalte läuft sich Kommunikation tot.

☐ *Zum Aufgabenfeld 4*

Der Lehrer bietet Lernangebote, in denen der Schüler sein individuelles Kommunikationsverhalten den herkömmlich-normalen Regelungen weitgehend anpassen kann. Dies ermöglicht ihm, Lebensaufgaben sicherer anzunehmen und zu erfüllen, weil er an der Kommunikationspraxis seiner Mitmenschen, sei es in der Werkstatt oder im Verkehr, in der Freizeit oder in der Familie, vermehrt teilnehmen kann. Vielleicht befähigen ihn Fortschritte im Bereich der Verständigung sogar, sich selbst neue Lebensaufgaben zu suchen (z.B. Sammeln von Bildern oder Münzen, Schallplatten oder Briefmarken — als Spezialfähigkeit mancher intensivbehinderter Erwachsener).

Wie aber kann man diese Ziele erreichen?

In der Literatur findet man nirgends ein Werk, das uns direkt und sehr konkret Auskunft geben kann über ein möglichst erfolgreiches Anbahnen von Verständigung mit und zwischen intensivbehinderten Schülern. Es liegen jedoch einzelne beachtenswerte Versuche vor, die für bestimmte Zielgruppen unserer Schüler, aber auch für bestimmte Aufgaben aus dem voraus genannten Aufgabenkatalog uns wertvolle Anregungen geben:

☐ *die «Strukturierte Kommunikation» nach* FRÖHLICH

Auf der Grundlage des «baby-talk», wie PAPOUSEK ihn beschreibt, hat FRÖHLICH (1979) «Kommunikation» für intensivbehinderte Kinder strukturiert.

Das Kind wird dabei nicht in einem isolierten (motorischen) Funktionsbereich angesprochen, sondern durch «strukturierte Kommunikation». Sie ist nach FRÖHLICH eine praeverbale ganzheitliche Interaktion.

FRÖHLICH weist darauf hin, daß die willkürliche Produktion einer Verhaltensweise, die normalerweise vom Kindchenschema «ausgelöst» wird und nun ganz «anderen» Kindern gelten soll, eines Trainings des Lehrers bedarf. In ihrem ganzheitlichen Ansatz und der eindeutigen Strukturierung ist *strukturierte Kommunikation* ein Ansatz, der mithelfen kann, die Kommunikationsfähigkeit von Menschen mit intensiver geistiger Behinderung aufzubauen, zu stabilisieren und zu erweitern.

Außerdem sei noch ein Aufsatz von FRÖHLICH (1975) erwähnt, in dem er die «nichtverbale Kommunikation mit mehrfachbehinderten Kindern

...» anhand einer sehr interessanten Zeichen-Uhr darstellt. Allerdings werden dazu symbolfähige Schüler benötigt, die mit den Inhalten und mit dem System als solches etwas anfangen können.

□ *Aufbau von Kontaktfähigkeit nach verhaltenstherapeutischen Verfahren*

KANE/KANE (1976) und SCHMITZ (1976) stellten eine Reihe wichtiger Verfahrensweisen und auch ganz konkreter Vorschläge für das Vorgehen in der täglichen Lernarbeit zusammen, um «Kontaktfähigkeit», «Lenkbarkeit», «Aufmerksamkeit», «erstes Sprachverständnis und Sprachanbahnung» bei Geistigbehinderten zu entwickeln. Der Praktiker wird daraus eine Reihe wichtiger Hinweise für seine Arbeit erfahren, wenn ihm auch die räumlichen und personellen Notwendigkeiten nicht immer so zur Verfügung stehen.

Grundsätzlich aber ist von der hier geforderten Konsequenz im Vorgehen, will man im Bereich der Verständigung zu Erfolgen kommen, zu lernen.

□ *Sprachaufbauhilfen nach sprachheilpädagogischen und logopädischen Gesichtspunkten*

Einen differenzierten und gestuften Sprachaufbau-*Lehrgang* von der «pädagogischen Frühhilfe» bis zur «Aussageausweitung» läßt sich anhand der von ATZESBERGER (1975) vorgelegten «Sprachaufbauhilfen bei geistig behinderten Kindern» zusammenstellen. Eine große Anzahl der praktischen Hinweise in diesen Sprachaufbauhilfen wird sicher in den Unterricht mit intensivgeistigbehinderten Schülern übertragen werden und unser Bemühen unterstützen können.

In diesem Zusammenhang sei noch auf das Buch von Edda WILKEN (1973) verwiesen. Es befaßt sich zwar mit Down-Syndrom-Kinder; in seinen praktischen Hinweisen ist es jedoch so kindernah und behindertengemäß gestaltet, daß auch wir für unsere Arbeit — besonders für den «funktionalen Bereich» der Verständigung — eine Reihe wichtiger Hinweise daraus gewinnen können.

□ *Verständigungs-Systeme für Sinnesgeschädigte:*

In der letzten Zeit wurden neben der schon bekannten und bewährten Gebärdensprache für Gehörlose und der Braille-Schrift für Blinde auch Kommunikations-Systeme entwickelt, die immer wieder auch für unsere

Kinder hoffen lassen, neue Möglichkeiten der Verständigung zu finden.

Hier sei besonders auf Erfahrungen mit taubblinden Kindern verwiesen und auf Verständigungs-Systeme, wie es das BLISS-System darstellt (siehe Literaturverzeichnis).

Es stellt sich dabei immer wieder heraus, daß das Sich-Verständigen ein geistiger Akt ist, an Vorstellungsinhalte ebenso gebunden, wie an Dekodierungsfähigkeit. Genau aber hier liegen die schwachen Punkte unserer Schüler.

Über endgültige Erfahrungen mit dem BLISS-System kann noch nicht berichtet werden.

Sehr wohl aber ergeben sich dort Möglichkeiten, wo sich zu ganz konkreten Inhalten (z.B. wir gehen zum Bus, wir ziehen uns an, jetzt gibt es Essen, der Schulkreis beginnt usw.) sehr einfache taktil-kinästhetische Zeichen entwickeln, einüben, manchmal auch konditionieren lassen. Solche Zeichen werden dann auch in das Repertoire der Lebensäußerungen und Lebenstätigkeiten unserer Schüler übernommen und können zumindest dann Lehrern und Schülern zur Verständigung dienen.

In ähnlicher Weise sind auch die Versuche von Frau RUOFF (1979) zu bewerten, die über musikalische Angebote Möglichkeiten der Kommunikation und Verständigung mit intensivbehinderten Schülern sucht, und so die Schüler zu Aktivitäten und Zuwendung zur Welt verlocken will.

□ *Sprachanbahnung aus der Perspektive einer gestörten Beziehung*

Helga VOIT (1977) ist es zu verdanken, daß sie sich frei machte von dem rein funktionalen Aufbau der Sprache aus sprachtherapeutischer oder rein logopädischer Sicht. Sie sieht in dem Nicht-sprechen-Können eine der wesentlichen Ursachen für eine gestörte Beziehung und darin wiederum die Erschwerung, sprechen zu lernen.

So stellen ihre ersten Sprachanbahnungsübungen auch nicht isolierte Übungen zur Gewinnung von Lauten dar, die dann zu Wörtern zusammengesetzt werden, sondern «Kontakteinheiten» (z.B. rufen — kommen), die ein Kind existentiell betreffen und ihm sofort Verständigung ermöglichen.

Frau VOIT hat diese Überlegungen für gehörlose Schüler angestellt. Viele wesentliche Anregungen lassen sich daraus allerdings auch für die Arbeit mit geistigbehinderten Schülern ableiten.

In den nachfolgenden Unterrichtsbeispielen haben wir uns davon inspirieren lassen.

Sich-Verständigen-Lernen — in beispielhaften Unterrichtssituationen

Im Gegensatz zu Vorschlägen aus dem Bereich «Sich-ernähren-Lernen» lassen sich für den Lernbereich «Sich-verständigen-Lernen» weniger eigene, abgeschlossene Unterrichtsvorhaben nennen. Vielmehr sind es Lernsituationen, die in Form der Wiederholung und der Stetigkeit aus dem Schulalltag heraus zu Lernerfolgen führen. Ob dieses Mehr an Kommunikation von den Schülern dann auch für ihre Bedürfnisse oder Anliegen genützt wird, ob es zur Verständigung vor allem zwischen ihnen und ihren Mitschülern, was uns besonders wichtig wäre (vgl. Abschnitt 5.2.4), führt, das läßt sich «von außen» kaum mehr anregen oder gar lehren. Es können nur jeweils Anstöße dazu gegeben werden.

Der Unterrichtsalltag dagegen bietet dazu eine Fülle von kommunikationsträchtigen Lernsituationen:

- ☐ die Begrüßung am Morgen/die Verabschiedung am Mittag
- ☐ das Versorgtwerden beim An- und Ausziehen, auf der Toilette und beim Essen und Trinken
- ☐ das Nebeneinandersitzen im Morgenkreis, im Bus, am Sandkasten
- ☐ das Zusammenstehen und Zusammengehen in der Pause, während des Unterrichtsgangs
- ☐ das Erleben von Überraschungen beim Auspacken, beim Öffnen, beim Ausschütten der Überraschungskiste

Die kommunikativ bedeutsamen Grundsituationen und Grundmuster sind für intensivbehinderte Schüler folgende:

Gruppe 1: «Ich-sage-Dir»-Situationen

Komm' mit	→	(ich zeige Dir was!)
Nimm' das	→	(und spiel mit ihm!)
Steh' auf	→	(wir wollen tanzen!)
Schau hin	→	(und freu' dich mit mir)

Gruppe 2: «Du-sagst-mir»-Situationen

Du willst Kirschen?	→	(ich hole Dir welche!)
Du willst spielen?	→	(ich spiele mit!)
Du hast Hunger?	→	(hier gibt es etwas!)
Du magst mich!	→	(nimm meine Hand)

Gruppe 3: «Wir-sagen-uns/wir-verstehen-uns»-Situationen

Wir begrüßen uns am Morgen	→	(und geben uns die Hand!)
Wir gehen gemeinsam in die Ecke	→	(und spielen miteinander!)
Wir fassen uns an den Händen	→	(und hören Musik!)

Gruppe 4: «Es-sagt-mir»-Situationen

die Glocke tönt	→	(die Schule beginnt!)
es klopft an der Türe	→	(wir bekommen Besuch!)
das Glas ist sehr dünn	→	(ich gehe vorsichtig damit um!)
diese Treppe hat ein Geländer	→	(ich halte mich fest!)
es regnet draußen	→	(ich brauche meine Stiefel)
die Türe ist zu	→	(ich darf sie alleine nicht öffnen!)

Aus diesen wenigen Beispielen wird deutlich, daß unsere Schüler sehr wohl nonverbale und verbale Signale ebenso verstehen wie Empfindungslaute oder auch bestimmte Namen, wenn wir sie fortlaufend, in eindeutigen, prägnanten Situationen immer wieder gebrauchen und das Einhalten bzw. die damit in Verbund stehende Reaktion ebenso konsequent abverlangen.

Als besonderes Problem stellen sich inhaltliche Fragen der Kommunikation, weniger die Zeichen oder Symbole oder Techniken.

Inhalte lassen sich im Bereich des Erlebens, des Wahrnehmens und der Bedürfnisse am ehesten anbahnen. Dazu gehören:

Empfindungslaute, auch im Sinne von Kommunikationssignalen ebenso wie als Zeichen für bestimmte Situationen:
mh— das Essen schmeckt gut!
oh — das Wasser ist heute schön warm!
ah — das ist aber eine schöne Puppe!
au — das tut aber weh!
hu — das ist kalt!

und *Kommunikationszeichen:*

ein akustisches Zeichen	→	Der Unterricht beginnt!
ein optisches Zeichen	→	Das Essen kann losgehen!
ein Fingerzeichen	→	Draußen vor dem Fenster passiert etwas.
Handfläche nach oben zeigen	→	Die Dose ist leer!
Kopf schütteln	→	Ich will nicht!
Kopf nicken	→	Ich möchte schon!

Das Sich-verständigen-Lernen beginnt für unsere Schüler damit, daß sie das *Gefühl* haben, sie werden verstanden.

So werden wir anfangs alles Erdenkliche tun, jede Lebensäußerung, die nur eine Spur von Mitteilung enthält, zu verstärken.

Wir werden ihre Laute lallen, ihre Bewegungen spiegeln, eine Antwort auf Klopfsignale geben.

Es soll zu einem ersten, wenn auch spurenhaften Dialog kommen.

Unsere Schüler signalisieren uns eine Fülle von Kommunikationsinhalten, die wir entdecken und auf die wir zielgerichtet, anfangs in gleicher Form antworten.

□ Sie «sagen» uns:
– Ich bin da! Es ist schön, mit dir zu gehen!
– Ich gehe weg! Ich will das! Ich bin müde!

□ Sie nehmen auch zu ihrem Mitschüler Kontakt auf:
– Sie ziehen ihn an den Haaren! Sie umarmen ihn! Sie streicheln ihn! Sie setzen sich auf dessen Stuhl!
– Sie respektieren aber auch dessen Spielzeug, dessen Teller, dessen Saft!

— Sie teilen aus, geben ihren Teddy weiter. Sie zeigen auf ihren Nachbarn.

Überall dort können auch wir als Lehrer einsetzen und ansetzen. Wir müßten uns zu Spezialisten für Verständigung mit intensivbehinderten Schülern entwickeln. Je mehr wir an Verständigung erreichen, um so mehr Lernerfolg werden wir auch in den anderen Bereichen haben.

Formen, Techniken und Inhalte der Verständigung, die wir finden oder einüben, sind mit den Eltern durchzuarbeiten und nicht nur mitzuteilen.

Wir müssen uns aber auch damit abfinden, oft ausschließlich sehr *individuelle* Kommunikationssignale zu benützen, weil manche Schüler eben nur solche für sich akzeptieren können: so schaut Thomas vielleicht nur bei einem lauten Klatschen her, während Uwe auf seinen Namen hören kann, Rita dagegen braucht zusätzlich leichtes Antippen, um sich zuzuwenden.

Abschließend sollen noch vier Lernsituationen zum Bereich «Sichverständigen-Lernen» vorgestellt werden. Sie sind für manche vielleicht eine Spur «außergewöhnlich». Vielleicht liegt darin auch der Erfolg begründet, den wir damit erzielen konnten.

Für die vier nachfolgenden Unterrichtsvorschläge gelten dieselben Vorüberlegungen und Vorbereitungen; welcher Vorschlag und mit welcher Variation in der konkreten Klasse durchgeführt werden kann, hängt von den jeweiligen Schülern ab.

Lernbereich: Sprache/Kommunikation

Aufgabenfelder 1 und 2:

□ Emotionale und soziale Sicherheit in der Klassengemeinschaft erleben

□ Aktivierung der Mund- und Sprechmotorik, der «stimmlichen» Mitteilung

Methodisches Modell: Basale Aktivierung

Medien: Ein Tonband, Aufnahmen von «Stimmen» einzelner Schüler in erfreulichen Situationen (pro Kind ca. 1 bis 2 Minuten lang), Stuhlkreis am ruhigen Ort des Morgenkreises, Lieblingsinstrumente bestimmter Schüler; Lehrersprache: lautieren in der Art der Schüler und Normalsprache

Lernort: Stuhlkreis im Klassenzimmer

Angestrebte Lerngewinne:

sensorischer Art:

- ☐ sich anregen lassen zum Hören, Spüren, Fühlen
- ☐ sich anregen lassen zum Lautieren, zum Produzieren von Geräuschen, zum Spielen von Musikinstrumenten

motorischer Art:

- ☐ sitzenbleiben, lautieren, klatschen mit den Händen, Musik machen mit Instrumenten, stampfen

emotionaler Art:

- ☐ Mut haben zur «Produktion» von Lauten und Geräuschen, empfinden von Gemeinschaft, von «ich bin da» und «du bist da», sich wohlfühlen in der Gemeinschaft

sozialer Art:

- ☐ Mitschüler spüren, fühlen, sehen, ihre Stimme hören, ihre «Musik» hören, Mitschüler berühren, ansprechen

kognitiver Art:

- ☐ seinen Nachbarn wahrnehmen, Aufforderungen nachkommen, Aufgabenverständnis entwickeln

Parallele Lernerträge sind im Sinne von pädagogischen Intentionen zu verstehen.

Lernsituation 1

Lernaufgabe	Methodische Hinweise	Parallele Lernerträge
Wir sitzen im Stuhlkreis Einstimmen auf das gemeinsame Sitzen und Erleben, auf das Miteinandertun	Alle Schüler werden am Lernort besonders willkommen geheißen «Ja, ja, ja, die Petra ist schon/auch da!» Erste Kontaktaufnahme der Schüler untereinander anbahnen, indem der Lehrer die Hände der Schüler führt und sie streicheln läßt	– wiedererkennen der Situation – sich angenommen fühlen – aus dem Isoliertsein heraustreten – Bereitschaft zeigen zum Mittun

Lernsituation 2

Lernaufgabe	Methodische Hinweise	Parallele Lernerträge
Wir hören unsere Stimmen Vorspielen der Tonbandaufnahmen, animieren zur Lautäußerung bzw. zum Spiel mit den Instrumenten oder zum Stampfen, Klatschen usw. bei Kindern ohne Stimme	Das Tonband wird optisch anregend dargeboten, (z.B. Aufdecken des Tuches). Zur Stimme vom Tonband zeigt der Lehrer auf den entsprechenden Schüler, hilft ihm aufstehen, er darf sich im Kreis bewegen, auch aufs Tonband zugehen, auf sich zeigen und lautieren, dabei kann das Tonband jeweils für kurze Zeit abgestellt werden	– erleben der Individualität der Mitschüler – aufmerksam werden auf die Mitschüler – eigene «Stimme» wiedererkennen Verbindung zwischen Stimme und Tonband herstellen – lautieren über Nachahmung

Lernsituation 3

Lernaufgabe	Methodische Hinweise	Parallele Lernerträge
Wir lautieren miteinander Anregen zur Produktion von Lauten und Geräuschen durch die «Stimme» vom Tonband, durch direkte Ansprache (Klaus, du!) oder durch das «Vorsprechen» des Lehrers der «Sprache» des Schülers	Die «Ansprache» kann unterstützt werden: Lehrer berührt betreffenden Schüler an der Schulter, gibt ihm die Hand. Eine Hilfe ist auch: Lehrer geht mit dem Schüler im Kreis herum, «spricht» in die Richtung der anderen Schüler. Wird die Unterhaltung zu laut und heftig, versucht der Lehrer den Schüler wieder zu beruhigen: er faßt den Schüler beruhigend an der Schulter an; oder «psst», mit dem Zeigefinger vor dem Mund.	– Geborgenheit im Sozialgeräusch «Sprache» erleben – Mitschüler optisch und akustisch wahrnehmen – Mut haben zum Lautieren, zum Musizieren, zum Geräuschemachen

Lernsituation 4

Lernaufgabe	Methodische Hinweise	Parallele Lernerträge
Wir «sprechen» im Wechsel mit Mitschülern Anregen zum wechselseitigen «Sprechen» der Schüler	Lehrer «spricht» in der «Sprache» eines Schülers diesen an. Er unterbricht sein Lautieren, wenn der Schüler «spricht». Silben variieren. Fließender Übergang zur «Ansprache» des nächsten Schülers. Hilfen können sein: ins Ohr «sprechen», auf betreffenden Schüler zeigen, mit ihm im Kreis gehen, hinter ihm gehen, stehen	– Mitschüler optisch und akustisch wahrnehmen – hören auf die «Stimme» bzw. das Geräusch des Lehrers und der Mitschüler – sich wohlfühlen in der «Sprechgemeinschaft» – keine Angst haben vor «Stimmen» – Mut haben zum «Mitsprechen»

Abschließende Gedanken:
Sich-verständigen-Lernen gehört mit zu den schwierigsten Lernfeldern im Bereich der Erziehung und Bildung intensivbehinderter Menschen — vor allem dann, wenn man nicht auf herkömmliche Kommunikationsmuster zurückgreifen kann bzw. wenn solche auch nur bedingt erlernt werden können.

Sich-verständigen-Lernen fordert wie kaum ein anderer Lernbereich sowohl Lehrer als auch Schüler persönlich stark heraus. Die Gefahr, nach vielen Versuchen Bemühungen in dieser Richtung abzubrechen, ist groß und ebenso tragisch zugleich.

Sich-verständigen-Können ist der wohl einzige Garant, die objektgerichtete Betreuung in ein dialoghaftes Geschehen umzupolen, den Intensivbehinderten wirklich (wieder) als Person zu entdecken und mit ihm als Person in Beziehung zu treten.

Schweigende Schüler sind eine Versuchung für uns, durch Handeln an ihnen ihre Person zuzudecken; sie entschwindet uns, ehe sie uns noch bewußt wird.

Wir selbst aber müssen erneut Sensibilität entwickeln für die oft sehr unsteten und schwachen, nicht immer eindeutigen Kommunikationssignale unserer Schüler.

Mißverständnisse sind sicher an der Tagesordnung. Sie sollten nicht als Unglück, wenn möglich vielleicht doch auch mit Humor «ertragen» und dann verbessert werden.

Wir alle kennen Hemmungen im Reden, in der Selbstdarstellung.

Wir alle wissen, wann es uns schwerer fällt, wann leichter, mit einem andern in Kontakt zu treten. Das sichere Gefühl, anerkannt, geachtet und geschätzt zu sein, erleichtert das Sich-Öffnen.

Von da aus ist es verständlich, wenn neben der Schulung der Mundmotorik und dem Einüben von Kommunikationssignalen das Erleben «ich hab Dich lieb!» mehr zur Kommunikation beitragen kann, als ein ermüdendes Sitzen vor dem Artikulationsspiegel zusammen mit einer therapeutischen Fachkraft, die ihre Lautlisten vor sich hat und die Ergebnisse aus der 22. Sitzung eintragen will. Letztlich heißt das, daß wir uns gerade im Bereich der Verständigung mit dem andern in einen *Prozeß* einlassen und die Rolle des Wissenden verlassen müssen.

Wohin der Prozeß führt, das bleibt offen.

In keinem ist das Produkt so unsicher, wie im Lern- und Lebensfeld der Verständigung.

7.4 Leben lernen — (sich) pflegen lernen

Situationen der Pflege sind unbestreitbar die zeitlich umfänglichsten und gleichzeitig die oft belastendsten Situationen für alle Beteiligten im Leben eines intensivbehinderten Menschen. Dies ist nicht nur aus der Tatsache der meist lebenslangen Pflegebedürftigkeit abzuleiten, sondern dann bereits, wenn wir einen intensivbehinderten Schüler wirklich einmal den ganzen Tag lang begleiten.

Pflegemaßnahmen werden gefordert bei Nacht, am Morgen, während der Schulstunden, am «freien» Nachmittag, gegen Abend und wieder in der Nacht — mit geringen Unterbrechungen also rund um die Uhr.

Verstehen wir Pflege als eine *pädagogische* Angelegenheit (Abschnitt 4.5.2), in der der Schüler nicht nur gefüttert, gesäubert, angezogen und bewahrt wird, sondern als eine Situation, in der er mitmenschliche Begegnung erlebt, ihm dadurch etwas von seiner Verzweiflung abgenommen und aus dem Versunkensein in seiner Welt herausgeführt wird zu lebendigen Augenblicken, so kann und darf Pflege nie nur der Schule oder nur der Familie bzw. dem Wohnheim übertragen werden. Pflege ist eine lebensbegleitende Herausforderung für alle, eine Aufgabe, die nur zusammen bewältigt werden kann:

Zum «leben lernen» beizutragen, macht ein grundsätzliches Nachdenken hinsichtlich des gesamten Lebensfeldes des einzelnen Schülers erforderlich, einschließlich seiner Familie, seiner Eltern und Geschwister, seiner Freunde, der Nachbarn und der Öffentlichkeit.

Es wird sich keine überzeugende und tragfähige Perspektive für «leben lernen» auftun, wenn wir in unserem Bemühen uns nur auf Situationen in der Schule konzentrieren, uns dorthin zurückziehen und das Leben unserer Schüler daheim mit den damit im Zusammenhang stehenden Problemen aus unseren (schul-)pädagogischen Überlegungen ausblenden.

Es entspricht aber auch nicht unserem Anliegen, die Familie in ein therapeutisches Beziehungsverhältnis einzuspannen, sie noch mehr mit (neuen) Aufgaben und Problemen zu belasten, nur weil ein intensivbehindertes Kind in der Familie mitlebt. Uns scheint ein anderer Ansatz notwendig:

Echte, menschlich überzeugende und partnerschaftliche Zusammenarbeit wird sich nie zwischen Wissenden und Unwissenden, zwischen Belasteten und Entlasteten ereignen oder ermöglichen lassen.

Das gemeinsame Leben der Familie mit ihrem intensivbehinderten Kind muß Ziel unseres Bemühens sein; diese Gemeinschaft gilt es zu entlasten, zu stabilisieren, unter Umständen wieder lebendig zu machen. Dabei darf die Mutter nicht zur Co-Therapeutin werden (vgl. COMPARETTI, 1980), vielmehr ist es das dringende Anliegen unserer Zusammenarbeit, daß die «Therapie» die persönlichen Beziehungen zwischen Kind und Familie nicht zerstört, sondern diese Beziehungen anregt und füllen hilft. Nicht der experimentierende, erklärende und zeigende Therapeut ist gefragt, sondern der Partner, der mit seiner Fürsorge, seiner Bezogenheit und seiner Sicht der Dinge mit den Eltern nach Wegen sucht, wie das Kind auf dieser Welt mit uns leben soll und leben kann. Anstelle von therapeutischen Sitzungen müssen mehr alltägliche Handlungen betont werden.

Aber auch das Grundmuster des familiären, meist sehr persönlich gefärbten Lebens darf durch unsere Mitwirkung weder verändert noch durch eine subjektive Bewertung gar verfremdet werden.

Weder die Hollywoodschaukel noch der Perserteppich im Wohnzimmer, weder die Essensgewohnheiten noch die Vorlieben für bestimmte Kleidungsstücke sind Ansatzpunkt kritischer Überlegungen, sondern allein die Frage: Lebt der Stefan unter den jeweils angetroffenen familiären Bedingungen gut bzw. was können wir tun, um unter den gegebenen Umständen das Leben für Stefan (noch?) förderlicher zu gestalten.

Pflegearbeit kann in diesem Sinne nur eine gemeinsame Aufgabe sein. So wenig sich Eltern dagegen verschließen (können), so wenig kann sich ein Lehrer oder Erzieher dieser Aufgabe entziehen, will er zum «Leben lernen» für seine intensivbehinderten Schüler überzeugend und hilfreich beitragen.

Je mehr wir uns in diese gemeinsame Aufgabe hineinwagen, um so mehr stellen wir fest:

Die Pflege einschließlich aller damit im Verbund stehenden Nachfolgelasten ist und bleibt der Dreh- und Angelpunkt aller unserer pädagogischen Bemühungen.

Die Übereinstimmung in der Methode und in der Durchführung der Pflegetechniken, in den Zielvorstellungen und in den Erwartungen schafft eine überdauernde und entlastende Atmosphäre der Sicherheit, der Geborgenheit und des Vertrauens für das betroffene Kind. Es ist aber auch ein gemeinsames Anliegen und Bedürfnis, sich als Vater und Mutter, als Lehrer, Erzieher und Betreuer nicht allein zu wissen mit seinen Empfindungen und Erlebnissen, seinen Ängsten und Befürchtungen, mit seinen Überlegungen und Hoffnungen.

Dies gilt besonders dann, wenn sich die Eltern überlegen, ob sie ihr Kind ins Heim geben sollen.

Lebt das Kind im Heim, dann ist es wichtig, daß die Verbindung zwischen Kind und Eltern nie abreißt und daß die Eltern für ihre Sorgen «um das Kind in der Ferne» jederzeit eine Anlaufstelle und ein offenes Ohr vorfinden.

Richtig verstandene *gemeinsame* Pflege entlastet, richtet auf, gibt Mut, setzt wieder neue Energie frei. Man schaut wieder miteinander «über den

Berg» — vorausgesetzt, man vermag Ziele *gemeinsam* zu entdecken (vgl. auch BYRNE/LONG, 1978). Man hilft sich gegenseitig, wenn die Pflege zu schwer wird — auch körperlich.

Pflegearbeit als *gemeinsame* Arbeit in Elternhaus und Schule erfordert vor allem beim Berufserzieher ein (neues) Nachdenken, ein Umdenken; nicht nur seine Erfahrungen, sein Wissen, sein fachliches Engagement, sondern auch seine persönliche Fähigkeit und Bereitschaft zur Zusammenarbeit sind gefragt.

Dabei muß er für seine Beratungssituation wissen:

- ☐ Eltern haben in der Regel reichere Erfahrung im Umgang mit ihrem behinderten Kind als wir Berufserzieher. Unsere Aufgabe ist es, diese Erfahrung zu analysieren und mögliche Strukturen solcher Situationen zu ermitteln. Das hilft uns, die Eltern und ihr Kind besser zu verstehen. Gleichzeitig lassen sich auch kritische Momente aufzeigen und positive Ansatzpunkte für eine mögliche Weiterentwicklung herausarbeiten.

Wir bitten die Eltern um ihre Erfahrung und versuchen diese mit ihnen gemeinsam durchzuarbeiten.

- ☐ Eltern können selten Fremdes — z.B. Ratschläge von «außen» — so aufnehmen, daß sie daraus für ihre Pflegesituation lernen. Lernen kann man nur, wenn man die Bedeutsamkeiten von Inhalten ändert bzw. neue Bedeutsamkeiten in sich aufnimmt (vgl. COMBS, 1975).

Wir pfropfen den Eltern nichts Fremdes auf, sondern suchen in Übereinstimmung mit ihrem Lebenskonzept Verbesserungen der Pflegesituation zu erarbeiten.

- ☐ Eltern begreifen ihr Verhalten zum Kind, in der Pflegesituation und bei besonders schwierigen Momenten besser, wenn man mit ihnen die Hintergründe auffaltet — warum etwas gut, warum etwas weniger gut gelingt, warum etwas schwierig oder warum anderes wieder weniger schwieriger zu handhaben ist.

Wir erarbeiten das Typische der jeweiligen Pflegesituation und bauen vom Positiven bisheriger Aktivitäten auf.

- ☐ Viele Eltern haben durch jahrelange Pflegearbeit diesen Bereich des Lebens nahezu routinemäßig im Griff. Diese Pflegeroutine aber wirkt leblos und erschwert nicht selten die Pflegesituation, als daß sie diese erleichtert.

Wir schlagen uns gemeinsam auf die Seite der Kreativität und Phantasie. Das Selbstwerterleben der Eltern darf nicht von den Pflegeerfolgen abhängen, sondern von dem Sich-wohl-Fühlen.

- ☐ Nicht selten treffen wir auf Fehlformen von Beziehungen, die weder dem Kind, noch den Eltern oder den Geschwistern irgendwelche Freiräume für eigene Entwicklungen lassen.

Wir suchen gemeinsam mit den Eltern nach solchen Freiräumen und vermitteln bei Bedarf äußere Hilfen dazu.

- ☐ Oft ist die Situation in der Wohnstraße oder mit der Nachbarschaft schwieriger als die Situation innerhalb der Familie. Der Schulbus vor der Türe, die Kinder, die von ihren Spielversuchen weggerufen werden (mit diesem Kind spielst Du nicht!) und auch die Nachbarschaftskontakte selbst können solche Brennpunkte sein.

Wir sehen die Arbeit mit Eltern nicht nur als eine innerfamiliäre, sondern als eine, die dem gesamten Lebensfeld der betroffenen Familie gilt.

So gesehen kann sich der Berufserzieher nicht aus der Verantwortung herauslösen. Es wird ihm im Hinblick auf «leben lernen» ein Anliegen bleiben, daß seine Schüler nachts durchschlafen, daß die Eltern auch einen freien Abend haben, daß das Kind einen Arzt findet, der es behandelt.

Hier ist der Lehrer nahezu ähnlich gefordert wie bei seinen schulischen Aufgaben. Er fühlt sich als Begleiter seiner Schüler und steht in sehr unterschiedlicher Weise diesen zur Verfügung. Damit ist keine permanente Anwesenheit gemeint, sondern ein Wachsein für die anfallenden Konfliktpunkte im Leben des Schülers. Außerdem wird er sich dafür engagieren, daß aus einer *normalen* Familie, in der ein behindertes Kind lebt, nicht notwendigerweise eine *behinderte* Familie wird.

In der Praxis bestehen viele Möglichkeiten der Zusammenarbeit von Lehrern, Erziehern und Eltern. Nachfolgende Hilfen sollen als Anregung dienen:

Hilfen zur gegenseitigen Information:

- ☐ Der Schüler besitzt ein *«Hausaufgabenbuch»,* aus dem Eltern und Lehrer entnehmen können, welche Freuden und Enttäuschungen, Hoffnungen und Probleme die Schüler zu Hause und in der Schule erlebten und erfuhren.
- ☐ Über das *Telefon* lassen sich aktuelle Vorkommnisse austauschen, aber auch regelmäßige Kontakte pflegen.
- ☐ An *Elternabenden* kommen Eltern, Lehrer, Erzieher und Betreuer (regelmäßig) zusammen.

Hilfen zum besseren Verstehen der gemeinsamen Arbeit:

- ☐ Die *Eltern besuchen* (regelmäßig) *ihr Kind in der Schule* und erleben ihr Kind im Lerntag.
- ☐ *Lehrer* und Erzieher *besuchen* — nach Absprache — *den Schüler* und seine Eltern (regelmäßig) *zu Hause* und erfahren die Erfordernisse und Bedürfnisse der Familie vor Ort; sie leben dabei ein Stück «Alltag» mit: das Abendessen, eine Spielsituation, das «Nach-Hause-Kommen» des Vaters von der Arbeit. Lehrer und Erzieher übernehmen auch einmal eine Nachtwache oder begleiten das Kind zusammen mit den Eltern zum Arzt.
- ☐ Ein (kranker) Schüler wird *vom Lehrer und seinen Klassenkameraden besucht.*
- ☐ Eltern und Lehrer bzw. Erzieher besuchen gemeinsam eine Fortbildungsveranstaltung.

Hilfen zum besseren Kennenlernen:

- ☐ Eltern und Lehrer bzw. Erzieher treffen sich in lockerer oder regelmäßiger Folge beim Stammtisch oder bei einem Kegelabend.
- ☐ Eltern und Mitarbeiter der Schule unternehmen *einen gemeinsamen Ausflug* oder *ein gemeinsames Wochenende,* auch einmal ohne Kinder.

  Beide Möglichkeiten erlauben Gespräche, die über das Problem «unser behindertes Kind» hinausgehen. Darauf sollte man großen Wert legen.

  Durch freiwillige Helfer lassen sich Probleme der Aufsicht der zurückbleibenden Kinder lösen.
- ☐ Eltern, Mitarbeiter der Schule *planen* und *gestalten gemeinsam ein Fest* für und mit den Schülern.
- ☐ Eltern und Mitarbeiter der Schule *planen* ein Projekt und führen es gemeinsam durch (z.B. Schullandheimaufenthalt, Bazar).
- ☐ Mitarbeiter in der jeweiligen Klasse und die Eltern der Schüler dieser Klasse erarbeiten zusammen pädagogisch-pflegerische Anleitungen — *Pflegekarten* als Hilfe für alle Beteiligten (Lehrer, Erzieher und Eltern) im Sinne einer pädagogischen Pflege.

Vollständig ist diese Auflistung von Begegnungsmöglichkeiten sicher nicht. In der Praxis werden nie alle, aber vielleicht dann wieder andere, in Anspruch genommen und je nach Gegebenheiten gestaltet.

Hier sind die Berufserzieher, aber auch die Eltern aufgefordert, *ihre* Begegnungsmöglichkeiten zu finden und diese lebendig zu gestalten.

Die letzte hier aufgelisteten Möglichkeiten der Begegnung wollen wir hier — gemäß unserem Verständnis von Zusammenarbeit zwischen Elternhaus und Schule — genauer vorstellen:

Die Pflegekarten

Pflegekarten sind nicht nur Informations«träger» mit Anleitungsfunktion zur pädagogisch verstandenen Pflege, sie sind auch ein integratives Medium, mit dem Eltern und Lehrer gemeinsam bzw. parallel in den vier Aufgabenfeldern (Abschnitt 4.4) tätig werden können.

Wie sehen «Pflegekarten» aus?

Für jeden Pflegeanlaß — im Sinne einer Pflegeeinheit —, bei dem das Tun «am Kind» überwiegt, zum Beispiel Füttern, Baden, Windeln, Waschen, zum Schlafen «herrichten», aber auch für Situationen der Pflege zur äußeren Erscheinung, zur emotionalen Zuwendung, werden je eine Pflegekarte in doppelter Ausfertigung (eine für die Schule, die andere für die Familie) erstellt.

Die Karten sind aus festem Papier, eventuell auch aus buntem Karton und im Format von DIN A5 bzw. DIN A4 gefertigt, wenn noch Platz für zusätzliche Anmerkungen sein soll. Die «Pflegekarten» sollen im Blickfeld der Pflegeperson und am Ort des Geschehens angebracht sein.

Die Informationen sind in großer Schrift gut lesbar gesetzt; um sie zu schonen, kann man sie mit Folie überziehen.

Was können und wollen «Pflegekarten» leisten, was nicht?

Pflegekarten legen die Handlungsschritte der jeweils notwendigen Pflegeleistungen als eine *Handlungskette* fest. Sie bestimmen damit gleichzeitig die Pflegetechnik, sie formulieren Sätze oder «Anweisungen» vor und legen meist auch Uhrzeiten fest. Sie sind somit eine wesentliche Erinnerungsstütze für die pflegenden Personen und Garant für eine wohltuende Gleichförmigkeit für das betreffende Kind, sie entlasten von dem täglichen Einerlei und machen frei für mehr Kommunikation mit dem Kind. Sie helfen aber auch möglichen Vertretern der Pflegeperson schnell einzuspringen oder mitzuarbeiten, wenn Not am Mann ist. «Pflegekarten» wollen jedoch nie einer Mechanisierung oder gar Technisierung und damit einer Entpersönlichung der Pflege Vorschub leisten. Das Gegenteil ist der Fall.

Sie haben auch nichts mit einem Fachbuch für Pflege zu tun, sondern spiegeln die beste Möglichkeit der Pflege wieder, gewonnen aus den Erfordernissen und Bedürfnissen des Kindes und aus den jeweils vorhandenen Möglichkeiten der Familie.

Wie entstehen Pflegekarten und wie kann man mit ihnen arbeiten?

Sie werden speziell für jedes Kind zusammen mit den Eltern und im Hinblick auf die jeweilige konkrete Situation erarbeitet. Regelmäßig (nach Bedarf jeden Monat bzw. im Schuljahr zweimal) werden die Pflegekarten von Eltern und Lehrern gemeinsam «überarbeitet» bzw. Erfahrungen damit ausgetauscht.

Für die Erstellung der «Anleitungen» ist eine genaue, begleitende Beobachtung des betreffenden Kindes, dem die pädagogisch zu gestaltende Pflege gilt, eine gründlich überlegte Planung im Hinblick auf die häuslichen Verhältnisse und eine umsichtige Information in der Fachliteratur notwendig (siehe Abschnitt 9.2).

«Pflegekarten» müssen von den Eltern gewollt werden, sollen sie angenommen werden. Eine Einübung der Eltern muß trotzdem erfolgen.

Bei der Erstellung sind zusammengefaßt folgende Momente zu berücksichtigen:

- ☐ Die Anleitungen haben eine persönliche Anrede
- ☐ Die Anleitungen sind überschaubar
- ☐ Die Anleitungen sind individuell d.h. speziell für jedes Kind ausgearbeitet
- ☐ Wo es nötig ist, zeigen die Anleitungen (verschiedene) Alternativen auf, die Eltern können dann wählen.

PHILIPP (1978) hat mehrere Pflegekarten dieser Art zusammen mit «ihren Familien» entwickelt.

Hier zwei Beispiele von Pflegekarten, die zur eigenen Arbeit von Lehrern und Eltern anregen wollen:

Beispiel 1:

Vorschläge zur Pflege der äußeren Erscheinung

Mein Kind soll gut aussehen!

☐ Machen Sie Ihr Kind so hübsch wie möglich.
Ziehen Sie es nett, aber auch praktisch an.
Baden und cremen Sie es sooft wie möglich.
Achten Sie darauf, daß es eine gefällige Frisur hat.
Sorgen Sie dafür, daß Ihr Kind eine ruhige Nacht hat.

☐ Achten Sie auf gesunde Ernährung.
Vermeiden Sie Speisen, die das Kind zu dick machen könnten.
Geben Sie nach Möglichkeit zum Abendbrot leichtere Kost z.B. Obst, Quark, Joghurt, Knäckebrot.

☐ Lassen Sir Ihr Kind in den Spiegel schauen und sagen Sie ihm: «Schau, was für ein schönes Kind du bist!»

Beispiel 2:

Vorschläge zur emotionalen Zuwendung

Mein Kind soll sich wohlfühlen!

☐ Schmusen Sie jeden Tag mit Ihrem Kind.
Sagen Sie ihm: «Du bist mein liebes, gutes, schönes Kind!»

☐ Unternehmen Sie mit Ihrem Kind Dinge, die Freude machen.
Hören Sie mit dem Kind Musik.
Falls Sie ein Instrument spielen, spielen Sie ihm selbst etwas vor.
Singen Sie mit Ihrem Kind.
Spielen Sie ein Spiel, feiern Sie ein Fest, machen Sie einen Ausflug mit ihrem Kind.

Abschließende Gedanken

Vielleicht empfindet der «erfahrene Leser» diese Ausführungen als verharmlosend, weil ihm ganz andere Schwierigkeiten täglich begegnen: Eltern, die von einem Fachmann zum anderen laufen, die jedem Vorschlag und jedem Tun «am» Kind mit Mißtrauen begegnen, ob es wohl das Richtige ist; Eltern, die auf jede minimale Veränderung (zum Beispiel die Zuteilung ihres Kindes in eine neue Klasse) mit übermächtigen Reaktionen antworten; Eltern, die heimlich einen weiteren Therapeuten anheuern, nur um das «auszugleichen», was die Schule nicht leistet.

Wir kennen auch die verschiedenen Trainings-Modelle für die Elternarbeit (zum Beispiel das sehr beeindruckende Münchner Trainingsmodell von INNERHOFER und Mitarbeiter).

Unser Anliegen war es jedoch neben diesen speziellen Möglichkeiten und manchmal auch Notwendigkeiten — zu den normalen, alltäglichen Situationen zurückzufinden. Das normale Leben einer Familie muß weitergehen — trotz und mit dem so schwerbehinderten Kind.

Es darf nicht immer der Defekt, das Defizit, das Therapiebedürftige im Mittelpunkt aller Überlegungen stehen, sondern das Allgemeine, das sogenannte Normale.

Es geht um Claudia, um Steffen, um Gabi und Thomas, dann erst um die Behinderung, es geht um das Erfreuliche, das es zu suchen gilt, dann erst um die Erschwernisse und das Beängstigende, auch wenn diese übergeordnet mächtig zu sein oder zu werden scheinen.

Wir sollten den Eltern nicht noch mehr an Ratschlägen, an Hinweisen, an «Hausaufgaben» aufgeben, als diese schon zu erbringen haben. Wir sollten ihnen vielmehr Wege des gemeinsamen Lebens zeigen, ein Leben, das sie wieder leben läßt.

Schenken wir ihnen vielleicht doch mehr Vertrauen, mehr Zutrauen, greifen wir ihre Anregungen auf, dann bestehen auch für uns mehr Möglichkeiten der Stabilisierung und Begleitung.

Ein so schwer behindertes Kind zu haben, mit ihm leben zu müssen, es zu erziehen und zu bilden, darf nicht nur ein persönliches Schicksal und eine persönliche Aufgabe sein, es muß zu einer öffentlichen Aufgabe und zu einer Herausforderung werden, die uns allen in der Gesellschaft gilt.

7.5 Leben lernen — glauben, feiern, hoffen lernen

Vorbemerkung

Vielleicht empfinden manche Leser dieses letzte Kapitel als Provokation, vielleicht auch als das berühmte «religiöse Mäntelchen», das wir dem Ganzen zum Abschluß umhängen möchten: Intensivbehinderte und Religion.

Das alles wollen wir nicht. Es soll viel weniger, es soll etwas ganz anderes sein, was wir in diesem letzten Beitrag zur Darstellung bringen und zum Nachdenken vorstellen möchten.

Es sind Erfahrungen mit unseren Schülern, die wir mit ihnen beim Singen und Musizieren, beim Reden und Hören, beim Feiern und eben auch anläßlich von eigenen Schulgottesdiensten sammeln konnten.

Religiöses Erleben als *eine* Dimension menschlichen Lebens (vgl. TILLICH, 1962) können wir nicht aussparen, wollen wir «leben lernen» realistisch und menschlich umfassend angehen. Religiöses Leben gehört dazu wie Essen und Trinken, Pflegen und Verständigen.

Wir sind uns vollkommen im klaren, daß diese Überlegungen weder theologisch fundiert noch wissenschaftlich abgesichert sein können. Selbst die Fragen nach einer möglichen Realisierung lassen sich nur bedingt beantworten, weil religiöses Leben eines Menschen eine sehr persönliche Ausformung abverlangt, oft auch garnicht durchgehend in einem Menschenleben «vorhanden» und nicht immer so greifbar ist, als daß man sicher darüber reden oder schreiben könnte.

Auch Anregungen für die Gestaltung von religiösem Leben mit unseren Kindern können nur bedingt gegeben werden; dazu sind unsere Schüler auf der einen Seite viel zu unterschiedlich, zum anderen muß jeder seine Form des «religiösen Lebens» selbst finden. So können wir dies auch nicht stellvertretend *für* unsere Schüler tun — welche Form brauchen sie wirklich? — und schon gar nicht dieses für sie ausfüllen; wohl aber möchten wir die Türen zu jenem Raum des Lebens aufmachen, zum Raum des Religiösen, damit unsere Schüler auch ihn betreten und erleben können.

Religiöses Leben — was meinen wir damit?

Religiöses Leben ist keine Angelegenheit bestimmter Gruppen oder Menschen (zum Beispiel der Ordensleute) oder von Einrichtungen, die nach christlichen Überzeugungen leben; es ist auch kein alleiniger Gegenstand theologisch-reflektierender Wissenschaft.

Es ist ein Erfahrungsbereich des Menschen, in dem sich jeder auf seine Weise vorfindet, angesprochen oder herausgefordert fühlt; es ist ein Bereich des Erlebens, zu dem jeder die ihm eigene und die ihm jeweils mögliche Beziehung knüpft und diese nach außen auch zum Ausdruck bringen wird. Sie kann positiv-zustimmend, kritisch-ablehnend oder auch unbeteiligt-neutral sein.

Religiöses Leben ist Leben, das die jeweils persönliche Beziehung zu Gott zum Ausdruck bringt als Antwort auf die Zusage Gottes an uns Menschen, die uns durch Christus zuteil wird.

Es ist ein Leben, das sich nach den zentralen Aussagen der Bibel als ein Leben in Gott versteht: der Mensch, jeder Mensch ein Geschöpf Gottes und die Hand Gottes als die Hand, die letztlich Halt und Führung gibt über die Zeitläufe hinweg.

Religiöses Leben als ein Leben mit Zukunft und mit Hoffnung, als ein Leben in Geborgenheit und mit Vertrauen, weist über derzeitige Befindlichkeiten hinaus. Es zielt auf Bejahung des Lebens, auf «das Leben wählen» (SÖLLE, 1980) und auf ein Leben, das den befreiten Atem (wieder) spürbar werden läßt.

Religiöses Leben — auch für intensivbehinderte Menschen?
Die Zusage Gottes an den Menschen gilt allen Menschen, den Fähigen wie den weniger Fähigen, den Kraftvollen wie den Schwachen, den Hoffenden wie den Leidenden.

Religiöses Leben umschließt sowohl die Begegnung mit Gott als auch die Begegnung mit dem Menschen mit jeweils unterschiedlicher Dominanz. Die äußeren Formen dafür sind sehr unterschiedlich und je nach Alter, Lebensumständen, innerer Befindlichkeit persönlich gefärbt.

Das religiöse Leben intensivbehinderter Menschen ist sicher kein äußerlich aktives Suchen nach dieser «anderen Dimension» des Lebens.

Es kann ein Ruhen, aber auch ein rastloses Jagen sein, ein entspanntes Sich-fallen-Lassen oder ein durch Leid und Schmerzen bedingtes Wegstreben, ein nicht mehr Dableiben-Wollen.

Auf jeden Fall sind intensivbehinderte Menschen Berechtigte zur Teilnahme und Teilhabe an Formen religiösen Lebens, wie es ihre Freunde, ihre Familie, ihre Nachbarn leben.

Diese reichen von der Meditation, der Hausandacht, möglichen Gebeten und unregelmäßigen Zeiten der Besinnung bis hin zum Feiern der großen Feste im Kirchenjahr wie Erntedank, Ostern, Advent. Es wird aber vielleicht auch der ganz gewöhnliche Sonntag sein, für unsere Schüler der oft «nicht schöne» Sonntag — ein Tag ohne Anregung und ohne Kameraden, oft auch ein Tag, wo sie im Wege sind —, der dennoch Momente religiösen Lebens zum Ausdruck bringt.

Und die Orte dafür sind dementsprechend ebenfalls sehr unterschiedlich. Die Kirche als Ort mit vielfältigen Möglichkeiten des Erlebens — des Schauens, des Riechens, des Hörens, ein Ort der vielen Menschen, des großen, hohen Raumes, der vielen bunten Fenster, könnte eindrucksvoller sein als der familiäre, der intime Raum. Nicht immer wird allein aus körperlichen Gründen, vielleicht auch aus psychischen Gegebenheiten heraus, der intensivbehinderte Mensch zur Kirche kommen können; die Kirche wird dann durch ihre Mitarbeiter und durch ihre Mitglieder zu ihm und seiner Familie kommen (vgl. das beeindruckende Beispiel von GRANDKE, 1979), damit die vorhin beschriebene Begegnung auf keinen Fall unterbrochen wird.

Intensivbehinderte Menschen gehören wie alle anderen behinderten oder leidenden, wie alle anderen alternativ oder als Randgruppe lebenden Menschen zur Gemeinde Gottes und damit auch zur Gemeinde ihres Wohnortes, ihres Wohnheimes, ihrer Familie oder ihrer Schule.

Wenn einer leidet, dann leiden die anderen mit, wenn einer sich freut, dann freuen sich die anderen mit — das wäre das Motto, das dieser Gemeinde Gottes gilt.

Diese Gemeinde kann nur überzeugend «auf dem Weg» sein, wenn keiner der ihren zurückbleibt. Alle müssen ankommen, keiner früher als der andere. Hier können intensivbehinderte Menschen und ihre Familie erfahren, daß sie dazugehören, daß sie hier wirklich zu Hause sind.

Sicher hilft konkret einer Familie und auch den betroffenen behinderten Menschen selbst, daß es auch eine «Betreuungskirche» gibt, daß ihr oft schwieriges und belastetes Leben unter karitativer Fürsorge leichter und durch die verschiedenen Dienste der Diakonie bzw. der Caritas reicher wird.

Doch machen es letztlich nicht ein paar Plätze für Rollstühle aus oder die Rampen vor der Kirchentür und auch nicht der Fahrdienst. Sie sind nur die Anführungszeichen für die Bereitschaft und für den Auftrag, daß der Weg der Gemeinde von Gott durch unsere Welt zu Gott gemeinsam gewagt, entschlossen und frohgemut von allen gegangen wird.

Die Gemeinden Gottes als Orte religiösen Lebens — auch für unsere Schüler?

Nun ist eine «normale Kirchengemeinde» keine Ersatzwelt für die sonst so «böse Welt»; auch sie hat ihre Ecken und Kanten; auch ihre Mitglieder werden nicht sofort alle Zwänge, alle Frustrationen und alle menschlich verständlichen Erwartungen ablegen können, wenn sie die Kirchentüre durchschreiten. Sie bringen ihre Person samt allen Bedürfnissen, samt allen Stärken und Schwächen mit — sicher aber auch ihre Bereitschaft zu lernen und offen zu sein.

«Kirchengemeinden wären geradezu prädestiniert, Einbeziehung auch der sonst wenig beachteten, wenig geachteten oder aus der Mitte verdrängten Mitglieder zu praktizieren, es den anderen vorzumachen, furchtlos gegenüber der Wirklichkeit zu sein, sie als etwas Gemeinsames zu tragen, die Gegenwart des Leidens nicht zu verdrängen» (SPECK, 1980).

Nicht also die Gemeinde ist gefragt, die sich «gefunden» hat, die als «liebe Gemeinde» jeden Sonntag angesprochen wird, weil sie brav und bürgerlich-traditionell für sich lebt, sondern die Gemeinde, die aufbricht, die Lebendigkeit wagt, die Offenheit praktiziert, die nicht unter sich sein will und nicht nur auf Aktivitäten des Pfarrers oder der Mitarbeiter wartet, sondern die, die sich selbst in Bewegung bringt. Nur so wird sie es schaffen, schwierige, anders lebende Mitglieder zu sich aufzunehmen, mit ihnen zusammen zu leben in einer sonst nicht üblichen Partnerschaft.

So gesehen genügt hier nicht das Sommerfest im Gemeindezentrum, an dem auch behinderte Kinder Betreuung vorfinden, nicht der Gottesdienst für behinderte Mitglieder, nicht die Kommunion oder Konfirmation an einem späten Nachmittag, nicht die Vermittlung von Erholungsplätzen für überlastete Mütter.

Das alles können Folgen des Dazugehörens sein.

Da es an vielen Orten so anders ist, daß Eltern an die Kirchengemeinde als eine der wirklichen Möglichkeiten des Aufgenommenseins überhaupt nicht mehr denken, ist nicht nur eine Basale Aktivierung für intensivbehinderte Schüler im Rahmen ihrer Schule notwendig. Es scheint genauso eine «Basale Aktivierung» der Gemeinde notwendig.

Dazu muß Information kommen, es müssen Ängste und Unsicherheiten abgebaut werden, die nur solange vorhanden sind, solange Unwissenheit vorherrscht.

Wichtig scheint für viele die Frage, ob man intensivbehinderte Menschen in die Gemeinde aufnehmen und zu Gottesdiensten mitnehmen darf, wenn sich diese weder dafür noch dagegen entscheiden können.

Diese Frage wird wohl durch die entschieden werden müssen, die ihr Leben mit Intensivbehinderten teilen: Die Familie, die Wohngruppe, die Schulklasse. Sie werden es nicht aus Zwang heraus tun, nicht aus Gründen der Überlieferung, sondern aufgrund der Verheißung Gottes: «Ich habe Dich bei Deinem Namen gerufen, Du bist mein» (JESAIA, 43/1).

Die konkreten Orte des Zusammenseins und der Begegnung können unterschiedliche sein. Entscheidend dafür sind die Bedürfnisse des einzelnen. Bedürfnisse, eine Predigt ungestört zu hören oder über einen Text still nachzudenken, stehen gleichberechtigt gegenüber dem Bedürfnis nach gemeinsamem Singen und Tanzen, nach dem Zusammen-Freuen und -Feiern. So kann es der Gottesdienst sein, es braucht aber nicht jeder Gottesdienst zu sein, es wird sicher auch der Besuch zu Hause, im Spielzimmer oder am Bett sein, es wird ein gemeinsamer Ausflug sein können; auch der eigene Gottesdienst für Geistigbehinderte oder auch Spiel- und

Sportstunden am Abend und die Begegnungskneipe in der Disko der Jungen Gemeinde sind Orte des Zusammentreffens und der Begegnung der Gemeinde.

Christliche Gemeinde bringt in ihrer Vielfalt dennoch eine Einheit zum Ausdruck, eine Einheit, die frei machen kann. Es kommt im Leben letztlich — und für den Wert des Menschen wiederum — nicht auf Leistung, auf Vorwärtskommen, auf Können an.

Christliche Gemeinde vermag die Aussortierung und Zuweisung von Lebenschancen unserer Gesellschaft überwinden, sie kann Trennung aufheben, Probleme reduzieren, indem sie *gemeinsam* die Botschaft hört, *gemeinsam* Freude lebt, *gemeinsam* ein Gebet spricht, *gemeinsam* Trauerarbeit leistet.

Mancherorts ist zu einem solchen Verständnis wirklich Basisarbeit notwendig, Basisarbeit am Ort oder im Stadtteil, in dem sich die Schule für unsere Schüler befindet, Basisarbeit aber sicher auch in den einzelnen Kirchengemeinden der Schüler und ihrer Familien.

Dieser Aufgabe wird sich kein Lehrer oder Erzieher entziehen, wenn er vom Anliegen und von den vielen Möglichkeiten überzeugt ist. Er wird sehr unterschiedlich aktiv werden können, durch Information in den Gemeinden, durch Freizeit-Maßnahmen, durch Beratung, sicher auch durch die Einladung zum Schulgottesdienst wie ihn die Schule selbst feiert als ein Gottesdienst, der speziell für unsere Schüler und — soweit wie nur irgend möglich — auch mit ihnen gestaltet wird.

Schulgottesdienst — ein Fest für unsere Schüler

Schulgottesdienst ist kein Gottesdienst nur für intensivbehinderte Schüler. Die Begegnung in der «Schulgemeinde» ist eine aus dem alltäglichen Schulbetrieb herausgehobene Begegnung für *alle* — den Mitarbeitern der Schule, den Schülern selbst und wenn möglich auch den Eltern. Alle sind hier unter dem Wort Gottes versammelt — beisammen.

Schulgottesdienst ist jedoch kein Ersatz für den Gottesdienst in der Gemeinde, er kann aber den Schülern ein Feld bieten, in dem sie sich frei fühlen, gleichzeitig sich einüben können für die Teilnahme am Gottesdienst in der Gemeinde; darüber hinaus aber wird der Schulgottesdienst den Gästen (als den von außen gekommenen Gemeindemitgliedern) zeigen, daß sich hier eine lebendige Gemeinde auf den Weg macht, auch so schwer behinderte Kinder und Jugendliche mit «hereinzunehmen»; dies könnte ermutigen oder auch anregen, es selbst zu tun.

Immer wieder wird die Meinung vertreten, religiöse Erziehung mit geistigbehinderten Kindern sollte vorwiegend im Alltag, im täglichen Umgang miteinander konkret werden, weniger in eigenen Unterrichtsstunden oder in eigenen Veranstaltungen.

Neben dieser überdauernden, begleitenden religiösen Erziehung besteht aber durchaus nicht nur die Notwendigkeit, sondern die wirkliche Chance, in eigenen Erlebnisfeldern religiöse Erziehung und religiöses Leben eindrucksvoll für unsere Schüler und mit ihnen zu gestalten.

Solche eigenen Veranstaltungen bedürfen der gründlichen Planung und Vorbereitung, eigentlich einer vertieften Vorbesinnung, sowohl in theologisch-religiöser Hinsicht als auch in methodisch-didaktischer. Dennoch ist der Schülergottesdienst für Intensivgeistigbehinderte alles andere als eine Unterrichtsstunde (vgl. Bild 7.1).

Es wird deutlich:

1. Schulgottesdienst ist nicht nur eine gründlich vorbereitete und durchgeführte Unterrichtsstunde. Beide unterscheiden sich sowohl vom Ziel her als auch in ihren Formen.
2. Der Schulgottesdienst stellt einen «Ort» dar, an dem man angenommen wird, wo es viel zu sehen, zu hören, zu riechen und schmecken gibt, wo man viel zusammen tun kann. Im Schulgottesdienst kennt man sich mit der Zeit aus.
3. Der Schulgottesdienst ist eine Zeit, auf die man sich freuen kann. Man ist mit vielen anderen Menschen zusammen, singt, feiert und freut sich. Diese tun das Gleiche wie man selbst.
   Dazu tauchen eine Reihe von Problemen auf:
4.
   - ☐ Wie kann man unsere Schüler und fortschrittlichere ebenfalls ansprechen und erreichen wie die Gäste?
   - ☐ Wie kann man bestimmte religiöse Inhalte vermitteln, wenn man den oral-sinnlichen und taktil-kommunikativen Weg als vorrangig benützen will oder muß?
   - ☐ Welche theologischen Inhalte sind für das Erleben und Leben unserer Schüler vorrangig bedeutsam?
   - ☐ Was sagt uns als den Eltern, Lehrern und Erziehern im Hinblick auf unsere Situation das Evangelium?
   - ☐ Wie bunt, farbig, ansprechend dürfen die einzelnen Teile sein, ohne vom Wesentlichen abzulenken? Wie viele gewohnheitsbildende Elemente sind aufzunehmen?

	Unterricht	Schulgottesdienst
zur Methode	Voraussetzung schaffen für Lernprozesse gemäß den vier Aufgabenfeldern (vgl. Kap. 4) Wecken und sichern der Lern- und Leistungsbereitschaft Strukturierung gemäß der Aufmerksamket und Lernfähigkeit. Gewohnheitsbildende Elemente haben Berechtigung neben aktiven	Voraussetzung schaffen für gemeinsames Erleben, für Singen, Musizieren, Hören, Stillsein (Sitzen!), für Bewegen und Freuen, für Traurigsein und Hoffnung haben Kreativ und gewohnheitsbildende Elemente haben vorrangige Berechtigung
zum Ziel	Weckung, Anbahnung, Stabilisierung von Leistung für Lebensprozesse. Perspektive der Leistungsverbesserung wie der Hebung des Selbstwertgefühls	Weckung, Anbahnung und Stabilisierung von Geborgenheit, Zutrauen und Hoffnung Perspektive der Erwartung: Ich bin angenommen, so wie ich bin; wir sind gemeinsam unterwegs

Bild 7.1 Vergleich zwischen Schulgottesdienst und Unterricht

Schulgottesdienst muß zu einem Anliegen für Lehrer, Erzieher *und* für die Schüler gleichzeitig werden. Ihnen allen gilt das Wort, sie alle loben und danken, feiern und freuen sich. Alle brauchen den Schutz und den Segen Gottes für ihr Leben. Die Gefährdung und die Aufgabe, das Leben erfüllend zu gestalten, am Ziel anzukommen, liegt weder nur auf der einen noch nur auf der anderen Seite.

Für alle gilt: «Meine Seele wartet auf den Herrn mehr als die Wächter auf den Morgen.» (Psalm 130,6).

Der Schulgottesdienst konkret — Beispiele aus der Praxis

Die Frage der Gestaltung hängt sehr wesentlich von der Befindlichkeit der Schüler ab.

Sind die Schüler durchgängig bettlägrig, dazu so sehr behindert, daß sie nur passiv aufnehmen, wird man sich an Beispielen wie das von GRANDKE (1979) orientieren.

Für Schüler, die aktiver und selbsttätiger sein können, die Inhalte erfassen können — wenn auch auf der sinnlich-handelnden Stufe —, dann können Beispiele wie das von ADAM (1980) zur «Greifbaren Schöpfung» gelten. Möchte man stärker den Alltag der Kinder einbeziehen, wollen nachfolgende Themen Anregung bieten.

Neben dem theologischen *Grundmotto* reflektieren wir Lebenssituationen unserer Schüler und versuchen gemäß ihrer Lebensäußerungen und Lebenstätigkeiten anhand der drei Tätigkeits- und Erlebnismerkmale: Bewegung, Wahrnehmung und Verständigung Aufgaben zu finden, die das Grundmotto des jeweiligen Gottesdienstes zugänglich und einprägsam gestalten lassen.

Und hier ein Beispiel:

Theologisches Grundmotto: Wir hören Gottes Wort
Lebenssituation:

Wir sitzen zusammen
und sind still

Aufgaben im Gottesdienst gemäß den Erlebnismerkmalen:

□ *Bewegung:*

Wir gehen, wir bewegen uns im Kreis, in den Kreis, auf etwas zu
→ dann setzen wir uns still hin und hören
Wir klatschen mit den Händen, stampfen mit den Füßen, schnalzen mit den Fingern
→ dann sind wir (auf ein Signal hin) ruhig, kommen ganz zur Ruhe und hören

□ *Wahrnehmung:*

Wir hören den Pfarrer
Wir hören auf die Musik
Wir hören in die Stille
Wir hören Vogelstimmen
Wir hören «Gott hat uns lieb!»

□ *Verständigung:*

Wir sitzen nebeneinander, wir spüren uns
Wir verschließen die Augen, legen den Kopf auf den Schoß, wir sehen,
Wir hören uns nicht mehr
Wir spüren uns noch, wir sind ganz ruhig!

Weitere *Lebenssituationen* sind:

Was wir haben — was wir können — dafür danken wir!
Was wir haben — was schön ist — darum bitten wir!
Was wir haben — schauen wir gemeinsam an — und freuen uns!
Was wir gemeinsam tun — das macht uns froh!
Was wir haben — was schön ist — das geben wir weiter!
Wir erleben dunkel — es wird Licht!
Wir haben Hunger — wir wollen essen — Gott macht uns satt!
Wir haben Durst — wir trinken Wasser — das tut gut!
Wir werden älter — wir feiern Geburtstag — Gott segnet uns!

Einige methodische Gesichtspunkte zur Gestaltung:

□ Alle Teilnehmer sollen sich in ihrem Tun und Können einbringen.
□ Eindringliches Erleben der angebotenen Situationen ist Voraussetzung fürs Danken, Bitten und Loben.
□ Die gedankliche Hinwendung zu Gott (bitten — danken — loben) soll spürbar, hörbar, sichtbar für alle werden.
□ Es soll keine Trennung zwischen «heiligen» und weltlichen Dingen geschaffen werden.
□ Lieder oder andere musikalische Elemente haben motivationalen Charakter, vor allem, wenn sie sich deutlich wiederholen.

- ☐ Visuelle Reize ermöglichen Konzentration und Lenkung der Blickrichtung zum Altar, zum Kreuz hin.
- ☐ Die Bewegung der Schüler, die Bewegungen der Gemeinde sollen das Miteinander bedeuten.
- ☐ Aktivphasen wechseln mit Ruhephasen ab.
- ☐ Das Wiedererkennen ähnlicher oder gleicher Elemente in einer Reihe von Schulgottesdiensten erleichtert den Schülern das Dabeisein und das Mitmachen.
- ☐ Lieder, Verse, Gebetszeilen sollten auch im Unterricht sonst ihren Platz haben.
- ☐ Die «Ansprache» an die Schüler kann verbal und nonverbal sein. Die körperliche Berührung kann ein Weg des Sich-Verständigens sein.
- ☐ Eine große Bedeutung haben *Medien*; auf die richtige Auswahl kommt es an:
  Duftende Blumen, Weihrauch, angenehme Gerüche, Kerzen, Strahler, Lampions, Laternen, intensive Farben, Musik, Glockengeläute, Geräusche und viele konkrete Dingobjekte aus dem Leben der Kinder, wie der Apfel, der Becher, das Brot, der Ball, die Puppe, der Bär, Musikinstrumente der Kinder, ihre Kleidung, ihr Schlitten, ihr Roller, der Rollstuhl.
- ☐ Dementsprechend sind die *äußeren Bedingungen* zu bedenken.
- ☐ Der Raum bedarf einer gut überlegten Ausgestaltung: Der Sitzkreis, die Sitzreihe, die Zusammengehörigkeitsgefühl aufkommen lassen, die Nähe und Weite zu den Medien, Platz fürs Bewegen usw.
  Auch der Schülertransport zum Gottesdienst ist zu regeln.
- ☐ Da Schulgottesdienste meist klassenübergreifend gefeiert werden, wird sich auch ein klassenübergreifendes Team mit der Vorbereitung befassen. Es sollen aber möglichst bald alle beteiligten Lehrer und Erzieher, sicher auch die Eltern informiert werden, damit sich jeder darauf vorbereiten und freuen kann.

Ob sich der Leser durch diese wenigen Gedanken bereits motiviert fühlt, selbst einmal erste Schritte mit seinen Schülern in dieser Richtung zu tun?

Diese Tatsache bleibt bestehen:

Auch Schulgottesdienste bereiten Mühe und Arbeit, auch religiöses Leben mit intensivbehinderten Menschen nimmt die sonstigen, so belastenden Probleme nicht weg, auch das Evangelium löst nicht alle Fragen nach unseren Erwartungen.

Bei aller Nüchternheit aber erscheint uns und unseren Kindern, zusammen mit ihren Angehörigen, das gemeinsame Leben in einem anderen Licht, und das «leben lernen» erhält eine neue Qualität.

7.6 Abschließende Gedanken

Mit diesen Überlegungen zum Schulgottesdienst für intensivbehinderte Schüler als ein weiteres über alle *vier Aufgabenbereiche* streuendes Lern- und Lebensfeld müssen wir die Auswahl aus den vielen Möglichkeiten der manchmal so begrenzt erscheinenden Palette beschließen.

Eine getroffene Auswahl stimmt nie nur froh, auch wenn sie bestens überlegt ist.

Zu viele Probleme bleiben offen im Bereich der Erziehung und Bildung Intensivgeistigbehinderter. Die vorgestellten Gedanken und reflektierten Erfahrungen wurden zusammen mit sehr unterschiedlichen Schülern gewonnen, Schülern, die im Heim leben und solchen, die täglich nach Hause zur Familie zurückkehren, mit Schülern, die noch Teilleistungsfähigkeiten besitzen und in dieser schmalen Spur ihres Lebens Beachtliches leisten und mit Schülern, die während eines Vormittages aufgrund der sich kaum unterbrechenden Anfallsreihe nur wenig «wache» Augenblicke erleben, mit Schülern, die wirklich leiden, und solchen, die in einer beneidenswerten Heiterkeit ihr Leben leben und sich auch so zu uns mitbringen, mit Schülern, die erschrecken lassen wegen ihrer Verworrenheit und Verdrehtheit und mit Schülern, an denen man sich freuen kann, weil sie spitzbübisch und originell auf ihre Weise sind. Dennoch brauchen die hier vorgetragenen Überlegungen zur didaktisch-methodischen und pädagogischen Arbeit für andere intensivbehinderte Schüler noch lange nicht passen.

Grundsätzlich war unser Bestreben, kein Rezeptbuch zu schreiben. Dazu sind unsere Schüler zu unterschiedlich; außerdem ging es uns jeweils um das Ermöglichen von Beziehungen und dies kann man nicht anhand vorgegebener Teilschritte oder Lernsituationen.

Offen bleiben darüber hinaus Fragen nach dem Später unserer Schüler, konkret nach der Werkstufe, nach dem Platz in einer Werkstatt für Behinderte und nach Lebenskonzepten für intensivbehinderte Menschen, die vom Arbeitenmüssen zu befreien sind, weil ihre Lebensaufgabe eine andere ist.

Offen bleiben auch Fragen, die die Eltern und die Mitarbeiter von Einrichtungen für Intensivbehinderte betreffen. Wie kann man diese schwere Aufgabe, das berufliche bzw. persönliche Leben mit diesen Kindern und Jugendlichen, mit diesen unsern Schülern zu teilen, auf Dauer durchhalten, ohne an die Grenze des Zumutbaren zu geraten?

Offen bleiben eine Fülle von Fragen, die den Unterricht selbst betreffen. Nach wie vor werden wir fragen müssen: Was mache ich, wenn der Klaus nichts festhält, nicht hinschauen lernt, sich nicht bewegen wird, das Essen verweigert?

Offen bleiben auch Fragen des späteren Wohnens, wenn die Eltern die Fürsorge nicht mehr übernehmen können. Werden die Wohngemeinschaften mitten unter uns überdauern können? Wird man diese schwerbehinderten Mitbürger zunehmend mehr unter uns wohnen lassen? Wird man ihnen vielleicht doch einmal zögernd die Hand zum Willkommensgruß reichen?

Bei all diesen ungelösten Fragen gilt:

Mit intensivbehinderten Schülern gemeinsam leben und lernen, für sie «leben lernen» zu realisieren, kann nicht bedeuten, *für sie* eine «Eigenwelt» zu schaffen — gleichwohl wir in unseren Bemühungen von ihrer Eigenwelt ausgehen müssen. Vielmehr gilt es alle Lebensbereiche zu befragen, was diese für sie Gewinnbringendes abwerfen, was wir an diesen für unsere Schüler entdecken können.

Allem zuvor aber müssen wir auf Entdeckungsfahrt gehen, um Menschen zu finden, die wenigstens eine Spanne ihres Lebens — beruflich oder privat — mit Menschen gemeinsam gehen wollen, deren Leben unter den Bedingungen einer schweren Behinderung getragen werden muß.

Das Leben lernt man nie allein über eine Sache, sondern letztlich nur über und mit einem DU.

8 Anstelle eines Schlußwortes ein Festvortrag*

Sehr geehrte, liebe Eltern!
Sehr geehrte Mitarbeiter!
Verehrte Gäste!
Als ich gebeten wurde — als Nichtbetroffener und als professionell mit Behinderten-Arbeit Befaßter — zur heutigen Einweihung den Festvortrag zu halten, hatte ich spontan und gerne zugesagt, ohne zu ahnen, in welche Konflikte ich persönlich damit gerate.

Ich hatte mir vorgenommen, einmal nichts über Lernziele oder pädagogische Konzepte zu sagen, nichts über Tests oder Beobachtungsverfahren, nichts über Verstärker oder time-out.

Ich wollte «nur» über das Leben Ihrer und unserer Kinder und Jugendlichen nachdenken, über das Leben, das Sie als Eltern täglich erleben, ein Leben, dem unsere Mühe und Arbeit in dieser Schule gilt.

Je mehr ich über dieses Leben nachdachte und über den Anlaß, der uns heute hier zusammenführt, um so mehr kam ich mit dem Begriff «Festrede» in Schwierigkeiten.

Ich möchte Ihre Festfreude nicht stören oder gar frohe Gedanken vertreiben, dennoch frage ich mich: Freuen wir uns wirklich, daß es die Schule der «Helfenden Hände» gibt? Daß wir diese heute mit Fest und Feier einweihen?

Ist es wirklich Anlaß zur Freude, daß hier im äußersten Westen von München eine Schule für mehrfach und schwerbehinderte Kinder gebaut werden konnte, ja mußte?

Wünschten wir nicht, daß unsere Kinder in anderen Schulen Aufnahme fänden? Sehnten wir uns nicht danach, daß unsere Kinder und Jugendlichen hier bei uns mitfeiern könnten, anders als sie nun einmal sind?

* Zur Einweihung der Sonderschule «Helfende Hände» — eine Schule für mehrfach- und intensivbehinderte Kinder und Jugendliche in München-Neuaubing.

Wenn wir heute feiern, dann sollten wir dies aus frohem Herzen heraus tun, feiern aus der Zustimmung, daß es «helfende Hände» geben muß.

Wir sollten uns dabei nicht auf die äußeren, schönen Dinge dieser Schule allein zurückziehen, die weiten Gänge, die herrlichen Terrassen, das zu erwartende Schwimmbad. Wenn wir feiern, dann sollten wir unsere Kinder mit einschließen — trotz ihrer Anfälle, ihrer Defekte beim Reden und Hören, beim Gehen und Greifen, trotz ihrer gelähmten Glieder und ihrer schmerzenden Körper, trotz ihrer lebenslangen Hilfsbedürftigkeit.

Nun klingt das fast so, als ob die Schüler dieser Schule hier nicht feiern, sich nicht freuen könnten.

Das Gegenteil ist der Fall. Wer neulich mit mir Gelegenheit gehabt hätte, anläßlich eines Staatsexamens am Unterricht teilzunehmen, hätte es miterleben können: Welch eine ansteckende Freude, ein herzliches Lachen, eine fröhlich-beschwingte Atmosphäre war hier zu erleben — trotz Prüfungssituation.

Freude bei so schwer behinderten Kindern — fragen Sie? Wodurch diese zustande käme?

Es sind ganz einfache Dinge, kleine Dinge des alltäglichen Lebens:

Lieder, Bewegungsspiele, Tänze — bei denen man auch den Rollstuhl im Takt mitbewegen kann —, das frische Kleid, das duftende Parfüm, das Plantschen im Wasser oder das Bewegen im Kugelbad, das Hantieren mit Telefon-Apparaten.

Es können aber auch nur Hände sein, die Freude bringen, Hände, die streicheln, die beruhigen, die einen Becher Saft zum Mund führen, die verspannte Gliedmaßen massieren.

Es wurde deutlich: «Helfende Hände» allein genügen nicht, es werden Hände gebraucht, die froh machen, die Freude vermitteln können.

Vielleicht haben Sie jetzt, verehrte Eltern, das Bedürfnis, von ganz anderen Erfahrungen zu berichten, von Erfahrungen, die Sie tagaus und tagein erleben: Nichts geht von alleine! Das tägliche Einerlei, die ständige Prozedur des Saubermachens und Anziehens, das strapaziöse Einkaufen der Kleidung, die hastig-mühevollen Arztbesuche, die stete, unruhig machende Ausschau nach der noch besseren Hilfe für Ihr Kind.

Das alles sind Tatsachen, das alles sind Erlebnisse, von denen Außenstehende wenig wissen, Tatsachen, die Resignation in einem aufkommen lassen, negative Gefühle erzeugen, die Abwehr produzieren, die an den

Kräften zehren und zerren, die an keine Zukunft mehr glauben, die einem nicht einmal mehr Träume träumen lassen.

Ohne «Helfende Hände» scheint es nicht zu gehen!

Und trotzdem erfahren wir immer wieder — trotz dieser zermürbenden Wirklichkeit —, unsere Kinder können auch «anders» sein — dann, wenn *wir* anders sind, wenn wir ihr Leben entlasten, wenn wir ihnen mit Fröhlichkeit begegnen, wenn wir ihr Leben treffen und es füllen helfen.

Was aber macht es uns so schwer, daß die Beziehung zu unseren behinderten Kindern das alles so oft nicht leisten kann? Ist es nur die lange Zeit, die wir schon zusammen mit ihnen leben, sind es nur die vielen negativen Erlebnisse, die wir im Laufe der Jahre einsammeln mußten?

Ich meine, es sind noch andere Gründe.

Drei davon will ich aufzeigen und sie zum besseren Verständnis auffalten:

1. Wir belasten uns und unsere Kinder — und damit die Beziehung zu ihnen —, wenn wir an ihrem Leben exemplarisch klären wollen, wann ein Leben sinnvoll ist, wann es Sinn hat, wann nicht.
2. Wir belasten uns und unsere Kinder — und damit unsere Beziehung zu ihnen —, wenn wir stets Wünsche und Erwartungen an sie richten, die sie garantiert nicht erfüllen können.
3. Wir belasten uns und unsere Kinder — und damit unsere Beziehung zu ihnen —, wenn wir das von ihnen angedeutete «alternative Leben» nicht sehen, vor allem aber nicht akzeptieren und wertschätzen können.

zu 1. Wir wollen exemplarisch klären, wann ein Leben sinnvoll ist

Wir müssen allen Ernstes fragen, ob man diese Frage und die damit im Hintergrund verborgenen Gedanken überhaupt einer Gruppe von Menschen zumuten und anlasten darf. Besonders kritisch ist dies dann, wenn diese Frage einer Gruppe gilt, die sich an dieser Diskussion nicht beteiligen kann, wenn *über sie* gesprochen, erwogen und entschieden wird. Diese Gruppe, jeder einzelne Mensch von dieser Gruppe braucht nicht solche Verunsicherungen, sondern Sicherheit, nicht kognitive Auseinandersetzung, sondern mitmenschliche Wärme, nicht ein aufgeregtes Infragestellen, sondern ein beruhigendes Bejahen.

Wenn wir in unserem Leben über den Sinn nachdenken, bringen wir nicht selten Begriffe wie Ertrag, Ergebnis, Karriere, Leistung damit in Zusammenhang — auch Gesundheit und Konsum.

Dabei hat jedes Stück Wirklichkeit Sinn in sich und erfährt diesen nicht durch ein Dazufügen. Das Gänseblümchen zwischen den Parkstreifen, der Goldfisch im Tümpel, die Kieselsteine an der Isar, der leichte Wind über dem Ammersee sind Zeichen dafür. Sie alle erzeugen keine zusätzliche Leistung. Sie sind einfach da. Sinn ist nichts zusätzlich Errungenes, Erkämpftes, Geleistetes. Sinn besteht für sich — weil es diese Wirklichkeit gibt, an die er festgemacht ist. Könnten wir so an unsere Kinder herangehen, wäre unser Verhältnis zu ihnen entlasteter, gelöster, entspannter; würde die Gesellschaft unsere Kinder so sehen, gäbe es mehr Verständnis, mehr Zuwendung und weniger «dumme Fragen» oder verstecktes Schauen.

CAMUS hat einmal gesagt — ich zitiere ihn sinngemäß — : Man kann die Welt noch so sehr befragen, sie wird die letzten Wahrheiten nicht abwerfen, jedoch eine Unmenge von Liebesmöglichkeiten!

zu 2. Wir haben andere Wünsche, als unsere Kinder zu erfüllen imstande sind

Ich muß Ihnen zugestehen, es gibt Kinder, die absolut das nicht können und auch nicht erlernen werden, was wir uns und für sie so dringend wünschen: Kinder, die nie sauber werden, Jugendliche, die nie monotechnische Arbeiten durchführen werden können, Erwachsene, die nie selbst essen können, die nie eine Aufschrift zu lesen imstande sind.

Und trotzdem gibt es *kein* Kind, das nichts kann. Es gibt aber eben viele, viele Kinder, die etwas anderes können. Ob wir dieses «andere» schon entdeckt haben? Ob wir es schätzen, ob die Öffentlichkeit es zu würdigen weiß? Das gleiche Kind, das nicht sauber wird, erlebt das Baden mit großem Vergnügen, der gleiche Jugendliche, der in der Werkstatt für Behinderte nicht mitmachen kann, wird ganz ruhig, wenn er «seine» Musik vom Tonband hört, der Erwachsene, der allein nicht essen kann, freut sich über seine Lieblingsspielsachen, der, der nie lesen lernen wird, erkennt seine Angehörigen oder seinen Freund.

Wer frohe, entspannte Mitmenschen erleben und um sich haben will, der muß sich in diese Kunst einüben, sich auf den anderen und dessen Möglichkeiten einzustellen.

Mir aber erscheint es notwendig herauszufinden, warum uns dies so schwer fällt. Es könnte sein, daß wir noch nicht genügend zu dieser Entdeckungsfahrt aufgebrochen sind, ein Kind zu sehen, zu entdecken, nicht nur wie es ist, sondern auch zu entdecken, was es kann und was es mag, weil wir unsere Energien immer noch an dem Nichtmöglichen festmachen und verausgaben.

Es wäre aber auch denkbar, daß uns das Zusammensein mit Menschen, die anders empfinden und anders sind als wir, sehr schwerfällt. Das ist auch für berufsmäßige Pädagogen ein großes Problem. Man selbst ist beeindruckt von einem Ereignis, von einem Buch, von einer Idee und möchte das alles auch seinen Schülern vermitteln, weitergeben!
Oder Beispiele aus dem Alltag:

Wir mögen klassische Musik, unser Partner sollte diese auch lieben. Wir spielen gerne Fußball, unsere Kinder sollten dies dann auch tun. Und wer gerne Briefmarken sammelt, der sucht sich selbstverständlich einen Hobbyfreund mit ähnlichem Interesse.

Ich meine, an diesem Punkt müssen wir grundsätzlich umdenken, wenn wir unseren schwerbehinderten Mitmenschen gerecht werden wollen:

Der Umgang und das Zusammensein, das Leben mit schwerbehinderten Kindern und Jugendlichen wird nie eine Kommunikation auf inhaltlich gleicher Ebene sein — trotz der alle Menschen verbindenden gleichen Erlebnisse wie Körperkontakt, wie Krankheit und Not, wie Hunger und Durst, wie Kälte und Wärme.

Es zeigt sich: Die sinnlich-orale Ebene des Erlebens ist nur eine Ebene menschlichen Lebens und Erlebens.

Unsere Normen und Wertschätzungen sind nicht die aller Menschen.

Diese Tatsache bringt ohne die notwendige Reflexion Entfremdung zwischen uns Menschen, auch zwischen normalbegabten Kindern und ihren Eltern, zwischen Geschwistern, zwischen Generationen aller Zeiten.

Was heißt das aber positiv für uns und unsere schwerbehinderten Kinder und Jugendlichen?

Schwerbehinderte Mitmenschen brauchen nicht an erster Stelle unsere Musik, sondern die Kraft aus «unserer» Musik, nicht primär unseren Sport, sondern die Daseinsfreude aus «unserem» Sport, nicht unsere religiöse Ausrichtung, sondern die Lebensperspektive aus «unserer» religiösen Bindung.

So müssen *wir* uns selbst zuerst auf die Suche machen, was wir brauchen, was uns guttut, was uns Kraft verleiht, was uns mit Freude ausstattet, was uns mit Energien auflädt. Damit haben wir unter Umständen mehr getan, als durch das stete direkte Suchen für unsere Kinder und für unsere Schüler.

Das Suchen für sie wird dazukommen müssen.

zu 3. Wir können schwer das «alternative Leben» unserer Kinder annehmen

Schwerbehinderte Menschen leben ein Anti-Lebensprogramm. Sie machen nicht mit beim Freizeitkonsum, beim Karriere-Denken; sie steigen nicht auf, sie beteiligen sich nicht an der Verkaufs- und Kaufswelt, sie werden nicht vom Ehrgeiz befallen, sie geraten in keine gesellschaftlichen Zwänge.

Sie leben ihren Weg, gehen ihre Bahn, haben ihre Vorlieben, manchmal sind sie außen, aber doch ganz bei sich, mit sich identisch. Veränderungen sind sie weniger ausgesetzt wie wir. Genau aber das ist oft der Stein des Anstoßes: Unsere Sitten, unsere Moden, unsere Rituale machen sie nicht mit. Nicht selten entziehen sie sich jeglichem Lernprozeß in emanzipatorisch-pluralistischer Richtung. Auch in das Arbeitsleben, eines der Hauptfelder derzeitiger menschlicher Selbstverwirklichung, steigen sie nicht ein.

Sie bleiben aus dieser Sicht «Außenseiter» — in einer Outside-Position. Die Tragik aber besteht nicht in dem Bestehen und dem Leben dieser Position, sondern darin, diese Form des Lebens sich nicht gewählt zu haben — wie manch andere Randgruppen. Sie können diese auch nicht verteidigen, sondern sind stille, manchmal leidende Vertreter ihrer Lebensform — einer Lebensweise, die es wert wäre, genau zu studieren, sie neu zu entdecken.

Von da aus ist es nicht unproblematisch, nur von «Helfenden Händen» zu reden, wenn diese sich ausschließlich als Helfer verstehen, nämlich vermeintliche Schwäche durch Hilfe auszugleichen.

Wer mit behinderten Kindern schon länger und intensiver zusammenlebt, kennt andere Momente: Momente der Stärke! Er kennt ihr Maß des Sich-Durchsetzens, des Sich-Behauptens und auch des Sich-Verschließens — bis hin zur Unerträglichkeit für Außenstehende.

Lediglich «helfen zu wollen» darauf als Antwort zu wissen, wäre nicht nur einseitig und unrealistisch, es wäre auch wenig erfolgreich.

Hier wird vom Helfer eine Realität gefordert, ein Selbststand, der nicht selten weh tut, der schmerzt, vielleicht ein alternatives Leben, das man auch nicht wollte und zu dem man sich nicht aus freien Stücken entschlossen hat. Dieses ruft uns heraus aus gewohnten, eingeübten Bahnen, aus unserer vermeintlich heilen Welt und zwingt uns «parallele Wirklichkeiten» auf, die unser bisheriges Leben, unsere Vorstellungen davon, unsere Lebensplanungen grundlegend in Frage stellen.

Wir sollten uns ein wenig mehr, vielleicht auch etwas mutiger mit einem solchen alternativen Leben anfreunden und nicht das zurückholen oder wiedergewinnen wollen, was war oder wie es sein könnte, aber eben nicht ist.

Zwei Dinge bewegen mich noch:

1. der Name «Helfende Hände»

Es ist doch des Nachdenkens und des Merkens würdig, daß sich eine Einrichtung in der scheinbar die Technik, die Schienen und die Rollstühle, die Lehr- und Lernmittel, die Medikamente und Apparaturen das Gesamtbild bestimmen, den Namen «Helfende Hände» wählt. Keine machenden Hände, keine fürsorgenden Hände, keine heilenden Hände sollten es sein, sondern «helfende Hände».

Die Behinderten-Arbeit hat heute einen hohen technischen Standard erreicht, das hat viele Fortschritte gebracht; sie darf aber nicht zum Feld der Technik, der Apparaturen und der Hilfskonstruktionen werden.

Nicht der Rollstuhl Nr. 15 soll zur Behandlung gefahren werden, sondern Thomas, dessen Rollstuhl die Nr. 15 trägt, und auch nicht die Atemmaschine 3 ist zu überwachen, sondern Christine an der Atemmaschine braucht unsere Hilfe und Begleitung. Wie aber kann diese technisch gewordene Behinderten-Arbeit in eine mitmenschliche umgesetzt werden? Hier in Neuaubing wählt man den Weg der «Helfenden Hände».

Vielleicht sollten wir uns kurz an unsere eigenen Hände zurückerinnern: Was haben wir heute mit ihnen nicht schon alles getan?

Die einen haben Essen serviert oder Wurst verkauft, die anderen das Telefon bedient, die andern getippt oder auch Wunden versorgt. Und wer von Ihnen am Fließband oder bei der Montage arbeitet, der kann auch ein Lied über die Erfahrungen mit seinen Händen singen.

Unsere Hände stellen spürbar und täglich unvorstellbar oft den Kontakt zwischen uns und unserer Welt her. Sie vermitteln Eindrücke und teilen Absichten mit, sie drücken unser Zumutesein aus und machen unsern Willen kund.

Mit den «Helfenden Händen» ist das alles erfaßt. Sie stellen den Kontakt zu unseren behinderten Kindern her, wie sie auch die Technik bedienen, wenn man diese braucht.

Allerdings sind «helfende» Hände gefragt und nicht nur die öffentliche Hand, nicht allein die zeigende, die unterschreibende, die arbeitende oder pflegende Hand.

«Helfende Hände» sind bescheidene Hände, die zum Ausdruck bringen, wie wenig man *machen* kann, es sind aber auch auszeichnende Hände, weil jede Hand, die arbeitet, jede Hand, die unterschreibt, jede Hand, die tippt, jede Hand, die montiert zur *helfenden* Hand werden kann. Und solche Hände in doppelter Funktion sind die, die unsere Kinder brauchen.

Allerdings müssen helfende Hände zu mitdenkenden Händen werden. Dann erst sind sie ein gutes Omen für unsere Arbeit und unser Leben hier mit behinderten Kindern und Jugendlichen. Helfende Tätigkeiten haben in unserer Gesellschaft hohes moralisches Ansehen. Sie brauchen deswegen — kritisch betrachtet — aber noch lange nicht für den Adressat positiv sein. Hilfe bekommen, kann passiv machen, den Empfänger in eine Abhängigen-Rolle drängen, den Helfer dagegen Dominanz erleben lassen. Hilfe sollte von dem, der sie braucht, abgerufen werden können.

Genau das aber können unsere Kinder meist nicht. Sie sind ein ständiger Appell an uns, ihnen zu helfen.

In diesem Beziehungsverhältnis ergeben sich für beide Partner Schwierigkeiten. Der eine weiß nicht, ob er es richtig gemacht hat, der andere ist oft nicht in der Lage, weder das Maß noch die Qualität der Hilfe zu bestimmen. Meist kann er auch nicht seine Helfer auswählen.

Es liegt somit an uns, wie wir die notwendig werdenden Hilfeleistungen gestalten, damit sie dem anderen auch wirklich förderlich sind und ihn auch «keine Spur demütigen» (THALHAMMER).

Das Prädikat «helfende» darf nicht verschönigend zudecken. Seine soziale Färbung nimmt uns nicht aus der Verantwortung, unsere Hilfeleistungen und unsere Helferhaltung immer wieder zu analysieren, zu reflektieren und uns in Selbstkontrolle und Selbstdisziplin einzuüben.

Aus dem Akt des oft einseitigen Helfens sollte ein Akt der Begegnung und der Kommunikation werden, ein Stück des Miteinanders und der Solidarität, ein Moment des Ermutigens und des Hoffens.

2. Mein letzter Gedanke gilt der Schule für Schwerbehinderte

Heute gilt jeder Mensch als lern- und bildungsfähig, auch wenn seine Fortschritte minimal und nicht immer argumentativ verwertbar sind.

Vielleicht wundert manchen Hörer, daß die Bejahung der Schulpflicht und der Schulfähigkeit für intensivbehinderte und mehrfachbehinderte Kinder in der Verantwortung ebenso schwer wiegt wie die früher ausgesprochene Schul- und Bildungsunfähigkeit.

Eine ausgesprochene Bejahung muß oft täglich von dem, der sie einlöst, wiederholt werden. Sie muß insgesamt erst einmal eingelöst werden. Hier benötigen wir noch viel Engagement, viel Erfindungs- und Forschergeist, um weitere und neue Wege für und zu unseren Kindern, für und zu unseren Schülern zu entwickeln. Wir haben auf dem Weg dorthin bislang nur erste Schritte gesetzt.

Wenn ich eingangs anklingen ließ, wie sehr auch schwerbehinderte Kinder sich freuen können, dann heißt das nicht, daß ihre Freude und ihr Wohlfühlen das ausschließliche Ziel unserer schulischen Arbeit ist.

Auch Kinder mit zahlreichen Behinderungen sind zu Leistungen fähig und gerne dazu bereit, wenn diese ihnen entsprechen und angemessen sind. Sie sind zu Fortschritten, zu Entwicklungen und zu Veränderungen fähig. Sie können unsere Welt erleben, erspüren, darin aktiv werden.

Von da aus versteht sich, daß diese Schule alles nur Erdenkliche tun will, diesen Kontakt zur Umwelt zu bahnen und zu befähigen, mit den Menschen und Dingen dieser Welt in eine Beziehung zu treten, damit eine Teilnahme möglich wird und das Draußensein dort aufhört, wo es nicht zu bestehen bleiben braucht. Auf diesem Hintergrund ist zu verstehen, wenn ich sage, was Schule für Intensivbehinderte nicht will:

Kein einseitiges Verfolgen von Programmen, kein isoliertes Anbilden von Teilleistungen oder Spezialfertigkeiten, kein Aneinanderfügen zufälliger, vielleicht verlockender Therapien. Sie will — zusammen genommen — keine Manegen-Effekte, sondern sich täglich neu der Kommunikation mit diesen Schülern stellen und sie dazu mit Fähigkeiten *und* mit Freude ausstatten.

Sie will mit den Schülern hier in Neuaubing «leben lernen».

Dazu braucht man wohl nicht unbedingt Betroffener zu sein, wohl aber jemand, der sich anrühren läßt von einem Leben, das ihm vielleicht anfangs fremd ist, das anders ist, das ihn herausfordert durch seine Alternativform, durch seine Schwere.

Ob es nun doch ein Festvortrag geworden ist, den ich eigentlich nicht halten wollte, weiß ich nicht. Wenn ich vorhin vielleicht eine Spur zu viel zögerte, so spontan in die Festfreude mit einzustimmen, dann möchte ich jetzt geradezu dazu ermuntern; es wurde deutlich, wir haben viele Gründe, uns mit unseren Kindern, mit unseren Schülern zusammen mit Freunden und Nachbarn zu freuen — und die Einweihung ihrer Schule — die Schule der «Helfenden Hände» gebührend zu feiern.

Lassen Sie uns zum Abschluß noch einmal fragen:

«Helfende Hände» — was sind das?

Zum einen eine Einrichtung für Mehrfachbehinderte in München, zum anderen hoffentlich aber auch das: ein Zeichen der Hoffnung für eine Gruppe von Menschen, die viele Freunde und Helfer braucht — solche, die mithelfen und mitdenken wollen.

Eine symbolträchtige Erklärung und eine Antwort auf die Frage vermag auch eine Passage aus dem vorhin erwähnten Unterricht sein. Dort lernten die Schüler ihre Hände neu zu spüren, zu erleben und zu entdecken. Sie erfuhren, was ihre Hände können:

festhalten — loslassen, zeigen (deuten) und streicheln.

Darin scheint mir unsere gesamte Erziehungs-, Bildungs- und Pflegearbeit zusammengefaßt zu sein, aber auch unser Bemühen um gemeinsames Leben:

Festhalten und loslassen — zeigen und liebhaben.

Dieter Fischer

9 Anhang

9.1 Tests, die in Kapitel 3 nicht vorgestellt wurden, in der Arbeit mit Intensivbehinderten doch eine Rolle spielen

- Zur Diagnostik der Mehrfachbehinderung: H. CARDINAUXs Anamnesebogen zur Ermittlung des Entwicklungsalters und zur Erstellung einer ganzheitlichen pädagogisch-therapeutischen, psychologischen (medizinisch-neurologisch) Diagnose

  Bezug: CARDINAUX, H.: Zur Diagnostik der Mehrfachbehinderung, Neckar-Verlag. Villingen-Schwenningen, 1975.
- Kleinkindertest BÜHLER/HETZER (mit Untersuchung der sinnlichen Rezeption, Körperbewegungen, soziales Verhalten, Lernen, Betätigung an Material und geistige Produktion)

  Bezug: BÜHLER, Charlotte/HETZER, Hildegard: Kleinkindertests. München: Barth-Verlag, 2. Aufl., 1972.
- Sensomotorisches Entwicklungsgitter I und II von KIPHARD (optische, akustische Wahrnehmung, Handlungsmotorik, Körpermotorik, Sprachmotorik, Sozialverhalten)

  Bezug: KIPHARD, E. J.: Wie weit ist ein Kind entwickelt? Eine Anleitung zur Überprüfung der Sinnes- und Bewegungsfunktionen. Dortmund: Verlag modernes lernen, 2. Auflage, 1976.
- Entwicklungsphysiologische Tabellen für das Säuglingsalter: Diagnostik der statisch-motorischen Entwicklung. HELLBRÜGGE/PECHSTEIN und
- Funktionelle Entwicklungsdiagnostik im zweiten Lebensjahr. HELLBRÜGGE u.a.

  Bezug: Gauting vor München: FdM-Tabellen für die Praxis. Verlag Fortschritte der Medizin Dr. Schwappach & Co.
- Testinstrument zur Erfassung des Entwicklungsstandes mehrfachbehinderter — sehgeschädigter Kinder.

  Bezug: Blindeninstitutsstiftung, Franz-Ludwig-Str.,87 Würzburg.

9.2 Literatur zur Pflege (vgl. Abschnitt 4.5.2 und 7.4)

1. *Bücher*

BYRNE/LONG: *Einübung in die helfende Interaktion.* München, 1978.

GENEWEIN, L., SPORKEN, P.: *Menschlich pflegen.* Düsseldorf, 1975.

HAAF, L., u.a.: *Krankenpflegehilfe.* Stuttgart, 1971.

HARRIS, T. A.: *Ich bin o.k., Du bist o.k. Eine Einführung in die Transaktionsanalyse.* Reinbeck, 1973.

KÜBLER-ROSS, E.: *Leben, bis wir Abschied nehmen.* Stuttgart, 1979.

REMSCHMIDT, H.: *Psychologie für das Krankenpflegepersonal.* Stuttgart, 1972.

SCHMITZ, E.: *Elternprogramme für behinderte Kinder.* München, 1976.

Trainingsprogramme für geistig Behinderte. Verband ev. Einrichtungen für geistig und seelisch Behinderte. Stuttgart, 1976.

2. *Zeitschriftenbeiträge*

DANKEWERTERS, M.: Evelin lernt essen. *Lebenshilfe,* 1970/4.

FISCHBACH, I. H.: Einschenken eines Getränks. *Zur Fortbildung,* 1974/2.

HETZER, H.: Der geistig Behinderte — Kriterien seiner Pflegebedürftigkeit. *Heilpädagogische Forschung,* 1971/1.

HOLTMANN, K. H.: Die Bekleidung des Behinderten, *Lebenshilfe.* 1970/15.

KLÖS, I.: Mund- und Eßtherapie und Sprachanbahnung bei cerebralparetischen Kindern. *Beschäftigungstherapie,* 1974/3.

LAST, SCHWAGER, SCHULZ: Gesichtspunkte der Pflege schwerst körperbehinderter Kinder, in: BEGEMANN u.a.: Förderung von schwerst körperbehinderten Kindern, Mainz: 1979.

LAUTEMANN, R.: Aktivierende Pflege geistig Schwerbehinderter. *Zur Fortbildung,* 1974/2, 3.

LAUTEMANN, T.: Bett und Körperpflege Schwerstbehinderter. *Zur Fortbildung,* 1974/2, 3.

LAUTEMANN, T.: Erfahrungen in der Ernährung Schwerstbehinderter — Schlucken und Kauen. *Lebenshilfe,* 1971/20.

LAUTEMANN, T.: Die Bekleidung des Schwerstbehinderten. *Lebenshilfe,* 1972/20.

THOMAE, I.: Vorbereitung unseres Kindes auf das Leben als Erwachsener. *Lebenshilfe,* 1974/2.

TRAUTMANN, S.: Integrierte Physiotherapie — Pflegerische Maßnahmen und medizinisch-prophylaktische Arbeit bei Behinderten. *Zeitschrift für Heilerziehungspflege und Rehabilitation,* 1979/3.

WARNEKE, R. L.: Die Förderung geistig Behinderter mit Hilfe von Trainings- und Übungsprogrammen. *Zur Fortbildung,* 1976/2.

Viele sehr praktische und deshalb besonders wertvolle Anregungen kann man den *Elternbriefen* der BV Lebenshilfe entnehmen.

9.3 Objekte bzw. Materialien, die in jeder Klasse vorhanden sein sollten

Viele Praktiker haben sich im Laufe ihrer Arbeit mit intensivbehinderten Schülern eine umfangreiche Sammlung verschiedenster Materialien angelegt. Einiges davon stammt aus dem Angebot der Lehrmittelindustrie, vieles davon ist selbst angefertigt.

Die nachfolgende Liste bringt eine Sammlung von meist sehr selbstverständlichen Dingen, die sich aber wegen ihrer Größe und Einfachheit, sicher auch wegen ihres Vorkommens in der Umwelt des Kindes und schließlich wegen vielseitiger Verwendbarkeit nach unserer Erfahrung sehr gut eignen, intensivbehinderte Kinder zu Aktivitäten herauszulokken. Allerdings können auch solche Materialien oder Dinge aus der Umwelt die Person als Partner des Schülers nie ersetzen. Sie sind nur ‹Mediale Hilfen› (vgl. Abschnitt 5.3).

1. Dinge für die lebenspraktische Arbeit

Becher, Teller, Brettchen, Besteck, Tassen, Sets (nach Möglichkeit mit einem geeigneten Symbol für jeden Schüler gekennzeichnet);

Schüsseln, einfache Töpfe, Kochlöffel, Schöpfer, Schneebesen;

Handtücher — jeweils eines für einen Schüler —, für jedes Kind einen Waschlappen, dessen Zahnbürste, Seife, Hautcremes;

Schürzen, alte Hemden zum Überziehen für Bastelarbeiten, einfachstes Werkzeug für die Oberstufe.

2. Dinge für die «funktionale Ertüchtigung»

(viele Dinge lassen sich auch für Lernvorhaben aus der Basalen Aktivierung verwenden!)

Blumenkästen	zum Stapeln, Reihen, Begrenzen
Blumentöpfe	zum Stapeln, Reihen, Umstellen
Kistchen	zum Treppenbauen, Türmebauen, Transportieren, als Sitzgelegenheit
Drainagerohre aus Ziegel	zum Rollen, Legen, Stellen, Verstecken, als Sitzgelegenheit
Papprohre	zum Greifen, Durchschauen, Rollen, als Kugelbahn
Dachrinnenabschnitte — offen und geschlossen —	zum Rollen, Einschütten, Transportieren, als Kugelbahn
Große, feste Kartons (z.B. 70 cm × 80 cm × 90 cm) — man kann sie anmalen und lackieren	zum Durchkriechen, Verstecken, Draufsteigen, Zwischendurchgehen
Eimer in verschiedener Größe und Farbe	zum Füllen, Tragen, Transportieren
Trichter in verschiedener Größe	zum Eingießen, «Musterziehen»
Safteinwegflaschen (von der Form her besonders geeignet!) (sicher auch andere Flaschen)	zum Öffnen, Schließen, Füllen, Bekleben und Bemalen
Dosen in verschiedener Größe	zum Öffnen, Einfüllen, Verstekken, Rollen, Draufschlagen, Schütteln
Seile/Taue	zum Ziehen, Transportieren
Stoffbänder	zum Umwickeln und Begrenzen
Reifen in verschiedener Größe	zum Begrenzen, Hervorheben, Rollen, Drehen, Tanzen
Tücher — eingenäht, farbig	zum Markieren, Wedeln, Zudekken
Schwämme in verschiedener Größe	zum Aufsaugen, Ausdrücken, Wischen
Wäscheklammern verschiedenfarbig	zum Abzupfen, Festhalten, Klammern

Schaumstoffreste mit Stoff überzogen	zum Sitzen, Bauen, Werfen
Ziegelsteine und Bretter	zum Bauen von Regalen, Wegen, Sitzgelegenheiten, Brücken
Bälle in verschiedener Größe und aus verschiedenem Material	zum Rollen, Werfen, Tragen
Rohre, auf denen Teppichböden aufgerollt waren (bekommt man in jedem Teppichgeschäft umsonst), Ringe abschneiden, in Farbe tauchen und mit Lack überziehen zum Haltbarmachen	zum Stecken, Werfen, Greifen
Mützen, Hüte, alte Kleider	fürs Verkleiden, zum Rollenspiel
Dinge zum Liebhaben (Pelzreste, aber auch Bären, Puppen usw.)	

Diese Aufzählung könnte den Eindruck einer Altwarensammlung erwecken. Das sollte sie aber nie sein. Im konkreten Klassenzimmer wird man stets auf Sauberkeit, Hygiene und Ästhetik auf der einen Seite und auf Ordnung, Strukturiertheit und wirklich motivierendes Angebot auf der anderen Seite bedacht sein müssen. Günstig wäre ein kleiner Materialraum, in dem diese verschiedenen Dinge aufbewahrt und auch immer wieder auf ihren Zustand hin überprüft werden können.

Manchmal hilft es auch, eine kleine Liste dazu anzulegen, in der man die Lernaufgaben einträgt, die man im Zusammenhang mit den einzelnen Dingen unternommen hat, welche zu positiven Eindrücken führten, welche sich als ungünstig erwiesen.

3. Materialien zum kreativen Gestalten

Verschiedene Papiersorten (Seidenpapier, Zeitungspapier, Transparentpapier)
Kleister, Tonfarben, dicke Pinsel und Schwämme, Ton, Plastellin
Erbsen, Linsen für sensorische Übungen
eventuell auch Kieselsteine, Tannenzapfen

4. Einrichtungsgegenstände, die sich für intensivbehinderte Schüler bewährt haben

eine Tastwand	(Größe 1,20 m × 1,20 m) eingeteilt in gleichgroße Quadrate (11 cm × 11 cm) und mit verschiedenen sensorisch interessanten Materialien ausgefüllt, die Begrenzungen dazwischen sollten deutlich sein
eine große Wanne	für sensorische Übungen oder Such-Aufgaben, die mit Erbsen und/oder Linsen gefüllt werden kann
ein großer Spiegel	in dem man sich ganzkörperlich sehen kann, der aber auch teilweise und ganz abgedeckt werden kann
ein einfacher Flaschenzug	ein Haken in der Decke, daran ein Seil, mit dem Schüler selbst etwas herbeiholen oder hochziehen können
ein Kugelbad	in dem unruhige oder auch sehr bewegungsbehinderte Kinder liegen und sich entspannen können. Man sollte aber kein Kind einfach nur hineinlegen und es dann alleine lassen. Durch Begleitung ist einer möglichen Isolation vorzubeugen
ein runder Tisch (Ø 1,30 m)	mit einer hochstehenden, umlaufenden Kante, mit einem herausnehmbaren Einsatz (Ø 50 cm bis Ø 60 cm), damit Kinder Dingobjekte dort hineinstoßen, rollen, schubsen können, *dazu* einen Aufsatz, der sich als «Tisch im Tisch» drehen läßt. Bestens geeignet zu Wahrnehmungsübungen ... jetzt kommt der Teddy zu dir. Wir drehen die Scheibe, wo bleibt sie stehen?
Matratzen	mit ansprechendem, leicht abnehmbarem und waschbarem Überzug zum Ausruhen

einen Bau- oder Spielteppich	möglichst einfarbig, damit er sich für Wahrnehmungsaufgaben verwenden läßt
einen Knautschsack	zum Ausruhen, Tragen, Transportieren
einen Vorhang	hinter dem man sich verstecken kann
einen Schrank	mit Eigentumsfächern für die Schüler
feste Haken	in der Decke für schwere Mobiles
einen großen Spielzeugkorb	für die bereits «eingeführten» Spielsachen

5. Technische Geräte

einen Overhead-Projektor
einen Diaprojektor
einen Strahler/große Taschenlampen
einen Kassettenrekorder
eine Lichtorgel
Vibrationswürfel

6. Persönliche Materialien oder Gegenstände

Wir sollten darauf achten, daß sich im Laufe der Zeit für jeden Schüler sogenannte «persönliche Gegenstände» herausentwickeln, die nur ihm gehören, ihn aber auch als eigene Person für die anderen erkennbar machen:

- □ der Puppenwagen für den Jochen bzw. der Puppenwagen vom Jochen
- □ die Rassel für die Eva bzw. die Rassel von der Eva
- □ den Bären für den Udo bzw. der Bär vom Udo

Weitere Anregungen für den Bereich der Basalen Stimulation finden sich in beachtlicher Fülle bei FRÖHLICH (Hrsg.):

Wahrnehmungsstörungen und Wahrnehmungstraining bei Körperbehinderten, Rheinstetten, 1977

und für die Arbeit in der Schule für Geistigbehinderte sonst in der Reihe «Aus der Praxis — für die Praxis» in der «Zeitschrift für Heilerziehung und Rehabilitationshilfen» (Scheeßel) und in der Zeitschrift «Treffpunkt Sonderschule G» (Blitzenreute).

9.4 Literaturverzeichnis

1. Fachbücher

ADAM, H.: *Arbeitsplan für den Unterricht mit Geistigbehinderten.* Limburg, 1978.

AEBLI, H.: *Grundformen des Lehrens.* Suttgart, 1978[11].

ATZESBERGER, M.: *Sprachaufbauhilfen bei Geistigbehinderten.* Berlin, 1978.

BACH, H.: *Geistigbehinderten-Pädagogik.* Berlin, 1967.

BAUER, I., FISCHER, D.: *Neues Lernen mit Geistigbehinderten — Wir lernen mit dem Overhead-Projektor.* Würzburg, 1978.

BEGEMANN, E., FRÖHLICH, A.: *Die Förderung schwerstkörperbehinderter Kinder.* Mainz, 1979.

BLICKLE, E.: *Wenn man mit Händen und mit Füßen reden muß. Zeichensprache für Hör- und Sprachgeschädigte Geistigbehinderte.* Hektographie 1971 (Haslachmühle).

BLISS, C. K.: *Semantography (Bliss-Symbolics) — A logical Writing for an illogical World.* 2, Vicar Street, Coogee, Sydney, Australia.

BOLLNOW, O. F.: *Vom Geist des Übens.* Freiburg, 1978.

DITTMANN, KLÖFPER, RUOFF: *Zum Problem der pädagogischen Förderung schwerstbehinderter Kinder und Jugendlicher.* Rheinstetten, 1979.

BLANKERTZ, H.: *Theorien und Modelle der Didaktik.* München, 1970.

EICHLER, L. (Hrsg.): *Einführung in die heilpädagogische Arbeit mit geistig schwerst behinderten Kindern.* VEB Berlin, 1967.

FEUSER, G.: *Grundlagen zur Pädagogik autistischer Kinder.* Weilheim, 1979.

FISCHER, D.: *Neues Lernen mit Geistigbehinderten — Eine methodische Grundlegung.* Würzburg, 1978.

FISCHER, MEHL, SCHEBLER, VOLLMUTH: *Neues Lernen mi Geistigbehinderten — Wir lernen in der Küche.* Würzburg, 1979.

FRÖHLICH, A. (Hrsg.): *Wahrnehmungsstörungen und Wahrnehmungstraining bei Körperbehinderten.* Rheinstetten, 1977.

FRÖHLICH, A. (Hrsg.): *Dokumentation zur Situation Schwerstbehinderter.* Rheinstetten, 1978.

HALDER, P.: *Verhaltenstherapie.* Stuttgart, 1973.

HOFMANN, Th. (Hrsg.): Beiträge zur Geistigbehindertenpädagogik. Rheinstetten, 1979.

INNERHOFER, P.: *Das Münchner Trainingsmodell.* Berlin, 1977.
JACOBSON, E.: *Das Selbst und die Welt der Objekte.* Frankfurt/a.M., 1978.
KANE, J., KANE, G.: *Geistig Schwerbehinderte lernen lebenspraktische Fertigkeiten.* Bern, 1976.
KEPHART, N. C.: *Das lernbehinderte Kind im Unterricht.* München, 1975.
MASLOW, A. A.: *Psychologie des Seins — ein Entwurf.* München, 1973.
MEYER, H.: *Basisförderung bei geistigbehinderten Kindern.* Dortmund, 1978.
MIESSLER, Maria/BAUER, Ingrid: *Neues Lernen mit Geistigbehinderten — Wir lernen denken.* Würzburg, 1978.
MONTAGU, A.: *Körperkontakt — Die Bedeutung der Haut für die menschliche Entwicklung.* Stuttgart, 1974.
MÜLLER-BRAUNSCHWEIG, H.: *Die Wirkung der frühen Erfahrung.* Stuttgart, 1975.
PIAGET, J.: *Der Aufbau der Wirklichkeit beim Kinde.* Stuttgart, 1975.
PRILLWITZ, S. u.a.: *Kommunikation ohne Sprache.* Weinheim, 1977.
PRINGLE, KEUMER, M.: *Was Kinder brauchen.* Stuttgart, 1970.
SCHERLER, K. H.: *Sensomotorische Entwicklung und materiale Erfahrung.* Schorndorf, 1975.
Schriftenreihe der «Lebenshilfe», Band 3: *Hilfen für schwer Geistigbehinderte.* Marburg, 1978.
Schriftenreihe der «Lebenshilfe», Band 4: *Verhaltenstherapie im Rahmen der Gesamtförderung geistig Behinderter.* Marburg, 1979.
SPECK, O., THALHAMMER, M.: *Die Rehabilitation der Geistigbehinderten.* München, 1974.
SPECK, O.: *Der geistigbehinderte Mensch und seine Erziehung.* München, 1980^3.
SPECK, O.: *Verhaltensstörungen, Psychopathologien und Erziehung.* Berlin, 1979.
SPITZ, R.: *Vom Dialog.* Stuttgart, 1976.
SPITZ, R.: *Die Entstehung der ersten Objektbeziehungen.*
Stuttgart, 1973^3.
SPRENG, H.: *Schwerstbehinderte Kinder — eine Herausforderung für die Schule.* München, 1979.
STRASSER, H., SIEVERT, G., MUNK, K.: *Das körperbehinderte Kind.* Berlin, 1968.

VOIT, H.: *Sprachaufbau beim gehörlosen Kind aus der Perspektive gestörter Beziehung.* Rheinstetten, 1977.
WESTPHALEN, K.: *Praxisnahe Curriculumentwicklung.* Donauwörth, 1979/2.
WILKEN, E.: *Sprachförderung bei Kindern mit Down-Syndrom.* Berlin, 1973.

2. Bücher, die Randgebiete betreffen

BYRNE, P. S., LONG, B. E.: *Einübung in die helfende Interaktion.* München, 1978.
COMBS, A. W., AVILLA, D. L., PURKEY, W.: *Die helfenden Berufe.* Stuttgart, 1975.
DREWITZ, I. (Hrsg.): *Hoffnungsgeschichten.* Gütersloh, 1979.
DTV-Taschenbuch (ohne Verfasser): *Der Mensch ohne Hand.* Ein Symposions-Bericht. München, 1979.
FISCHLE-CARL, H.: *Fühlen, was Leben ist.* Stuttgart, 1978/2.
MOLTMANN, J.: *Menschenwürde, Recht und Freiheit.* Stuttgart, 1979.
MÜLLER-GARNN, G.: *Das Morgenrot ist weit.* Würzburg, 1980.
MÜLLER-GARNN, G.: *... und halte dich an meiner Hand.* Würzburg, 1977.
PIPER, H. C.: *Kranksein — Erleben und Lernen.* München, 1974.
PREKOP, I.: *Wir haben ein behindertes Kind.* Stuttgart, 1979.
SCHELLENBERGER, B.: *Ein anderes Leben.* Freiburg, 1980.
SENN, H.: *Der «hoffnungslose» Fall in der Gemeindeseelsorge.* Göttingen, 1979.
SÖLLE, D.: *Leiden.* Stuttgart, 1973.
SÖLLE, D.: *Sympathie.* Stuttgart, 1979.
SÖLLE, C.: *Wählt das Leben.* Stuttgart, 1980.
TILLICH, P.: *Die neue Wirklichkeit.* München, 1962.

3. Unveröffentlichte Arbeiten

BITTLINGER, L.: *Erläuterungen zu den didaktischen Schwerpunkten des curricularen Lehrplans.* ISP, 8000 München 80, Arabellastraße 1, 1980.
BREITINGER, M.: *Zur schulischen Förderung schwerst Geistigbehinderter.* Examensarbeit. Reutlingen, 1978.
GRUSCHWITZ, G.: Bericht über die Ergebnisse der Untersuchung *«Gruppentherapeutische Betreuung von Eltern spastisch gelähmter Kinder».* München, 1979.

KARABANOW, D.: *Entwicklungsmöglichkeiten Schwerstbehinderter.* Examensarbeit. Reutlingen, 1979.
KOLMER-SCHINDLER, G.: *Versuch der Ausdifferenzierung des S/P—P-A-C «nach unten».* Seminararbeit. München, 1979.
MEHL, M.: *Bildungsträchtige Faktoren in der Umwelt* einer hospitalisierten Heimgruppe *von gewöhnungsfähigen Geistigbehinderten.* Examensarbeit. München, 1972.
PHILIPP, S.: *Die Pflege schwer geistig behinderter Kinder* — Vorschläge zu pädagogisch-pflegerischen Arbeiten. Examensarbeit München, 1978.
STUCK, U.: *Arbeit mit Eltern schwergeistig behinderter Kinder* — Referat. München, 1980.
THALHAMMER, M.: *Zur psychosozialen Lage zerebral bewegungsgestörter Kinder* unter anthropologisch-sonderpädagogischem Aspekt. München, 1979.
THALHAMMER, M.: *Zur Erziehung schwergeistig und körperlich behinderter Menschen.* München, 1979.
THALHAMMER, M.: Zum *«Umgang mit Geistigbehinderten».* München, 1980.

4. Aufsätze zum Fachgebiet

ADAM, G., ADAM, H.: Greifbare Schöpfung. Ein Erfahrungsbericht aus der Arbeit mit geistigbehinderten Schülern. *Zur Orientierung,* 1980/1.
ADAM, H.: Förderung von leicht- und schwerbehinderten Schülern in einer gemeinsamen Klasse. *Zur Orientierung,* 1980/1.
DREHER, W.: Überlegungen im Vorfeld einer sonderpädagogischen Theoriebildung der Erziehung schwer geistigbehinderter Menschen, in: HOFMANN (Hrsg.) a.a.O.
FEUSER, G.: Autismus — kontra autistische Kinder. *Zeitschrift für Heilpädagogik,* 1978/12.
FEUSER, G.: Schwerstbehinderte in der Schule für Geistigbehinderte, in: DITTMANN, u.a., a.a.O.
FEUSER, G.: Körperbehinderte Geistigbehinderte — ein Beitrag zu ihrer Beschulung. *Zeitschrift für Heilpädagogik,* 1976/12.
FISCHER, D.: Die Schule für Geistigbehinderte auf der Suche nach Inhalt und Ziel. *Zur Orientierung, 1980/1.*
FISCHER, D.: Probleme der Vermittlung — ein Beitrag zur effektiveren Unterrichtsgestaltung mit Geistigbehinderten, in: HOFMANN (Hrsg.), a.a.O.

FISCHER, K.: *Die Forderung Intensiv-Geistigbehinderter — eine schulpädagogische Aufgabe,* in: BAIER, H. (Hrsg.), Beiträge zur Behinderten-Pädagogik, Rheinstetten, 1976.

FISCHER, D.: Rettet die Erziehung. *Zur Orientierung,* 1977/1.

FISCHER, D.: Zur Förderung Intensiv-Geistigbehinderter im Rahmen der Schule für Geistigbehinderte in: Sonderausgabe des Verbands deutscher Sonderschulen, Fasanenweg 14, 8251 Bubenreuth: 1979.

FRÖHLICH, A., HEIDINGSFELDER, M.: Basale Förderung der Handfunktion bei Schwerstbehinderten. *Beschäftigungstherapie und Rehabilitation,* 1979.

FRÖHLICH, A.: Die Förderung schwerst-(körper-)behinderter Kinder — Aspekte einer Kommunikationsförderung, in: DITTMANN u.a., a.a.O.

FRÖHLICH, A.: Nichtverbale Kommunikation mit mehrfachbehinderten Kindern. *Beschäftigungstherapie und Rehabilitation,* 1975/1.

FUCHS, K., u.a.: Was erwarte ich von einem Gruppenerzieher im Wohnbereich hinsichtlich einer christlichen Lebensgestaltung? *Zur Orientierung,* 1979/1.

GRAMPP, G.: Zur Instrumentierung des Unterrichts in der Schule für Geistigbehinderte. *Sonderpädagogik,* 1979/4.

GRANDKE, G.: Kinderandacht bei Schwerstbehinderten. *Zur Orientierung,* 1979/1.

GREBE, H.: Die Situation der Erzieher in Sonderkindertagesstätten für behinderte Kinder, *Zeitschrift für Heilerziehung und Rehabilitation,* 1979/4.

HAHN, M.: Zur Problematik des Begriffs «schwerstbehindert». *Zur Fortbildung,* 1976/1, 2.

HAUPT, U.: Zur Förderung schwerstbehinderter Kinder in Schulen. *Zeitschrift für Heilpädagogik.* 1980/4.

HELLER, R.: Auch Schwerstbehinderte können gefördert werden. *Zur Orientierung,* 1977/4.

HETZER, H.: Der geistig Behinderte — Kriterien seiner Pflegebedürftigkeit. *Heilpädagogische Forschung,* 1971/1.

KANE, J. F.: Behandlung schwerer Verhaltensstörungen bei geistig Behinderten. *Heilpädagogische Forschung,* 1979/2.

KIRSCH, R.: Aspekte der äußeren Differenzierung in der Schule für Geistigbehinderte. *Zeitschrift für Heilpädagogik,* 1979/7.

MEYER, H.: Zur schulischen Förderung sog. schwer geistig Behinderter. *Zeitschrift für Heilpädagogik,* 1980/4.

MILANI-COMPARETTI, A.: Förderung cerebral geschädigter Kinder in den achtziger Jahren. Ausblick am Beispiel Florenz. *das band,* 1980/3.
MÜHL, H.: Handlungsbezogenes Lernen mit geistig Behinderten. *Lebenshilfe,* 1980/2.
PAPOUSEK, H.: Entwicklung der Lernfähigkeit im Säuglingsalter, in: NISSEN (Hrsg.), Intelligenz, Lernen und Lernstörungen. Berlin: 1977.
PREKOP, I.: Förderung der Wahrnehmung bei entwicklungsverzögerten Kindern. *Lebenshilfe,* 1980/1, 2.
RUOFF, E.: Die Anregung von Kommunikationsprozessen bei schwerstbehinderten Kindern durch musikalische Zeichen, in: DITTMANN u.a., a.a.O.
SCHMITZ, G.: Sensomotorische Förderung: Festhalten und Loslassen. *Zeitschrift für Heilpädagogik,* 1978/6.
SCHORSCH, S.: Schwerstbehinderte — anthropologische Aspekte. *Zur Fortbildung,* 1976/1, 2.
SCHORSCH, S.: Unterricht bei schwerstbehinderten Kindern, in: Keiner ist ohne Gaben. Bodelschwinghsche Anstalten, Bielefeld: 1979.
SCHORR, M.: Die Kombination von Krankengymnastik und pädagogischer Förderung bei schwerstbehinderten Kindern, Zur Orientierung, 1979/4.
SCHRÖDER, S.: Beschreibungen und Definitions-, Betreuungs-, Förderungs- und Erziehungsansätze bei schwerst- und mehrfachgeschädigten Geistigbehinderten. *Zeitschrift für Heilerziehungspflege,* 1979/2.
SOVAK, M.: Die Reflextheorie als methodologisches Prinzip in der Heilpädagogik. *VHN,* Luzern: 1970/7.
STRIE, F.: Bewegungserziehung als Grundlage der Beschulung geistig Schwerstbehinderter, in: BUDDE (Hrsg.), Handbuch der Schule und Bildungsstätte für Geistigbehinderte, Stauffen: 1977.
STRIE, F.: Religiöse Erziehung in einer Sonderklasse für geistig Schwerstbehinderte. *Zeitschrift für Heilerziehung,* 1977/2.
THALHAMMER, M.: Wider die Angst vor dem geistig behinderten Menschen. *Lebenshilfe,* 1980.
TREML, H.: Förderversuch Schwerstbehinderter. *das band,* Düsseldorf: 1977/4.
TROGISCH/TROGISCH: Sind Förderungsunfähige «nur» Pflegefälle? *Zeitschrift zur ärztlichen Fortbildung,* Jena: 1977/15.
TROGISCH, J.: Anleitung zur Überprüfung der Lebensbedingungen Geistigschwerstbehinderter in Dauereinrichtungen, *Zur Orientierung,* 1979/1.

TROGISCH, J.: Ärztliche Aufgaben bei der Rehabilitation geistig Schwerstbehinderter. *Zur Orientierung,* 1979/4.

WALTER, J.: Am vollen Leben Anteil nehmen — Zur Sexualität Geistigbehinderter. *Sozialpädagogik,* 1980/3.

WENZ, K.: Zur Erziehung mehrfachbehinderter Kinder mit schweren körperlichen und geistigen Behinderungen. *Zeitschrift für Heilpädagogik,* 1978/1.

WESTPHALEN, K.: Lernziele im Curricularen Lehrplan. *Bayerische Schule,* 1979/9.

5. Aufsätze, die Randgebiete betreffen:

BODENHEIMER, A. R.: Zeitgenosse Robinson — am Beispiel der Gehörlosen. *Radius,* 1978/11.

KÖHLE, K.: Über die kindliche Willkür. Zur Bedeutung der Realitätserschließung im erzieherischen Prozeß. *Süddeutsche Zeitung,* 1979/10.

NIPKOW, W.: Zwischen Sinnzerfall und Sinnsuche. *Radius,* 1977/8.

SCHMIDHÄUSER, U.: Hoffnung und gegenwärtiges Glück. *Radius,* 1979/5.

SÖLLE, D.: Existenz ohne Leiden — eine Utopie? *Radius,* 1978/2.

9.5 Stichwortverzeichnis